TEO VAN DER WEELE

SCHLUSS MIT DEM SCHWEIGEN

edition TROBISCH

TEO VAN DER WEELE

Schluss mit dem Schweigen

Sexueller Missbrauch: Begleitung auf dem Weg zur inneren Heilung

edition
TROBISCH

Teo van der Weele: Pfarrer für die Mitarbeiterinnen und Mitarbeiter einer psychiatrischen Klinik in Holland; seit über 30 Jahren erfahrener Seelsorger; hält viele Schulungen im Bereich Seelsorge; begleitet Laienseelsorgerinnen und -seelsorger in ihrem Dienst.

Erschienen unter dem Titel: From Shame to Peace

Published by Importantia Publishing, Niederlande
Übersetzung: Manfred und Janet Mayer

HÄNSSLER Edition Trobisch
Bestell-Nr. 854.167
ISBN 3-7751-9167-4

Internet: www.haenssler.de
E-Mail: info@haenssler.de
Titelfoto: Super Stock
Umschlaggestaltung: Daniel Kocherscheidt
Satz: AbSatz, Klein Nordende
Druck und Bindung: Ebner Ulm
Printed in Germany

Jenen gewidmet,
für die die Kirche
weder Augen hatte, zu sehen,
noch Ohren, zu hören,
und falls doch,
es ihr am Mut fehlte,
zu handeln.

Inhalt

Vorwort

Ich kenne Teo van der Weele seit vielen Jahren. Er ist ein Mann voller Mitgefühl für die Verletzten und besitzt einen enormen Einblick, was deren Heilung angeht.

Als Teo damit begann, über Missbrauch und Belästigung zu reden, war er von der Reaktion darauf überwältigt. Seine Offenheit und Betroffenheit ermutigte andere, sich schmerzlichen Erfahrungen aus der Vergangenheit zu stellen und darüber zu reden.

Einige unter uns können sich Inzest überhaupt nicht vorstellen. Es ist aber leider eine schreckliche Realität. Gehen wir damit nicht offen, sensibel und ausgewogen um, werden viele Kinder Gottes Gefangene ihrer eigenen Ängste und falscher Schuld bleiben.

Wir sollten aber auch erkennen, dass die kompliziertesten Probleme manchmal sehr einfache Lösungen haben. Beachten Sie bitte, dass ich weder simple noch leichte Lösungen sagte.

Vergebung, Ehrlichkeit und Offenheit anderen gegenüber brachte Tausenden Hoffnung und Heilung. Der Friede Gottes wird freigesetzt, wenn wir unsere eigenen und die gegen uns begangenen Sünden bekennen und dies auf Gottes Weise tun.

Die Bibel sagt: »Wenn wir aber im Licht wandeln, wie er im Licht ist, so haben wir Gemeinschaft miteinander, und das Blut Jesu, seines Sohnes, macht uns rein von aller Sünde (1. Joh. 1,7).«

Im Galater 6 steht, dass wir das Gesetz Christi erfüllen, wenn einer die Last des anderen trägt. Es gibt keine von uns oder von anderen an uns begangene Sünde, die Gott nicht vergeben könnte. Und es gibt keine Last, die er nicht tragen würde.

Ich empfehle Ihnen meinen Freund Teo van der Weele und vertraue darauf, dass dieses Buch Ihnen helfen wird, Türen zur Heilung verborgener Erinnerungen und schrecklicher Verletzungen zu öffnen. Möge der Friede Gottes in Ihren Herzen regieren, während Sie dieses Buch lesen.

FLOYD MCCLUNG JR.

Einführung

Noch nie wurden so viele Menschen Zeugen aktueller und massiver Gewalt wie heute. Meist geschieht dies durch 45-Sekunden-Spots in den Fernsehnachrichten. Eine Live-Sendung zu sehen ist jedoch nichts im Vergleich zu der Erfahrung, direkt vor Ort zu sein. Sehe ich Flüchtlingskinder ins Nichts starren oder die entsprechenden, mit Untertiteln versehenen Gewaltszenen, dreht eine unsichtbare Hand meine Uhr zum Blutbad des Zweiten Weltkriegs zurück. Es sind nicht die Massen, die leiden, sondern Millionen verängstigter Individuen. Wer wird die Hand eines Kindes halten, das zittert, weil es als Folge des Völkermords in Ruanda Alpträume hat. Wie viele Traumatherapeuten sollen wir in das frühere Jugoslawien schicken? An wen können sich Menschen wenden, die von diktatorischen Systemen unterdrückt werden? Wer wird das Herz eines Kindes im Großstadtdschungel der westlichen Innenstädte ermutigen, wo nun sogar in amerikanische Grundschulen Waffen Einzug halten?

Von dieser ganzen sichtbaren Gewalt in den Schatten gestellt, existiert noch eine weitere, verborgene Welt: Kinder, die durch Familienmitglieder oder andere Bezugspersonen geistiger, emotionaler oder physischer Gewalt ausgesetzt sind. An ihrer finstersten Stelle führt dies zur schlimmsten denkbaren Gewalt: sexuelle Traumatisierung, während die Persönlichkeit noch geformt wird; sexueller Missbrauch in der frühen Kindheit.

In den letzten Jahren wurden viele neue Bücher zu dem Thema veröffentlicht, wie man Überlebenden eines sexuellen Missbrauchs bzw. Inzests helfen kann. John Briere (1992) zeigt, dass ein Trauma in der frühen Kindheit und ein Mangel an positiver Zuwendung eine Persönlichkeit sehr stark verformen oder schädigen kann, was zu einer Vielzahl psychiatrischer Etiketten führt. Jene, die unter einem »Machtmissbrauch« zu leiden hatten, sind verschiedenen Gefahren ausgesetzt: Sie mögen das Ganze leugnen, können Gefangene eines spezialisierten Helfers werden oder so mit den traumatisierenden Ereignissen beschäftigt sein, dass sie in einer unveränderlichen Vergangenheit eingeschlossen bleiben. Vor zweitausend Jahren erkannte Nikodemus, dass er ein Problem hatte. In einem der wenigen persönlichen Gespräche, die Jesus führte, kam er »ins Licht« und war bereit, das Leugnen zu beenden. Er erkannte, dass die Vergangenheit nicht rückgängig gemacht werden kann; man kann nicht wieder in den Schoß seiner Mutter zurückkehren. Die Antwort Jesu ist noch heute aktuell: Nur eine Infusion von Leben »von oben« als fortlaufender Prozess eröffnet einen Weg in die Zukunft.

Als ich andere darin ausbildete und begleitete, sich selbst zu helfen, konnte ich miterleben, dass eine solche Infusion von Leben Menschen, die einen Missbrauch überlebt hatten, dazu befähigen kann, eine neue Bestimmung zu wählen. In diesem Buch versuche ich darzustellen, dass Laienseelsorger als Begleitpersonen diesen Prozess in denen, die einen frühen sexuellen Missbrauch oder ein anderes lähmendes Trauma erlebt haben, fördern können. Die individuelle, westliche Psychotherapie kann erfolgreich sein, ist aber nur für Wohlhabende verfügbar. Ein seelsorgerlicher Ansatz eröffnet Möglichkeiten, zu denen die Psychotherapie nicht in der Lage ist: Teamarbeit von Laien und Heilung fördernde Gemeinschaften. Dieser Ansatz hängt auch nicht davon ab, dass man in der Vergangenheit herumgräbt bzw. viele Gespräche führt. Das hat zur Folge, dass die Ausbildung von Laienseelsorgern auch eher machbar wird.

Meine ersten eigenen Kenntnisse, was die Therapie von Traumen angeht, erlangte ich als Missionar in Asien. Dort musste ich lernen, Menschen mit persönlichen Nöten zu helfen, die sie zwar tief spürten, über die sie aber nicht reden konnten. Das starke Schamgefühl machte das Aufdecken tiefer persönlicher Nöte oft schmerzhafter, als der Missbrauch selbst war. In diesem Umfeld erkannte ich, dass das Evangelium Menschen aus einem von Scham beherrschten Leben freisetzen und sie zu der inneren Ruhe von Gottes Frieden führen kann – auch wenn sie ihre Gedanken und Gefühle nicht mit Worten ausdrücken können.

Nach meiner Rückkehr in die Niederlande entdeckte ich eine »verborgene Volksgruppe«, deren Leben von der Kultur des sexuellen Missbrauchs geprägt war. Meine missionarische Erfahrung stellte mir Werkzeuge zur Verfügung, mit deren Hilfe ich ihre Welt betreten konnte. Während sie mir ihre Sprache und ihre Gedankenwelt erklärten, entwickelte sich ein Ansatz, den ich *mächtiger Friede* nenne. Es handelt sich dabei um eine göttliche Befähigung, die sowohl Helfern als auch Hilfesuchenden ermöglicht, sich der Realität zu stellen. Dabei werden sie von einem inneren Gefühl der Sicherheit, das von der Gegenwart Jesu herrührt, unterstützt. Ausgangspunkt dieses Ansatzes sind nicht die Traumen, sondern ist die Möglichkeit, den Schalom Gottes zu erfahren: die Gnade und den Frieden Gottes, die zur Grundlage des Dienstes des Apostels Paulus wurden. Ist man durch diese Gegenwart (Jesu bzw. seinem Schalom) gestärkt, kann man sich mit schmerzlichen Tatsachen auseinander setzen, wenn diese zum Vorschein kommen. Man kann dies entweder allein vor Gott, zusammen mit anderen oder im Beratungszimmer erleben. Auf der anderen Seite ist – durch Gottes persönliches Eingreifen – auch in der Natur eine Gnade vorhanden, durch die manche Erinnerungen gar nicht erst an die Oberfläche kommen. Diese Befähigung scheint den Heilungsprozess im Vergleich zu eher traditionellen Methoden zu beschleunigen.

Als männlicher Seelsorger bin ich sehr dankbar dafür, dass an den Stellen, an denen Männer die Täter waren, wiederum andere Männer gebraucht werden können, um Heilung zu bringen. Als christlicher Seelsorger ist es für mich erfreulich, dass die Kirche, die unfähig – oder unwillig – war, das zu sehen, was in ihren eigenen Kreisen vor sich ging, nun ebenfalls aufwacht. Ich glaube, dass das Ausmaß des Problems noch nicht vollständig bekannt ist, da Leugnen und Schweigen das Leben der Menschen noch immer stark bestimmt. Da auch Männer nun bereit sind, einen frühen sexuellen Missbrauch nicht länger zu leugnen, erwarte ich, dass die Zahl männlicher Überlebender zunimmt. Es stellt sich auch immer deutlicher heraus, dass die Täter nicht nur männlich sind, da sich immer mehr Männer und Frauen melden, die von weiblichen Personen missbraucht wurden. Die entsprechenden Täterinnen können sowohl der gleichen Familie angehören als auch eine Rolle als Vormund, Erzieherin, Krankenschwester, Babysitter usw. haben.

Bis vor neun Jahren hatte ich lediglich zwei Inzest-Überlebende getroffen, die um seelsorgerliche Hilfe gebeten hatten. Inzwischen sind es mehrere Hundert. Die hauptsächlichen Gründe dafür sind:

- Säkulare Literatur öffnete mir die Augen für die Realität.
- Ich fand heraus, dass mein seelsorgerlicher Ansatz mit Prinzipien des Helfens, die ich in der bestehenden Forschung über sexuellen Missbrauch an Kindern fand, in Einklang steht, und konnte von den vielen Kenntnissen anderer profitieren. Dies ermutigte mich, weiterzumachen.
- Das größere Angebot an christlicher Seelsorge machte es Überlebenden leichter, aus ihren »Verstecken« zu kommen und seelsorgerliche Hilfe in Anspruch zu nehmen. Der Gedanke, zu einem Berufspsychologen zu gehen, ist oft ein zu großer Schritt.
- Als reisender Lehrer für Laienseelsorge habe ich entdeckt, dass sich Menschen einem vertrauenswürdigen Außenstehenden gegenüber – als einer Art »umherreisende Mülltonne« – leichter öffnen. Ich fördere auch konfessionsübergreifende Seelsorge. Das bedeutet, dass missbrauchte Menschen aus der einen Kirche Hilfe von Seelsorgemitar-

beitern einer anderen Kirche bekommen. Auf diese Weise können sie dann in ihre eigene Kirche zurückkehren, ohne dass die Vergangenheit noch an ihnen haftet. Dies führte auch dazu, dass mich viele Pastoren einluden, mit verletzten Menschen ihrer Kirche zu arbeiten, ohne dass die Pastoren die Details wissen mussten.

In protestantischen Kreisen, in denen die Anonymität des Beichtstuhls verloren ging, wurde dieser letzte Aspekt nicht genügend verstanden. Über manche Themen werden Kirchenmitglieder nie reden wollen, wenn es sich nicht um einen anerkannten Außenstehenden handelt. Der Bedarf an überörtlicher, christlicher Seelsorge nimmt deshalb stark zu.

Im Bereich der sexuell Missbrauchten ist die Kirche ein Nachzügler. Allerdings bin ich froh, dass säkulare Studien uns mit vielen Fakten, Zahlen und Kenntnissen halfen, bevor wir uns zu dieser Sache äußerten. Zu oft tendiert die Kirche dazu, Antworten zu geben, bevor sie die Fragen der Menschen gehört hat.

Mit diesem Buch möchte ich Überlebende eines Missbrauchs darin bestätigen, dass sie nicht verrückt sind, dass ihr Lebensstil und ihr Wertesystem – die »Kultur des Missbrauchs« – weit verbreitet sind, dass es Möglichkeiten gibt, »sich selbst zu helfen«, und dass man täglich eine Zufuhr von »Leben von oben« erleben kann.

Es ist mir ein Anliegen, dass irritierte Ehepartner von Überlebenden eines Missbrauchs ein gewisses Verständnis für die verwirrte Welt ihres Partners bekommen. Die meisten von ihnen hatten schon einen heldenhaften Kampf zu bestehen und hätten einen Orden verdient! Ähnlich wie Co-Abhängige von Alkoholikern entwickeln sie oft einen Lebensstil, der ihnen hilft, sich an die speziellen Nöte und Bedürfnisse ihrer Partner anzupassen. Bauen sich Spannungen auf, können diese, ähnlich wie bei einem bevorstehenden Erdbeben, kleinere Schockwellen als Warnsignale voraussenden oder auch plötzlich explodieren und Familien auseinander reißen. Die Folgen eines solchen angepassten Lebensstils werden oft von Generation zu Generation weitergegeben.

Daneben hoffe ich, dass Pastoren und kirchliche Leiter den Mut haben, nach Wegen zu suchen, wie sie Gläubige für einen effektiven Dienst in einer gewalttätigen Welt zurüsten können. Wir leben in einer komplizierten Gesellschaft, in der sich die helfenden Wissenschaften schnell entwickelt haben, und ich hoffe deshalb, dass sie auch Wege finden, wie kirchliche Mitarbeiter und Laienseelsorger gut mit säkularen Helfern zusammenarbeiten können.

Dass ich Laien ermutige, das zu tun, was sie am besten können, nämlich Überlebende eines Missbrauchs in ihrem Heilungsprozess zu unterstützen, soll nicht heißen, es würden keine Spezialisten mehr benötigt. Das Gegenteil ist der Fall. Die Frage ist eher, an welcher Stelle wir die Spezialisten einsetzen, bei den vielen, die Hilfe benötigen. Die Ausbildung, Unterstützung und Supervision von Laien ist für mich eine entscheidende Antwort darauf. Ich hoffe deshalb, dass dieses Buch säkularen Helfern ein gewisses Verständnis für die Fragen gibt, mit denen Überlebende eines Missbrauchs mit einem christlichen Hintergrund konfrontiert sind. Ein wesentliches, kulturübergreifendes Seelsorgeprinzip – Verständnis und Respekt für verschiedene Wertesysteme – ist für eine hilfreiche Zusammenarbeit von christlichen Seelsorgern und Psychotherapeuten unerlässlich. Auf diese Weise habe ich positive Ergebnisse gesehen, wenn Klienten an säkulare Helfer überwiesen wurden, die christliche Werte als Parameter für die Therapie akzeptieren. Wird dies stärker beachtet, können unnötige Hindernisse beseitigt werden, mit denen Christen bei psychischen Nöten oft konfrontiert sind, wenn sie keine professionelle christliche Hilfe finden, aber auch nicht bereit sind, zu säkularen Helfern zu gehen.

Die Kirche hat eine moralische und in einigen Ländern auch gesetzliche Verantwortung, Maßnahmen zu treffen, sexuellen Missbrauch an Kindern zu verhindern. Wen lassen wir mit unseren Kindern und Jugendlichen arbeiten? Wir sollten dabei einer dienenden und respektvollen Haltung den Vorzug vor einer manipulativen und autoritären geben. In diesem Buch mache ich einige Vorschläge dazu, wie das praktisch aussehen kann.

Es gibt weitaus mehr Täter, als bekannt ist. Die Täter, die mich kontaktierten, erzählten mir von ihrer Angst, bloßgestellt und abgelehnt zu werden. Geben Sie die Hoffnung nicht auf, falls Sie einmal mit Missbrauch zu tun hatten oder noch immer damit kämpfen. Intellektuell zu wissen, dass etwas verkehrt ist, reicht nicht aus. Man muss den Schmerz fühlen. Wie Alice Miller zeigte, ist der erste Schritt zur Heilung oft, seinen eigenen Schmerz zu entdecken. Ich hoffe, dass einiges von dem, was ich über »den Gott, der in unseren Schmerz kommt« schreibe, einen Weg in eine neue Zukunft weist.

In Kapitel eins stelle ich eines der schwierigsten Probleme für Überlebende eines Missbrauchs vor: Wie geht man mit den sich wiederholenden Albträumen und Flashbacks um bzw. damit, dass die Erinnerung zu unserem Feind werden kann. Ich schlage die Idee des *mächtigen Friedens* vor und gehe darauf ein, dass es schon eine große Hilfe sein kann, als Helfer einfach nur da zu sein. Im zweiten Kapitel geht es darum, wie man ein guter Zuhörer sein kann, und ich lade Sie dazu ein, einige von denen, die ihre Geschichte erzählt haben, zu begleiten. Daneben berichte ich auch einiges aus meiner eigenen traumatischen Vergangenheit. Auch hier geht es schwerpunktmäßig um Hoffnung und darum, wie Kirchen einen Anfang finden können, zu Zentren der Heilung zu werden. In Kapitel drei stelle ich Definitionen und Begriffe in Bezug auf Inzest und sexuellen Missbrauch an Kindern vor, während Kapitel vier einige wichtige Tendenzen in der Kultur des sexuellen Missbrauchs erläutert. Ich gehe dabei auf die unterschiedlichen Reaktionen männlicher und weiblicher sowie introvertierter und extrovertierter Opfer ein. Kapitel fünf vertieft die Kenntnisse über die Kultur der sexuell Missbrauchten und erklärt, wie man kulturelle Grenzen überschreiten kann, um Überlebende zu verstehen und zu beraten.

Eine sehr persönliche Exkursion zu der Frage »Wo ist Gott, wenn Menschen leiden?«, findet sich in Kapitel sechs. Es wäre anmaßend, zu behaupten, dies wäre eine definitive Aussage; eher ist es ein Beweis dafür, dass der gesunde Menschenverstand und der Glaube an einen Gott, der noch immer selbst leidet, mir halfen, vor denen, die den Eindruck haben, Gott habe sie verlassen und die Kirche habe sie verraten, nicht die Ohren zu verschließen. Im siebten Kapitel zeige ich, dass die Kultur, die den Menschen ursprünglich helfen sollte, zu überleben und zu gedeihen, zu einem Mittel der Unterdrückung werden kann. Steckt jemand in einem kulturellen Gefängnis, so bleibt ihm immer noch die Möglichkeit einer von den sozialen Bedingungen unabhängigen, inneren Freiheit. Nachdem die Kirche (ebenso wie die säkularen Hilfesysteme) jahrhundertelang versagt hat, haben wir nun ein besseres Verständnis für die Not der Überlebenden eines Missbrauchs. Es bleibt jedoch die Frage, ob Menschen in leitenden Positionen bereit sind, darüber nachzudenken, inwiefern sie Teil eines missbrauchenden Systems sind. In Kapitel acht bestätige ich das Priestertum aller Gläubigen und das Recht und die Pflicht von Gläubigen, denen beizustehen, die verletzt sind. Laienseelsorger haben meist einen besseren Kontakt zu Hilfesuchenden und können deshalb eine Brücke zu professionellen Helfern bilden.

Die letzten Kapitel bauen auf den zuvor entwickelten Einsichten auf und sind praktischeren Themen gewidmet. In Kapitel neun liegt der Schwerpunkt auf der Macht der Symbolik, inklusive der Macht unseres Selbstbildes. Werden sie Opfer bleiben oder Überlebende werden, die lernen, aufzublühen. In Kapitel zehn nehme ich Sie mit nach Thailand. Dort lernten wir, in Situationen zu dienen, in denen Scham die Menschen davon abhielt, über ihre Probleme zu reden. Die Gegenwart Gottes zu erwarten sowie die Möglichkeit, einen inneren Dialog mit ihm zu führen, wenn wir die Hilfesuchenden nicht berühren können, wurde zu einem Eckpfeiler unseres Dienstes. Die Kraft von »Segensgebeten« und die Auswirkungen, die der Friede Gottes haben kann, werden in Kapitel elf behandelt. Dabei geht die seelsorgerliche Praxis neue Wege, um aufzuzeigen, dass der Einfluss des von Frieden Gottes auf Geist, Seele und Körper der alles durchdringenden Scham entgegenwirkt. In Kapitel zwölf untermauere ich die zentrale Rolle der Kirche für den Dienst. Hier arbeite ich auch den Gedanken aus, dass Schamgefühle Menschen oft davon abhalten, zu Seelsorgern zu gehen, die sie kennen bzw. denen sie weiterhin begegnen werden. Die praktischen Probleme, wie man sexuellen Missbrauch verhindern und innerhalb der Kirche darauf reagieren kann, werden in Kapitel 13 erörtert. Kapitel 14 trägt als Überschrift das Gebet vieler besorgter Eltern: »Bitte, Gott, nicht mein Kind ...« Wie geht man damit um, wenn man vermutet, dass ein Kind sexuell missbraucht wurde, bzw. wenn es tatsächlich passiert ist? In einem abschließenden Rückblick trete ich für einen biblischen Realismus ein, allerdings innerhalb eines Rahmens der Hoffnung. Wo die Sünde überhand nimmt, ist Gottes Gnade verfügbar, um der Sünde entgegenzuwirken. Auch wenn die Kirche in einer Gesellschaft des Missbrauchs jahrhundertelang geschwiegen hat, kann sie sich nun dafür entscheiden, die Art und Weise, wie wir miteinander umgehen, zu analysieren. Mit einer dienenden Haltung können wir die Systeme des Missbrauchs in unserem Umfeld beeinflussen, sei es in unserer eigenen Familie, in den Schulen, am Arbeitsplatz, in den Flüchtlingslagern und Slums dieser Welt oder an einem anderen Ort, an dem Gewalt herrscht.

Mein Ansatz für den Dienst wurde stark durch die Bücher des angesehenen »Doktors der Seele« Dr. Paul Tournier beeinflusst. In den fünfziger Jahren fiel mir zufällig eines seiner Bücher in die Hände. Sein Ansatz der Gnade half mir, die gesetzlichen Schichten meiner streng kalvinistischen Erziehung langsam abzutragen. In einem seiner letzten Bücher, *The Violence Within*, sah er die Zunahme der Gewalt, mit der wir heute zu tun haben, auf das Genaueste voraus. Er hatte beobachtet, dass die innere moralische Stimme erstickt wird, wenn jemand mehr Macht erlangt. Deshalb steigert sich der Missbrauch von Macht manchmal zu einem unvorstellbaren Ausmaß an Gräueltaten. Für jene, die eine »Bevollmächtigung« für den Dienst suchen, sind dies ernüchternde Worte, insbesondere hinsichtlich der unendlichen Berichte über Missbrauch in der Seelsorge, inklusive sexuellen Missbrauch!

Jesus lebte vor, was Tournier als Medizin gegen Machtmissbrauch beschreibt: eine dienende Haltung. Genau hier möchte ich mit diesem Buch anknüpfen.

Im Sommer 1994; Harderwijk, Niederlande

Hinweise an die Leser

Aus meiner Erfahrung mit Lesern meiner Bücher in Holländisch und Dänisch weiß ich, dass es verschiedene Gründe gibt, weshalb jemand zu einem Buch wie diesem greift. Ich möchte Sie ermutigen, die Teile zu überspringen, die für Ihre Situation zunächst weniger relevant sind. Die Übersicht in der Einleitung sollte Ihnen dabei helfen.

- Überlebende eines Missbrauchs sollten sich zuerst mit den praktischen Kapiteln befassen, d. h. damit, wie der *mächtige Friede* eine Heilung fördern kann.
- Ausgebildete Seelsorger können sich auf die theoretischen Teile konzentrieren, während Überlebende zu diesen Kapiteln später greifen werden, wenn sie damit beginnen, anderen zu helfen.
- Verfügen Sie über keine oder nur eine geringe psychologische Ausbildung und möchten trotzdem helfen, sollten Sie zuerst verstehen, wie die »Kultur der sexuellen Gewalt« die darin lebenden Menschen beeinflusst, und sich später der praktischen Anwendung des *mächtigen Friedens* zuwenden.

1

Erinnerungen – Freunde oder Feinde

Schnappschüsse

Einst hatte sich Elisabeth geschworen, sich nie wieder von einem Mann berühren zu lassen. Da sie dieses Vorhaben konsequent umsetzte, war sie mit vierzig immer noch allein stehend. Einige Male hatte sie schnell ihre Arbeitsstelle gewechselt, als Vorgesetzte unhöflich geworden und ihr zu nahe gekommen waren.

Vera ging dagegen unter Männern erst richtig auf. Ständig war sie von Männern umgeben und sorgte dafür, dass diese sie zum Essen einluden. Flirten wurde zu ihrem Lebensstil. Sie genoss es, die Männer um den Finger wickeln zu können.

Alice war darüber irritiert, dass sie sich zu Frauen hingezogen fühlte. Sie war eine klassische nordische Schönheit. Viele mit ihr befreundete Männer wären gerne mit ihr ausgegangen; sie ging jedoch nie darauf ein.

Edgar war sich seiner homosexuellen Gefühle bewusst und hatte sich deshalb für ein zölibatäres Leben entschieden. Ein homosexueller Lebensstil passte einfach nicht in sein christliches Wertesystem.

Leben mit belastenden Erinnerungen

Alle vier verband ein grundlegendes Problem, das unter ihren Nöten verborgen war: ein frühes sexuelles Trauma. Elisabeth vergaß nicht, wie sie eines Nachts aufgewacht war. Eine Hand strich sanft über ihren jungen, sich entwickelnden Körper. Sie erstarrte und stellte sich schlafend. »Du bist so schön ...«, hörte sie ihren Vater immer wieder flüstern. Als er sie immer weiter betastete, hielt sie es nicht mehr länger aus. Am ganzen Körper erbebend, schnappte sie nach Luft. Ganze Wellen von Gefühlen gingen durch ihren Körper. Der Schatten neben ihrem Bett starrte in ihr erschrockenes Gesicht. Er floh. Sie sprachen nie darüber und es passierte auch nicht wieder ... außer in immer wiederkehrenden Albträumen. Erst sehr viel später, als sie erwachsen war, wagte sie, sich zu öffnen und darüber zu reden.

Vera ist viel extrovertierter. Sie kann sich noch gut an die aufregenden Spiele mit dem neu zugezogenen Jungen aus der Nachbarschaft erinnern. Er war acht Jahre älter und wusste immer mehr als sie. Inzwischen wurde ihr klar, dass er sie langsam verführt, ihre Sexualität geweckt, sie stimuliert und ihr eine eigene geheimnisvolle Welt geschaffen hatte. Vera hatte instinktiv gewusst, dass ihre Mutter dagegen war. Ihr Vater hatte sie verlassen, als sie ein Baby war. Der Sohn des Nachbarn war der einzige nette junge Mann, den dieses lebhafte neunjährige Mädchen kannte. Es machte einfach mehr Spaß, mit ihm zusammen zu sein als mit den Mädchen in ihrer Gegend. Eines Tages entdeckte ihre Mutter jedoch, was ablief. Der Junge wurde von der Polizei mitgenommen und Vera hatte nun keinen Freund mehr. Im Dorf wurde sie gemieden. Schließlich zogen sie um. Als sie erwachsen wurde, fühlte sie sich nie mit jemandem so verbunden, dass sie an eine Heirat gedacht hätte.

Alice saß mir gegenüber. Sie war erschüttert. Ihre Mutter hatte ihr endlich erzählt, warum die nette Lehrerin, die bei ihnen gewohnt hatte, vor zwölf Jahren so plötzlich hatte weggehen müssen. Alice hatte eine innige Beziehung zu ihr gehabt und war oft zu ihr ins Bett gekrochen. Die Frau hatte sie dann gestreichelt und nette Dinge zu ihr gesagt. Dies hielt an, bis ihre Mutter eines Tages unerwartet nach Hause gekommen war und herausfand, dass das Streicheln passierte, während beide nackt waren, und dass Alice sexuell erregt war. Alice hatte dies alles vergessen; es war ja schon so lange her. Sie war damals erst sieben gewesen. Nun, aus heiterem Himmel, hatte ihre Mutter begonnen, darüber zu reden. Alices erste Frage war: »Bin ich lesbisch, Teo? Ich kann kaum noch schlafen. Gefühle und Erinnerungen überkommen mich und durchfluten meinen Körper. Ich hasse das, aber ich kann nichts dagegen tun.«

Edgar erzählte, wie er langsam von seiner eigenen, allein erziehenden Mutter verführt worden war. Er konnte sich weder genau daran erinnern, wann alles begonnen, noch wann es aufgehört hatte. Anlass dafür, professionelle Hilfe zu suchen, war, dass die Vergangenheit begann ihn einzuholen. Er war sich seiner homosexuellen Neigungen bereits bewusst. Nun fing er an, darüber nachzudenken. »Vielleicht hatte ich nie die Chance, mich zu der Person zu entwickeln, die ich wirklich bin. Vielleicht kann ich wegen meiner eigenen Mutter die Nähe von Frauen nicht ertragen.«

Als Edgar mir seine Geschichte mitteilte, war ich ziemlich schockiert. »Tun Frauen das etwa auch?« Ich erkannte nun, dass ich als Seelsorger ein Problem hatte, und war gezwungen, mich damit auseinander zu setzen; ich brauchte eine realistischere Einstellung der Sünde gegenüber. Wenn Väter es tun, warum nicht auch Mütter, Schwestern, Tanten, Lehrerinnen, Leiterinnen von Jugendgruppen? Missbrauch ist offensichtlich nicht eine Sache des Geschlechts.

Leben mit Flashbacks[1]

Elisabeth hatte Schlafstörungen. Es dauerte oft Stunden, bis sie in einen leichten Schlaf fiel. Bei jedem Geräusch wachte sie auf und suchte den Schatten neben ihrem Bett. Sie wusste, dass die Leute sehen konnten, wie müde sie oft war. Kam Vera einem Mann etwas näher, wurde sie jedes Mal unruhig und sah dauernd das boshafte Grinsen im Gesicht ihres nachbarlichen Freundes. Das reichte ihr schon, um einen Rückzieher zu machen. Alices Schulleistungen fielen dramatisch ab. Ihre Lehrer gaben an, sie würde oft einfach nur dasitzen und ins Leere starren. Edgar dagegen hatte keine Probleme mit dem, was passiert war, da er es wirklich vergessen hatte – bis die Flashbacks aufgetreten waren, deren Bedeutung ihn schwer erschütterten.

»Bitte keine Flashbacks mehr!«

»Wird dies jemals ein Ende haben?« Viele Überlebende eines schweren Traumas[2] ringen mit dieser Frage, besonders dann wenn sie wieder einmal mit einem unerwarteten Flashback konfrontiert werden. Es ist, als spielte eine unsichtbare Hand ein altes Video ab, das selbst am helllichten Tage immer wiederkehrende Albträume hervorruft.

Das Gedächtnis, diese kostbare Gabe der Schöpfung, kann sich in einen rasenden Feind verwandeln und uns in die endgültige Zerstörung hineintreiben. Unsere natürliche Reaktion ist, diesen Erinnerungsblitzen zu widerstehen. Bei manchen Menschen funktioniert dies auch teilweise, wenigstens eine Zeit lang. Aber es gibt auch die anderen, die diesen Kampf mit den Schatten der Vergangenheit verlieren. Wieder werden sie zu Opfern. Eine grausame Hand dreht die Zeiger der Uhr zurück. Es vergeht eine Ewigkeit, bevor sie sich erholen. Die Menschen um sie herum merken kaum etwas von der Panik und der sie begleitenden Lähmung. Gefühle der Bedrohung und der Ohnmacht bleiben noch lange nach dem Verblassen der schrecklichen Bilder (Blitzlichter) zurück.

Nach den vielen mir zu Ohren gekommenen Geschichten zu urteilen, gibt es keine Garantie dafür, dass die Flashbacks jemals verschwinden werden. Man kann jedoch lernen, sich mit ihnen auseinander zu setzen, sie zu neutralisieren und ihnen eine neue Bedeutung zu geben. Jahrzehntelang waren für mich die monatlichen Proben der Alarm-Sirenen ein Problem. Ich entschloss mich schließlich, dies zu meinem Gebetsruf für den Frieden zu machen. Das Heulen der Sirenen bekam so allmählich eine neue Bedeutung: Meine erste Reaktion ist nun nicht mehr, nochmals den Lärm der Flugzeuge und die darauf folgende, durch das Abwerfen der Bomben hervorgerufene Änderung des Schalles zu durchleben, sondern ein Gebet zum Gott des Friedens! Andere erzählten mir, die »alte Geschichte« habe sich bei ihnen von einem Video in ihrem Inneren zu einem auf eine große Leinwand projizierten, externen Video verändert. Sie konnten sich von ihm distanzieren, einen größeren Abstand dazu einnehmen und beobachten, wie die schrecklichen Bilder immer mehr an Kraft verloren und schließlich verblassten. Andere wiederum lernen, während eines Flashbacks eine andere Erfahrung zu überlagern: Jesus, der das Leiden kennt, wird zu ihrem Fixpunkt. Je mehr sich seine Gegenwart einstellt, desto mehr verblassen die schrecklichen Erinnerungen.

Einsame Erinnerungen von Überlebenden von sexuellem Missbrauch

Personen, die in einem Konzentrationslager gelitten haben, wird meist noch eine gewisse Sympathie entgegengebracht. Dies trifft in der heutigen Zeit z. B. auch auf Opfer eines Raubüberfalls oder einer Vergewaltigung zu. Überlebende eines sexuellen Missbrauchs hingegen müssen sich oft vor Scham verstecken und sind nicht fähig, darüber zu reden.

Manche entschließen sich sogar, ihr Geheimnis mit in einen verfrühten Tod zu nehmen. Überlebende eines Inzests sind nicht nur mit der Last eines größeren Traumas konfrontiert. Da sie in einem Umfeld aufgewachsen sind, das ihnen noch viele weitere Traumata bereitete, müssen sie zusätzlich die daraus resultierenden Folgen tragen.

Meist leiden die Menschen nicht nur an einem einzelnen Trauma. Es scheint sich um eine »Dachziegelkonstruktion« zu handeln, wobei sich die Traumata gegenseitig überdecken. Diese ziegelartige Anordnung der Traumata ist ein Grund dafür, weshalb der Inzest, das am tiefsten erlebte Trauma, für diejenigen, die helfen wollen, oft verborgen bleibt. Säkulare Psychotherapeuten und auch kirchliche Mitarbeiter haben die Hinweise für einen sexuellen Missbrauch häufig übersehen. Entweder wussten wir nichts darüber oder wir waren nicht in der Lage, die richtigen Fragen zu stellen. Oft waren wir auch nicht bereit, das zu hören, was gesagt wurde, und richteten unseren Blick auf andere Traumata, mit denen wir uns besser auskannten.

Erhalten Opfer die benötigte Hilfe nicht, suchen sie sich ihre eigenen Wege des Überlebens. Ich staune immer wieder über die Einsicht und Kreativität, die in Fluchtmechanismen und Überlebensstrategien ihren Ausdruck finden, während sie lernen, mit den Flashbacks auf verschiedenartige Weise fertig zu werden. Manche begeben sich auf eine Reise in die Fantasie, andere flüchten sich ins Gebet. Viele verabschieden sich einfach in ein dunkles, bedrücktes Schweigen. Eine weitere Überlebensfertigkeit ist die ständige Bereitschaft, jede Erinnerung an die Vergangenheit zu vermeiden. Diese eiserne Gedankenkontrolle beeinflussst auch ihre Reaktion auf andere Dinge. Es kann sich von zwanghaften persönlichen Gewohnheiten bis zu Herumalbern erstrecken, solange sie nur das Geschehen um sich herum unter Kontrolle halten, unabhängig davon, wo sie sich gerade befinden. Eines trifft auf alle zu: Was auch immer geschah – es beeinflusst noch heute ihr Verhalten in aktiver Weise.

Müssen wir uns wirklich erinnern?

Wenn es so schwierig ist, mit den Flashbacks umzugehen, sollten dann diejenigen, die sich nicht erinnern können, nicht dankbar sein? Warum wollte die Mutter von Alice diese alten Erinnerungen wieder beleben? Edgar berichtete mir, dass die Erinnerungen gerade dann nach und nach zurückkamen, als er durch ein stärkeres Bewusstsein der Gegenwart Gottes inneren Frieden gefunden hatte.

In einem Fernsehprogramm über psychotherapeutische Ansätze in Israel wurden einige grundlegende Fragen über den Sinn, »die Erinnerungen an vergangene Gräuel zu wecken«, gestellt. Kommt nicht eine Zeit, die Vergangenheit ruhen zu lassen? Sollten wir, insbesondere mit älteren Überlebenden, überhaupt so viel über die Vergangenheit reden? Wäre es nicht besser, die Tür zum »Leichenkeller« fest verschlossen zu halten?

Dieselben Fragen stellen sich heute in dem Zusammenhang, dass immer mehr Menschen ihre inzestuöse Vergangenheit nicht länger verheimlichen. Manche reden darüber, weil sie sich dessen schon lange bewusst sind, andere, weil Seelsorger und Therapeuten durch ihr Nachfragen Türen zu bisher verschlossenen Teilen der Realität aufstießen. Für Laienseelsorger ist diese Frage von noch viel größerer Bedeutung, insbesondere da inzwischen viele Bücher über »emotionale Heilung« als Teil des Dienstes der Kirche erschienen sind. Stellen wir den Laienseelsorgern so etwas wie ein Do-it-yourself-Programm für offene Herzchirurgie zur Verfügung? Ich hatte mit Menschen zu tun, die seitens solcher begeisterter Laien einem schmerzhaften und ungeschickten Herumstochern in ihrer Vergangenheit ausgesetzt waren. Sie brauchten Heilung von emotionalen Heilungsprozessen!

Erinnerungen – Teil unseres Lebens

Erinnerungen sind wichtig; mehr noch: die Fähigkeit, sich zu erinnern, ist eine der wertvollsten Gaben der Schöpfung. Ohne sie gäbe es keine Geschichte. Die Vermächtnisse der Vergangenheit würden nicht erhalten bleiben; jeder müsste alles neu erfinden, ohne zu nutzen, was andere bereits erreicht haben. Auch unsere Motivation wird von dem Wunsch, sich zu erinnern, angetrieben. Dies können wir insbesondere an der Schönheit der Künste, der Architektur von Bauwerken oder daran erkennen, dass jemand in einer Forschungspublikation eine Entdeckung für sich beansprucht.

Damit wir aber in all den Informationen nicht ertrinken, besitzen wir noch ein weiteres Geschenk der Natur: die Fähigkeit zu vergessen. Unser Gefühlsspektrum ist z. B. ein Werkzeug, mit dem wir herausfiltern können, was wir behalten und was wir vergessen wollen. Je intensiver wir etwas erleben, desto besser können wir uns daran erinnern. Immer wenn ich Mottenkugeln rieche, muss ich schmunzeln. Mir fallen dann einige schöne Erinnerungen an meine Großmutter ein! Wahrscheinlich würde diese Assoziation zwischen Großmutter und Mottenkugeln bald verloren gehen, würden wir auch heute noch Mottenkugeln benutzen. Da ich diesem Geruch aber nur selten begegne, ist das entsprechende Signal klar und deutlich. Machen wir eine bestimmte Erfahrung jedoch immer wieder, wird sie »gewöhnlich« und wir können sie nicht so leicht behalten. Dies ist z. B. bei Rauchern der Fall. Vielen Leuten, die mit dem Rauchen aufgehört haben, fällt nach einer gewissen Zeit auf, dass sie nicht wahrgenommen hatten, wie stark der Geruch des Rauchs ist.

Ein weiterer natürlicher Mechanismus, der uns erinnern oder vergessen lässt, hat mit unserem Willen zu tun. Wir können uns entscheiden, ob wir uns erinnern oder taub stellen wollen. Zahllose Polizeiermittlungen haben gezeigt, dass wir fähig sind, Dinge so zu sehen, wie wir sie gerne sehen möchten, bzw. Dinge zu hören, von denen wir befürchten, sie würden gesagt werden. Die Kräfte des Verleugnens, der Erwartung und der Vorstellung prägen unser Leben! Gleichzeitig sind dies Überlebenswerkzeuge für harte Zeiten. Das Leugnen schmerzhafter Tatsachen kann eine Art inneren Frieden bewirken. Die Entscheidung, in der Gegenwart zu leben, statt sich über die Vergangenheit zu sorgen, ist in schwierigen Umständen ein wichtiger Beitrag zu einem zufriedenen Leben.

Wie wichtig das Gedächtnis ist, sehen wir am deutlichsten an unserem Bedürfnis zu überleben. Das Gedächtnis ist uns eine Hilfe darin, uns an neue Situationen anzupassen: Wir lernen, weil wir uns erinnern; wir leben, weil wir uns erinnern. Ohne Gedächtnis würden wir nur vegetieren. Man könnte auch sagen: »Ich erinnere mich, also bin ich.« Wie wahr dies ist, wird einem schnell klar, wenn man in die leeren Augen eines Alzheimer-Patienten blickt.

Erinnerung als Feind

Die Schöpfungsgabe des Lebens, die man in einer Zelle findet, kann zu einem tödlichen Feind werden, wenn sich das Leben gegen sich selbst wendet und destruktiv, krebsartig wird. Ebenso kann sich die Erinnerung, so schön sie auch sein mag, vom Freund zum Feind wandeln und uns zwingen, uns ständig um der Erinnerung willen zu erinnern. Es ist dann nicht diese Art von Erinnerung, mit deren Hilfe wir uns an neue Situationen anpassen können, sondern eine endlose Wiedergabe vergangener Schreckenserlebnisse, einem unendlichen Supervideo vergleichbar, auf dem auch Geschmack, Berührungen, Klänge und Gerüche aufgezeichnet sind. Solche Erinnerungen binden Menschen an vergangene Erlebnisse und berauben sie der Energie, die sie zu einem Leben im Hier und Jetzt benötigen.

Der Wille zu leben ist jedoch unglaublich stark. Man muss sich nur daran erinnern, wie viele Flüchtlinge unter den widrigsten Umständen überleben. Um mit destruktiven Lebensformen fertig zu werden, kann dieser Wille im Körper auch in einen Überlebensmechanismus verwandelt werden. Auf diese Weise werden in gesunden Menschen Krebszellen zerstört. Auch zerstörerischen Erinnerungs-Videos können wir so auf eine gesunde Art begegnen. Wir können uns mit ihnen auseinander setzen, Entscheidungen treffen und, vor allem, von ihnen lernen.

»Verzerrte« Erinnerungen

Traumata wirken wie Linsen, die unsere Wahrnehmung verzerren. Dies hat eine sehr eigene und oft entstellte Sicht der Wirklichkeit zur Folge.

Ich kenne diese verzerrenden Auswirkungen der Traumata aus eigener Erfahrung. Heute, fünfzig Jahre danach, sind sowohl den mir nahe Stehenden als auch mir noch immer einige der lähmenden Auswirkungen des Zweiten Weltkriegs in meinem Leben bewusst. Die Ereignisse sind sozusagen in schwarzen, geistigen Marmor eingraviert.

Diese Verzerrung der Erinnerungen ist auch ein Grund dafür, dass so viele Augenzeugen sich widersprechende Aussagen machen. Manchmal wird sich nie genau feststellen lassen, inwiefern der Bericht über einen Missbrauch wirklich den Tatsachen entspricht. Wie ich jedoch später zeigen werde, ist eine große Genauigkeit nicht von primärer Bedeutung, wenn es darum geht, einen Überlebenden in einem Heilungsprozess zu unterstützen und zu bevollmächtigen.

Man könnte insbesondere die Genauigkeit der Erinnerung eines Kindes infrage stellen. Dies wird in Gerichtsverfahren, in denen es um sexuellen Missbrauch geht, oft getan.[3] Ich selbst musste entdecken, dass mein Gedächtnis peinlich genau war. Nach mehreren Jahrzehnten besuchte ich endlich einmal wieder das mittelalterliche Schloss von Haamstede im Südwesten der Niederlande, das früher einmal als Kinderheim genutzt worden war. Man hatte mich dort hingebracht, weil meine Eltern in verschiedenen Konzentrationslagern interniert worden waren. Lange Zeit hatte ich mich nach dieser Begegnung mit meiner Vergangenheit gesehnt, mich aber auch davor gefürchtet. Ein seltsamer Traum bereitete mich auf diesen Besuch vor. In diesem Traum war ich um den Ort herumgegangen und hatte ihn lachend verlassen. Als ich dann wirklich in das Gebäude hineinging, war ich von der Genauigkeit meiner Kindheitserinnerungen erschüttert. Ich hatte gehofft, dass die Begegnung mit diesem Ort Klarheit über Fantasie und Wirklichkeit bringen würde. Hier stand ich nun im Speisesaal im Erdgeschoss, wo ich gezwungen worden bin, mein eigenes Erbrochenes aufzuessen, als mein Magen das, was serviert worden war, nicht hatte aufnehmen können. Das Spielzimmer für die Kinder mit den riesigen Fenstern war ein weiterer Schock. Da war es also. Nur die Möbel waren verändert. In diesem Zimmer hatte ich unter den Spielsachen für die Kleinkinder einen Wagen aus Holz entdeckt, den mein Vater mir aus dem Gefängnis geschickt hatte. Mein Name hatte darauf gestanden, aber sie hatten ihn mir nie gegeben. Ich hatte versucht, meinen entdeckten Schatz fest zu halten, aber sie nahmen ihn mir weg. Es ist mir noch immer unangenehm, mich an die Wogen der Gewalt zu erinnern, die sich damals erhoben, als ein kleiner Junge sich in einen wilden Tiger verwandelte.

Heute weiß ich, dass diese Erinnerungen meine Suche nach Freiheit und den Wunsch, meine Identität zu finden, blockierten. Da ich dies nicht außerhalb meiner selbst finden konnte, wandte ich mich nach innen und schuf mir meine eigene Welt. Es dauerte viele Jahre, bis ich wieder einen Weg nach draußen fand.

Von der Notwendigkeit, die Wirklichkeit zu leugnen

Eine Frau, die mehrere Jahre in einer psychiatrischen Einrichtung verbracht hatte, war inzwischen soweit auf ihrem Heilungsweg genesen, um für ein Wochenende nach Hause gehen zu können. In dieser Zeit hörte sie von einem meiner Seminare über sexuellen Missbrauch und wollte unbedingt daran teilnehmen. Auf diesem Seminar hatte sie dann eine persönliche Begegnung mit Gott, so dass sie sich anschließend stark genug fühlte, zu ihrem Therapeuten zu gehen und offen über das zu reden, was sie zuvor beharrlich zurückgehalten hatte. Das Geschehene zu leugnen, war bis dahin ihr Überlebensmechanismus gewesen. Der Missbrauch hatte so viele Bereiche ihres Lebens betroffen, dass ihr System des Verleugnens immer stärker geworden war und ihre normale Lebensfähigkeit beeinträchtigt hatte, bis sie in der psychiatrischen Einrichtung gelandet war. Das Seminar gab ihr neue Hoffnung und die Kraft, die Verleugnung langsam aufzubrechen. Die Veränderung war so gewaltig, dass sie bald darauf für immer nach Hause zurückkehren konnte. Als ich mich mit ihr unterhielt, wurde mir klar, dass sie jahrelang durch sorgfältige psychiatrische Hilfe einige Fertigkeiten erlernt hatte, die sie in die Lage versetzt hatten, mein Seminar zu besuchen und neue Traumaschichten anzupacken. Dies wiederum beschleunigte die Therapie und die professionellen Seelsorger konnten weiter vorangehen.[4]

Bis vor kurzem dachte man, bei sexuellem Missbrauch seien die Opfer normalerweise Mädchen und die Täter männlich. Inzwischen gibt es aber immer mehr Berichte, die ein anderes Bild aufzeigen.[5] Vergleicht man die zufälligen und schnell wechselnden Kontakte Pädophiler mit der Anzahl von Jungen, die später[6] nach Hilfe suchen, stellt sich die Frage, ob männliche Überlebende ein größeres Bedürfnis (und eine größere Kapazität) haben, diese schlimmen Erlebnisse zu verdrängen und einfach irgendwie weiterzuleben. Es sind mir schon zu oft Männer wie Edgar begegnet, die lange Zeit keine Ahnung davon hatten, was in der Vergangenheit passiert war. Viele Zwiebelschichten weiterer Traumen hatten die Erfahrungen des Sexualmissbrauchs überdeckt und in die ferne Vergangenheit verschoben.

Variationen des Verleugnens

Nicht alle Menschen reagieren in gleicher Weise auf die Gewalt, die sie überrollt. So gelang es z. B. vielen Niederländern, ihre Kriegserlebnisse zu verdrängen, zu leugnen oder vor ihnen wegzulaufen. In Momenten der Schwäche, oft im höheren Alter, zeigen sich im Verteidigungssystem einiger jedoch Risse. Andere nehmen stoisch ihre verschwiegenen Erlebnisse mit ins Grab. Bei mir selbst war es eher so, dass mich die oben erwähnten Ereignisse während des Krieges – und auch viele andere – emotional lähmten. Auch während ich dies schreibe, ist mir bewusst, dass ich noch immer gehandikapt bin. Ich habe gelernt, damit zurechtzukommen; ich bin zuversichtlich, dass ich (in der Vergangenheitsform) sagen kann: »Ich war ein Opfer«; auch verfolgen mich die Bilder von früher nicht mehr. Diejenigen, die mich während des Heilungsprozesses begleiteten, können bestätigen, dass ich mich wesentlich verändert habe. Nun lebe ich in der Gegenwart. In der Beziehung zu anderen Menschen und in meiner Fähigkeit bzw. meinem Mangel zu kommunizieren, behindern mich jedoch die Folgen der Ereignisse in der Vergangenheit noch immer.

Kirchen und die Leugnung des Missbrauchs

Vor einiger Zeit besuchte ich eine kleine Kirche im Süden Portugals. Dort sah ich eine Marienstatue, bei der das Herz Marias von sechs Schwertern durchbohrt war. Früher fühlte ich mich beim Anblick solcher »Leidensbilder« unwohl. Inzwischen habe ich erkannt, dass dieser leidende Gesichtsausdruck Marias wohl zahllose Frauen angesprochen haben muss, die in diesen »guten alten Zeiten« ebenfalls mit viel Leid konfrontiert waren – Mütter, die ihre Kinder durch Krankheit, Hunger oder Krieg verloren.

Seit vielen Generationen versucht die Kirche denen, deren Leben durch Trauer erschüttert ist, Worte des Mitgefühls und des Trostes zuzusprechen. Sie verweist dabei auf den leidenden Jesus, der weiß, wie sehr das Leben verletzen kann, oder auf das Leben anderer, die ihm nachfolgten, und insbesondere auf das Wort Gottes. Hoffnung weitergeben, neue Perspektiven vermitteln, eine neue Person werden, eine neue Identität empfangen – mit solchen und ähnlichen Themen ging die Kirche in der Vergangenheit auf die Leidenden ein.

Persönliches Leid brachte einige Menschen dazu, empörte Schreie in das Gesicht Gottes zu schleudern. Hiob sowie der eloquente Herzensschrei Bunyans in der *Pilgerreise* sind Beispiele dafür. Ein anderes Juwel, das von dem Isländer Hallgrimur Petursson verfasst und 1666 zum ersten Mal herausgegeben wurde, zeigt, dass Leid in eine Dichtung von solch großer Schönheit gewoben werden kann, dass es sogar die Übersetzung ins Englische übersteht.[7]

Obwohl die Kirche einer leidenden Welt diente, versagte sie in einem Bereich mit schlimmer Regelmäßigkeit. Sie leugnete, dass es in den eigenen Reihen und sogar durch die eigenen Leiter sexuellen Missbrauch an Kindern gab. Darin war sie jedoch nicht allein. Auch die säkulare Welt weigerte sich, diese Realität anzuerkennen, obwohl die Aufklärung zu einer Neubewertung des Lebens eines Kindes geführt hatte. Humanisten kann man vielleicht ihren Optimismus, ihre Naivität und ihr Überbeschäftigtsein damit, den Schmerz ihres eigenen sexuellen Missbrauchs zu verdrängen, vergeben.[8] Die Kirche hätte jedoch wissen sollen, wie grundlegend verdorben der Mensch ist. Schließlich ist die Bibel ein sehr ehrliches Geschichtsbuch. Ihre Botschaft kann uns dafür zurüsten, uns dem Schmerz der Vergangenheit zu stellen.

Umgang mit unbewältigten Erinnerungen

Das Verstehen von Traumaprozessen half mir, mich selbst bereitwilliger so zu akzeptieren, wie ich bin. Ich fühle mich heute nicht mehr so schuldig, dass ich bestimmte Eigenarten habe.

Trotzdem habe ich mich mit dem gegenwärtigen Zustand nicht abgefunden. Dies verursacht manchmal zugegebenermaßen in mir selbst und auch in der Beziehung zu anderen schmerzhafte Spannungen. Ich weiß aber, dass ich lebendiger bin und das Leben so viel mehr genieße als früher. Auch habe ich herausgefunden, dass ich anderen, die in ihrem Heilungsprozess am Kämpfen sind, beistehen kann. Will man Überlebenden eines Inzests helfen, muss man sich nicht nur mit sexuellem Missbrauch an sich, sondern mit vielen weiteren Formen des Missbrauchs auseinander setzen. Dazu gehört z. B. auch die Notwendigkeit, ihnen zu helfen, sich den Langzeitfolgen zu stellen: einer kaputten Ehe, der Unfähigkeit, bleibende Beziehungen einzugehen, oder den Schwierigkeiten, eine Arbeitsstelle zu behalten.

Elisabeth, der wir zu Beginn dieses Kapitels begegneten, war offensichtlich tief verletzt. War es möglich, dass dies von dem einmaligen Missbrauchserlebnis mit ihrem Vater herrührte? Bei Personen, die wie Elisabeth in einem strengen, moralischen Umfeld aufgewachsen sind, stellt sich mir diese Frage sehr häufig. Die Widersprüchlichkeit des Verhaltens ihres Vaters, die darauf folgende eisige Stille, die Macht der Worte »Du bist so schön«, verknüpft mit einem Schuldgefühl »Ich brachte ihn dazu, all das zu tun« – dies alles führte zu einem tiefen emotionalen Trauma, das durch den Ekel, den sie diesem einen Satz gegenüber entwickelte, lebendig gehalten wurde. Sagte ihn jemand in ehrlicher Absicht, verursachte er damit das genaue Gegenteil, da die alte, schlechte Erinnerung wieder hervorgeholt wurde. Sie war jedoch nicht in der Lage, mit jemandem darüber zu reden, nicht einmal, als ein Seelsorger entsprechende Fragen stellte. Erst durch eine neue Begegnung mit Gott fand sie die Stärke, sich zu öffnen.

Ihre Unfähigkeit, tiefe Beziehungen zu pflegen, machte Vera unzufrieden. Seelsorge half ihr, die Notwendigkeit eines »emotionalen Fastens« zu entdecken: aufzuhören, wie ein Schmetterling ruhelos von einer Person zur anderen zu flattern, und sich zuerst nach innerem Frieden auszustrecken – Frieden mit der Schöpfung und mit dem Schöpfer. Erst danach konnte sie mit dem, was ihr vorher schon verstandesmäßig bewusst war, auch emotional umgehen: dem zerstörerischen Einfluss der allmählichen und raffiniert geplanten Verführung durch diesen grinsenden Nachbarsjungen. Die Erinnerung an sein Grinsen veränderte sich, als sie sich seine aggressiven Augen und die hässlichen Namen, die er ihr »spaßeshalber« gegeben hatte, ins Gedächtnis rief. Sie machte sich die Langzeitfolgen bewusst und ging durch eine Zeit intensiven Zorns und Hasses. Der Geist Gottes befähigte sie, mit der dunklen Seite ihres Lebens in Berührung zu kommen, dem lebendigen Abdruck ihres Verführers. Es dauerte lange, bis sie sich durch diese dunklen Erinnerungen hindurchgearbeitet hatte und schließlich Frieden fand.

Bei Alice war es so, dass sie zuerst eine Phase der Trauer über den Verlust ihrer Unschuld bewältigen musste. Auch war sie über ihre Mutter verärgert, da diese nach dem Vorfall keine fachmännische Hilfe gesucht hatte, still geblieben war und alles zugedeckt hatte. Sie hinterfragte Gottes Macht. Warum hatte er dies zugelassen? Wo war er damals gewesen? Mit Standardantworten gab sie sich nicht zufrieden. Sie wollte ihre eigene Antwort finden. Der Seelsorgeprozess half ihr, sich ohne Verdammnisgefühl mit ihren Zweifeln und Fragen auseinander zu setzen.

Edgar war wegen seiner Esssucht in die Seelsorge gekommen. Bald stellte sich heraus, dass diese Sucht eine religiöse Sucht überdeckte: ein krankhaftes Engagement in seiner Gemeinde, die ihn lediglich als bereitwilliges und verfügbares Mitglied sah. Er war jederzeit bereit, alles zu tun, auch auf Kosten seines eigenen Privatlebens und schließlich seiner Arbeitsstelle. Als er verstanden hatte, dass sein Bild von Gott dem eines Sklavenhalters glich, war er zu einer neuen Begegnung mit Jesus als dem dienenden König bereit und lernte Gottes bedingungslose Liebe kennen. Nachdem er durch Jesus Frieden mit Gott gefunden hatte, war seine erste Reaktion ein großes Erstaunen über seine neu gefundene innere

Ruhe. Eines Nachts rief er mich dann an. Ganz durcheinander stolperte er unter Tränen über seine eigenen Worte und platzte mit der Geschichte über die von Missbrauch geprägte Beziehung zu seiner Mutter heraus. Sein Gedächtnis hatte sich irgendwie dafür entschieden, es sei nun sicher genug, die verschlossenen Informationen freizugeben.

Alles hat seine Zeit

Diese Geschichten zeigen deutlich, dass nicht jeder bereit ist, sich der Frage des sexuellen Missbrauchs zu stellen. Oft muss man abwarten, muss zuerst die richtige Plattform schaffen und den Überlebenden in die Lage versetzen, sich mit seinen Problemen befassen zu können, damit er nicht hilflos von einem Traumaspezialisten abhängig bleibt.[9]

Der Überlebende allein hat das letzte Wort darüber, ob nach verborgenen Erinnerungen an den Missbrauch geforscht werden soll oder nicht. Die Seelsorge sollte ihn in diesem Punkt unterstützen. Ich selbst bevorzuge in der Tat eine natürliche Vorgehensweise, indem ich zunächst versuche, eine heilende Atmosphäre zu schaffen und die ratsuchende Person zu lehren, wie sie damit umgehen kann, wenn etwas von allein aus der Vergangenheit zum Vorschein kommt.

Vermutet ein Helfer, es sei Missbrauch vorgekommen, sollte vorrangig folgende Frage geklärt werden: Wenn dem so ist, soll ich es jetzt ansprechen oder einfach abwarten und zunächst damit beginnen, an den Langzeitfolgen zu arbeiten, ohne den Eindruck, den ich bekommen habe, mitzuteilen?[10]

Elisabeth war ursprünglich wegen ihrer Unfähigkeit zu vergeben und nicht wegen des Missbrauchs gekommen. Vera sehnte sich nach tieferen, kontinuierlichen Beziehungen. Alice war durch das, was ihre Mutter ihr erzählt hatte, erschüttert und in Bezug auf ihre eigene sexuelle Identität verwirrt.

Mit der Zeit, als sich die Langzeitfolgen des Missbrauchs herausstellten, mussten sich alle mit ihrer Vergangenheit auseinander setzen. Ich musste nicht warten, bis die »Missbrauchsfrage« gestellt worden war, um ihnen zu helfen. Obwohl ich von Beginn an vermutete, dass es noch mehr gab, als ihnen bewusst war, konnte ich mit den Problemen beginnen, die schon ersichtlich waren.

Erinnerung an Inzest: Wie kann man als Seelsorger adäquat reagieren?

Ein Lernender werden

Wie geht man als Seelsorger mit Erinnerungen bezüglich des Missbrauchs um? Zunächst einmal gibt es sowohl im christlichen wie im säkularen Bereich ständig neue, informative Bücher. Es ist auch hilfreich, diese Bücher mit anderen Seelsorgern zu besprechen. Noch besser ist es, Überlebende zu finden, die bereit sind, ihre Meinung dazu zu äußern, und die mitteilen können, wie sie es lernten, das Evangelium in ihrem persönlichen Leben anzuwenden. In Elisabeths Fall kann das bedeuten, dass man sich mit ihrer tief sitzenden Unfähigkeit, ihrem Vater zu vergeben, auseinander setzt und sich von neuem damit befasst, dass Vergebung eine Gabe Gottes und kein widernatürliches Gesetz ist. Auch Personen wie Vera, Alice und Edgar haben ihre eigene Geschichte und benötigen einen an ihre spezielle, verdrehte Welt angepassten Ansatz. Standardlösungen reichen da nicht aus. Die Seelsorge an Überlebenden eines Missbrauchs wird unsere ganze Erfahrung der Wirklichkeit Gottes herausfordern. Wir werden dadurch selbst zu Fragenden werden, vielleicht sogar unter Tränen und mit lauten Gebeten, wie es bei Jesus der Fall war.

Zwischen objektiver und subjektiver Wahrheit unterscheiden

Die Streiflichter vom Beginn dieses Kapitels geben lediglich wieder, woran sich die Personen erinnert bzw. was ihnen andere erzählt hatten. Aufgrund unserer Fähigkeiten, uns selektiv zu erinnern, zu rationalisieren, Fakten auszublenden und Dinge zu sehen, die gar nicht so passiert sind, sehen sich viele Seelsorger gezwungen, den Wahrheitsgehalt des Erzählten zu hinterfragen. Gerade hier, noch bevor das Opfer eines Missbrauchs die Gelegenheit hat, seine Sicht der Dinge zu erzählen, beginnen meiner Meinung nach die meisten seelsorgerlichen Fehler. Die Information ist einfach zu bedrohlich: »Mein Jugendmitarbeiter kann das unmöglich getan haben ...«

Aus der Sicht der Therapie ist es weniger wichtig, ganz genau zu wissen, was, wann bzw. durch wen etwas geschehen ist. Wichtiger ist, zu erkennen, dass das Opfer offensichtlich durch irgendetwas verletzt ist. Werden Tatsachenaussagen gemacht, die auf einen möglichen Missbrauch hindeuten, sollten wir sie notieren, dabei aber jeden Eindruck des Misstrauens vermeiden und sie eine Zeit lang ruhen lassen. Oft sind die ersten Erinnerungen noch konfus und es dauert einige Zeit, bis sich der Schleier des Verleugnens hebt und ein klares Bild erscheint. Kann jemand seine Aussagen durch eine innere Gewissheit untermauern, dann ist er auch fähig, sich dem Durcheinander, das zum Vorschein kommende Fakten mit sich bringen, mit einem entsprechenden Nachdruck zu stellen.

Es gibt mindestens drei Gründe, weshalb die Fakten in den vagen Umrissen einer fernen Vergangenheit verloren gehen können:

1. *Der Missbrauch liegt bereits mehrere Jahrzehnte zurück.* Der Überlebende merkt dann oft nicht, dass viele Vorfälle durch teilweises Leugnen, Fantasien usw. verdreht sein können.

2. *Der Überlebende war zum Zeitpunkt des Missbrauchs noch sehr jung.* Da es sich in diesem Fall um nonverbale Erinnerungen handelt, gibt es nur herumschwirrende Gefühle, vergleichbar mit nicht-adressierten Informationen im Spei-

cher eines Computers. Überlebende werden oft ungläubig ihren Kopf schütteln und sagen: »Das kann doch nicht wahr sein. Menschen tun solche Sachen Kindern gegenüber einfach nicht.«

3. *Einen frühen Missbrauch zuzugeben, hätte so verheerende Folgen, dass das gesamte soziale Umfeld des Überlebenden auseinander bräche.* Übereifrige Seelsorger, die gerne Vergeltung sähen oder befürchten, der Missbrauch sei noch akut, können einen Überlebenden dazu zwingen, sich zu äußern, noch bevor dieser in der Lage ist, sich den verheerenden Folgen zu stellen. Dies kann dazu führen, dass er die Fakten über den Missbrauch später widerruft und damit den Seelsorger samt der Justiz ziemlich in Verlegenheit bringt.

Auch wenn die objektive Wahrheit noch nicht klar ist, können wir schon nach der subjektiven Wahrheit und nach Anzeichen von Langzeitauswirkungen suchen. Überlebende tendieren dazu, ihre eigenen Geschichten anzuzweifeln: ... es handle sich ja nur um flüchtige Erinnerungen, die sowieso zu abscheulich seien. Sie werden uns fragen, ob wir sie für wahr halten. Genau dann kann es hilfreich sein, die Problematik des sexuellen Missbrauchs verstanden zu haben und somit auf die Langzeitauswirkungen hinweisen zu können, die man sachlich beobachtet hat: dass offensichtlich etwas Schlechtes passiert sein muss. Man kann dann damit beginnen, an den Auswirkungen zu arbeiten, obwohl man nicht genau weiß, weshalb sie da sind. Es ist wichtig, zuerst auf die subjektiven Erfahrungen einzugehen. Seelsorger tun gut daran, Disziplin darin zu entwickeln, nicht zu schnell objektive Schlüsse zu ziehen.

Hier unterscheidet sich die Rolle des Seelsorgers von der eines Polizeibeamten. Unsere Aufgabe ist in erster Linie, dem Überlebenden Heilung zukommen zu lassen, wozu auch gehört, ihn zu befähigen, sich der objektiven Wahrheit bewusst zu werden.

Zwischen subjektiver und objektiver Wahrheit zu unterscheiden, kann für einen Seelsorger auch dann hilfreich sein, wenn er verpflichtet ist, Behörden über sexuellen Missbrauch zu unterrichten. Er könnte einen solchen Schritt hinauszögern, bis er sich ziemlich sicher ist, dass der Hilfesuchende eine einigermaßen realistische Sicht der Wirklichkeit hat. Werden die Maßnahmen aufgeschoben, bis der Hilfesuchende seine Geschichte zusammenhängend erzählen kann, stärkt dies den Seelsorger auch für die Tortur, die ein Gang an die Öffentlichkeit häufig mit sich bringt.

Das »False memory syndrom«

Kürzlich wurden Berichte für und wider die Möglichkeit eines Syndroms der falschen Erinnerung veröffentlicht.[11] Man vermutet, dass es sich bei diesem Syndrom um »induzierte Erinnerungen« handelt. Diese könnten durch Suggestivfragen hervorgerufen werden oder das Ergebnis verborgener, innerer Vorgänge in einem Hilfesuchenden sein, der sich fragt, weshalb bei ihm Symptome eines Missbrauchs vorhanden sind, und die Person bzw. Personen zu finden versucht, die dafür verantwortlich sein könnten. Die vagen Gefühle fordern pausenlos eine konkrete Antwort – ein Bild, ein Gesicht.

Auf der einen Seite stimmen Berufsseelsorger darin überein, sie wünschten sich, vieles von dem, was sie gehört haben, möge nicht wahr sein. Die schmerzhaften und jahrhundertelang verdrängten Tatsachen zu leugnen, würde jedoch niemandem helfen und könnte für die Opfer katastrophal sein. Auf der anderen Seite müssen wir akzeptieren, dass in einer Kultur, in der eine Schuld nachgewiesen werden muss, bevor jemand verurteilt werden kann, ein hastiges Urteil als eine Art soziale Todesstrafe gesehen werden könnte. Setzt man Vergewaltigung und Inzest emotionalem Mord gleich, so entsprechen falsche Beschuldigungen einer Hinrichtung des Unschuldigen.

Wenn es schon für die Fachleute so schwierig ist, mit der Realität des Gehörten zurechtzukommen, was können dann Laienseelsorger tun? Durch meine Berufung, Hunderte von christlichen Seelsorgern zu schulen, fand ich zumindest zwei wichtige Methoden heraus, wie man sich vor Fehlurteilen schützen kann: gesunden Menschenverstand anwenden und nahe am Zentrum des Evangeliums bleiben.

1. Gesunden Menschenverstand anwenden

Dies kann uns dabei helfen, den Ratsuchenden in seiner Sicht der Realität und seiner Bedürfnissse ernst zu nehmen. Ob es stimmt oder nicht – selbst wenn jemand einen Missbrauch nur vermutet, hat er bereits ein ernsthaftes Problem, dem wir unsere Aufmerksamkeit widmen sollten. Wir können damit beginnen, Auswirkungen des berichteten Missbrauchs festzustellen, und der Hilfesuchende kann anfangen, sich mit den Folgen auseinander zu setzen, die von dem (vermuteten) Missbrauch herzurühren scheinen. Es wird jemanden auf jeden Fall stärken, wenn die Aufmerksamkeit nicht mehr auf die vagen Fakten der Vergangenheit, sondern auf die Heilung verdrehter Lebensmuster in seinem Leben hier und heute gerichtet ist.

2. Nahe am Zentrum des Evangeliums bleiben

Christliche Seelsorger unterscheiden sich in Funktion und Ausrüstung von Psychologen und anderen Therapeuten. Die Stärke der guten Nachricht von Jesus ist, dass dieser kommt, um uns dort zu begegnen, wo wir stehen. Seelsorger im Bereich Missbrauch haben die Aufgabe, Fähigkeiten zu entwickeln, die es ihnen ermöglichen, für die spezifischen geistlichen, emotionalen und physischen Bedürfnisse von Überlebenden sensibel zu sein. Objektive christliche Wahrheit reicht da nicht aus. Wir müssen einen Schritt weitergehen und über die Möglichkeit einer persönlichen Erfahrung der Gegenwart Gottes sprechen.[12]

In den etablierten westlichen Kirchen war es schon immer etwas verdächtig, davon zu reden, Gott sei erfahrbar, da uns die Kirchengeschichte lehrt, dass subjektive Erlebnisse tiefe Spaltungen und Streit verursacht haben. In der westlichen säkularen Welt können wir heute eine zunehmende Betonung von »Erfahrung« beobachten. Dies ist meiner Meinung nach ein Hauptgrund dafür, dass die New-Age-Bewegung soviel an Aufmerksamkeit gewinnt. Wir werden als Kirchen eine größere Betonung darauf legen müssen, eine biblische Theologie der Gotteserfahrung zu formulieren.[13]

Ich versuche in diesem Buch, meine Verpflichtung zu einem auf der Bibel gegründeten Glauben darzulegen. Dazu gehört auch mein Verständnis, dass dieser Glaube eine Bandbreite kultureller Ausdrucksformen in der Sprache und dem Lebensgefühl der Gegenwart hat. Als ich nach neuen Ansätzen suchte, Ratsuchenden zu helfen, sich der Realität zu stellen, begegnete ich neuen Erfahrungen und neuen Wegen. Dabei fragte ich mich und die Hilfesuchenden nicht nur, ob eine Methode funktionierte, sondern auch, ob sie biblisch war. Dies zu beantworten, ist nicht allein meine Aufgabe. Eine biblische Bewertung schließt die Interaktion mit anderen Gläubigen ein. Während eines Kongresses in Manila im Jahr 1989 präsentierte ich diese Befunde deshalb zum ersten Mal der Hochschule für Seelsorge und Gesundheitsfürsorge der Universität der Nationen (Jugend mit einer Mission). Seitdem gebrauche ich sie für meine Lehre bei verschiedenen Seminaren in Skandinavien, Island, der Schweiz, Österreich, Asien sowie in den Niederlanden, wo ich herkomme. Die Kommentare, die ich erhalte, helfen mir, Dinge zu ergänzen, wegzulassen oder zu multiplizieren. Da der Friede Gottes im Dienst an Missbrauchten so große Auswirkungen hatte, begannen wir über den *mächtigen Frieden* zu reden.

Mächtiger Friede: Ein Ansatz, um Überlebende eines Missbrauchs mit einem Gott bekannt zu machen, der für sie sorgt!

Mein Ansatz kann im Wesentlichen als ein Verständnis des biblischen Begriffs des Zufluchtsorts (Psalm 91) zusammengefasst werden. Die Grundlage dafür ist die Möglichkeit, trotz aller Zerbrochenheit und Verletztheit so in den Frieden Jesu eingebettet zu sein, dass traumatische Tatsachen und schreckliche Realitäten verblassen und die Gegenwart Jesu langsam in uns mehr und mehr Gestalt annimmt. Es findet sozusagen eine Offenbarung statt: ich bin nicht allein; ER ist da. Dies befähigt einen Menschen, sich schmerzhaften Realitäten zu stellen, und es kommt zu einer Art Stereo-Erlebnis: hier das Erleben eines inneren Friedens und dort die Erinnerung an die Schatten der Vergangenheit. Das Geheimnis dabei ist, dass man sich stärker auf die Tatsache der Gegenwart Jesu konzentriert, die Frieden und Sicherheit mit sich bringt, als auf die Vergangenheit. Wird der Schmerz zu stark, wendet man sich von den schmerzlichen Tatsachen ab und richtet sich neu auf Jesus aus, was einem Ruhe verschafft. In diesem Frieden neu gestärkt, kann ein erneuter Versuch gestartet werden, die ungelösten Dinge anzupacken: vom Zufluchtsort in seinen Armen zum Frieden mit Schmerz und wieder zurück zum Frieden, der ER selbst ist. Dies mündet in einen Prozess der Selbstheilung, bei dem der Überlebende das Tempo des Fortschreitens selbst bestimmen kann.

Die Gegenwart Jesu zu erfahren, ist in sich selbst schon ein sehr kraftvolles Konzept. Im Neuen Testament wird dies oft »Erfüllung« mit dem Geist Jesu bzw. mit dem Heiligen Geist genannt. Nach Finkelhor ist eine in der Vergangenheit erlebte Ohnmacht, traumatische Ereignisse zu stoppen, einer der Hauptgründe für ein Gefühl der Ohnmacht im späteren Leben eines Überlebenden. Diese Erfahrung der Gegenwart Jesu wird zu einem Element der Befähigung, das Schwache stark macht. Es hilft Opfern, Überlebende zu werden und mehr als das. Als Missionare treten sie in die unbewussten Bereiche ihrer eigenen, kaputten Welt ein. Dort verkünden sie die gute Nachricht des Evangeliums des Friedens, wodurch die inneren, sich gegenseitig bekämpfenden Seiten ihrer Persönlichkeit am Fuße des Kreuzes Frieden finden können. Lassen wir Christus alle Bereiche des »inneren Landes« unserer Persönlichkeit regieren, kann die Erneuerung beginnen.

Schwere Traumen beeinflussen gleichzeitig den Geist, die Seele und den Körper. Der Heilungsprozess schließt alle diese Bereiche ein.[14] Ich kam zu der Einsicht, dass der physische Leib wie eine Art Aufnahmegerät funktioniert und alles, was wir hören, sehen, berühren, riechen oder schmecken, aufnehmen kann. Tiefe, insbesondere sexuelle Traumen sind oft mit ganz bestimmten Teilen des Körpers verknüpft.[15]

Ein möglicherweise einzigartiger Teil dieses Ansatzes liegt in der Tatsache, dass der *mächtige Friede* für das Videoband im Körper eine neue physische Erfahrung sein kann. Die positive Erinnerung an eine physische Berührung durch die Kraft Gottes kann die negativen Erinnerungen übertönen. Eine solche Berührung kann man gut mit dem vergleichen, was wir erhoffen, wenn wir für Kranke beten. Was ich vorschlage, unterscheidet sich deshalb kaum von dem, was Seelsorger schon tun, wenn Leute krank sind. Für mich ist das das Wesentliche dessen, was der Apostel Paulus den Bekehrten mitteilte, die ein verdrehtes Sexualleben geführt hatten. Durch den Namen Jesu und die Kraft des Heiligen Geistes konnten jene sagen: »Ich war so gewesen.«[16]

Um das Wort Gottes in der speziellen Welt der Missbrauchten oder, wie man auch sagen könnte, *Kultur* der Missbrauchten anzuwenden, bedarf es einer noch größeren Arbeit, als ich sie zur Zeit vorlegen kann. Ich stelle hier nur eine von vielen verschiedenen Möglichkeiten der Hilfe vor; man kann es auch als eine Art Zwischenbericht sehen.

Das Trauma Missbrauch: Ein Aufruf an die Kirche, sich zu engagieren

Angesichts der neuen Erkenntnis, dass Traumen und schwerer Missbrauch auf der ganzen Welt mit einer schockierend hohen Häufigkeit vorkommen, benötigen wir weit mehr Freiwillige, die sich als Teil der heilenden Hand der Kirche verstehen und mit Weisheit und ihren begrenzten natürlichen und geistlichen Fähigkeiten entsprechend helfen können. Ich selbst sehe mich in erster Linie als praktischen Trainer. Deshalb bin ich weniger auf der Suche nach Spezialisten als vielmehr nach vielen Seelsorgern und Kirchenmitgliedern, die wissen, was es heißt, »mit Weisheit zu lieben«. Junge Menschen können zum Beispiel sehr effektiv sein, da sie so nahe an den jungen Überlebenden sind. Auch ältere, von den Stürmen des Lebens geprägte Menschen können wichtige Beiträge leisten und sollten auch dazu ermutigt werden. Will man die Seelsorge an Missbrauchten gesund überstehen, muss man einerseits fest in seinen eigenen kulturellen Werten verankert sein und andererseits in die andere Kultur vordringen können. Der Gott, der beruft, rüstet auch aus. Ich hoffe, in diesem Buch zeigen zu können, wie das praktisch aussehen kann. »Gnadengaben«, die speziellen Ausdrucksformen des Heiligen Geistes durch gewöhnliche Gläubige, können meiner Erfahrung nach sehr hilfreich sein, wenn Laien Seelsorge an Missbrauchten ausüben. Gnade und Friede sind im Dienst des Apostels Paulus ebenfalls zwei Schlüsselworte.

Gottes Gnade wird nicht nur durch diejenigen zum Ausdruck gebracht, die ihm bewusst dienen. Es gibt auch Grundwerte, die der Menschheit durch die Schöpfung gegeben wurden und in jeder Kultur zurückverfolgt werden können.[17] Außerdem sind auch säkulare Therapeuten noch immer von spezifisch christlichen, in die westliche Kultur eingebetteten Werten beeinflusst. Dies eröffnet Möglichkeiten für eine Zusammenarbeit. Jeder ernst zu nehmende kirchliche Seelsorgedienst muss sich überlegen, wie er sich professionellen

Therapeuten gegenüber verhält. Bei mir ist es so, dass ich sowohl mit christlichen als auch mit säkularen Fachleuten kooperiere, vorausgesetzt, sie können innerhalb des Wertesystems der von mir an sie überwiesenen Menschen arbeiten. Der Ansatz des »Zufluchtsorts« hat sich bei der Vorbereitung von Ratsuchenden auf eine solche fachmännische Hilfe als sehr hilfreich erwiesen. Er befähigt Ratsuchende, säkularen Helfern Anweisungen in Bezug auf ihr Wertesystem zu geben.

Eine solche Befähigung ist sehr wichtig. Sowohl christliche Seelsorge als auch säkulare Hilfe kann sehr viel Einfluss haben, falls der Helfer mit der zerbrechlichen Persönlichkeit, die im Verlauf des Heilungsprozesses gestärkt wird, nicht sorgfältig genug umgeht.

In den Niederlanden und in Skandinavien gibt es bereits erste Alarmsignale seitens der Therapeuten, die unter der schweren Last der Missbrauchsfälle leiden, die das Gesundheitssystem zu blockieren drohen. Die geringe Erfolgsquote und die Masse schmerzvoller Geschichten könnten auch eine »Inzestmüdigkeit« auslösen. Meiner Meinung nach besteht die Antwort darauf nicht in noch mehr professionellen Therapeuten, sondern in Laienseelsorgern, die von Fachleuten wirksam unterstützt werden. Die Kirche hat ja über Jahrhunderte hinweg Laien inspiriert und begleitet, Einzelnen und der Gesellschaft eine Botschaft der Hoffnung zu überbringen.

Diese Botschaft, dass es Hoffnung gibt und dass Leben verändert werden kann, kann uns helfen, uns von der Realität des sexuellen Missbrauchs, die ja sowohl unter Mitgliedern unserer Kirchen als auch unter kirchlichen Leitern besteht, weder abzuwenden noch sie zu leugnen. Es ist noch immer nicht einfach, zuzugeben, dass diese Dinge passieren. Die Gemeinde Jesu sollte jedoch nicht erstaunt sein, da die Bibel keinen Hehl daraus macht, wie verdorben die Menschen sein können. Dies sollte uns darauf vorbereiten, im nächsten Kapitel noch weitere schreckliche Geschichten zu lesen, wenn wir andere auf ihrem Weg zu den Schatten der Vergangenheit begleiten.

Anmerkungen

[1] Uexküll; Psychosomatische Medizin (1996). Als eine von vier Langzeitfolgen von traumatischen Ereignissen nennt Uexküll den Bereich der Flashbacks. Er beschreibt sie als sich aufdrängende Bilder, Rückblenden von Ereignissen oder wiederkehrende Wahrnehmungen von traumatischem Geschehen.

[2] Dorsch; Dorsch Psychologisches Wörterbuch (1994). Beschreibt Traumen als Störungen des seelischen Gleichgewichts mit nachfolgenden psychischen Veränderungen oder neurotischen Erkrankungen als Folge von einem plötzlich eintretendem, kurz oder länger dauerndem tief gehendem Erlebnis (Schreck, Angst, Ekel, ...).

[3] Berliner & Loftus (1992), zwei Experten im Bereich des sexuellen Missbrauchs geben zu, dass sie oft sich widersprechende Ansichten hatten. Berliner ist Experte für die Anklage und Loftus Experte für die Verteidigung. Sie geben wohl überlegte Ratschläge in Bezug auf das »Problem mit den Erinnerungen«. In einem Aufsatz über den prozentualen Anteil wahrer Berichte über Missbrauch stellen sie fest: »Geht es um klare und spezifische Aussagen eines älteren Kindes, eines Teenager oder eines Erwachsenen, so stimmen wir darin überein, dass die meisten wohl wahr sind. Das Ganze wird jedoch sehr viel undurchschaubarer, betrachtet man dagegen mehrdeutige Aussagen sehr kleiner Kinder oder Behauptungen stark verwirrter Teenager oder Erwachsener, die merkwürdige Elemente bzw. ›Erinnerungen‹ enthalten, welche nur als Folge einer ausgedehnten Therapie aufkommen, in der Missbrauch als Erklärung vermutet wird, obwohl sich der Klient an keine Ereignisse erinnern kann.«

[4] Psychologen in Norwegen informierten mich darüber, dass ein sehr hoher Prozentsatz (über 60 %) der weiblichen Langzeitpatienten in norwegischen psychiatrischen Einrichtungen eine »Vergangenheit des frühen sexuellen Missbrauchs« haben. Der Fall, auf den ich mich beziehe, ist auch ein Beispiel für eine positive Interaktion zwischen seelsorgerlicher und psychiatrischer Betreuung.

[5] Boulton, Morris; MacEachron (1989). Meine in Europa gesammelte Erfahrung deutet ebenso wie Quellen aus Nordafrika und Asien darauf hin, dass dies ein kulturübergreifendes Phänomen ist. Dazu gehören auch wiederholte Berichte aus Nordafrika, Asien und auch Europa über Mütter, die ihre eigenen Söhne verführen, und ältere Schwestern, die ihre jüngeren Brüder verführen. In den Niederlanden und in Schweden hatten kürzlich Fernsehberichte über männliche Opfer eine Flut von Telefonanrufen und eine neue Offenheit unter Männern, Hilfe zu suchen, zur Folge.

[6] Boulton et al. (1989), David Finkelhor (1986)

[7] Hallgrimur Petursson, »Hymns of the Passion«; Hallgrimur Church, Reykjavik.

[8] Alice Miller (1990) weist darauf hin, dass säkulare Helfer die Realität des Kindesmissbrauchs geleugnet haben, weil sie das Bedürfnis hatten, ihren eigenen Schmerz zu leugnen.

[9] Viele Überlebende eines Missbrauchs beklagen, die Fachleute hätten nicht die Schlüsselfrage gestellt, die es ihnen ermöglicht hätte, die dunklen Geheimnisse ihrer Vergangenheit mitzuteilen. Viele geben an, sie hätten bis zum vierten oder fünften Therapeuten warten müssen, bis die Frage gestellt worden sei. Die Widerwilligkeit, das Thema Missbrauch anzuschneiden, ist sicher bedauerlich. Auf der anderen Seite könnte man die Frage auch umdrehen und dem Überlebenden eines Missbrauchs stellen: »Weshalb waren Sie unfähig, mit den Fachleuten über die schmerzvolle Erinnerung zu reden? Waren vielleicht mehrere Beratungen nötig, bevor Sie den Mut hatten, auszupacken? War Therapeut Nr.

5 so viel besser oder waren Sie durch die vorausgegangenen Sitzungen mit anderen nicht einfach stärker geworden?«

[10] Laienseelsorger sollten sogar noch vorsichtiger sein als Fachleute, in der Vergangenheit herumzustochern. Aufgrund ihrer Ausbildung und Erfahrung können letztere mit dem Schwall schlechter Erinnerungen, der sich auf einen ergießt, sobald eine Türe zur Vergangenheit geöffnet wird, besser umgehen. Wie ich in der Anwendung des *Powerful-Peace*-Ansatzes noch erläutern werde, haben Laienseelsorger andere Möglichkeiten: Sie können einen Hilfesuchenden durch die »Gnade und den Frieden Gottes, des Vaters und Jesus Christus, seines Sohnes« bevollmächtigen.

[11] In der Zeitschrift *Christianity Today* vom 21. Juni 1993 gibt Les Parrot anschauliche Beispiele zu den Fragen, mit denen wir als Laienseelsorger konfrontiert sind, wenn uns hilfesuchende Menschen merkwürdige Geschichten erzählen.

[12] A. W. Tozer schreibt in *The Divine Conquest* (1950, S. 24): »Überall dort, wo der Glaube ursprünglich war und sich als echt erwiesen hatte, war ausnahmslos der *gegenwärtige Gott* zu spüren. In der Heiligen Schrift findet man diesen Eindruck, wirklich einer echten Person zu begegnen, sehr häufig ... Mit ihm pflegten sie eine persönliche Konversation und eine gewisse leuchtende Atmosphäre liegt auf ihren Worten und Taten.«
»Einige, die gerne Lehrer des Wortes wären, aber weder verstehen, was sie sagen noch wovon sie Zeugnis ablegen, bestehen auf ‚nacktem Glauben' als einzigem Weg, geistliche Dinge zu erkennen. Damit meinen sie eine Überzeugung, dass das Wort Gottes glaubwürdig ist (eine Überzeugung, so kann man bemerken, die auch die Teufel haben). Aber jemand, der auch nur ein wenig vom Geist der Wahrheit gelehrt wurde, wird sich gegen diese Perversion auflehnen ... Er kann keinen Gott lieben, der nichts weiter als eine Schlussfolgerung aus einem Text ist.«

[13] Dies war auch die Schlussfolgerung des Holländischen Rates der Kirchen, der eine Studie über den raschen Rückgang der Mitgliederzahl verschiedener christlicher Denominationen veröffentlichte. Die zu geringe Beachtung der Erfahrung der Religion wurde als ein Hauptgrund für die mangelnde Bindung der Menschen an ihre Denomination gesehen. Aus meiner klinischen Erfahrung würde ich noch einen weiteren Faktor hinzufügen: die Existenz eines starken »Scham- und Schuld«-Faktors, der aus der holländischen Kultur mit ihren kalvinistischen Wurzeln herrührt. Das starke Vorhandensein negativer religiöser Gefühle wie Scham und Schuld hindert viele, auch nur daran zu denken, Religion könne positive, erbauliche und lohnenswerte Erfahrungen beinhalten.

[14] 1. Thess. 5,23

[15] 1. Kor. 6,18

[16] 1. Kor. 6,9–11.18–19

[17] Die auf der Schöpfung basierenden Werte sehe ich in zwei Schriftstellen enthalten: Röm. 14,17 (Gerechtigkeit, Friede und Freude) sowie 1. Kor. 13,13 (Glaube, Hoffnung und Liebe). Die Sehnsucht nach diesen Werten ist wohl in dieser oder jener Form in allen Kulturen offensichtlich.

2

Leben im Schatten

Klare blaue Augen starrten ins Unendliche hinter mir. Ich kannte Helens Geschichte bereits aus den Notizen meiner Mitarbeiterin.

Ohne große Gefühlsregungen teilte Helen einige sehr grausame Erlebnisse mit. Als Vorschulkind war sie von ihrem Vater zum ersten Mal missbraucht worden. Später – ihre Mutter hatte sich scheiden lassen und anschließend wieder geheiratet – machte der Stiefvater geradewegs weiter und benutzte sie ebenso. Auch einer ihrer Stiefbrüder schloss sich an. Mit vierzehn rannte sie von zu Hause weg und fand auch eine Bleibe, allerdings immer zum selben Preis. Sie verfluchte ihren schönen Körper und entschloss sich, dick zu werden. Dann traf sie jedoch irgendwie und irgendwo eine freundliche Dame, die keine Fragen stellte und ihr stattdessen ein Zimmer zu einer sehr günstigen Miete gab. Sie fügte aber eine moralische Steuer hinzu: »Keine Jungs hier, klar? Ich möchte, dass Du einen Ort hast, wo du dich sicher fühlen kannst.« Dieser letzte Satz löste in Helen etwas aus. Sie wagte zum ersten Mal, an Sicherheit, Schutz und Liebe zu denken. Die freundliche Dame lud sie in die Kirche ein. Dort begegnete Helen noch mehr Wärme und Liebe. Kurz danach war sie sehr bedrückt und bekam Selbstmordgedanken. Darüber war sie sehr erschüttert. »Gerade jetzt, wo ich zu leben beginne und etwas Wärme und Sicherheit erlebe, scheint meine Welt zusammenzubrechen. Wie kann das sein? Wo ist Gott in all dem?«

Bauen auf gefrorenem Boden

Für eine gewisse Zeit hatte ich mir dieselbe Frage gestellt. Auch anderen, denen es eine Zeit lang gut zu gehen schien, war etwas Ähnliches wie Helen passiert, nachdem sie sich für das Evangelium geöffnet hatten. Schließlich entdeckte ich, dass sich auch eine Gruppe christlicher Psychiater mit dieser Frage auseinander setzte. Sie baten mich zu diesem Thema um eine Stellungnahme aus seelsorgerlicher Sicht. Die Einladung dazu klang ziemlich provokativ: »Kann ein persönlicher Glaube für die eigene Psyche gefährlich sein?« Während ich mich darauf vorbereitete, über diese Fachfragen zu sprechen, kam mir ein Bild ins Bewusstsein, das eine gute Metapher für die Situation zu sein schien:

> Viele Überlebende eines schweren Missbrauchs schaffen es irgendwie. Ihre Strategien des Überlebens scheinen oft gut zu funktionieren. In Wirklichkeit ist es aber so, als würden sie auf gefrorenem Boden bauen. Der persönliche Glaube bringt sie mit einer neuen Wärme in Berührung, die sie sowohl direkt in der Beziehung zum Schöpfer und zu seiner Schöpfung als auch in den sich in einem neuen und geschützten Umfeld entwickelnden Freundschaften erleben. Das bringt den gefrorenen Boden zum Tauen und das Felsen ähnliche Fundament wird weich; das Haus beginnt zu wanken. Dies ist jedoch keine schlechte Nachricht; es bedeutet lediglich, dass für die Wiederaufbauarbeiten neue, grundlegende Werte benötigt werden.

Meine Mitarbeiterin berichtete Helen von diesem Erklärungsmodell. Diese fand, es mache Sinn, und wollte mich treffen. Bis zu diesem Zeitpunkt hatte sie der Gedanke, einem Mann nahe zu kommen, fast paranoid gemacht. Auch in den Gottesdiensten hatte sie sich stets neben ihre Vermieterin an das Gangende einer Stuhlreihe gesetzt. Es schien als sei die Zeit für sie nun reif, sich auch mit einem männlichen Seelsorger zu treffen. Ein Teil ihres Heilungsprozesses würde darin bestehen, sich zuerst an »sichere Männer« zu gewöhnen, um zu lernen, auf entspannte Art mit dem anderen Geschlecht umzugehen.

Ich kam absichtlich nach ihr zum Büro meiner Kollegin. Dies sollte sie darin bestärken, die Kontrolle über den Raum zu behalten, und somit ihr Gefühl, sicher zu sein, erhöhen. Sie saß an ihrem Lieblingsplatz und hatte ein Kuscheltier, einen Affen mit einem breiten Grinsen, auf ihrem Schoß. Da ich wusste, dass sie einem nicht gerne die Hand gab, grüßte ich sie von der anderen Seite des Raumes und setzte mich.

Ich wiederholte das zuvor beschriebene Bild mit meinen eigenen Worten. Helen nickte verständnisvoll und fragte, wie sie an neuen Grundlagen für ihr Leben arbeiten könne. Gerade da schien ich sie im Gespräch plötzlich zu verlieren. Sie starrte durch mich hindurch in die Ferne. Mit meiner Antwort ließ ich mir Zeit und begann zunächst, meine Bewunderung dafür auszudrücken, wie sie mit ihrem Leben, trotz allem was passiert war, zurechtkam. Ich dankte ihr für ihre Bereitschaft, mich an ihrem Leben teilhaben zu lassen, und schlug mit ernster Miene vor, mit meinem Einführungskurs zu beginnen: »Wie kann ich Teos Seelsorge überleben?«[1] Lächelnd leuchteten ihre Augen auf und sie war wieder da.

Helen hatte sich nach ihrer Frage über »neue Grundlagen für das Leben« einfach von der Realität abgespalten. Für einen kurzen Moment erlebte sie, nicht mit uns im Raum zu sein. Für schwer Missbrauchte ist das keine Seltenheit. Es ist für sie ein Weg, den Dauerstress zu überleben. Ihre Frage, meine eventuelle Antwort oder vielleicht nur die Tatsache, so offen zu mir zu sein, waren mögliche Gründe für diesen Moment des Abschaltens oder Ausblendens.[2] Gleichzeitig hatte sie mir vage zugehört und der angedeutete Scherz über meinen Überlebenskurs sprach sie an. Ich erklärte ihr also, es könne vorkommen, dass ihre emotionalen Batterien auf »leer« stünden oder dass sie einfach das Gefühl habe, rausgehen zu müssen. Das wäre ein akzeptables Verhalten. Sie sollte von Anfang an die Kontrolle darüber behalten können, was in unseren Sitzungen geschah. Ich erklärte ihr auch, wie sie anzeigen könne, dass ihr, die Sitzungen zu intensiv würden oder dass es ihrer Meinung nach genug war. Diese Vorgehensweise ermöglichte es ihr sich weitgehend zu entspannen. Mir wiederum machte dies Mut für den nächsten Schritt: ihr gezielt und offen meine Gefühle über das, was Männer ihr angetan hatten, mitzuteilen. Das Wichtigste dabei war, ehrlich zu sein, ohne zu intensiv zu werden. Immer noch aus einer sicheren Entfernung, von der gegenüberliegenden Seite des Zimmers aus, begann ich:

> Ich schäme mich für das, was Männer dir angetan haben. Ich habe mich gefragt, was ich als Mann hier für eine Antwort geben kann. Das Beste, was mir dazu einfiel, ist, dir vorzuschlagen, später einmal für dich zu beten und dich zu segnen.

Seelsorgerliches Gebet war Helen nicht fremd. Von meiner Mitarbeiterin wusste ich, dass sie es erwartete, und konnte deshalb sicher sein, dass ich sie nicht zu etwas zwang. Als Sicherheitsmaßnahme fügte ich »später einmal« hinzu, um ihr einen Ausweg zu lassen. Sie lächelte und schüttelte ihren Affen. Wir alle lachten. Dann sagte ich ihr, es gäbe verschiedene Arten zu beten. Eine sei, einfach dazusitzen und zu beten. Daneben gäbe es auch die Gebetsform, bei der eine Hand feierlich auf eine Schulter oder den Kopf gelegt werde. Ich wusste, dass das in ihrer Kirche üblich war, wollte aber, dass sie sich verschiedener Optionen bewusst war. Schließlich schlug ich eine Form des Gebets vor, die vielleicht am besten zu dieser Situation passen würde: wie Jesus zu beten, als er die Füße der Jünger wusch. »Wegen all dem, was Männer dir angetan haben, würde ich gerne niederknien und deine Füße berühren, während ich bete.« Zuerst wurde sie etwas stutzig. Dann platzte sie heraus: »Das ist ungefähr das Einzige, was du überhaupt berühren darfst.« Daraufhin fing sie leise zu weinen an. Als ich mich niederkniete und um Gottes Erbarmen bat, wurde ihr Schluchzen stärker. Plötzlich rutschte sie vom Stuhl, warf ihre Arme um mich, drückte ihren Kopf an meine Brust und schluchzte: »Mama, wo bist du?« Es folgte eine Stille. Dann bemerkte sie, sie könne meinen ruhigen Herzschlag spüren. Nach einer Weile ließ ich sie sanft in die Arme meiner Mitarbeiterin fallen. Ich wusste, dass solchen Gefühlsausbrüchen eine große Verlegenheit folgen konnte, die sie später daran hindern könnte, Männern unbefangen zu begegnen. Wir ließen sie ruhig weiterschluchzen. Die Zeit schien stillzustehen und Minuten kamen uns wie Stunden vor.

Genau in dieser Stille stellten meine Kollegin und ich fest, dass atmosphärisch etwas im Zimmer passiert war: eine neue Leichtigkeit, ein Empfinden der Gegenwart Gottes. Helen erzählte später von der Ruhe und dem Frieden während dieser Stunde. Sie bestätigte, dass dies etwas Neues in ihr bewirkt hatte, ein nie zuvor gekanntes Gefühl, nach dem sie sich lange gesehnt hatte. Dieses Erlebnis eröffnete meiner Mitarbeiterin und ihrer Assistentin neue Wege. Helen schrieb mir später: »Teo, du warst der erste Mann, dem ich zu vertrauen lernte. Danke, dass du in mein ›finsteres Tal des Todes‹ kamst und ein Licht warst, mit dessen Hilfe ich meinen Weg finden konnte.«

Hoffnungsstrahlen in einem dunklen Tal

Mit Helens Brief in der Hand sann ich über meine Seelsorgetätigkeit nach und erinnerte mich an die Worte eines skandinavischen Filmregisseurs, der eines meiner Seminare besucht hatte. Er hatte eine interessante Beobachtung gemacht:

> Jedesmal wenn ich Schauspieler interviewe, versuche ich, sie kennen zu lernen und herauszufinden, ob sie während ihres Lebenslaufes auf irgendeine Art und Weise gelitten haben. Ist dies nicht der Fall, werden sie nicht gut spielen. Leiden verursacht Risse, durch die das echte Selbst hervortreten kann. Dann ist ihre Darbietung nicht hölzern, sondern das Leben selbst.[3]

Helens »finsteres Tal des Todes« kenne ich aus eigener Erfahrung – schmerzliche Erinnerungen ebenso wie die daraus resultierenden, bleibenden Folgen, die meine eigene Persönlichkeit prägen. In meinem eigenen Leben hatten dunkle Ereignisse die Gestalt von nicht mehr verschwinden wollenden Schatten angenommen. Manchmal ist das, als stünde die Sonne in unserem Rücken und wir gingen in unserem eigenen Schatten.

Rückblickend fällt mir auf, dass ein Kind schon erstaunlich früh lernen kann, sich an ein Leben in Düsterkeit und Kälte anzupassen. Wie so viele, die ein Trauma erlebten, fiel ich in einen psychischen Winterschlaf und wartete passiv darauf, dass ein neuer Morgen anbrach. Der unglaubliche Überlebenswille, der die Menschen von den Tieren unterscheidet, war stärker als jede Widerwärtigkeit. Es war kein totaler Winterschlaf; einige Bereiche weigerten sich zu schlafen und Hoffnungsträume ließen mich nicht aufgeben. Auf diese Weise lernte ich, mir mein eigenes »stilles Land« zu schaffen. Meine Mitmenschen ahnten nichts von diesem Teil in mir und ich wusste nicht, wie ich darüber hätte kommunizieren können. Dieses geheime, innere Land war nur schwer zugänglich; ich konnte nicht einfach hineingehen, wann ich wollte. Vielleicht verursachte diese mangelnde Zugänglichkeit sogar größere Schmerzen als die echten Schatten der Vergangenheit. Ich hatte jedoch eine andere Lösung für dieses Problem:

ein geheimes Fantasieleben, das mir half, schmerzlichen Tatsachen aus dem Wege zu gehen. Diese Fantasien wirkten wie Suchtmittel und sorgten dafür, dass ich mit der äußeren Welt nicht in Berührung kam. Manchmal spürte ich diese Gefahr. Die einzig verbleibende Antwort darauf war dunkle, stille und wortlose Verzweiflung.

Als meine Eltern von einer nominellen Kirchenmitgliedschaft zu einem persönlichen Glauben an Jesus Christus fanden, tat sich für mich ein neuer Horizont auf. Ich erlebte die Realität der Kraft Gottes, als er meine Mutter von einem ernsthaften Rheuma mit Lähmungserscheinungen heilte und eine neue Art von Frieden in die Familie brachte. Als ich dann selbst in der Bibel las, stellte ich fest, dass Jesus nicht nur eine Gestalt der Vergangenheit, sondern echt und lebendig war. Mit achtzehn machte ich dann selbst die Erfahrung einer persönlichen Begegnung mit Jesus Christus. Das führte dazu, dass ich mir eines gefühlsmäßigen Schmerzes bewusst wurde. Es kam mir vor, als würde eine emotionale Lepra[4] zu heilen beginnen. Die langen, dunklen Zeiten der Vergangenheit schmerzten nun mehr, da ich zu leben begann. Ich entdeckte, was ich vorher vermisst hatte.

Es folgte eine Zeit, in der ich oft über Maleachi 3,20 nachdachte: »Euch aber, die ihr meinen Namen fürchtet, soll aufgehen die Sonne der Gerechtigkeit und Heil unter ihren Flügeln. Und ihr sollt herausgehen und springen wie die Mastkälber.« Ich fühlte mich wie eines dieser Kälber.

In dieser Zeit hatten die Leiter meiner sehr traditionellen Kirche zunehmend Probleme mit mir. Ich bekam zu spüren, was es heißt, von Gemeindeleitern abgelehnt zu werden. Meine Mitarbeit bei »Jugend für Christus« und die Art, meinen persönlichen Glauben auszudrücken, war für meine Kirche inakzeptabel. Als sie mir schließlich verboten, am Abendmahl teilzunehmen, brach meine Welt zusammen. Voller Schmerz rannte ich in die dunkle Novembernacht hinaus. Der Sturm peitschte gegen mein Gesicht und durchnässte mich bis auf die Haut. In dieser Situation schien der Tod ein

Freund zu sein, der auf mich wartete ... »Gott, wo bist du?«, schrie ich in die Nacht hinein. Es kam keine Antwort, außer einer langsam und vorsichtig wachsenden Stille in mir, die alles beschützend einhüllte. Dann blitzte die Botschaft an die Gemeinde in Laodizäa durch meine Gedanken: der anklopfende, vor der Kirchentür stehende Jesus, der um Einlass bittet. Ich erkannte, dass mich Jesus zu einem besseren Mahl einlud, als die Kirche es mir je würde bieten können (Offb. 3,20). In eben dieser Nacht hatte ich ohne Brot und ohne Wein Gemeinschaft mit Gott. Genau damals lernte ich noch eine andere Möglichkeit kennen, dem traumatischen Schmerz zu entkommen: weder mit Hilfe einer Fantasiewelt noch durch Verzweiflung oder Tod, sondern durch Anbetung. Ich schüttelte die Lüge ab, der Tod sei ein Freund, und wählte das Leben. Ich entdeckte auch, dass mich Anbetung so viel leichter in dieses geheime, stille Land in meinem Innern führen konnte, und durfte ein Stück von dem verstehen, was im Psalm 23 beschrieben wird: die Ruhe in Gott.

Als ich schließlich lernte, wie man anderen Überlebenden eines Traumas helfen kann, wurde mir klar, wie wichtig diese Entdeckung der stillen, grünen Auen in mir gewesen ist. Zuerst waren meine Fähigkeiten, Überlebenden eines Missbrauchs zu helfen, meist intuitiv gewesen. Mit der Zeit erkannte ich, dass man unsere menschliche Persönlichkeit mit einer aus vielen Schichten bestehenden Zwiebel vergleichen kann. Unter dem erlebten Trauma suchte ich immer nach dem unberührten Kern eines Überlebenden. Andere Helfer schienen sich auf die Zeit zu konzentrieren, in der ein Trauma begonnen hatte, während ich nach der unverdorbenen Schönheit suchte. So wurde ich gewissermaßen zu einem leidenschaftlichen Erforscher unbekannter Länder, einem Schatzsucher, einem Perlentaucher. Die Begegnung mit Sarah gab diesem Ansatz eine neue Wendung.

»Jetzt weiß ich, wie schön die Bäume sind ...«

Sarah war Langzeitpatientin einer psychiatrischen Einrichtung gewesen. Ihre Diagnose war eine schwere Form von Schizophrenie, die sich medikamentös nicht behandeln ließ. Zusammen mit einigen Laien gelang es einem Pastor, ihre Eltern und die medizinischen Behörden zu überzeugen, dass sie ihr in einer Familienatmosphäre eine geschützte Umgebung bieten könnten. Dieser Pastor erzählte mir auch, er habe die tiefe Überzeugung, in ihr stecke irgendwie noch ein anderes Mädchen, das darauf warte, erlöst zu werden.

Sie baten mich um Hilfe und so traf ich Sarah einmal wöchentlich. Zuerst wirkte sie eher uninteressiert. Während der Mahlzeiten und anderer Familienaktivitäten schien sie emotional zu erstarren. Mit der Zeit entwickelte sich ein Vertrauen, durch das sie bereit war, sich ab und zu ein wenig zu öffnen. Ich bekam Einblick in eine sehr seltsame Welt. Es machte mich sehr betroffen, dass sie wie eine Frau in einem Land mit einer sehr fremden und eigentümlichen Kultur zu sein schien. Das brachte mich auf die Idee, ich würde vielleicht mit meiner Missionarsgabe einen Zugang zu Sarahs Weltsicht finden. Ich versuchte, ihre Sprache, Symbolwelt und indirekte Rede zu lernen. Schließlich vertraute sie mir an, sie wisse, dass in den Wänden Mikrophone seien, die alles Gesprochene aufnähmen. Deshalb sei es weiser, nicht zu reden, als die gesamte Welt wissen zu lassen, wie sie wirklich sei. Ich nahm sie ernst und schlug vor, wir könnten doch in einem nahegelegenen Park einen Spaziergang machen. »Dort gibt es keine Mikrophone. Selbst wenn es welche gäbe – wir müssen nur schnell genug gehen, dann können sie nicht einfangen, was wir reden.«

Ich erinnere mich noch gut an ihren erstaunten Blick, das Gefühl, verstanden zu werden. Dieser Spaziergang wurde sehr denkwürdig. Als ich über die Schönheit der Umgebung sprach, beklagte sie ihren verloren gegangenen Sinn für Schönheit. Ich spürte, dass ihr die Hoffnung fehlte, dass ihr

Leben anders werden könne, und fühlte mich sicher genug, ihr zu erzählen, wie ich mit zwölf Jahren wieder sensibel für Schönheit geworden bin. Ich erzählte ihr, mein Leben habe bis zu diesem Zeitpunkt nur aus Schwarz, Weiß und vielen Graustufen bestanden, was manchmal komische Momente verursacht habe. Meine Mutter hatte zum Beispiel einmal auf meine Füße gedeutet und ich konnte sehen, dass ich irgendwie einen grünen und einen roten Socken angezogen hatte, ohne den Unterschied zu bemerken. In Farbentests stellte sich jedoch heraus, dass ich nicht farbenblind war; ich würde es eher »farb-gleichgültig« nennen. Dann, im Frühling 1948, schlug meine Mutter vor, einen Fahrradausflug zu machen. Wir lebten in einem der »holländischsten« Teile Hollands. Die Weiden am Ufer eines kleinen Baches waren gerade dabei blasse, grüne Blätter auszutreiben. Die Sonne stand etwa 15 Grad über dem Horizont und schien uns ins Gesicht. Dann passierte es. Als wir um eine Kurve kamen, verschwand die Sonne hinter den Bäumen und bewirkte einen fast fluoreszierenden, grünen Dunst. »Sieh, Teo, wie schön«, rief meine Mutter erfreut. »Sieh dir die Bäume an.« Da sah ich hin und nahm bewusst die Farben um mich herum wahr. Von da an erwachte allmählich mein Blick für Farben und ich nahm sie stärker wahr.

Als ich Sarah meine Geschichte erzählte, stellte sie mir einige sehr intelligente Fragen über meine Gefühle und mein Leben heute und ich fragte mich, was wohl wirklich in ihrem Inneren war. Ein paar Tage später stürmte sie in mein Büro und rief: »Teo, ich habe gesehen, wie schön die Bäume sind.« Die anderen im Zimmer waren weise genug, uns allein zu lassen, und fast eine halbe Stunde lang sah ich ein strahlendes, schönes, total normales Mädchen. Sie teilte mit, was sie gesehen hatte und wie sie sich fühlte, und ließ ganz neue Persönlichkeitsmerkmale erkennen. Wir waren begeistert. In den darauf folgenden Stunden hielt sie sich noch recht gut. Dann kam der Einbruch und sie fiel in ihre alte, verschlossene Welt zurück. Erst nach vielen Monaten konnten wir wieder einen flüchtigen Blick der inneren Sarah erhaschen. Die kurze Selbstentblößung hatte jedoch allen Hoffnung gegeben, dass da noch eine andere Sarah existierte, die wir nur entdecken mussten. Nach einiger Zeit hatte sie sich dann gut genug erholt, um in einer geschützten Umgebung ihr eigenes Leben zu führen. Ich habe den Kontakt zu ihr verloren, werde aber nie das Bild dieses strahlenden Mädchens vergessen, das in dieser halben Stunde durch die Mauern ihres Äußeren durchbrechen durfte und neues Leben spürte.

In die Schatten anderer hineingezogen zu werden, birgt eine finstere Seite in sich. Es bedeutet auch, mit bisher unerzählten Horrorgeschichten konfrontiert zu werden und zu entdecken, was Menschen einander antun können. Für mich war es eine Bestätigung dessen, was schon andere beobachteten, »Menschen sind oft einzigartige Bestien«. Wir müssen uns dieser schmerzlichen Realität jedoch stellen. Je mehr meine Fähigkeit, mit diesem Schmerz umzugehen, zunahm, desto klarer wurde mir das. Die Menschen schienen den Unterschied riechen zu können. Sie wagten es, sich auf mir bisher unbekannte Weise zu öffnen. Wie sehr man in diese Schatten(welt) eintauchen kann, hängt davon ab, wie gut man dunkler Realität ins Auge blicken kann.

William Glasser (1965) erklärte, für das psychische Wohlbefinden sei ein gewisser Realitätssinn vonnöten. Aber wie kann man in das brennende Feuer der Grausamkeit, Zerstörung und des endlosen Schmerzes hineinblicken, ohne dabei blind zu werden?

Gesund bleiben in einer »verrückten« Welt

Psychotherapeutisches Arbeiten kann eine Gefahr für die eigene Gesundheit darstellen! Jemand schlug vor, man solle Stellenanzeigen in diesem Bereich mit einer Aufschrift ähnlich der Warnung vor der Gesundheitsschädlichkeit des Rauchens auf Zigarettenpackungen versehen. Arbeitet man in der schmerzhaften Welt des sexuellen Missbrauchs, macht diese Warnung sogar noch mehr Sinn. Jedesmal, wenn ich Studenten erzähle, was ich durch die Seelsorge an mehreren hundert Opfern gelernt habe, stellen sie die nahe liegende Frage: »... aber wie schaffst du es, dabei nicht selbst verrückt oder krank zu werden?« Natürlich kenne auch ich Zeiten der Verzweiflung. Ich glaube aber, dass ich nur deshalb weitermachen konnte, weil ich mich auf meine anfänglich intuitiven Suche nach dieser unverdorbenen, inneren Schönheit in den Überlebenden konzentrierte, statt auf die blind machenden Flammen der Grausamkeiten.

Ein Teil meiner Ausbildung, mit ernstlich verletzten Menschen kommunizieren zu können, war mein eigenes Leben »im Schatten«. Die Folgen meiner eigenen Verletzung und Zerbrochenheit waren: Einerseits die Unfähigkeit, meine inneren Gefühle auszudrücken, und andererseits konnte ich die Gefühle anderer nicht genau wahrnehmen. Ich hatte ernsthafte Kommunikationsprobleme. Im Nachhinein komme ich zu dem etwas paradoxen Schluss, dass meine Unfähigkeit, verbal zu kommunizieren, eine Schlüsselerfahrung dafür war, Seelsorger zu werden! Da ich nicht verstand, was die Leute mir sagen wollten, konnte ich oft nur beten: »Herr, was ist wirklich los?« Die intuitiven Antworten, die ich nur als »Hilfe von oben« bezeichnen kann, führten mich immer wieder auf die richtige Spur.

Meine ursprüngliche Ausbildung hatte mit Seelsorge nichts zu tun. Nach dem Gymnasium wurde ich Techniker im medizinischen Bereich. Daran anschließend ging ich zu einer zweijährigen Missionarsausbildung auf eine Bibelschule. Während dieser Zeit lernte ich meine Frau Wil kennen. Es wurde uns klar, dass wir mit der Hochzeit noch bis zum Ende ihrer Ausbildung als Krankenschwester warten sollten. Ich überbrückte diese Zeit mit einem freiwilligen Sanitätsdienst bei der Armee, den ich statt des Militärdienstes wählte. Dort, in Surinam, einer ehemals holländischen Kolonie zwischen Französisch und Britisch Guyana, konnte ich auch meine ersten Erfahrungen als Missionar sammeln. Als Wil ihre Ausbildung beendet hatte, kam ich zurück und wir heirateten. Bald darauf belegten wir einen dreimonatigen Intensivkurs an der »Summer School of Linguistics« (eine Art Sprachenschule für Missionare; Anm. d. Ü.) in der Nähe von London, bevor wir einen Ruf nach Thailand erhielten, um dort, im Nordosten des Landes, unter den Ärmsten der Armen zu arbeiten. Durch die Arbeit mit Lepra-Patienten lernten wir etwas über Verzweiflung und Hoffnung in einer ganz anderen Kultur. Auch hatten wir teil an den persönlichen Ängsten dieser animistischen Menschen, die als Bauern arbeiteten: der Furcht vor Geistern und Dämonen. Ich lernte die schrecklichen Zeremonien kennen, mit denen sie versuchen, der Umklammerung des Bösen zu entkommen. Daran erkannte ich, wie weit sie gehen würden, um Frieden zu finden. Ich beobachtete aber auch die zärtliche Liebe von privaten, familiären Zeremonien. Stand jemand unter einem schweren Schock, versammelten sich die Verwandten um ihn herum, um ihn zu trösten und zu ermutigen und um die zerbrechliche Person zurückzurufen, die während der Ereignisse möglicherweise entflohen war.[5]

Diese Fürsorge füreinander in Zeiten der Not war auch besonders unter den Mitgliedern der Gemeinde zu beobachten. Ich hatte das Vorrecht, von thailändischen Gemeindeleitern zu lernen, die schon Christen waren, lange bevor ich zu einem persönlichen Glauben an Jesus Christus fand. Bei ihnen ersetzte das Gebet zu Jesus die Beschwörung der Geister. Das Verlangen nach innerem Frieden wurde durch die Begegnung mit Jesus, der unser Friede *ist*, gestillt. Ich stellte fest, dass ich diese Methode auch bei Menschen, die von der Angst vor Dämonen besetzt waren, anwenden konnte.

Im Laufe der Zeit wurde ich von Kollegen gefragt, wie man in der Praxis eine Beziehung zu animistischen Thais aufbauen könne. Auch ermutigten mich verschiedene Missionsärzte, meine wachsende Gabe, Missionaren seelsorgerlich zu dienen, weiterzuentwickeln. Sie gaben mir Literatur, die Antworten auf meine bohrenden Fragen enthielt. 1972 sollte ich auf einer Missionars-Konferenz über »emotionale Heilung« sprechen. Für die evangelikale Welt und mich war dies ein neuer Begriff. Jemand gab mir ein Buch zu diesem Thema. Ich nahm mir mehrere Tage Zeit, um mich auf meinen Vortrag vorzubereiten. Als Büro hatte ich lediglich einen kleinen, klimatisierten Vorratsraum. Während ich so von der Außenwelt abgeschirmt war, kam es mir vor, als sei auch eine Art innerer Vorhang zugezogen worden. Ich nahm jedoch auch die Gegenwart eines »Anderen« wahr, der mich an der Hand nahm und mir half, mich bewusst meiner Vergangenheit zu stellen. Drei Tage lang weinte ich mich durch meine Lebensgeschichte. Während Schicht um Schicht meiner emotionalen Zwiebel abgelöst wurde, war auch diese tröstende Gegenwart da: Jesus, selbst ein erfahrener Spezialist für Schmerzen und Traumata.

Schon als Kind hatte ich die Angst vor dem Tod kennen gelernt. Mehrere Male sah ich dem Tod direkt ins Auge. Während wir als Flüchtlinge aus verschiedenen Gebieten flohen, wurden wir willkürlich mit Maschinengewehren beschossen und von Bomben angegriffen. Einmal sah ein verrückter Pilot ein paar Kinder auf einer Wiese spielen und entschloss sich, eine »Treibjagd« zu veranstalten. Meinem Freund wurde in die Hüfte geschossen und mein Bruder versteckte sich erfolgreich hinter einer Birke, welche die Kugeln auffing. Ich rannte weinend nach Hause. Die Kugeln flogen um mich herum, aber wie durch ein Wunder trafen sie mich nicht.

Einige Zeit später, die Kämpfe waren inzwischen schlimmer geworden, befanden wir uns mitten in einem Luftangriff. Meine Mutter war zu krank, um zum Bunker zu laufen, und sagte zu meinem Bruder und mir: »Kommt, setzt euch auf mein Bett, dann werden die Bomben uns alle auf einmal treffen.« Ich kann mich noch daran erinnern, wie wir uns zusammenkauerten. Ich zitterte. Dann sagte meine Mutter: »Ich werde beten.« Soweit ich mich erinnern kann, waren in unserer Familie bis dahin nur die Gebete gebetet worden – vor und nach den Mahlzeiten und vor dem Schlafengehen. An eine persönliche Glaubensäußerung seitens meiner Mutter vor diesem Luftangriff kann ich mich nicht erinnern. Vielleicht machte diese Szene deshalb einen so großen Eindruck auf mich. Sie begann mit dem Vaterunser und wechselte dann plötzlich zu einem normalen Gespräch mit Gott. Sie teilte ihm den Schrei ihres Herzens um uns Kinder mit, flehte ihn um Schutz an und vertraute uns ihm an. Plötzlich war alles wie verändert. Mein Zittern hörte auf und ich beruhigte mich. Heute weiß ich, dass dies meine erste Begegnung mit dem »Zufluchtsort« war. Der Gott des Friedens rührte einen Bereich tief in meinem Inneren an. Diese Berührung sollte mich während der bald folgenden Feuerprobe schützen. Ganz besonders ein kurzer, verrückter Moment hat sich unauslöschlich in mein Gedächtnis eingeprägt.

Ein turmhoher Soldat sieht auf einen siebenjährigen Jungen herab. »Wo versteckt sich dein Vater?« Er zieht eine Pistole und setzt sie an meinen Kopf. »Antworte oder ich schieße!« Sekunden der Stille werden zu einer Ewigkeit. In mir bricht sich eine eisige Entschlossenheit Bahn: »Lieber sterbe ich ...« Dann schreie ich, so laut ich kann. Meine Mutter rennt aus dem Haus, sieht, was los ist, und stürzt sich mit einem Worthagel auf den Soldaten. Dieser dreht sich um und verschwindet beschämt mit hängendem Kopf. Die eisige Kälte in mir blieb jedoch bestehen und von diesem Zeitpunkt an wusste ich, was der Tod bedeutete.

Als der Soldat weg war, hatten wir noch ein paar Tage Ruhe. Mein Vater war schon verschwunden. Als sie kamen, um uns zu holen, wurde ich zu einem schweigenden Beobachter der nun folgenden Grausamkeiten. Ein paar Wochen verbrachte ich zusammen mit meiner Mutter in einem Konzentrationslager. Dann entriss man mich ihren Armen und brachte mich in ein Kinderheim. Sie versuchte mich noch durch das offene Autofenster zu ermutigen. Das Letzte, was ich hörte, war ihr Schrei, als das Auto über ihren Fuß fuhr. Es wird lange dauern, bis ich sie wiedersehen würde. Ich kann mich nicht erinnern, dass ich damals oder später geweint hätte. Die eisige Kälte in meinem Innern hatte ihre Arbeit getan. Sie unterdrückte das wütende Feuer des Zorns und führte dazu, dass ich mich mürrisch in inneres Schweigen zurückzog. Eine ruhige und unbefangene äußere Persönlichkeit begann sich heranzubilden, maskierte jedoch einen schlafenden Vulkan.

Diese beiden Welten, die ruhige äußere und ganz andere innere, hielten sich, bis ich achtzehn war. Dann, während ich ganz allein in der Bibel las, kam dieser Friede, den ich während des Bombenangriffs erlebt hatte, wieder. Ein langsamer Heilungsprozess begann, als Jesus für mich lebendig wurde.

Damals ahnte ich noch kaum, dass diese traumatischen Ereignisse nicht nur verformten, sondern auch große Schönheit hervorbrachten. Einmal beobachtete ich, wie ein Künstler ein verkrümmtes Holzstück betrachtete. Er beschrieb die Schönheit im Innern, die auf Erlösung wartete. Da erkannte ich die Analogie: »Das bin ich!« Verkrümmtes Holz kann schön sein! Obwohl Schichten des Missbrauchs wie Zwiebeln mein Leben umschlossen, gab es doch einen wertvollen, geschützten Kern in meinem Inneren, der auf Befreiung wartete. Blicke ich heute zurück, hat mir das Warten viel zu lange gedauert. Mit nur ein wenig kompetenter Hilfe hätte ich so viel früher wiederhergestellt werden können. Wenn ich nun anderen Opfern eines Traumas begegne, bekommt meine Vergangenheit mehr Sinn. Vielleicht ist dies das Feuer hinter meiner Leidenschaft, zu helfen, einfach eine zusätzliche Meile zu gehen. Manchmal fällt es selbst den mir nahe Stehenden schwer, diese Intensität zu verstehen.

Ab und zu entdecke ich noch immer eine weitere Zwiebelschicht unaufgelösten Schmerzes. Nicht, dass ich besonders danach suchte. Ich habe mich entschlossen, *nicht* nach Wunden zu suchen, sondern in der Gegenwart zu leben und zu akzeptieren, dass Heilung ein Prozess ist. Es ist »Leben von oben in uns hineingegeben«.[6] Ich brauche Mitarbeiter (Laien und Fachleute), mit denen ich mich darüber austauschen kann, wie ich funktioniere und wachse. Vor allem brauche ich Beziehungen zu vielen verschiedenen Christen. Auch das normale Gemeindeleben ist für Seelsorger im Bereich Missbrauch ein Platz der Wiederherstellung!

Individueller Heilungsprozess und die Kirchen

William Glasser, ein säkularer Therapeut, der versuchte gemeinschaftliches Leben in die Therapie mit einzubeziehen, führt an, dass psychische Gesundheit von drei Dingen abhängt: einer klaren Sicht der Realität, persönlicher Verantwortung für das eigene Verhalten und gesunden Werten, was Recht und Unrecht angeht. Die darin enthaltene Weisheit liegt auf der Hand. Sich der Realität zu stellen, den Mut zu haben, persönliche Verantwortung für das eigene Verhalten zu übernehmen, sowie gesunde Werte zu haben, sind echte Herausforderungen. In seinen Pastoralbriefen über das Gemeindeleben betont der Apostel Paulus, man müsse diese Dinge von und mit anderen in der Gemeinschaft lernen. Er weist darauf hin, dass Gemeinden in Heilungsprozesse einbezogen werden können, indem sie eine heilende Atmosphäre schaffen. Die Kirche hat Möglichkeiten, die säkulare Dienste nicht bieten können: Menschen nicht wegen ihrer Probleme zu begegnen, sondern aus einem Wunsch nach Beziehung heraus, unabhängig vom Problem oder dem Hintergrund der Einzelnen.

Viele Beratungsdienste, die von Programmen für psychische Gesundheit angeboten werden, drehen sich entweder um die Therapie Einzelner oder um Personengruppen mit den gleichen Problemen. In einer Gruppentherapie haben zum Beispiel Opfer eines Missbrauchs die Möglichkeit, andere zu treffen, die durch eine ähnliche Tortur gegangen sind. Sie lernen, sich zu öffnen und über das zu kommunizieren, was zuvor tabu war. Kirchen können darüber hinaus noch etwas anderes anbieten: das Vorhandensein von »Gemeinschaft«.

Nichts ist für Opfer eines Missbrauchs wichtiger als ein soziales Netz, in dem sie lernen können, wie man gesunde Beziehungen knüpft und pflegt. Und es ist meine Hoffnung, dass die Gemeiden denen, die nie die Chance hatten, eine gesunde Familienatmosphäre zu erleben, zumindest bruchstückhaft eine heilende familiäre Atmosphäre zu bieten.

Ich glaube, dass die Gemeinden auf ganz neue Art und Weise mit Behörden für psychische Gesundheit und christlichen Therapeuten außerhalb ihrer eigenen Kreise zusammenarbeiten sollten.

Die wachsende kulturelle Vielfalt in Westeuropa erleichtert dies. Wenn z. B. Moslems einen kultursensiblen Ansatz einfordern können, dann kann man auch die Christen als kulturelle Gruppe sehen. Meine Erfahrung ist, dass man dadurch, dass man den christlichen Glauben als christliche Kultur präsentiert, eine Diskussion, ob dieser Glaube wahr ist oder nicht, vermeiden kann. Es ist nicht Aufgabe säkularer Therapeuten, dies zu entscheiden. Wenn sie christliche Kultur als eine Tatsache akzeptieren, können säkulare Therapeuten vermeiden, unsere Werte zu verletzen, selbst wenn es nicht ihre eigenen sind.

Erweist sich unsere seelsorgerliche Hilfe als unzulänglich und machen die Ratsuchenden keine unseren Erwartungen entsprechenden Fortschritte, müssen wir ehrlich sein und sie an andere verweisen. Gott hat schließlich mehr Gaben als die lokal oder innerhalb der Kirche vorhandenen. Der Gott der Schöpfung hat Gaben gegeben – selbst denen, die ihn persönlich nicht anerkennen.

Heilende Gemeinschaften

In einer Gemeinschaft, die Überlebenden eines Missbrauchs helfen möchte, muss es einen Ort geben, wo diese ihre schmerzvollen Erfahrungen aufarbeiten können; das ist ein Grundproblem. Überlebende eines Missbrauchs wissen oft nicht, wie sie darüber reden sollen, auf Grund der Konsequenzen, die sie fürchten. Die Täter bringen die Opfer oft so in Misskredit, dass sie sich sicher sein können, dass ihnen niemand mehr Glauben schenkt. Welche Möglichkeiten bleiben also?

Ein Ansatz ist folgender: eine sensible Gemeindeleitung lädt vertrauenswürdige Außenstehende ein, die eine »Beichte« abnehmen können. In dieser Eigenschaft habe ich schon häufig gedient. Manchmal bringe ich dann ein Team ausgebildeter und bewährter Seelsorger mit, deren einzige Aufgabe zunächst darin besteht, zuzuhören und alle, die dies brauchen, zu ermutigen, nach einer solchen Beichte noch weitere seelsorgerliche und fachmännische psychologische Hilfe in Anspruch zu nehmen.

Die Möglichkeit, »anderen nahe zu kommen, die einen nicht kennen«, ist wohl auch ein Grund, weshalb manche jungen Leute einer internationalen Jugendorganisation wie Operation Mobilisation oder Jugend mit einer Mission (JMEM) beitreten. In den neuen Beziehungen ergibt sich oft die Gelegenheit, Nöte loszuwerden, Verständnis zu finden und die Vergangenheit hinter sich zu lassen! Auf einer Jüngerschaftsschule von JMEM lernte ich David kennen. Er war einer von zwanzig jungen Leuten zwischen achtzehn und dreißig Jahren, die mit Begeisterung studierten. Sie waren zu diesem Kurs gekommen, um im Bereich Evangelisation ausgebildet zu werden. Das Motto, das einer an die Wand des Unterrichtssaales geschrieben hatte, lautete: »Gott kennen und ihn bekannt machen.« Ich sollte die Grundlagen praktischer Seelsorge lehren. In der Einladung hatte es geheißen: »Die Teilnehmer werden sechs Wochen lang in Bars, Nachtclubs und Parks gehen, um junge Leute zu treffen. Sie werden mit der einzigen Kirche zusammenarbeiten, die in dieser Gegend noch existiert. Alle anderen Gemeinden sind aus diesem Teil der Innenstadt geflohen.« Es war eine lebendige Gruppe junger Leute. Spaß und Ernsthaftigkeit gingen Hand in Hand. Am zweiten Tag des Kurses bat mich David um ein persönliches Gespräch. Aus dem Bewusstsein, dass es sinnvoll ist, einen Brief zu schreiben, wenn man den Seelsorgeprozess beschleunigen möchte, brachte er deshalb gleich einen mit.

Mit zehn Jahren wurde David zum ersten Mal von einem guten Freund der Familie verführt. Dies dauerte an, bis er dreizehn war. Eines Tages spürte er einen solchen Ekel, dass er dem Täter einen Fußtritt versetzte, als dieser ihn wieder berühren wollte. Mehrere Jahre später kam dann heraus, dass sein Vater von all dem gewusst hatte, aber erpresst worden war. Der »gute Freund« hatte ihm ein Darlehen gegeben, das er nicht zurückzahlen konnte. David war auf den Täter und auf seine Eltern zornig (wo war die Mutter in all dem gewesen?). Es dauerte lange, bis er seine Eltern verstehen und ihnen vergeben konnte. Noch immer machte ihm dieser »Onkel« zu schaffen, der in der Zwischenzeit von der Bühne verschwunden war. »Mit dieser Sache werde ich mich beschäftigen, wenn die Zeit dafür gekommen ist«, schrieb er, »meine aktuelle Frage hat aber mit einem praktischen Problem zu tun. Bevor ich an diesem Kurs teilnahm, verliebte ich mich in ein Mädchen. Kamen wir uns körperlich etwas näher, verkrampfte sich meist mein Magen und ich wurde nervös. Ich habe bereits eine Therapie hinter mir und verstehe die Zusammenhänge mit der Vergangenheit. Ich liebe dieses Mädchen noch immer, aber ich weiß, dass ich dieses Problem lösen muss, bevor ich weitermachen kann.« Davids Bereitschaft und Fähigkeit zu reden, seine Hingabe an Gott und seine Offenheit der Gebetsgruppe gegenüber, wirkten zum Guten zusammen.

Wenn ich darüber nachdenke, auf welche Weise ich David half, kann ich nur sagen, dass ich die Ernte dessen einbrachte, was viele andere, auch säkulare Seelsorger, bereits vorbereitet hatten. Ich erklärte ihm, dass sich unser Körper an das erinnern kann, was wir erlebt haben,[7] dass es eine Verbindung zwischen unserem Körper, unserer Seele und unserem Geist gibt und auch dass sich unser Körper neue Erinnerungen der

Liebe, der Kraft, des Lebens, des Feuers und ebenso der Ruhe aneignen kann. Dann hatten wir eine Zeit der Anbetung in einer kleinen lutherischen Kapelle. David kam zum Altar und kniete nieder. Mehrere seiner Freunde kamen hinzu und wir beteten. Ich finde noch immer kaum Worte, um all das auszudrücken, was dann passierte; es war so persönlich, so zerbrechlich. Das Einzige, was ich sagen kann, ist, dass die Gegenwart Jesu sehr real wurde. David kniete lange Zeit still vor dem Altar. Später erzählte er, es sei etwas Physisches mit ihm passiert, als ob Ströme von Leben ihn reingewaschen hätten. »Ich fühlte mich buchstäblich wie Jesaja, dessen Mund mit Feuer berührt worden war. Ihr wisst ja, wozu er mich mit dem Mund gezwungen hatte. Nun, zum ersten Mal weiß ich jetzt, dass mein Mund rein ist.«

Die Art von Hilfe, die David benötigte, konnte er wohl am besten in einer solchen hingegebenen Gemeinschaft finden. Hier fand er nicht nur Wärme, Liebe und verständnisvolle Seelsorger, sondern war auch einem intensiven Umlernprozess seines sozialen Verhaltens in Bezug auf die Gemeinschaft der Studenten und der Mitarbeiter ausgesetzt. Dieses Leben in der Gemeinschaft forderte ihn auch heraus, sich einigen Eigenschaften zu stellen, die er in der Vergangenheit entwickelt hatte, um überleben zu können, die aber in einem neuen Beziehungsrahmen nicht gerade förderlich waren, um feste Freunde zu gewinnen. Es waren etliche Monate ehrlicher Auswertung sowie ein hohes Maß an Geduld und liebevoller Konfrontation nötig, um ihm klarzumachen, wie er sich verhielt und wie er diese Verhaltensmuster ändern konnte. Voller Freude hörte ich schließlich, dass er sich einer Gruppe junger Leute angeschlossen hatte, um in asiatischen Flüchtlingslagern zu arbeiten.

In alle Welt

Organisationen wie Amnesty International, Redd Barne in Norwegen, Foster Parents, World Vision oder TEAR Fund haben viel geleistet, um uns auf das weltweite Ausmaß physischen und sexuellen Missbrauchs aufmerksam zu machen. Es gibt einfach nicht genügend Fachleute, um den Millionen Flüchtlingen und Zehntausenden Gefolterten zu helfen. Wie können Menschen darin unterrichtet werden, andere zu erreichen? Überlebenden eines Missbrauchs muss auf vielfältige Art und Weise geholfen werden. Die Begegnung mit dem heiligen Gott und die Heilung des Geistes, der Seele und des Körpers von dem Leid der Vergangenheit sind Dimensionen, die säkulare Formen der Hilfe nicht bieten können. Hier sind wir als Gemeinde herausgefordert, unseren Abscheu vor den oben beschriebenen Geschichten zu überwinden, in diese Situationen hineinzugehen und in Jesu Namen zu heilen. Um in die anders geartete Welt der Missbrauchten hineingehen zu können, müssen wir jedoch zuerst mehr über diese Welt wissen.

Wie man als christlicher Seelsorger und damit aus der Sicht einer christlichen Kultur helfen kann, werde ich in den folgenden Kapiteln weiter ausarbeiten. Es gibt in Europa bisher nicht viele, die das getan haben. Was ich schreibe, ist hoffentlich ein Ausgangspunkt für weitere Erörterungen und neue Studien. Um eine solche Diskussion zu fördern und neue Fertigkeiten der Hilfe zu entwickeln, sollten wir uns jedoch zuerst einigen grundlegenden Definitionen sowie den Lebenskonzepten der Menschen, die in der »Kultur des Missbrauchs« leben, zuwenden.

Anmerkungen

[1] Da Überlebende eines Missbrauchs das ständige Bedürfnis haben, alles zu kontrollieren, beginne ich damit, sie zu lehren, wie sie die Kontrolle über den Seelsorge-Prozess behalten können. Schließlich repräsentieren wir als Seelsorger ja eine gewisse Art von »Macht«, was negative Reaktionen hervorrufen kann, noch bevor wir überhaupt die Möglichkeit haben, zu zeigen, dass es sich dieses Mal nicht nur um eine weitere Situation des Missbrauchs handelt.

[2] Dissoziation (lat. verunreinigen, trennen) Zerteilung, Trennung, Auflösung. Wird als die Abspaltung vom Bewusstsein bei Überschreiten der psychischen Schmerzgrenze bezeichnet.

[3] Diese Gedanken scheinen sich auch bei Paulus zu finden, wenn er über seinen eigenen Dienst bemerkt: »Licht soll aus der Finsternis hervorleuchten!« (2. Kor. 4,6)

[4] Wir begannen unsere Missionsarbeit im Dienst an Leprakranken. Dabei entdeckten wir, dass Lepra die Nerven so abtöten kann, dass man keinen Schmerz verspürt, selbst wenn Brandblasen zu sehen sind.

[5] S. J. Tambiah beschreibt in *Buddhism and the Spirit Cults in North-East Thailand*, Oxford Press, detailliert ein solches »Sukwan-Ritual«. Es handelt sich dabei um ein traditionelles Ritual, das die animistische Geisterwelt mit einschließt.

[6] In Johannes 3 erklärt Jesus dem Nikodemus, dass das neue Leben von oben kommen muss. Später, als er uns über unsere Beziehung zu ihm lehrt, erweitert er dieses Konzept und verwendet dabei die Metapher vom Weinstock und den Reben. Auch Römer 5,5 weist darauf hin, dass Gott Leben in uns hineingießt.

[7] 1. Kor. 6,18

3

Ausgangspunkte und Begriffsdefinitionen

Traumata generell – Inzesttraumata im Besonderen

Ein Trauma kann als ein Erlebnis beschrieben werden, das eine zerstörerische Verletzung des Wesens und der Persönlichkeit eines Menschen nach sich zieht. Gewisse Geschehnisse verursachen eine anhaltende, schmerzliche Erinnerung. Dabei kann es sich um Probleme geistlicher, emotionaler oder physischer Natur handeln. In den Betroffenen erzeugt dies eine »Reaktion intensiver Machtlosigkeit«, die in der Folge das Leben in heftiges Durcheinander stürzt.[1]

Ein *geistliches Trauma* kann durch eine tiefe religiöse Enttäuschung hervorgerufen werden, wenn z. B. jemand davon überzeugt ist, er werde durch ein Wunder geheilt, und das Wunder dann nicht eintritt. Manchmal begegne ich jungen Leuten, deren unerfüllte Wünsche und Erwartungen geistliche Wunden hervorrufen. Sie haben von Gott »eine Verheißung empfangen«, sie würden einen bestimmten Jungen oder ein bestimmtes Mädchen heiraten, und dann nimmt ihnen ein anderer diese Person ihrer Träume weg. Wird man von einem Schicksalsschlag getroffen, kann auch der qualvolle Schrei: »Warum hat Gott nicht eingegriffen?«, ein echtes geistliches Trauma sein.

Beispiele für *emotionale Traumen* sind z. B. der Bruch eines ernsthaften Versprechens der Geheimhaltung durch einen Freund oder Ehebruch, d. h. ein Ehepartner lehnt den anderen zugunsten eines Dritten ab. Ebenso kann auch die nach einem Raubüberfall zurückbleibende Angst noch Monate danach panische Reaktionen und Schlafstörungen verursachen. Der Tod – und die daraus entstehenden Folgen – eines nahen Verwandten können ein Kind sehr lange beschäftigen, falls die Eltern bzw. Bezugspersonen des Kindes ihm nicht helfen, durch einen normalen Trauerprozess zu gehen.

Ein *physisches Trauma*, wie z. B. körperliche Misshandlung, Bombenangriffe, Schießereien oder ein Straßenunfall, kann – oft im wahrsten Sinn des Wortes – seine Narben hinterlassen.

Sexueller Missbrauch an Kindern ist der Missbrauch eines Kindes zur sexuellen Befriedigung eines Erwachsenen bzw. einer wesentlich älteren Person. Handelt es sich jedoch um sexuelle Gewalt, gehört der Altersunterschied nicht zur Definition.[2] Mit *Inzest* beschreibt man im Allgemeinen das Überschreiten von Grenzen des sexuellen Anstandes durch ein enges Familienmitglied.[3] Ein grundlegendes Merkmal des Inzests ist der Missbrauch von Macht. Meist ist es eine Mischung aus geistlicher, emotionaler, sozialer und physischer Macht. In den letzten Jahren wurde die Definition um solche Personen erweitert, von denen erwartet wird, dass sie dem Kind Fürsorge zukommen lassen, wie z. B. etwas entferntere Verwandte, Babysitter, Nachbarn, Lehrer oder kirchliche Mitarbeiter.

Auch *sexuelles Experimentieren von Kindern* sollte als Faktor erwähnt werden, da ich oft von Christen angesprochen werde, die sich fragen, ob sie durch sexuelle Spiele zu Tätern bzw. Opfern wurden. Es gibt eine Form des sexuellen Spiels, des Entdeckens und Experimentierens von Kindern, auch innerhalb der Familie, die sich von Inzest unterscheidet. Ich möchte hier nicht behaupten, dass es keine Problemfelder bei solchen Spielen gibt, aber das Hauptelement des Inzests – der Missbrauch von Macht – fehlt. Mir sind ein paar wenige Situationen bekannt, in denen der biologische Altersunterschied der betroffenen Kinder nicht besonders groß war, aber der jüngere Bruder bzw. die jüngere Schwester emotional weniger reif waren. In diesen Fällen ist der Gebrauch von Macht und Autorität der entscheidende Faktor, ob es sich bei diesem »Spiel« um Inzest handelt oder nicht.

Verwendung der verschiedenen Begriffe in diesem Buch

Ich gebrauche in diesem Buch den Begriff »Inzest« sowohl für Missbrauch durch enge Familienmitglieder als auch durch andere Vertrauenspersonen. »Sexueller Missbrauch an Kindern« (oder »sexueller Kindesmissbrauch«) wird dort verwendet, wo dies passend ist. In den vorhergehenden Kapiteln benutzte ich die Begriffe »Opfer« und »Überlebende«. Auf Bitten derer, für die der Titel »Überlebende(r)« respektvoller ausdrückt, wer sie wirklich sind, versuche ich hier zu unterscheiden. Für den Rest seines Lebens als »Opfer« tituliert zu werden, betont zu sehr die (vergangene) Hilflosigkeit, die in dem Wort Opfer steckt. Will man Opfern helfen, ist eines der Hauptziele, zu erkennen, dass sie sehr kreativ dabei waren, mit ihrer von Missbrauch geprägten Vergangenheit zurechtzukommen, und dass in dieser Kreativität, ihrem Weg des Überlebens, der Schlüssel zur Befreiung aus vergangenen Traumata steckt. Die Bezeichnung »Opfer« habe ich auf Situationen beschränkt, in denen es offensichtlich darum geht, jemanden zu einem Opfer zu machen.

Die Wahl der Worte »Opfer« bzw. »Überlebende(r)« hat auch seelsorgerliche Gründe. Ein Überlebender zu sein, beinhaltet ein Element der Bewunderung. Er bzw. sie ist trotz allem, was passierte, noch immer am Leben. Diese positive Einstellung ist hilfreich, wenn man eine Person vom reinen Überleben zu Hoffnung und Leben führen will.

Feministinnen entdecken den Inzest und den sexuellen Missbrauch an Kindern

Die feministische Bewegung gehörte mit zu den ersten, die darauf hinwies, dass Inzest und früher sexueller Missbrauch bei Mädchen sehr häufig vorkommt. Inzest wurde in diesem Kontext zu einem Ausdruck antiweiblicher Kultur. Inzwischen sind wir ein paar Jahre weiter und es ist klar geworden, dass auch Frauen Täter sein können.[4] Ich kenne Mütter, Schwestern, weibliche Babysitter, kirchliche Mitarbeiterinnen, Erzieherinnen und Krankenschwestern, die zu Täterinnen wurden. So weit wir heute beurteilen können, gibt es weniger weibliche als männliche Täter – oder hängt dies damit zusammen, dass die kulturelle Abscheu weiblichen Tätern gegenüber so groß ist, dass diese es lieber nicht zugeben und ihr Versagen sehr viel stärker verdrängen? Werden weibliche Täter weniger leicht »gefasst«, insbesondere wenn sehr kleine Kinder betroffen sind?

Unterschiedliche Reaktionen auf traumatische Geschehnisse

Nicht jeder reagiert mit der gleichen Intensität auf ein traumatisches Erlebnis. Bei manchen Menschen scheinen aus einer Reihe von Gründen keine sichtbaren Nachwirkungen traumatischer Erfahrungen vorhanden zu sein.[5] Verschiedene Forscher weisen darauf hin, dass es die subjektive Erfahrung des Kindes und nicht die objektiv geschehene Tatsache ist, die den Schaden bestimmt. Das bedeutet, dass auch ein nachträglicher Schock eintreten kann, wenn einem erst zu einem späteren Zeitpunkt klar wird, was geschehen ist. So kam ein Mädchen, das mit acht Jahren missbraucht wurde, beim Eintritt in die Pubertät erneut zur Therapie. Erst dann dämmerte ihr, was wirklich geschehen war.[6]

Es gibt offensichtlich einen Unterschied zwischen dem Missbrauch in der Familie und dem Missbrauch durch eine sonstige

Bezugsperson, wie z. B. einem Lehrer. Im letzteren Fall sollte das Kind alle nötige Unterstützung von den Eltern bekommen können. Manche dieser Bezugspersonen erzählen den Kindern, die Eltern würden ihr Verhalten billigen, so dass diese ihren Eltern misstrauen und zu Gefangenen des Schweigens werden. Es ist auch ein Unterschied, ob das Kind von einem Fremden vergewaltigt oder von einer Bezugsperson missbraucht wird. Dass die gewalttätige Handlung falsch ist, weiß es sofort, während ein subtiler Missbrauch durch eine Bezugsperson es zum Komplizen macht und in ihm Schuld- und Schamgefühle erzeugt.[7]

Die Folgen einer durch ein sexuelles Trauma hervorgerufenen Belastung unterscheiden sich von denen anderer Traumata. Die Sexualität ist so mit der Persönlichkeit verwoben, dass man eine Vergewaltigung als emotionalen Mord betrachten kann. Dies wird auch durch den Zusammenhang zwischen Krieg und Vergewaltigung deutlich. In den Gesetzen des Alten Testaments zählt Vergewaltigung zur selben Kategorie wie Mord und steht unter Todesstrafe. Schon für einen Erwachsenen ist die Erfahrung einer Vergewaltigung verheerend genug. Viele Erwachsene haben jedoch schon eine ausreichende emotionale Stabilität erreicht, um ein solches Trauma über einen längeren Zeitraum hinweg verarbeiten zu können. Die innere Widerstandsfähigkeit und die Stresskapazität, die in der erwachsenen Persönlichkeit vorhanden sind, geben ihr eine gute Chance, zu genesen. In einem Kind jedoch hat ein Inzesttrauma drastische Auswirkungen:

- Die Entwicklung des Kindes ist noch in vollem Gange, weshalb die Widerstandsfähigkeit noch nicht ausreichend ausgebildet ist. Die Abhängigkeitsbeziehung des Kindes zum Beschützer bzw. Erzieher sollte sich allmählich zu einer Beziehung unter Gleichen verändern. Die normale Entwicklung ist, dass ein Kind über die Sphäre der Abhängigkeit zu seinen Bezugspersonen hinauswächst und sein eigenes Leben lebt. Die universelle, auf der Schöpfung basierende Zentrifugalkraft in einem Kind bewirkt, dass es sich in Richtung Unabhängigkeit von den bisherigen Bezugspersonen

entwickelt. Ein sexuelles Verhältnis wirkt jedoch wie Klebstoff.[8] Sie bindet Menschen aneinander. Trifft diese Bindungskraft auf die zuvor beschriebene Zentrifugalkraft, so erzeugt dies in der emotionalen Entwicklung eines Kindes ein Chaos.
- Die Sexualität wird auf traumatische Weise geweckt. Was eigentlich als Akt resultierend aus einer reifen Entscheidung gedacht war, funktioniert nun auf unreife Weise. Meine Erfahrung ist, dass praktisch alle homosexuellen und lesbischen Menschen, mit denen ich zu tun hatte, als Kinder sexuellen Missbrauch erlebt hatten. Diese Kinder hatten nie die Chance, sich in Bezug auf ihre sexuelle Vorliebe frei zu entscheiden.[9]

Der Schaden ist um so größer, wenn
- mehrere Täter beteiligt waren
- das Leben in Gefahr war[10]
- ein Langzeit-Missbrauch über mehrere Entwicklungsphasen des Kindes hinweg stattfand
- andere Bezugspersonen zum Zeitpunkt der Aufdeckung keine vernünftige Unterstützung anboten.

Bedenkt man, dass manche Kinder darüber hinaus in einem religiösen Umfeld missbraucht wurden, fällt es einem nicht schwer, zu verstehen, dass auch nur der Gedanke an Gott in ihnen Übelkeit hervorruft. Kurz gesagt, bildet das Inzesttrauma eine eigene Kategorie unter den Traumen. Dies ist Grund genug, der Hilfe für Inzest-Überlebende besondere Aufmerksamkeit zukommen zu lassen.

Häufigkeit und Verbreitung des sexuellen Kindemissbrauchs

Die genauen Dimensionen und Größenordnungen des sexuellen Kindesmissbrauchs sind noch immer unklar. Die mir bekannten Statistiken beziehen sich nur auf das, woran sich

Menschen erinnern können *und* worüber sie reden wollen. Berl Kutchinski vom kriminologischen Institut der Universität Kopenhagen fasste 1994 in einem Bericht zusammen, was zurzeit in den westlichen Ländern bekannt ist. Darin heißt es:

> Aus einer mithilfe von Interviews und Fragebögen unter Erwachsenen durchgeführten Erhebung kann man schließen, dass von der allgemeinen Bevölkerung etwa 10–40 % der weiblichen und etwa 5–20 % der männlichen Personen während ihrer Kindheit oder Jugend zumindest einen Fall von sexuellem Kindesmissbrauch erlebten.[11]

Die Unterschiede in den Statistiken sind auch auf verschiedene Definitionen des sexuellen Kindesmissbrauchs und unterschiedliche Altersgrenzen zurückzuführen. Auf jeden Fall stehen wir hier einem echten Problem gegenüber. Wie viel davon durch kirchliche Mitarbeiter geschieht, ist unklar. Allein in Norwegen berichteten mir etwa sechzig Personen von Handlungen sexuellen Missbrauchs durch kirchliche Mitarbeiter. In den Niederlanden, meinem Heimatland, waren es viel weniger, daraus schließe ich nicht, dass es dort weniger oft vorkommt, aber vielleicht benötigen auch die Holländer erst einen Besucher aus einem anderen Land, um sich öffnen zu können.

Sexueller Kindesmissbrauch und Inzest sind nur der eine Teil des Traumas

Nach Angaben der holländischen Telefonseelsorge für Kinder ist die Zahl der Kinder, die wegen körperlicher Misshandlungen um Hilfe bitten, etwa dreimal so groß wie die, bei denen es um Inzest geht.[12] Einige Mitarbeiter weisen, und das ist korrekt, darauf hin, dass bestimmte Formen der Kindesmisshandlung beinahe so schlimm anzusehen sind wie Inzest.[13]

Hier stellt sich allerdings die Frage, inwiefern die physische Misshandlung eines Kindes eine Folge der sexuellen Aggression des Täters ist. Dies führt uns zu dem weiten Feld der psychiatrischen Mutmaßungen.

Nach meiner Erfahrung eignet sich der Seelsorgeansatz, den wir für sexuellen Kindesmissbrauch und Inzest haben, auch gut für Fälle schwerer körperlicher Misshandlung. Auch Briere (1992) und andere identifizierten Elemente, die *allen* Formen der Kindesmisshandlung gemein sind. Briere beobachtete, dass das, was wir bei missbrauchten Kindern oft Problemverhalten nennen, viel mehr als kreativer Lebensstil, der aus der Not des Überlebens entwickelt wurde, respektiert werden sollte. Wird diese Kreativität richtig verstanden, kann diese zu einem wichtigen Werkzeug im Therapieprogramm werden.

Formen des Inzests

1. Rohe Gewalt

»In seinem Verhalten gab es eine Angst einflößende Monotonie. Zuerst begann sich die Spannung in der Familie zu erhöhen. Dann fing er an zu trinken. Ich wusste, was dann folgen würde, und lernte, voller Resignation zu warten, bis er in mein Zimmer kam. Er legte seine große Hand auf meine Kehle, obwohl ich nicht glaube, dass irgendjemand eingegriffen hätte, wenn ich geschrien hätte. In meinen Gedanken ging ich dann auf eine ›Reise‹ in schöne Länder und zu lieblichen Stränden, bis er fertig war.«

Solche Geschichten höre ich immer wieder. Es ist rohe Gewalt im Spiel. Das Kind lernt, hilflos zu warten, »bis er fertig ist«. Nun, da wir von immer mehr Männern hören, die Missbrauch überlebten, erhebt sich die Frage, ob man in exklusiver Weise von einer gegen das Weibliche gerichteten Ursache für diese Gewalt sprechen kann oder ob es sich nicht um etwas anderes handelt.

Mein Eindruck ist, dass hier »Verachtung der Schwäche« eine wichtige Rolle spielt, d. h. das Erleben von Macht, bei dem das Opfer sexuelle Triebe im Täter nicht leugnen bzw. verweigern kann. Dies würde auch erklären, weshalb es weibliche Täter gibt. Wo Opfer zu Tätern werden, könnte man vermuten, dass sie davon getrieben sind, die Lähmung und die Opferrolle der Vergangenheit zu überwinden, und das Bedürfnis haben, den früheren Missbrauch aus einer Machtposition heraus neu zu durchleben.

2. Subtile Gewalt

»Vater war nie zu Hause. Der Nachbar war schon pensioniert. Er war immer so nett. Wir spielten oft Mensch-Ärgere-Dich-Nicht oder Domino. Als ich einmal von einem Jungen zusammengeschlagen worden war, war er derjenige, der mich tröstete. Ich kann mich noch genau erinnern, wie er mich an sich drückte und mich an Stellen berührte, wo dies sonst niemand tat. Ich war schockiert, aber er war so nett. Eines führte zum anderen ...«

Der Missbrauch von Macht kann auch sehr subtil, durch vorsichtige Manipulation, geschehen, indem versucht wird, ein Kind zu sexualisieren. Ich weiß z. B. von einem Pädophilen, der sich über ein Jahr Zeit ließ, sich in eine Familie hineinzuarbeiten, um ein Kind nach dem anderen zu verführen. Er gab zu, dass für ihn die mit dem Eindringen in die Familie verbundene Aufregung fast genauso spannend war wie der letztendliche »Sieg« über die Kinder!

Manchmal liegt es auch an den Stimmungsschwankungen des Vaters, dass ein Mädchen seinen sexuellen Wünschen nachgibt. Das Mädchen sieht, dass seine Mutter unter der (sexuellen) Gewalt des Vaters leidet. Es stellt fest, dass der Druck auf die Mutter gelindert wird, wenn es mit ihm »kooperiert« und auf eine bestimmte Art nett zu ihm ist. Der Gedanke eines zufrieden gestellten Vaters kann eine subtile Manipulation auf das Kind ausüben, weshalb es Töchter gibt, die sich um ihrer Mütter willen opfern. Wenn sie später Hilfe suchen, haben sie Schuldgefühle, weil sie sich ja »freiwillig« entschieden hatten, zu Vater zu gehen und ihn machen zu lassen.

Wir müssen von vornherein klarstellen, dass das Kind in dieser subtilen, manipulativen Prozedur keine andere Wahl hatte. Es ist immer der Vater, der verantwortlich ist. Als Erwachsener sollte er es besser wissen und dem Angebot seiner Tochter, seinen Druck zu lindern, nicht zustimmen.

»Ich selbst war nie bedroht. Aber meine Mutter war es. Von meinem Schlafzimmer aus konnte ich deutlich den Streit und die Schläge hören. Anschließend kam er manchmal und setzte sich zu mir. Er erzählte mir dann, er wolle wirklich gehen, um meinetwillen wollten sie aber keine Scheidung. Ich konnte sehen, dass er sich beruhigte, wenn ich ihn berührte. Mutter sah mich dann am nächsten Tag dankbar an und bedankte sich dafür, dass ich Vater so gut zufrieden gestellt hatte. Einmal war es so schlimm, dass sie mich mit ihm auf mein Zimmer schickte. ›Die Spannung ist so schrecklich, geh und beruhige deinen Vater. Es ist schlecht für sein Herz.‹«

3. Zufälliger bzw. gelegentlicher Inzest

Forschungsergebnisse vermitteln mir den Eindruck, dass sich die säkulare Therapie häufig mit der schweren Form des Langzeit-Inzests beschäftigt.[14] Aus meiner seelsorgerlichen Arbeit ergibt sich jedoch ein anderes Bild. 75 % der Hilfesuchenden hatten eine »zufällige« Inzest-Erfahrung, d. h. ein oder wenige Male. Eine solche Erfahrung scheint negative Erinnerungen und ähnliche Langzeit-Auswirkungen zu hinterlassen, wie es bei Opfern eines Langzeit-Missbrauchs der Fall ist. In Fällen, wo nach dem Inzest der religiöse Hintergrund das Gefühl der Scham verstärkte, ist der Schaden größer. Noch schlimmer ist es, wenn das Kind keine Möglichkeit hatte, mit verständnisvollen Bezugspersonen darüber zu reden. Da die Persönlichkeit der sexuellen Gewalt über einen längeren Zeitraum hinweg nicht ausgesetzt war, ist die Heilung des zufälligen Inzests manchmal einfacher. Auf der anderen Seite können die hartnäckigen Schamgefühle jedoch eine permanente Narbe hinterlassen.

»Ich war zwölf Jahre alt. Vater war wieder geschäftlich unterwegs. Mutter war sehr nervös geworden. Sie bat mich, in ihrem Bett zu schlafen. Ich wachte auf mit ihren Händen auf meiner Brust. Sie streichelte mich zärtlich. Ich mochte das und ließ es zu. Dann berührte sie meine Geschlechtsteile. Dabei fühlte ich mich unwohl. Erst dann erinnerte ich mich daran, dass darüber in der Schule gesprochen worden war. Ich sprang aus meinem Bett und rannte in mein Zimmer. Sie folgte mir nicht und redete auch nicht darüber. Ich stellte sicher, dass es nie wieder passierte, und schloss nachts mein Zimmer ab.« Für einen Außenstehenden mag dies nur wie eine dumme, einmalige Handlung einer einsamen Mutter aussehen. Bei dem Jungen schlug es jedoch wie eine Bombe ein, insbesondere weil sie nie darüber redeten. Das Problem war nicht gelöst. Es nagte weiter und beeinflusste seine Beziehungsfähigkeit Mädchen gegenüber.

4. »Berührungsloser« Inzest

Inzest heißt nicht, dass eine direkte körperliche Berührung vorkommen muss. Es ist klar, dass schon das Leben in einer inzestuösen Atmosphäre problematisch sein kann.[15] Wir dürfen die anderen Kinder in der Familie nicht vergessen! Selbst wenn ihnen (noch) nichts passierte, hat die sinnliche Atmosphäre in sich selbst schon einen prägenden Einfluss. Pornografie, schmutziges Gerede, fehlende Privatsphäre oder sichtbare sexuelle Handlungen der Eltern wirken sich aus. Es kann dann passieren, dass ein Kind in Sexfantasien schwelgt, die Atmosphäre des Machtmissbrauchs zu Hause absorbiert und schon zu einem frühen Zeitpunkt lernt, diese Dinge selbst anzuwenden. In dieser Grauzone zwischen Fantasie und Wirklichkeit kann sich ein Kind gelegentlich einbilden, dass mit ihm »etwas los« ist, während der Vater heftig verneint, dass etwas vorgekommen ist.

Ich mache jedoch auch in diesen Fällen die Eltern für die sexualisierte Atmosphäre und die Schlüsse der Kinder verantwortlich, obwohl sie, objektiv gesprochen, unter falscher Anklage stehen. »Ja, ich gebe zu, wir hatten Pornografie im Haus und manchmal neckte ich sie wegen ihres sich entwickelnden Körpers. Ich gebe zu, dass wir leichtsinnig waren und dass unser Haus dünne Wände hatte, so dass sie uns im Schlafzimmer hören konnte. Aber ehrlich, Teo, ich habe sie nie angerührt. Es stimmt nicht, was sie über mich erzählt.« Er sah mich mit klaren blauen Augen an. Was konnte ich da sagen? Ich wurde an den Text aus Hosea 8,7 erinnert: »Ja, Wind säen sie und Sturm ernten sie.« Er hatte sich der Konsequenzen seines eigenen Verhaltens schuldig gemacht.

5. Inzest durch Stiefeltern

Das rapide Anwachsen der Scheidungsziffern brachte ein neues Problem mit sich. Während vorher oft der biologische Vater der Täter war, ist nun auch sexueller Missbrauch durch Stiefeltern oder den neuen Freund der Mutter verbreitet.

»Als Mutter mit einem neuen Freund nach Hause kam, waren wir wirklich glücklich. Unser Unterhaltsgeld reichte nicht dafür aus, einem Sportverein beizutreten, viel weniger reiten zu gehen. Der Freund brachte sein Geld mit. Er war sehr freundlich und fröhlich. Als meine Mutter einmal kurzfristig ein paar Tage wegmusste, kam er zu mir und fing an, mich zu berühren. Er war sehr direkt: ›Deine Mutter ist eine nette Frau, aber ich brauche mehr. Wenn du es lieber nicht willst, werde ich euch verlassen.‹ Es war eine sehr deutliche Drohung. Ich sah mich schon wieder den Sportverein verlassen und hatte doch gerade Spaß am Reiten bekommen. Also gab ich nach. Es ging zwei Jahre lang. Dann verschwand er plötzlich.«

Wer war der Täter?

Sehr viele Personen, die mir auf meine Veröffentlichungen in Holländisch und Dänisch hin schrieben, sagen aus, sie seien sich keines sexuellen Missbrauchs in ihrem Leben bewusst, hätten jedoch viele Symptome, wie sie sich bei sexuell Missbrauchten finden. In solchen Fällen rate ich Seelsorgern zur Vorsicht, in der Vergangenheit herumzustochern, um das »Wer tat was und wann« herauszufinden. Werden die Menschen befähigt, sich den Tatsachen zu stellen, kommt manchmal ein nicht-sexueller Missbrauch zum Vorschein. Später können dann eventuell konkrete, nachweisbare Erinnerungen auftauchen. Bei anderen ist es so, dass sie ständig das Gefühl haben, es sei etwas passiert, ohne klare Fakten vorweisen zu können. Die in verschiedenen Büchern aufgelisteten Symptome für sexuellen Missbrauch veranlassen manche, über sich nachzudenken. Auch wenn keine Erinnerung an einen Missbrauch vorliegt, schließen sie, sexuell missbraucht worden zu sein. Das kann eine Erklärung dafür sein, weshalb die Statistiken über frühen sexuellen Missbrauch an Kindern so unterschiedlich sind. Das allgemeine Bedürfnis, sich zu rächen, verleitet Menschen dazu, ihre Vergangenheit zu erforschen. Die Angst, andere Kinder könnten von der gleichen, noch unbekannten Person weiterhin missbraucht werden, setzt sie noch mehr unter Druck. So ist die Gefahr groß, dass unter diesem starken psychischen Druck eine »Antwort« gefunden wird: der Schuldige wird beim Namen genannt. Wir haben das Bedürfnis, dass Täter gefasst werden, sich verantworten müssen und dass ihnen möglichst geholfen wird. Der Drang, Fakten herauszufinden, kann jedoch den Heilungsprozess behindern, der ja erst ermöglicht, mit den Folgen einer solchen Konfrontation zurechtzukommen.

Typologie der Täter

In der Fachliteratur findet man verschiedene Typen von Tätern. Die meisten konzentrieren sich auf männliche Täter. Da immer mehr Fälle von sexuellem Missbrauch durch weibliche Täter bekannt werden, schätze ich die Beschreibung von Anne L. Horton, welche die Thematik des Geschlechts umgeht:[16]

a) Sexuell Süchtige: Sie sind immer auf der Suche nach neuen Opfern.
b) Gelegenheitstäter: Personen, die unter Stress stehen, den sie ab und zu durch sexuelle Gewalt abbauen.
c) Opportunisten: Personen, die Kinder nur dann missbrauchen, wenn sie eine günstige Gelegenheit finden.

Inzest selbst in christlichen Kreisen

»Er war derjenige, der mich als Baby taufte. Als ich neun war, begann er mich zu missbrauchen, und bei meiner Konfirmation sprach er den Segen. Seine Hände reichten mir beim Abendmahl Brot und Wein. Heute halte ich es in keinem evangelischen Gottesdienst mehr aus. Spüre ich einen Mangel an Beziehung zu Gott, insbesondere was das Abendmahl angeht, dann gehe ich zur römisch-katholischen Messe. Der Priester weiß über alles Bescheid. Bei ihm beichte ich, und nun sehe ich allmählich Licht am Ende des Tunnels.«

»Ich komme aus einer Familie, die nicht zur Kirche ging. Auf meiner Suche nach dem Sinn des Lebens stieß ich auf eine kirchliche Jugendgruppe. Der Jugendleiter erklärte mir, man könne eine persönliche Entscheidung für Jesus treffen. Ich traf diese Entscheidung aus einer echten Überzeugung heraus. Kurz danach verführte er mich. Der eigentliche Schock kam, als mir klar wurde, dass ALLE anderen Mädchen in der Jugendgruppe dieselbe Erfahrung gemacht hatten.«

Ich wünschte, dies wären die einzigen Geschichten dieser Art. Dann wäre es noch gerechtfertigt, zu denken: »Nun, es gibt eben die gelegentliche kriminelle Ausnahme.« Es sind jedoch keine Forschungsergebnisse vorhanden, die Aufschluss darüber geben würden, ob Inzest unter Christen häufiger oder weniger häufiger auftritt als sonst. Religion kann dazu benutzt werden, Inzest zu vertuschen oder zu verniedlichen. Man kann mit ihr eine autoritäre Atmosphäre erzeugen, in welcher der elterlichen Macht keine Grenzen mehr gesetzt sind.[17]

Die Reaktion, »so schlimm kann es doch nicht sein«, ist verständlich. Bis vor kurzem war die medizinische bzw. psychiatrische Fachwelt genau so skeptisch. Es gibt nichts, was mich noch überraschen könnte, außer der Gnade Gottes und der Tatsache, dass die beiden oben erwähnten Frauen ihren persönlichen Glauben an Gott bewahrten und dass dieser Glaube sie nun befähigt, anderen zu helfen. Ich bin weniger davon überrascht, dass viele auf Grund von Inzest in religiösen Kreisen mit organisierter Religion nichts mehr zu tun haben wollen. Allerdings habe ich kaum welche getroffen, für die die Religion ihre Anziehungskraft verloren hätte.

Wollen wir es wirklich wissen?

Eines lässt sich überall feststellen: Wenn man nicht wissen will, was abläuft, dann bleibt sexueller Missbrauch – auch in der Kirche – verborgen. Seelsorger, die darin ausgebildet werden, Überlebenden eines Missbrauchs zu helfen, erzählen mir nach ihren Kursen und Seminaren, die Menschen würden einfach zu ihnen kommen und Hilfe suchen. Diese Bereitschaft, sich mit der schmerzlichen Wirklichkeit zu befassen, war auch für mich ausschlaggebend dafür, mich als Helfer zu engagieren. Bis 1985 hatte ich mit zwei Inzestfällen zu tun; seither folgten Hunderte.

Die oben skizzierten Fälle enthalten nur Auszüge aus den Geschichten von Inzest-Überlebenden. Selbst dies wird jedoch die Vielen erschüttern, für welche die Fakten neu sind.

Welch eine verkehrte Welt! Lesen Überlebende eines Inzests über die Erfahrungen anderer, werden sie schmerzlich an das erinnert, was sie selbst versucht haben, hinter sich zu lassen.

Sowohl spezifische, traumatische Erlebnisse als auch das Leben in einer chronisch traumatischen Atmosphäre beeinflussen unsere Reaktionen auf die Ereignisse um uns herum; sie färben auf unser Leben ab. Über unsere Stadt fliegen regelmäßig Militärflugzeuge. Kinder von Flüchtlingen aus Bosnien, die in ein Zentrum nahe unserer Stadt kamen, warfen sich sofort unter den Tisch ... Ihre Erfahrungen kamen aus einer anderen Welt, als sich die meisten von uns vorstellen können.

Nach Jahrhunderten des Schweigens in der Kirche und auch in säkularen Kreisen, haben säkulare Helfer in den vergangenen Jahren viel getan, das lastende Schweigen der »Inzestwelt« zu durchbrechen. Auch in der Seelsorge haben wir unsere Augen vor dieser Welt zu lange verschlossen. Überlebende eines sexuellen Missbrauchs verhalten sich ihrer Umwelt gegenüber aus einer anderen Perspektive heraus. Dies zu verstehen, ist ein Weg, wie wir Betroffenen helfen können. Das wurde mir erst gestern wieder klar, als eine Frau unter Tränen berichtete, sie brauche eine Scheidung. Über ein Jahr lang war es ihr nicht möglich gewesen, sich von ihrem Mann berühren zu lassen. Ich erklärte den beiden, dass sowohl ihre Unfähigkeit als auch seine Verzweiflung normal seien. Sie wollten natürlich wissen, was sie tun könnten, damit sich etwas ändere. Ich erklärte ihnen, sie könnten zuerst lernen, den Lebensstil und die Reaktionen des anderen zu verstehen, ohne sich gegenseitig zu verachten; d. h. der Respekt davor, wer sie jetzt sind, wird zum Ausgangspunkt für die Möglichkeit zur Veränderung. Für den Ehemann beteten wir gemeinsam um eine »Missionarsgabe«, die es ihm ermöglichen würde, die unsichtbare Schranke zu dieser »anderen Welt« seiner Ehefrau zu überschreiten.

Laienseelsorger können auch dem Missionsauftrag Jesu, in alle Welt zu gehen, gehorchen. Jesus gab uns den Auftrag und die Ausrüstung, jede soziale und kulturelle Barriere abzubrechen. Genau genommen befinden sich diese Barrieren eher in uns selbst als in den anderen. Wir brauchen Augen, die sehen, und eine Sensibilität, zu erkennen, was abläuft.[18]

Auf Grund dieser erkennbaren Verhaltensmuster von Überlebenden eines Missbrauchs kann man von einer Kultur des Missbrauchs sprechen. Im folgenden Kapitel geht es darum, wie diese Welt beschaffen ist.

Anmerkungen

1 *Trauma, Dissociatie en Hypnose*, Onno van der Hart (Hs.). Smits and Zeitlinger, 1991

2 Berl Kutchinsky, *Nordisk Sexologi*, März 1994. Dansk Psykologisk Forlag.

3 3. Mose 18,6

4 Charlotte Davis Kasl (1989), auch Ruth Mathews Studie über 100 weibliche Sexualtäter in *LEAR'S*, Feb. 1992

5 Peter Snijders, Unveröffentlichte Doktorarbeit, Universität von Utrecht, 1992. Er zitiert Kleber und Brom (1989), die nach einer Durchsicht von 25 Veröffentlichungen folgerten, dass etwa 20–30% der Personen, die ein schweres Psychotrauma erlebt haben, tatsächlich Langzeit-Stresssymptome entwickeln (posttraumatisches Stress-Syndrom), wie z. B. Schlaflosigkeit, Darmprobleme oder Panikreaktionen.

6 Da ich seit längerem eine Beziehung zu dieser Familie habe, erwarte ich, dass sie weitere Hilfe in Anspruch nehmen wird, sobald sie sich in jemanden verliebt. Jan Hindman und Beverly James betonen, dass ein sexuell missbrauchtes Kind möglicherweise in jeder Entwicklungsphase das Bedürfnis hat, sich dem in der Vergangenheit Geschehenen aus der Sicht dieses Lebensabschnitts neu zu stellen. Oft stelle ich fest, dass Überlebende eines Missbrauchs durch eine schwierige Zeit gehen, wenn ihre Kinder die Altersstufe erreichen, in der ihr eigener Missbrauch begann.

7 Sowohl Scham als auch die Angst vor gewaltsamen Reaktionen des Täters können ein Kind zu einem Gefangenen des Schweigens machen. Letzte Woche rief mich ein Freund an und bat mich um Hilfe. Seine vierzehnjährige Tochter hatte endlich damit begonnen, ihm von der Vergewaltigung durch ihren Sportlehrer zu erzählen. Jener Mann ist auch ein Karate-Spezialist und drohte, sie oder einen Verwandten umzubringen, falls sie es erzähle. Sie war ein ganzes Jahr lang emotional zu gelähmt gewesen, sich ihren Eltern gegenüber zu öffnen.

8 Mt. 19,5; 1. Kor. 6,16

9 Homosexualität und Lesbianismus sind sehr komplexe Themen. Ich behaupte nicht, dass die Ursache dafür immer in sexuellem Missbrauch zu suchen ist, sondern nur, dass dies meine klinische Erfahrung ist. Es ist jedoch erstaunlich, dass

feministisch orientierte Autoren, die im Bereich Inzest Bahnbrechendes geleistet haben, einem solchen Zusammenhang so schnell jede Bedeutung absprechen (wie in *The Courage to Heal* von Ellen Bass und Laura Davis).

[10] Jan Hindman (1989, 1991) liefert ein überzeugendes Argument für die Entlarvung des Mythos, Gewalt sei ein signifikanter Indikator für ein Trauma. Sie weist darauf hin, dass ein Kind leichter erkennt, ob der Täter etwas Falsches tut bzw. kriminell ist, wenn er gewalttätig ist. Es ist der sanfte und nette Täter, der ein Kind wirklich viel stärker verwirren kann.

[11] Nordisk Sexologi, 1994; 12,51–61

[12] Marianne Janssen, *900 Kinder sprechen am Telefon über Belästigung*, *De Telegraaf*, 4. April 1992
Siehe auch die bahnbrechende Studie von John Briere (1992) über die gemeinsamen Elemente unterschiedlicher Traumata im Bereich Kindesmissbrauch.

[13] Dazu zitiert der amerikanische Forscher David Finkelhor (in Briere 1992, xii) Statistiken (Sedlak, 1991), die darauf hinweisen, dass »... sexueller Missbrauch nur in etwa einem Sechstel aller Berichte über Missbrauch an Kindern vorkommt, nur halb so häufig wie körperlicher Missbrauch«. Finkelhor beklagt auch, eine zu große Konzentration auf sexuellen Missbrauch lenke die Forschung auf einen sehr spezifischen und begrenzten Bereich. Besser sei es, die Gesamtauswirkungen jeglicher Art von Missbrauch in der Kindheit auf das Erwachsenenleben zu betrachten.

[14] Frenken und Stolk, 1987

[15] Briere (1992), Fossum & Mason, 1986

[16] Anne L. Horton et al., 1990

[17] Imbes & Jonker, 1991

[18] Phil. 1,9

4

Die Kultur des sexuellen Kindesmissbrauchs

Kultur ist etwas uns allen Geläufiges, aber wie definieren wir sie? Was ist holländische, englische oder amerikanische Kultur? Ein Grund, weshalb die jüngsten Diskussionen über die Integration von Einwanderern so problematisch sind, hat damit zu tun, dass es uns so schwer fällt, unsere eigene Kultur zu definieren; was gehört dazu und was nicht?

Kultur kann als das integrierte System der für eine Gesellschaft charakteristischen Ideen, Produkte und übernommenen Verhaltensweisen bezeichnet werden.[1] Für die meisten unter uns ist Kultur nur das, was wir äußerlich erkennen können. Weniger sichtbar sind fundamentale Normen und Werte, die unser Verhalten und unsere Lebensweise prägen. Während sich unsere Persönlichkeit herausbildet, werden wir von unseren Eltern und anderen Bezugspersonen mit »Kultur« gefüttert. Ihre Art, die Welt zu sehen und mit der Wirklichkeit umzugehen[2], prägt sich uns ein.

Kinder, die in einem von Missbrauch geprägten Umfeld aufwachsen, empfinden das, was sie erleben, zunächst als normal. »So war das Leben einfach«, sagte Peter zu mir. »Als Vater nach Hause kam, wurde immer einer von uns zusammengeschlagen. Wir kannten es nicht anders. Erst als ich verheiratet war und entdeckte, was meine Frau unter einem normalen Leben verstand, dämmerte mir, dass mit mir etwas ziemlich daneben gegangen sein musste. Meine automatischen Reaktionen ihr gegenüber waren so ›machohaft‹, dass es für sie immer abstoßender wurde. Weil ich eine Scheidung befürchtete, suchte ich nach Hilfe und erkannte schließlich, wie verdreht meine Sicht des Lebens wirklich war.«

Die Kultur – ein sozialer Fingerabdruck

Der Schöpfer hat Gesetze in der Schöpfung verankert, die bewirken, dass jeder von uns einzigartig ist. Der Fingerabdruck ist eines der Merkmale dafür, dass jeder Mensch anders ist. Wir besitzen auch ein inneres Verlangen, diese Einzigartigkeit zum Ausdruck zu bringen und zu entfalten. Das Streben nach Wachstum, Raum und Freiheit wirkt als nach außen gerichtete Zentrifugalkraft. Gottes ursprünglicher Plan war, durch diesen inneren Drang die ganze Welt zu bevölkern. Diese Zentrifugalkraft wird durch eine magnetische Kraft (formal: Zentripetalkraft) ausgeglichen, welche Menschen in Bezug auf Erfahrungen, Entscheidungen und die Lebensweise aneinander bindet. In der Kultur sind beide Kräfte zu finden: eine soziale Bindungskraft, die eine Gruppe von Menschen zusammenhält, und eine Kraft, welche die Vielfalt fördert. Letztere ist die Ursache dafür, dass Menschen neue Vereinigungen, Gemeinschaften oder Geschäfte gründen, umziehen oder auswandern. Auch wenn zwei Menschen heiraten, sind diese beiden Kräfte am Wirken: sie verlassen ihr Zuhause und bilden eine neue Familieneinheit.

Neue Dinge zu erleben und Grenzen zu überschreiten, wollen wir normalerweise mit anderen teilen. So spüren z. B. Menschen mit den gleichen Erfahrungen eine Anziehungskraft zueinander. Ständig im Ausland lebende Geschäftsleute oder Leute, die in Wohnwagen wohnen, sind Beispiele für kulturelle Gruppen, die nicht an einen Ort gebunden sind. In gleicher Weise bilden auf Grund ihrer Erfahrungen auch diejenigen, die in einem Konzentrationslager gelitten haben oder einen Missbrauch überlebten, erkennbare Gruppen.

Ablehnungsregeln stärken die Bindungskraft der Kultur zusätzlich: sie definieren, was »wir« nicht sind. Diese Kräfte können sehr unterschiedlich miteinander in Beziehung stehen. Da die Sünde durch die Menschheit in die Welt hineinkam, wurde auch die Kultur von der Macht der Sünde infiziert. Deshalb wird auch die Kultur einer Gruppe durch Sünde negativ beeinflusst. Die Kultur, Gottes Schöpfungsgabe, kann sich so z.B. in eine repressive Gruppenatmosphäre verwandeln. Ebenso kann eine nationalistische Leidenschaft dazu führen, dass es verboten ist, jemanden aus einer anderen, verhassten Gruppe zu heiraten. Die ethnischen Konflikte in Mitteleuropa lehren uns, wie tief verwurzelt diese Ablehnungsmechanismen sein können. Vergleicht man die heutige Landkarte Europas mit der von vor achtzig Jahren, so hat sich nur wenig geändert!

Der Abdruck des Missbrauchs auf einem Kind

Kinder, die in einem von Missbrauch geprägten Umfeld aufwachsen, haben mit Folgendem zu tun:

1. Emotionales Chaos

Bereits im letzten Kapitel sahen wir, dass sexuelle Beziehungen einen starken und bindenden Einfluss ausüben, der dem Bedürfnis, sich von den Eltern und Bezugspersonen zu lösen, einen Riegel vorschiebt. Hin- und hergerissen zwischen Gefühlen des Ekels und der Anziehung bleiben sie wie siamesische Zwillinge an ihren Peiniger gebunden.

2. Emotionale Entbehrung (Emotionale Deprivation)

Die holländische Psychiaterin Anna Terruwe identifizierte die Deprivationsneurose:[3] Ein Mangel an emotionaler Nahrung und Bestätigung hat zur Folge, dass kein Selbstwert vorhanden ist und Wachstum auf der Strecke bleibt. Die davon Betroffenen haben viele Probleme, die sich der traditionellen Psychotherapie widersetzen.

3. Soziale Deprivation

Um zu verhindern, dass andere entdecken, was los ist, entwickelt sich ein geschossenes Familiensystem mit strengen Regeln des Schweigens und der Geheimhaltung. Die geheime Welt, die eine solche Familie zusammenhält, hindert ein Kind daran, Werte aufzunehmen, die es ansonsten an anderen beobachten könnte. Dies verstärkt den Einfluss der prägenden Kraft elterlicher Werte.

4. Die Gefahr eines wiederholten Missbrauchs

Einer meiner Freunde wurde darum gebeten, sich um ein kleines Mädchen zu kümmern, das sexuell missbraucht worden war. Eines Abends las er ihr eine Geschichte vor, die es offensichtlich mochte, weil sie fröhliche Laute von sich gab. Dann begann es seinen kleinen Hintern im Schoß ihres Pflegevaters zu reiben. Mein Freund tat die Beine auseinander, so dass sie auf den Boden rutschte. Als sie ihn erstaunt ansah, sagte er mit neutraler Stimme: »Wir tun so etwas nicht«, und las weiter!

Häufig missdeuten Täter die Körpersprache und die sich entwickelnde Sexualität eines Kindes. Sie geben ihm eine Bedeutung, die das Kind nicht beabsichtigt. In diesem Fall handelte es sich glücklicherweise um einen verständigen Erwachsenen, der wusste, wie er zu reagieren hatte. Man kann hier erkennen, wie groß das Risiko ist, wenn ein missbrauchtes Kind in eine Familie kommt, die diese Prozesse nicht versteht!

5. Die Gefahr, selbst zum Täter zu werden

Der Versuch, ein Trauma zu überwinden, indem man es immer wieder durchlebt, stellt für Überlebende eines Missbrauchs eine Möglichkeit dar, die Kontrolle über ihr Leben und ihre Gefühle zu bekommen. Das kann allerdings auch dazu führen, dass sie das Trauma des Kindesmissbrauchs von neuem durchleben, indem sie selbst zu Tätern werden! Es gibt auch Hinweise dafür, dass Opfer, die von einem Elternteil sexuell missbraucht wurden, in einer größeren Gefahr stehen, selbst zu Tätern zu werden.[4]

Sexueller Kindesmissbrauch und Inzest schaffen sich ihre eigene Kultur

Etwa zur gleichen Zeit, als Feministinnen damit begannen, über Inzest zu sprechen, fingen Überlebende eines Missbrauchs an, über ihre Erfahrungen zu reden und zu schreiben. Als sich diese beiden Gruppen begegneten, spürten sie eine gewisse Verbundenheit.[5] Es tauchten bestimmte Verhaltensweisen auf und man erkannte die Auswirkungen eines Missbrauchs. Dies führte zu einer Auflistung verschiedener Symptome für Missbrauch. Medizinisches Personal, Psychologen, Sozialarbeiter und Lehrer waren in Bezug auf die Symptome sensibilisiert. Zunächst mag dies hilfreich gewesen sein, das Problem solcher Symptomlisten ist jedoch, dass viele der medizinischen und psychologischen Symptome auch in anderen Problembereichen auftreten.[6] Als Pastor und Ausbilder von Laienseelsorgern erkannte ich, dass es notwendig ist, im Rahmen der Erkenntnisse der Seelsorge zu bleiben und herauszufinden, ob Missbrauchte in Bezug auf ihr Verhalten, ihre Werte und Haltungen gewisse spezifische Merkmale aufwiesen.[7]

Wichtige Merkmale der Kultur des Missbrauchs

Ich fand acht Merkmale, die mir helfen, »Inzestland« zu identifizieren:

1. Ein Lebensstil des Überlebens
2. Ein dysfunktionaler Beziehungsstil
   Der amerikanische Forscher Finkelhor brachte vier spezifische Änderungen der Persönlichkeit ans Licht:[8]
3. Eine traumatisierte Sicht der Sexualität
4. Ein alles durchdringendes Gefühl des Misstrauens (Verrat)
5. Ein lähmendes Gefühl der Ohnmacht
6. Ein Empfinden, sich von anderen deutlich zu unterscheiden (Stigmatisierung)
   Finkelhor weist darauf hin, dass die traumatische Sexualisierung der wesentliche Unterschied zwischen den Folgen eines Inzests und denen anderer schwerer Traumen ist. Kommen Misstrauen, Ohnmacht oder Stigmatisierung hinzu, verstärken sich die schädlichen Auswirkungen jeder dieser Punkte. Daraus resultieren zwei weitere Haupttrends in der Kultur der Missbrauchten:
7. Ein alles durchdringendes Schamgefühl
8. Suchtverhalten.
   Ich erwarte, dass wir weitere spezifische Merkmale entdecken können, je besser wir diese Kultur des Missbrauchs kennen lernen. Aus seelsorgerlicher Sicht scheinen die aufgezählten Kriterien die hilfreichsten zu sein.

Unterschiede in den Reaktionen auf eine Kultur des sexuellen Missbrauchs

Männliche und weibliche Reaktionen

Jungen scheinen auf frühen sexuellen Missbrauch oft anders zu reagieren als Mädchen. Von ihnen wird gesagt, sie lebten ihre Frustrationen aus, während sich Mädchen nach innen kehrten und ihrer Persönlichkeit inneren Schaden zufügen würden. Ich frage mich, wieviel davon kulturelle Konditionierung ist. Die hohe Zahl der Inzest-Opfer unter Prostituierten ist wohl ein Hinweis darauf, dass sich auch viele Mädchen abreagieren. Auch lässt das Ansteigen der Berichte über Missbrauch durch weibliche Personen darauf schließen, dass das Geschlecht nicht der ausschlaggebende Faktor ist, ob sich jemand abreagiert oder nach innen kehrt.

Aspekte der Introversion und Extraversion

Ich fand es hilfreich, zwischen Menschen, die introvertiert und solchen, die extrovertiert reagieren, zu unterscheiden. Der Grad der Introversion bzw. Extraversion hat damit zu tun, wie man mit Informationen umgeht. Introvertierte haben eine stille, verinnerlichte Art, Informationen zu verarbeiten. Bevor sie reagieren, brauchen sie Zeit, um nachzudenken und zu überlegen. Extrovertierte müssen reden und sich ausdrücken, um nachdenken zu können. Sie verarbeiten Informationen außerhalb ihrer selbst, in der Beziehung zu Menschen oder zu Dingen. Die meisten Menschen sind jedoch weder rein introvertiert noch rein extrovertiert, sondern eine Mischung aus beidem. Was gerade vorherrscht, hängt von den Umständen und dem jeweiligen Zeitpunkt ab.

Wir werden uns nun die acht Merkmale des »Inzestlands« näher ansehen.

1. Ein Lebensstil des Überlebens

Problembezogene und gefühlsbezogene Verhaltensstrategien

Kinder verfolgen unterschiedliche Strategien, um mit dem Leben zurechtzukommen. Sie lernen von ihrer Umgebung, aber auch ihre persönliche Veranlagung spielt eine wichtige Rolle. Je älter ein Kind ist, wenn es mit Schmerzen konfrontiert wird, desto eher wird es versuchen, Wege zu finden, damit fertig zu werden. Die Forscher Lazarus und Folkman[9] unterscheiden zwischen problem- und gefühlsbezogenen Verhaltensstrategien. Reagiert ein Kind eher problembezogen, so versucht es die Situation oder das Problem zu verändern (z. B. der Versuch, sich freizustrampeln, wenn es eine Spritze bekommt). Reagiert es dagegen gefühlsbezogen, so versucht es den Ausgang einer Situation durch Gefühle zu kontrollieren (indem es z. B. weint, mit den Füßen ausschlägt oder nur auf eine versprochene Süßigkeit aus ist). Ist es durch die Situation überfordert, wird es eher gefühlsbezogene Lösungen wählen.

Verleugnen

Führen problembezogene Methoden zu keinem Erfolg und erschöpfen sich gefühlsbezogene Bemühungen durch die Intensität einer Situation, beginnt ein weitere Verhaltensstrategie zu arbeiten – das Verleugnen. Ein Schulmädchen, eine Waise, verhielt sich tagsüber wie eine normale, übersprudelnde junge Frau; sobald sie aber nach Hause kam, wurde sie zur zweiten Ehefrau ihres Pflegevaters. Sie wechselte einfach den Lebensstil und verleugnete um des Überlebens willen die jeweils andere Realität.

Geistige Abwesenheit

Verschiedene Techniken »geistiger Abwesenheit« können einem helfen, mit der Wirklichkeit besser zurechtzukommen und den Schmerz der Erinnerungen zu vermeiden.[10] Wird die Spannung unerträglich, wandern die Gedanken mit der Zeit zu angenehmeren Orten. Wenn eine solche Flucht aus der Realität auf Grund schwieriger Umstände häufig benötigt wird und Fantasiegedanken zur Linderung der Schmerzen entweder zu langweilig sind oder nicht wirken, kann ein geistiges Niemandsland, das Starren ins Nichts, zu einem Zufluchtsort werden. Laienseelsorger können schon recht früh lernen, zu erkennen, ob traumatisierte Personen abschalten, flüchten oder sich von der Realität abspalten. Hat ein Kind keine Möglichkeit zu flüchten, dann kann es lernen, die Realität zu verleugnen, und sich in eine Fantasiewelt zu verabschieden. Als Erwachsener kann dieser Mensch dann, wenn durch körperliche Intimität mit dem Partner negative Erinnerungen zum Vorschein kommen, nach innen »verschwinden« und zum Beispiel einkaufen gehen oder die Nägel an der Decke bzw. die Bücher auf dem Regal zählen.

Sich seine eigenen Schmerzen erzeugen

Ein Überlebender kann den vorhandenen Schmerz durch intensive Gefühle (Selbstverstümmelung, verschiedene Arten der Sucht, Selbstmordverhalten oder die Suche nach intensiven Gefühlserfahrungen) übertönen. Mit der Zeit können die intensiven Gefühle dann zu einer Benommenheit führen! Schmerz ist schlecht, nichts zu fühlen ist schlechter! Wie es ein Mädchen beschrieb: »Wenn ich meine Arme mit einem Messer aufschlitze, habe ich wenigstens das Gefühl, noch am Leben zu sein ...«

Anpassung an die Wünsche und Bedürfnisse anderer

Eine weitere Überlebensstrategie ist, sich an die Zwänge der Umgebung anzupassen. Man kann dies als Verleugnen der eigenen Bedürfnisse um des lieben Friedens willen sehen, um die noch schlimmeren Folgen eines »Nein« zu vermeiden. Bei hingegebenen Christen, die ihre persönlichen Bedürfnisse verleugnen (und so dem Schmerz der Realität entgehen) und ihr Leben ständig für andere hingeben, kann dies eine spezielle Wende nehmen und ein »Helfersyndrom« bewirken.

Selbstmordtendenzen

Paradoxerweise mischen sich in den Kampf ums Überleben oft Momente solcher Verzweiflung, dass der Tod zu einer Versuchung wird. Die meisten mir bekannten Überlebenden eines Inzests erzählten mir, dass ihr Wille zu leben das eine oder andere Mal so stark gewesen war, das Leben aber gleichzeitig so unmöglich, dass sich der Wille zu leben ins Gegenteil verkehrt hatte und sie suizidal geworden waren.

Introvertierte und extrovertierte Reaktionen auf einen Lebensstil des Überlebens

Introvertierte bevorzugen stoisches Schweigen als Weg des Überlebens. Dieses Schweigen kann mit allem möglichen angefüllt sein – von lustigen Fantasien bis zu finsterer, innerer Leere. Letzteres kann einen trance-ähnlichen Zustand annehmen, bei dem sie jegliches Zeitgefühl verlieren. Extrovertierte übertönen eine Situation oft durch Lärm und Gelächter. Wo Introvertierte die Tendenz haben, sich anzupassen, werden Extrovertierte gerne manipulativ, um ihre Ziele mit allen Mitteln zu erreichen. Introvertierte Christen mit einem Lebensstil des Überlebens wenden sich auch eher mystischen, inneren Erfahrungen zu als extrovertierte. Während Introvertierte dazu tendieren, sich in christlichen Leitungspositionen gebrauchen und beherrschen zu lassen, neigen Extrovertierte dazu, autoritär zu werden.

2. Ein dysfunktionaler Beziehungsstil[11]

Manche Familien sind wie eine Dose Spagetti. Die Beziehungen sind ineinander verflochten und das Familiensystem ist »eingemacht«; es gibt keinen Weg nach draußen. Selbst wenn man die Dose öffnen würde, wüssten sie nicht, wie sie raus kämen. In einem solchen Familiensystem ist die individuelle Entwicklung auf Grund vager, unklarer Beziehungen und mangelnder Individualität eingeschränkt. Die fehlenden Grenzen fördern die Tendenz zum Machtmissbrauch. Es gibt Kulturen, in welchen es ein – meist männliches – Familienmitglied normal findet, den Rest der Familie zu schikanieren. Diese Art von Missbrauch kann auch sehr subtil erfolgen, wie z. B. durch stille Manipulation oder das Einsetzen einer Krankheit. Eine solche Familie können wir im Allgemeinen als dysfunktional bezeichnen.

Spielt die Religion in einer dysfunktionalen Familie eine große Rolle, können sogar religiöse Werte für geistlichen

Missbrauch benutzt werden. Überlebende eines sexuellen Missbrauchs aus einer christlichen Kultur berichten oft, sie seien, unter der Androhung, Gott würde sie sonst strafen, gezwungen worden, mit dem Täter zu kooperieren. Daneben gibt es auch nichtreligiöse Täter, die sich in der Öffentlichkeit sehr freundlich, aufmerksam und an anderen interessiert zeigen, während sie zu Hause eine völlig andere Seite ihrer Persönlichkeit zeigen.[12] Solche Unterschiede zu vertuschen, erfordert Geheimnistuerei.

In einer gesunden Familie wird Macht zum Nutzen der gesamten Gruppe eingesetzt. Das gemeinsame Ziel ist, dass jeder dem anderen hilft, voranzukommen, und dass Individualität und Gemeinschaft in der Balance sind. Um es mit den Worten Jesu auszudrücken: Leiten bedeutet, dienen zu können.[13] Obwohl es starke Überzeugungen geben kann und auch geben sollte, wird versucht, »Einheit in Vielfalt« zu fördern. Je älter die Kinder werden, desto mehr Freiheit sollte es für individuelles Wachstum geben. Sie sollten eine echte Unterstützung (und keine Gleichgültigkeit!) darin erfahren, ihre eigenen Entscheidungen zu treffen.[14] Aus biblischer Sicht findet man in gesunden Familien viel Gnade vor. Versagen oder Sünde begegnet man mit der Bereitschaft, sich selbst bzw. einander zu vergeben, falls die Beziehungen verletzt wurden. Ehrlichkeit ist ein starkes Mittel gegen dysfunktionale Beziehungsmuster, in denen der äußere Schein einen höheren Wert hat als Wahrheit.[15]

Die meisten Beschreibungen dysfunktionaler Beziehungsmuster lassen drei Positionen oder Rollen erkennen: Täter, Opfer und Helfer.[16] Die Beziehung des Täters zum Opfer basiert auf Tadel, während das Opfer sich schuldig fühlt, den Täter zu dem zu machen, was dieser ist. Der Helfer empfindet eine Art Mitleid und ermöglicht dem Opfer, den Missbrauch weiterhin zu erleiden, indem er es unterstützt. Das Opfer reagiert anderen Personen gegenüber mit Vorwürfen oder mit Schuldgefühlen und wird in einer manipulativen Beziehung zum Täter oder benutzt den Mitleid erzeugenden Ansatz »ich

Armer«, der in dieser Situation einen anderen Helfer zum Handeln veranlasst.

Sind diese drei Rollen das Einzige, was ein Kind als das »normale« Leben kennt, ist leicht zu verstehen, dass es Wechsel von einer Rollenposition zur anderen geben wird. So kann z. B. in einer Scheidungssituation ein Kind einem oder beiden Elternteilen gegenüber zum Täter werden. Die Eltern, denen das Kind Leid tut, können einem Opfer entsprechend fühlen und handeln und dem Kind diese missbrauchende Rolle zugestehen. Dieses Modell erklärt auch, wie es dazu kommen kann, dass Opfer eines sexuellen Missbrauchs selbst zum Täter werden, sei es in der eigenen Familie oder kleineren Kindern gegenüber. Mit der Zeit entwickeln sich manche von ihnen zu erwachsenen Kinderschändern.[17]

Für den seelsorgerlichen Gebrauch finde ich das Dreieck der »drei Positionen« zu begrenzt, da es darin keinen Platz für den sozialen Kontext einer Kirchengemeinde gibt, die eine

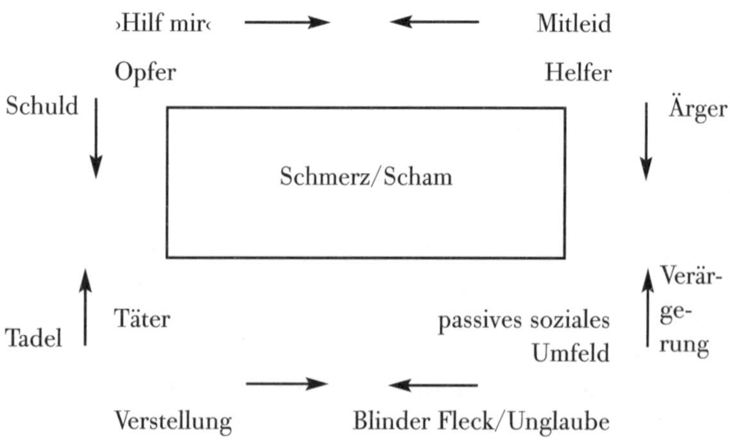

Abbildung 1: *Das Beziehungsquadrat in einer Kirchengemeinde*

Familie, in der Missbrauch vorkommt, möglicherweise besucht. Deshalb scheint ein Beziehungsquadrat besser auszudrücken, wie es sich in Seelsorgesituationen verhält.
Leugnet eine Kirchengemeinde die Tatsachen oder nimmt sie lediglich eine distanzierte Haltung dazu ein, kann sie selbst zu einem Teil des Problems werden. Viele Überlebende haben bezeugt, wie schmerzlich es für sie war, dass wichtige Personen in der Kirche nicht hören wollten, was sie zu sagen versuchten. Wie ich in der Widmung zu diesem Buch ausdrückte, hatte die Kirche lange Zeit weder Augen, zu sehen, noch Ohren, zu hören, was Opfern des sexuellen Missbrauchs unter ihren eigenen Mitgliedern zugefügt wurde. Und falls sie es wusste, fehlte es gewöhnlich am entsprechenden Mut, zu handeln.

Religiöse, aber von Missbrauch geprägte Familien werden dazu tendieren, solche Kirchen zu besuchen, in denen die Werte und Sitten ebenfalls missbrauchend sind. Diejenigen, die eine soziale Distanz bevorzugen, suchen sich Gemeinden aus, in denen man sich nicht besonders nahe kommt. Dies unterstützt sie darin, ihre Familiengeheimnisse zu wahren und eine Konfrontation mit ihrem Lebensstil zu vermeiden. Auch das soziale Umfeld kann eine unterstützende Rolle für eine von Missbrauch geprägte Familie einnehmen, z. B. wenn ein kirchlicher Mitarbeiter zwar die physischen Zeichen beobachtet, aber nur betet, der Herr möge die Dinge ändern, oder wenn ein Hausarzt, der erkennen sollte, ob ein Kind sich in einer ungewöhnlichen Not befindet, nur Beruhigungsmittel verschreibt. Wir wollen aber nicht vorschnell verdammen. Die Täter sind oft sehr raffiniert. Einer ging einmal zum Pastor, um sich über die »dummen Geschichten« seiner Tochter zu beschweren, die erzählt habe, der Pastor fasse sie unschicklich an. Der Pastor ärgerte sich natürlich darüber, sprach aber nicht mit dem Mädchen. Als es schließlich sein Schweigen über den geheimen Missbrauch seines Vaters an ihm brach, beschuldigte der Pastor das Mädchen, es würde doch nur »Geschichten erfinden«. Der Vater hatte den Pastor erfolgreich in das dysfunktionale Beziehungssystem mit hineingezogen.

Dysfunktionalität: der Missbrauch von Macht

Die Wurzel des Problems in dysfunktionalen Systemen ist der Missbrauch von Macht, sei es durch brutale Gewalt oder subtile Manipulation. Die übermächtige Gegenwart des Täters macht es einem Kind schwer, zu einem reifen Erwachsenen zu werden. Werfen wir einen Blick zurück auf das Beziehungsquadrat, so können wir sehen, dass die Position des elterlichen Helfers bedeuten kann, dass z. B. eine Mutter versucht, die dysfunktionale Familie am Leben zu erhalten, auch wenn sie Inzest vermutet. Wohin sollte sie sich wenden, falls sie sich entscheiden würde, mit ihren Kindern wegzugehen?

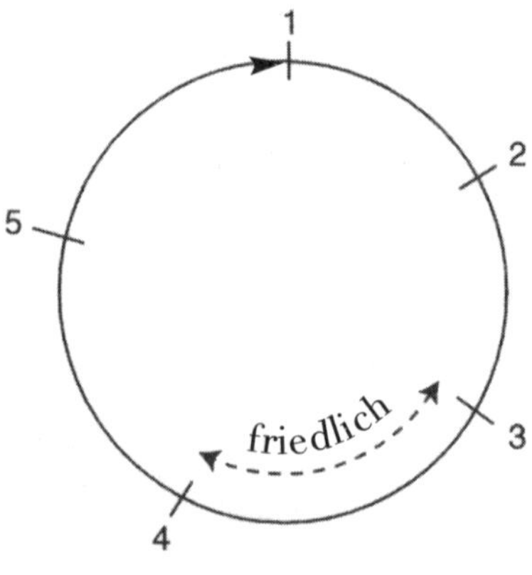

1. Warnzeichen
2. Kampf und Niederlage
3. Missbrauchs-Verhalten
4. Neue Versprechen, sich besser zu verhalten
5. Wachsende innere Spannung

Der Abschnitt zwischen 3 und 4 wird von der Familie als friedlicher eingestuft.

Abbildung 2: *Schmerzzyklus in Pims Familie*

Pim, der Sohn einer Alkoholikerin, erklärte seinen »Familienzyklus des Schmerzes« einmal einer von mir unterrichteten Seelsorgeklasse:

Es war zu einem immer wiederkehrenden Ablauf geworden. Die relative Ruhe in der Familie war durch eine unterschwellige Spannung beeinträchtigt. Es hatte nur den Anschein, alles sei ruhig. Alle waren sich darüber im Klaren, dass Mutter wieder trinken würde. Sie konnten es sich auch ohne die verräterischen Zeichen fast ausrechnen, wann sie wieder zur Flasche greifen würde (1). Die Spannung stieg, wenn Mutti wirklich schwer am Kämpfen war, aber verlor (2). Dann begann die Periode, in der sie sich betrank (3). Auf diese folgte eine Zeit der Reue und des Bedauerns. Mutter bat um Vergebung, betete wieder, nahm die Kinder mit zur Kirche und sagte ihnen, sie sollten brav sein. Sie machte neue Versprechungen und der Friede war für kurze Zeit wieder hergestellt (4). Wurde der Kampf, sich der Flasche zu enthalten, wieder stärker, nahm auch die Spannung wieder zu (5). Pim zeigte die Grafik der Gruppe und fragte, wann es unserer Meinung nach wohl am friedlichsten in der Familie gewesen sei. Diejenigen, die richtig geraten hatten, kamen alle aus dysfunktionalen Familiensystemen. Er erzählte: »Wenn Mutter richtig betrunken war, wurden wir wieder Herr der Lage. Es war schrecklich, aber wenigstens war die Spannung gebrochen. Sobald sie nüchtern wurde und in ihrem Bedauern schwelgte, hatten wir nur noch eine kurze Zeit, bevor alles wieder unter Spannung kam! Sie überhäufte uns dann mit leeren Versprechungen.«

Pim merkte irgendwann, dass er es nicht länger aushielt. Obwohl er erst vierzehn war, ergriff er die Initiative und suchte nach fachmännischer Hilfe für sich. Seine Mutter war sehr verärgert darüber, dass er das Familiengeheimnis verraten hatte. Dadurch fühlte er sich sehr schuldig. Dies ist für jeden, der aus einer dysfunktionalen Beziehung auszubrechen sucht, eine normale Erfahrung. Alles in diesem von Missbrauch geprägten Beziehungssystem wird versuchen, die alten Muster am Laufen zu halten: »Ich merkte jedoch, dass Mutter sich immer darauf verließ, dass ich sie herausholen würde, wenn sie den Tiefpunkt erreicht hatte. Ich war zu ihrer Krücke geworden. Nachdem ich fachliche Hilfe gesucht hatte, fiel sie in eine richtige Depression. Dies war aber auch das erste Mal, dass sie bereit war, ihr Problem mit einem Sozialarbeiter zu besprechen.« In der Dreiecksbeziehung Täter, Opfer und Helfer ist der einzige Weg nach draußen, dass man selbst zum Täter wird. Das Mädchen, das anfängt, über den Missbrauch zu reden, ist die Ursache für das Auseinanderbrechen der Familie. Dies ist die Sicht des Familiensystems und sie spürt das auch. Für viele ist dieser offene Bruch nicht möglich. Im Quadrat gibt es jedoch noch einen anderen Ausgang, der vielleicht weniger mutig und radikal, dafür aber für viele der einfachere ist: der stille Weg nach draußen. Sie können sich in aller Stille durch einen natürlichen Ausgang aus dem System verabschieden, z. B. durch eine frühe Heirat oder die Wahl einer Ausbildung oder Arbeitsstelle, welche den Weggang von Zuhause zu einem natürlichen Vorgang macht. Für Letzteres entschied sich Albert, der Sohn eines Alkoholikers und einer Opfer-Mutter, die viel körperlichen Missbrauch erlitt. Er wollte nicht länger der Retter seiner Mutter sein und suchte sich gleich nach Abschluss des Gymnasiums eine Arbeit außerhalb der Stadt.

Albert arbeitete seine Vergangenheit auf und versuchte ein neues Leben mit einer reinen Weste zu beginnen, indem er von zu Hause wegging. Pim blieb standhaft und trotzte den gelegentlichen Wutausbrüchen seiner Mutter, weil er die Familiengeheimnisse verraten hatte. Mit achtzehn hatte auch er das Gefühl, er solle sein Elternhaus verlassen. Die Leute in der Kirche, die er besuchte, wussten, dass er die Sache vor das Sozialamt gebracht hatte. Sie hatten weniger Verständnis als sein Pastor. Mütter warnten ihre Töchter vor Pim: »Er kommt aus keinem guten Haus.« Er war gebrandmarkt.

Dysfunktionale Familien über Generationen hinweg

Pim und Albert fühlten sich zu Menschen mit demselben Hintergrund hingezogen. Alberts Frau war ein Inzestopfer. Ihre Kirche schlug ihnen vor, es sei am besten, die Tür zur Vergangenheit zu schließen und nicht zu viel über das Geschehene nachzudenken. Albert wurde schließlich zum Alkoholiker.

Dysfunktionale Kirchen

»Gleich und gleich gesellt sich gern.« Menschen, die in einem dysfunktionalen Klima aufwuchsen, suchen diese Atmosphäre häufig sogar im sozialen Bereich, wie z. B. in einer Kirche oder einer Gruppe missbrauchender Freunde.[18] In Alberts Gemeinde war es wichtig, schmerzliche Tatsachen zu leugnen. Pim kam in seiner dysfunktionalen Ehe nicht zurecht. Als offensichtlich wurde, dass die Ehe auseinander brechen würde, erntete er Tadel statt Mitgefühl.

Dysfunktionale Gemeinden bieten solchen, die auf Sex mit Kindern aus sind, oft gute Gelegenheiten, zu Vertrauenspersonen zu werden. So können sie leicht in engen Kontakt mit Kindern kommen. Mitglieder dysfunktionaler Gemeinden haben oft einen autoritären Lebensstil in ihrer Familie. Dies hat häufig zur Folge, dass sich entweder das Selbstwertgefühl und der Wille nicht richtig entwickeln können oder dass ein emotionales Vakuum entsteht, welches die Kinder mit anderen Menschen zu füllen versuchen. Beide Aspekte begünstigen einen Missbrauch.

Dysfunktionalität: bedingte Liebe

Manipulation ist der Lebensnerv einer dysfunktionalen Beziehung. Sie macht Liebesbezeugungen zu einem Tauschhandel: »Wenn du dies für mich tust, werde ich das für dich tun.« Dadurch kommen manche auf die Idee, ein »Recht« auf sexuelle Befriedigung zu fordern, selbst wenn sie ein Kind benutzen! Am nächsten Morgen findet das Mädchen dann Geld in seiner Manteltasche. »Es geht mir nicht in den Sinn, wie ich dazu fähig war, aber ich benutzte es, Teo. Ich habe es einfach akzeptiert.«

Dysfunktionalität: fehlende Grenzen

Eine dysfunktionale Familie ist wie ein Haus mit dünnen Wänden. Alles, was in den anderen Räumen (dem Leben der anderen Familienmitglieder) geschieht, beeinflusst die anderen zutiefst. Die ungeschriebene Regel ist: Jeder sollte spüren, was von ihm erwartet wird, ohne dass man es ihm sagen muss.

Dysfunktionale Entwicklung des Willens

Überlebenden eines Missbrauchs sieht man oft an, dass sie an einem Problem der Willensstärke leiden. Sie entwickelten ihren Willen, indem sie andere zufrieden stellten. Ein selektiv entwickelter Wille entsteht, wenn es einem Kind gelang, in bestimmten Bereichen genau das zu tun, was von ihm erwartet wurde, sich aber in Inzest-Situationen total unterwerfen musste. Ich kenne Inzest-Überlebende, die den Täter in anderen Dingen um den kleinen Finger wickeln konnten, solange sie nur nachgaben.

Den gebrochenen Willen findet man dort, wo ein Kind in den ersten Jahren eine normale Entwicklung des Willens erlebte, später jedoch in Inzest-Situationen verwickelt wurde. Sie sind sich ihres eigenen Willens bewusst, können ihn aber nicht ausüben, da er bei jedem Versuch, ihn einzusetzen, gebrochen wird. Manche, die sich in einer Phase der Heilung befinden, scheinen hart, stur und rebellisch zu sein. Jede dieser Formen der Willensentwicklung hat mit dem Willen zu überleben zu tun.

Dysfunktionale Familien und ihre Helfer

Ist man als Helfer eines Ratsuchenden sensibel, kann man leicht das Gefühl bekommen, man sei für das Wohlbefinden des Ratsuchenden verantwortlich. Es kann auch eine gewisse Befriedigung sein, gebraucht zu werden. Die Frage: »Wessen Problem ist das eigentlich?«, half mir, mit dem emotionalen

Druck, etwas »tun« zu müssen, um eine Situation zu lindern, fertig zu werden. Was ist Aufgabe der Ratsuchenden und was sind die Grenzen meiner Verantwortung? Genau hier kommt die Teamarbeit ins Spiel. Als ich Laienseelsorger darin unterrichtete, mit solchen Situationen zurechtzukommen, merkte ich, dass es nicht ausreicht, die richtigen Prinzipien zu lehren, um solche dysfunktionalen Fallen zu vermeiden. Man braucht eine andere Haltung; eine Haltung, die das genaue Gegenteil des Machtmissbrauchs ausdrückt: ein Geist des Dienens.[19] Eine solche Haltung wird die Quelle, aus der richtiges Handeln fließen kann.

Introvertierte und extrovertierte Reaktionen auf einen dysfunktionalen Beziehungsstil

Ich habe den Eindruck, dass Dysfunktionalität die Tendenz hat, extreme »Willens«-Reaktionen hervorzurufen. Es ist offensichtlich, dass ein Extrovertierter auf Grund der Ausdrucksfähigkeit dieses Charakterzuges entweder dauernd in Problemen stecken wird oder ständig versuchen wird, eine Atmosphäre der Normalität zu schaffen, indem er die Realität durch Witze, Aufregung und Aktivitäten zuzudecken versucht. Bei einem stillen Introvertierten ist es so, dass er sogar noch stiller werden kann oder sich unfreiwillig zum Extrovertierten wandelt, was jedoch eine Art Schauspielern ist. Dies erlebte ich 1972 auf einer Rüstzeit für Missionare in Saigon. Während einer Veranstaltung gab es eine starke Manifestation des Heiligen Geistes. Dabei entdeckte ich eine ruhige, sogar schüchterne Seite von mir und stellte fest, dass die Extrovertiertheit verschwunden war. Ich werde auch nie vergessen, wie zur selben Zeit einige eher ruhige und ehrwürdige Missionare ziemlich extrovertiert wurden!

3. Traumatische Sexualisierung

Die Identität und Sexualität eines Kindes benötigen Zeit, um zu reifen. Durch Inzest wird der natürliche Prozess gewaltsam unterbrochen. Soll die Verführung eines Kindes gelingen, muss dies gründlich vorbereitet werden: Das Kind darf nichts verraten; die richtige Zeit und der richtige Ort müssen gefunden werden; es braucht Zeit, bis die natürlichen Tabus im Täter und im Kind gebrochen werden usw. Der inzestuöse Täter überschreitet die Grenzen deshalb nicht sofort. Es gibt eine Grauzone zwischen einer normalen Umarmung mit den richtigen Gefühlen und einer Berührung, die Scham erzeugt. Dann jedoch kommt der Zeitpunkt, an dem das Kind erkennt: »Dies ist nicht richtig.« Da ist es dann aber oft schon zu spät. Das Kind im Innern ist sozusagen »getötet« und ein erwachsenes Erleben der Sexualität bestimmt von nun an die weitere Entwicklung des Kindes. Man kann dies mit einem falsch geeichten Messinstrument vergleichen; der »sexuelle Thermostat« wurde in einem negativen Umfeld eingestellt. Sexuelle Gefühle und negative Aggressionen schmieden eine Verbindung. Später kann die freundliche, aber kräftige Umarmung eines Freundes plötzlich eine Welle des Ekels hervorrufen.

Introvertierte und extrovertierte Reaktionen auf traumatische Sexualisierung

Sowohl introvertierte als auch extrovertierte Überlebende haben Probleme mit tieferen Beziehungen. Introvertierte Menschen reagieren mit einer zurückhaltenderen Einstellung gegenüber sexuellen Aktivitäten. Dies kann sich z. B. in der Schule, beim Entwickeln von Freundschaften und in Liebesbeziehungen auswirken. Der Körper wird als Feind betrachtet. Die natürlichen, durch sexuelle Stimulation hervorgerufenen physischen Reaktionen werden oft als Verrat des Körpers gesehen: »Mein Körper tat, was ich nicht wollte!« Die Reaktion Extrovertierter kann genau umgekehrt sein. Das zu frühe Durchbrechen der natürlichen »Schamgrenzen« kann sich so auswirken, dass sie nicht erkennen, wann diese Grenzen von Neuem übertreten werden, oder sie gehen weiter, als sie eigentlich wollen. Eine solche Person sendet oft widersprüchliche Signale an die Außenwelt. Dies äußert sich z. B. in unsittlicher Kleidung, unanständigem Verhalten oder dem ständigen Bedürfnis nach sexuellen Erlebnissen.

Da ein Kind sich während des Reifeprozesses seiner sexuellen Identität bewusst wird, können Probleme in Bezug auf die sexuelle Vorliebe entstehen. Hat Missbrauch stattgefunden, tendiere ich dazu, anzunehmen, dass das Kind keine echte Wahl hatte.[20]

4. Verrat

Ein Kind benötigt Vertrauenspersonen, die es im Prozess des Erwachsenwerdens begleiten. Überschreitet eine dieser Personen die sexuellen Grenzen des Kindes, handelt es sich um einen Verrat an diesem Vertrauen. Eine Autoritätsperson hat sich als vertrauensunwürdig erwiesen, und deshalb ist es nur vernünftig, Erwachsenen zu misstrauen!

Introvertierte und extrovertierte Reaktionen auf Verrat

In den Wachstumsjahren benötigt ein Kind Bezugspersonen, die ihm Vertrauen und Ermutigung entgegenbringen, damit es sowohl ein gesundes Selbstbewusstsein als auch ein gesundes Misstrauen entwickeln kann. Man kann nicht jedem trauen! Der Schmerz des Vertrauensverlustes bewirkt häufig ein extremes Bedürfnis, sich ins Private zurückzuziehen. Introvertierte Inzest-Überlebende erscheinen oft schüchtern, hochnäsig und misstrauisch. Da sie die Einsamkeit fürchten, ignorieren sie die intuitiven Warnsignale. Sie gehen die unmöglichsten Beziehungen ein! Extrovertierte Überlebende können genau umgekehrt reagieren und eine »Was soll's«-Haltung an den Tag legen; Gefahrensignale können bei ihnen Aufregung und übertriebene Selbstsicherheit (»Ich schaff das schon«) bewirken. Dies kann zu einer Enttäuschung nach der anderen führen und schließlich in großer Unsicherheit enden. Extrovertierte Überlebende beobachten genau, was um sie herum vor sich geht. In der Kindheit hilft ihnen diese geistige Wachsamkeit, gute Schulnoten zu bekommen. Getrieben von ihrer Versagensangst und als Folge der neu gefundenen Freiheit verloren einige Überlebende, denen ich half, ihren Antrieb zu studieren. Sie brauchten einige Zeit, um für ihr Studium wieder motiviert zu sein.

Introvertierte reagieren auf emotionale Spannungen und Unsicherheiten, indem sie ihre Gefühle einfrieren bzw. ihre Aufmerksamkeit auf sicherere Themen lenken. Extrovertierte dagegen beginnen immer neue Projekte, haben aber Probleme damit, diese zu Ende zu führen. Autoritätspersonen gegenüber haben introvertierte Inzest-Überlebende die Tendenz entweder auf Distanz zu gehen oder alles über sie herauszufinden! Letzteres mag daran liegen, dass sie jemanden brauchen, der klug ist und ihnen die starke Führung gibt, die ihnen als Kind fehlte. Extrovertierte Überlebende sehen Autoritäten als eine Herausforderung und werden deshalb oft als rebellisch eingestuft. Diese Rebellion kann ein verzweifelter Versuch sein, »nein« zu sagen, etwas, wozu sie als Kind nicht in der Lage waren.

Beziehungen leiden oft unter dem Bedürfnis, sie zu kontrollieren. Kann man eine Beziehung nicht kontrollieren, distanziert man sich von ihr. Sie wird dann entweder abgebrochen oder es kommt zu einem heftigen, aber oft unlogischen Konflikt. Das Bedürfnis zu kontrollieren wird von anderen oft als kritische Haltung gesehen. Lehre ich darüber in meinen Seminaren, geht so manchem Pastor plötzlich ein Licht auf, was einige seiner schmerzhaften Konflikte mit Kirchenmitgliedern angeht.

5. Ohnmacht

Die physischen bzw. sexuellen Gefühle, die durch Verrat erzeugten Emotionen, die drohende Gewalt, die Angst, von anderen entdeckt zu werden, und bei älteren Kindern die Angst vor einer Schwangerschaft sowie das intensive Schamgefühl sind zusammengenommen überwältigend. Das Gefühl einer Ohnmacht, nicht aufhalten zu können, was abläuft, wird dadurch verstärkt. Eine »erlernte Ohnmacht« entsteht: Was man auch versucht, die Situation ändert sich nicht. Um des Überlebens willen gibt das Opfer jeden Widerstand auf und lässt alles mit sich machen. Auch wenn das Kind in Wirklichkeit wegrennen könnte, tut es das nicht.

Das Bedürfnis, einen Konflikt zu vermeiden, kann sogar so weit gehen, dass das Kind dem Täter folgt und alles kopiert, was er bzw. sie tut. Auf diese Weise können auch Charakterzüge des Missbrauchs übernommen werden. Sexueller Missbrauch ist eine auf sexuellem Wege ausgedrückte Gewalt. In Überlebenden, die ihre Vergangenheit nicht aufgearbeitet haben, kann dies auch zu kriminellem Verhalten führen.

Es kann sich auch eine Verbindung zwischen der Ohnmacht von Überlebenden eines Missbrauchs und tief eingeprägten Schuldgefühlen entwickeln. Manche Wissenschaftler sind der Überzeugung, diese Ohnmacht sei für ein Kind unerträglich. Es könne deshalb zu »Machtfantasien« kommen, ja, dies sei sogar das Normale. In solchen Fantasien schmiedet ein Kind, das Opfer ist, oft Pläne, den Täter zu bestrafen. Es entscheidet sich dann allerdings, »besser« als der Täter zu sein, indem es diese Machtgefühle nicht einsetzt bzw. nicht handelt. Dieses falsche Machtgefühl erzeugt später ein tiefes Schuldgefühl: »Ich hätte ihn stoppen können.«[21]

Als Erwachsene zeigen Überlebende eines Kindesmissbrauchs oft ein übertriebenes Verantwortungsgefühl. Es liegt in der Natur der Sache, dass Kinder viel zu schnell glauben, sie seien die Ursache für alle Probleme ihrer Bezugspersonen. Überlebende eines Inzests erleben das noch akuter. »Du bist so schön; deshalb habe ich diese Gefühle«, ist das, was Täter einem Kind häufig mitteilen. Deshalb versuchen manche Überlebende, nicht so schön zu sein, und essen sehr viel. Andere, wohl in dem Versuch, körperlich unreif zu bleiben, hemmen ihr Wachstum, indem sie viel zu wenig essen. Nehmen wir ihnen dieses übertriebene Verantwortungsgefühl weg, dadurch dass wir darauf verweisen, dass der Täter allein verantwortlich ist, geraten wir in ein Dilemma. Ein gewisses Verantwortungsbewusstsein ist Teil eines normalen Selbstbewusstseins. Bedeutet, nicht verantwortlich zu handeln, dass man ein Niemand ist?

Introvertierte und extrovertierte Reaktionen auf Ohnmacht
Introvertierte reagieren oft wie Marionetten. Auf diese Weise versuchen sie so weit wie möglich, Spannung zu vermeiden. Da dies nicht immer zum Erfolg führt, wendet sich ihre Aggression oft nach innen. Ein introvertierter Überlebender kann still und heimlich Selbstmordgedanken hegen. Eher extrovertierte Überlebende können ausdrucksstärker sein, weshalb sie dazu tendieren, ihre Aggression durch offene Selbstzerstörung oder Destruktivität anderen gegenüber abzureagieren.

6. Stigmatisierung

Das Gefühl, »anders zu sein«, ist eine typische Eigenschaft eines Überlebenden. Dieses »Anderssein« verstärkt ein natürliches Schamgefühl. Das daraus resultierende, tiefe Schamgefühl kann wiederum die normalerweise vom modernen Menschen, Kinder eingeschlossen, erlebte Einsamkeit verstärken. Zu wissen, dass man sexuell »gebraucht« wurde, verringert das Selbstwertgefühl erheblich. Ich habe Ehepaaren Seelsorge gegeben, die echte Kompatibilitätsprobleme hatten. Der Verlust des Selbstwerts hatte Opfer dazu bewogen, »unter ihrer Klasse« zu heiraten. Sie sahen sich als

»verdorbene Ware«, die man zu einem Schleuderpreis verkauft! Während des Heilungsprozesses kann dies neue Probleme aufwerfen. Sie fragen sich: »Was habe ich bloß getan? Warum nur habe ich ihn bzw. sie geheiratet? Hätte ich doch nur jemand anders geheiratet ...« Da die Partner die Inzestkultur nicht verstehen und die Ehe sowieso nicht besonders gut läuft, ist die Wahrscheinlichkeit einer Scheidung dann recht hoch.

Um der Spannung der Stigmatisierung zu entfliehen, leugnen Überlebende manchmal Fakten aus der Vergangenheit oder tun sie als Fantasie ab. Dies kann bewusst (der Preis der Konfrontation ist zu hoch) oder unbewusst (der Schmerz ist zu groß) geschehen. Das andere Extrem ist die gegenteilige Reaktion, d. h. sie können die Vergangenheit nicht loslassen. Ihre ganze Persönlichkeit basiert dann auf der Inzesterfahrung und Heilung würde bedeuten, die Sicherheit der alten Identität zu verlieren.

Introvertierte und extrovertierte Reaktionen auf Stigmatisierung

Introvertierte suchen oft die Isolation, um ihr eigenes Leben unter Kontrolle halten und einen Machtmissbrauch verhindern zu können. Extrovertierte können genau entgegengesetzt reagieren und durch ein groteskes Verhalten die Aufmerksamkeit auf ihr Anderssein lenken.

7. Ein alles durchdringendes Schamgefühl

Fossum und Mason schreiben: »Ein alles durchdringendes Schamgefühl lässt einen ständig davon ausgehen, man sei grundsätzlich schlecht, unzulänglich, fehlerhaft, unwürdig oder kein vollwertiger Mensch.« Sie unterscheiden zwischen Schuld und Scham. Schuld definieren sie als die reifere Reaktion auf das Bedauern, dass man in seinen persönlichen Werten versagt hat.[22]

Die durch sexuelle Vergehen oder Inzest hervorgerufenen Schamgefühle sind nicht bei allen Ratsuchenden gleich. Wie die Einzelnen reagieren, scheint damit zusammenzuhängen, wie groß ihr »Schamreservoir« ist. Dieses kann mit Schamgefühlen aufgefüllt sein, die durch kulturelle Werte, durch Übertragung von einer Generation auf die nächste oder durch persönlich empfundenes Versagen erworben wurden. Opfer eines Missbrauchs haben oft solch intensive Scham- und Schuldgefühle, dass wir dies genauer betrachten müssen.

Kulturelle Scham: In manchen Teilen Lateinamerikas kann ein Ehemann beispielsweise nicht die Wäsche im Freien aufhängen, wenn seine Frau krank ist. Er muss eine Nachbarin bitten, dies für ihn zu tun.

Familienscham: Familien können durch ein intensives Schamgefühl gefesselt sein. In streng kalvinistischen Kreisen war es lange eine schreckliche Erfahrung, vor einer offiziellen Hochzeit schwanger zu werden. Solche Eltern haben oft ein Beziehungsproblem, da dieses Kind sie an eine vor der Öffentlichkeit tief empfundene Scham erinnert.

Persönliche Scham: Ein »Kind der Scham« zu sein, kann die Ursache für ein tiefes, persönliches Schamgefühl sein. Dadurch dass jemand seinen eigenen Maßstäben nicht gerecht wird, kann ebenfalls eine individuelle Scham auftreten. In Asien machte ich eine ganz neue Erfahrung: junge Menschen, die ihre Prüfungen nicht schafften, waren nicht mehr fähig, sich der Außenwelt zu zeigen. Einige schlossen sich, zum Teil jahrelang, in ihr Haus ein und weigerten sich, irgendjemanden zu treffen. Andere liefen weg oder suchten sich einen ganz neuen Freundeskreis.

Schuld hat damit zu tun, dass man sich selbst beurteilt oder von anderen beurteilt wird. Aus biblischer Sicht gibt es echte Schuld, d. h. auf biblischen Werten beruhende Verdammnis, und falsche Schuld, bei der andere Werte eine Rolle spielen. Als der Apostel Petrus einmal mit Heiden aß und gesetzliche Juden dazukamen, verließ er schnell den Tisch. Sie verurteilten sein Verhalten: ein klares Beispiel für kulturelle Schamgefühle.

Die Macht der Scham

Scham kann meiner Meinung nach deshalb eine so große Macht ausüben, weil sie mit einem Grundelement der Schöpfung zusammenhängt: eine Person zu sein und eine Identität zu haben. Im Garten Eden waren dieser Identität Grenzen gesetzt; es war aber möglich, diese Grenzen illegal zu überschreiten, und deshalb nötig, dem zu widerstehen. Verschiedene Verteidigungsmechanismen waren latent vorhanden, darunter eine natürliche Scheu sowie die Fähigkeit, Schmerzen zu spüren. Nach dem Sündenfall von Adam und Eva wurden diese Verteidigungsmechanismen aktiviert. Scham und Schmerz wurden aktiviert, als sie sich der Unterschiede zwischen Mann und Frau bewusst wurden. Fossum und Mason nennen Scham treffend einen »tiefen Schmerz in der Seele«; man sah uns schwach und zerbrechlich und wir erlebten Ablehnung, Hohn und Demütigung. In Adam und Eva entwickelte sich ein neues Bedürfnis: ihr innerstes Selbst zu verstecken. Neue Probleme entstanden: sie mussten sich dafür entscheiden, ihr Leben miteinander zu teilen, ihre beiden individuellen Welten zu vereinigen, zu leugnen, dass es Grenzen zwischen ihnen gab. Sich in einer intimen Beziehung, unter Ausschluss der Öffentlichkeit, »aufzudecken« war jetzt eine Entscheidung. Solche geheimnisvollen Momente erzeugen eine zusätzliche Bindung. Diese Entscheidung, verbunden zu sein oder – mit den Worten Jesu im Lukasevangelium – »zusammengeklebt zu sein«, ist eine fundamentale Kraft der Schöpfung, die eine Beziehung beeinflusst. Werden solche Grenzen verletzt, wird die natürliche Zurückhaltung verwundet und Schamgefühle nehmen überhand.[23] »Wir waschen mit Außenstehenden keine schmutzige Wäsche«, sagte die Mutter, als der Vater aus dem Gefängnis entlassen wurde und sie in einen anderen Teil des Landes umzogen. »Es geht niemanden etwas an, was vorgefallen ist. Vater hat seine Strafe verbüßt; wenn es die Leute wissen, bekommt er keine Arbeit.« Der kleine Junge versteht und gehorcht; er lernt ein neues Verhaltensmuster: schamvermeidendes Verhalten. Später lehrt er seinen Sohn dasselbe Prinzip: »Erzähle Außenstehenden nichts über unsere Familienangelegenheiten.« Von Generation zu Generation wird schamvermeidendes Verhalten so zu einer festen Gewohnheit.

Die Macht der Scham in Überlebenden eines sexuellen Missbrauchs

Meiner Meinung nach haben Überlebende eines sexuellen Missbrauchs ein besonderes Problem mit Scham:

a) Auch kleine Kinder können Scham empfinden. Die ersten Formen von Scham sind nicht sexueller Art; diese scheint erst etwa mit dem Schulalter zu beginnen. Davor kann ein Kind Scham empfinden, wenn es z. B. in den Mittelpunkt der Aufmerksamkeit rückt oder plötzlich merkt, dass es von jemandem beobachtet wird.[24] Die Scham in einem Kind kann aus einer Art natürlichem Empfinden der Unzulänglichkeit stammen, wenn es sich mit Erwachsenen vergleicht. Dann handelt es sich um entwicklungsbedingte Schamgefühle. Wird ein Kind sexuell missbraucht, hat dies oft ein deutlich geringeres emotionales Wachstum zur Folge. Als Erwachsener trägt das »verwundete innere Kind« diese entwickelten Schamgefühle weiter mit sich herum; auch wenn ihm sein Verstand sagt, es sei alles o. k., hat es das *Gefühl*, verkehrt zu sein.
b) Wächst eine missbrauchte Person darüber hinaus mit dem Verständnis auf, dass wir vor Gott unwürdige Personen sind, wird die geistliche Scham zu einer noch schwereren Last.[25] Missbrauchte Personen haben oft ein starkes Bedürfnis, sich ins Private zurückzuziehen. Manchen macht deshalb der Gedanke »Gott sieht alles« schwer zu schaffen. Da im Christentum auch die persönliche Verantwortung eine große Rolle spielt, kann dies zu tiefen Problemen führen. Ihre Unfähigkeit, die Verantwortung des Täters von der persönlichen Verantwortung zu trennen, hat starke Schuldgefühle zur Folge. Seelsorger können den

Schaden noch vergrößern, wenn sie in den Überlebenden Schuldgefühle auslösen.[26]

c) Wächst man in einer dysfunktionalen und auf Überleben ausgerichteten Atmosphäre auf, kann der Unterschied zu anderen Familien eine tiefe Scham bewirken. Weil sie eine gewisse Würde bewahren wollen, sind manche gezwungen, die Wahrheit zu verbergen. Hat jemand außerdem eine traumatisierte Sicht der Sexualität, erzeugt die Kombination der psychologischen, sozialen, emotionalen und geistlichen Folgen der Scham eine »Giftmischung«, welche die gesamte Persönlichkeit durchdringt. Der Körper wird dabei durch dieses Schamgefühl auf eine spezielle Weise mit einbezogen.[27] Die Scham scheint sich in jeder Körperzelle einzunisten. Diese Beobachtung veranlasste mich, nach Seelsorgemethoden zu suchen, die sich sowohl auf die gesamte Persönlichkeit als auch auf den Körper auswirken.

8. Suchtverhalten und Scham

Die intensiven Schamerlebnisse der Überlebenden eines Missbrauchs rufen nach drastischen Wegen, weitere Scham zu vermeiden. Finden sie etwas, was dieses Schamgefühl auch nur für kurze Zeit beseitigt, ist das eine große Erleichterung. Fossum und Mason zeigen, dass diese Erleichterung einem Suchtverhalten zu Grunde liegt. Hier spielt das verborgene Schamreservoir eine Rolle, welches mit Scham aus früheren Generationen angefüllt sein kann. Eine ratsuchende Frau konnte so letztlich verstehen, weshalb sie von Geburt an unter intensiven Schamreaktionen gelitten hatte: sie entdeckte, dass ihr Vater gleichzeitig ihr Großvater war.

Eine Anhäufung von unbedachten Handlungen, Enttäuschungen und Versagenserlebnissen kann das Schamreservoir in einem vergrößern. Erlebt man dann eine einzige Scham verursachende Situation, wird die Seele verletzt. Mir passierte das im Alter von sieben Jahren. Als Juliana unsere neue Königin wurde, gab es in unserem Dorf viele Festlichkeiten. Ich war als schnellster Läufer meiner Altersgruppe bekannt und wusste, ich würde den ersten Preis im 100-m-Lauf gewinnen. Schon nach ein paar Sekunden war ich den anderen weit voraus. Dann riss das Gummi meiner Sporthose. Die Zuschauermenge brüllte vor Lachen. Ich fasste meine Hose, rannte weiter und wurde Zweiter. Viele Jahre kämpfte ich damit, meinen Gürtel zu prüfen, bevor ich in der Öffentlichkeit aufstand. Das Schamereignis und das Gelächter der Menge hatten einen Automatismus bewirkt: Menge, Schamgefühl, meinen Gürtel prüfen! Heute weiß ich auch, warum ich so intensiv reagierte. Zu jener Zeit war in mir ein großes, verborgenes Reservoir an Scham vorhanden, da meine Familie aus verschiedenen Gründen öffentlich gedemütigt worden war. Dies ist nur ein einfaches Beispiel dafür, wie Süchte entstehen. In meiner Arbeit als Kaplan für die Mitarbeiter eines christlichen psychiatrischen Krankenhauses für Suchtverhalten wurde mir immer klarer, dass Scham und Süchte zusammenhängen.

Wenn man die Kultur des sexuellen Missbrauchs erkennen kann, aber keine Erinnerungen oder Fakten vorliegen

In Kapitel drei erwähnte ich, dass ich immer wieder Menschen begegne, die mir berichten, sie hätten viele der von mir beschriebenen Symptome an sich selbst entdeckt, könnten sich aber an keine Situationen des Missbrauchs erinnern. Dieses Fehlen klarer Erinnerungen macht sehr unsicher. Es kann sich so auswirken, dass man entweder verzweifelt nach Fakten sucht oder die Verlässlichkeit seiner eigenen Gefühle anzweifelt: »Ich bilde mir das wohl nur ein.«

Eine mögliche Erklärung für diese Gefühle ist, dass das oben erwähnte Scham vermeidende Verhalten ebenso wie Werte des Missbrauchs von einer Generation zur nächsten weitergegeben werden.[28] »Jetzt, da ich älter bin und selbst eine Tochter habe, fällt mir auf, dass Mutter immer einen scharfen Ton in ihrer Stimme hatte, wenn sie ein unschickliches Verhalten entdeckte. Einmal spielte ich mit meinen Puppen, als sie plötzlich zu mir herkam, ›Schließ das Buch!‹, rief und mir die Beine zusammenschob. Ich hatte mich entblößt. Jedes Mal, wenn sie dachte, ich sei unvorsichtig, wurde dieses ›Schließ das Buch!‹, zu einem Geheimsignal. Jetzt kann ich erkennen, dass viele Schamgefühle ihre Wurzel in der Angst meiner Mutter hatten, auch ich würde missbraucht werden.« Ein solches Verhalten der Eltern kann zu Inzestopfern in der zweiten Generation führen, d. h. eine Person, die selbst nicht missbraucht wurde, übernimmt die Gefühle eines Elternteils oder eines anderen engen Verwandten.[29]

Ich fand heraus, dass diese Erkenntnis für diejenigen hilfreich ist, die das Gefühl haben, sexuellen Missbrauch erlebt zu haben, sich aber an keine Fakten erinnern können. Die Erklärung, dass es Generationen übergreifenden Inzest geben kann, kann verhindern, dass jemand auf Verdacht seine Vergangenheit durchforstet und die normale Zuneigung der Eltern oder anderer Bezugspersonen als Inzest ansieht! Man kann sich dann den Gefühlen des Missbrauchs zuwenden und gleichzeitig das Fehlen klarer Fakten stehen lassen. Der Seelsorgeansatz bei sexuellem Missbrauch sollte sowieso davon unabhängig sein, ob Fakten vorliegen oder nicht. Meine Erfahrung in der Beratung von Überlebenden eines Missbrauchs ist auch, dass dieser Ansatz dazu führen kann, dass »beizeiten« echte Erinnerungen wieder zum Vorschein kommen, d. h. dann, wenn die verwundeten Gefühle geheilt sind und sich das durch den Missbrauch beeinflusste Verhalten geändert hat. Eine solche Heilung befähigt schließlich dazu, unterdrückte Thematiken an die Oberfläche kommen zu lassen. Aus meiner Erfahrung ist es für den Heilungsprozess nicht förderlich, wenn sich solche Menschen mit dem »Wer, Was und Wo« beschäftigen. Wie schon weiter oben ausgeführt, kann dies die Bindung an den Täter nämlich noch verstärken. Den Gefühlen in solchen Situationen den Vorrang vor den Tatsachen zu geben, bedeutet auch, sofort mit dem Heilungsprozess beginnen zu können.

Diese Betonung der Gefühle verhilft einem Hilfesuchenden auch eher zu der Überzeugung, eine gewisse Macht zu haben: Die Tatsachen können nicht geändert werden, aber mein Lebensgefühl kann sich verbessern und ich kann mir eher vorstellen, mein Verhalten ändern zu können. Die These des Inzests der zweiten Generation könnte auch eine Erklärung dafür liefern, weshalb Opfer eines Missbrauchs selbst zu Tätern werden. Von Kindheit an wurden dysfunktionale und von Missbrauch geprägte Werte internalisiert. Kommen andere Faktoren hinzu, wie z. B. Alkoholismus, hoher Stress oder Groll, wird das Missbrauchs-Potenzial in einem Opfer leichter geweckt als in Leuten, die keinen derartigen dysfunktionalen Hintergrund haben. So, wie Kinder von Alkoholikern wissen, dass sie mit Alkohol vorsichtig sein sollten, sollten diejenigen, die in einem von sexuellem Missbrauch geprägten Umfeld aufwuchsen, verstehen, dass die Kultur des Missbrauchs sie beeinflusst hat. Sie können auch hervorragende Kandidaten dafür sein, einmal ausgezeichnete Laienseelsorger zu werden, und sowohl denen, die Missbrauch erlebt haben, als auch den Tätern helfen. Schließlich gibt uns das Evangelium ja Hoffnung für beide.

Überlebende eines Missbrauchs sind ebenso wie die Missbraucher Menschen, die im Verborgenen leben. Sie brauchen solche, die es wagen, kulturelle Grenzen zu überschreiten. Jesus hat uns darin ein Beispiel gegeben und fordert seine Kirche damit heraus. Wie das aussehen kann, darum geht es im nächsten Kapitel.

Anmerkungen

[1] Hiebert, 1986
[2] Berger und Luckman (1966)
[3] Conrad W. Baars und Anna Terruwe; *Healing the Unaffirmed, Recognizing Deprivation Neurosis.* Alba Hous, New York, 1976. Sie empfehlen eine Affirmationstherapie (Affirmation = Bejahung, Bestätigung; Anm. d. Ü.), die berücksichtigt, dass die Person in zwei Welten lebt: die eigentliche, äußere Welt mit ihren Verpflichtungen und die innere Welt des unbestätigten Kindes. Sie entwickelten Affirmationstechniken, die auch ein Verhalten einschließt, das die Betroffenen als Kind normalerweise gerne getan hätten. Ich habe erst während der Abschlussarbeiten zu diesem Buch damit begonnen, die Arbeit von Frau Terruwe zu studieren. Dabei fasziniert mich die Tatsache, dass sie definitiv zwischen weiblichen Deprivationsneurose-Patienten, die eine wohl überlegte physische Berührung brauchen, und jüngeren männlichen Patienten, die eher eine »verbale Berührung« benötigen, unterscheidet. Im Kapitel über die Praxis des *mächtigen Friedens* werde ich darauf hinweisen, dass eine solche physische Berührung auch durch eine geistliche Begegnung mit dem Frieden Gottes erfahren werden kann.
[4] *Lear's Magazine*, Feb. 1992
[5] Dies ist ein Grund für den Erfolg der Inzest-Unterstützungszentren in Norwegen, welche die Notwendigkeit betonen, dass Überlebende anderen Überlebenden helfen: »... nicht der Spezialist, der mit seiner Macht an Kopfwissen kommt, sondern ein Spezialist mit dem Erfahrungswissen, wie man jemandem begegnet.«
[6] Häufige Schmerzen im Lendenwirbelbereich, ein allgemeines Gefühl der Spannung im Körper, Schlaflosigkeit und die sie begleitende Müdigkeit, verminderter Appetit; manchmal der Verlust der Geruchsempfindlichkeit, das Gefühl eines Bandes um den Hals, Probleme mit Berührungen; Ersatzbefriedigung durch Essen (das Erzeugen angenehmer Gefühle durch Essen, in manchen Menschen zusammen mit der Notwendigkeit, sich absichtlich zu erbrechen, um nicht zu dick zu werden); oder das Gegenteil: absichtlich dünn zu bleiben, indem man wenig isst; ein Gefühl des Unwohlseins, wenn jemand hinter einem steht; das Gefühl, »dreckig« zu sein, und das Bedürfnis, sich ständig zu waschen (Hände, Unterleib); Unsicherheit, kaum persönliche Grenzen; Gedächtnisschwund, das Vergessen bestimmter Lebensabschnitte; Probleme, männliche Läufer keuchen zu hören (ähnliche Laute, wie sie der Täter bei sexueller Erregung von sich gab); ein ständiges Gefühl der Spannung im Magen, Schlaflosigkeit, unbestimmte Ängste, Albträume, Ängstlichkeit; Suchtverhalten, inklusive religiöser Sucht.
Selbstmordverhalten ohne konkrete Selbstmordpläne und ein leichtsinniger Lebensstil werden ebenfalls oft erwähnt. Man kann sich fragen, ob leichtsinniges Verhalten junger Leute, z. B. in sexuellen Beziehungen oder im Straßenverkehr, immer auf Unerfahrenheit oder Sorglosigkeit zurückzuführen sind. Diese Zweifel werden durch meine Erfahrungen mit aktiven Christen noch verstärkt. Dort treffe ich manchmal auf leichtsinniges Verhalten zusammen mit der Einstellung: »Na ja, falls mir etwas passiert, komme ich ja sowieso in den Himmel.« Der Tod wird fälschlicherweise als stiller Freund hinter den Kulissen betrachtet, und nicht als Feind, der entlarvt und vollständig zerstört werden muss (1. Kor. 15,26). Im Grab können wir Gott nicht preisen (Ps. 115,17). Ein durch Leichtsinnigkeit verursachter, frühzeitiger Tod verhindert, dass Gottes Plan in uns zur Erfüllung kommt.

[7] Laienseelsorger können lernen, Symptome für eine Depression, für Selbstmordtendenzen, Schlaflosigkeit oder Phobien zu erkennen. Es bleibt dann die Frage, was man mit diesen Informationen anfängt. Für nicht in Psychologie ausgebildete Seelsorger hilft meiner Meinung nach der Ansatz »Inzest als Kultur«. Kulturelle Merkmale beobachten und analysieren zu lernen, hat einen stärkeren Bezug zu unserer eigenen Erfahrung und ist auch ein biblischer Auftrag (Röm. 12,1+2). Für das Studium des Inzests kann es eine Hilfe sein, die Inzestkultur als die Gesamtheit von Herkunft, Persönlichkeit, Lebens- und Arbeitssituation, religiöser Überzeugung sowie Träumen (oder Albträumen) einer Person zu betrachten. Anhand dieses Ansatzes kann man auch mit weniger theoretischem Wissen gute Ergebnisse erzielen. Es ist leichter, den kulturellen Schlüssel zu benutzen, als mit psychologischen Konzepten und Therapien zu arbeiten.

[8] Finkelhor, David. *A Sourcebook on Child Sexual Abuse*, Sage Publications, London, 1986

[9] Christine Eiser, 1990

[10] Carol Poston beschreibt in *Surviving Incest* (Poston & Lison, 1990) sehr anschaulich das Phänomen, abwesend zu sein. Ensink (1992) und Putnam (1989) weisen darauf hin, wie sehr dies das tägliche Leben beeinflussen und die Persönlichkeit spalten kann. Ein sehr bewegender Bericht findet sich in *Courage to Heal* (Bass & Davis, 1988). Dort beschreibt Annette, wie sie als Kind und an Jesus Gläubige satanische Rituale überlebte.

[11] Charlotte Davis Kasl liefert einige sehr hilfreiche Beobachtungen über das, »was erfolgreiche Paare zu wissen scheinen« (1989, S.143–148). Sie stellt gut dar, was nicht dysfunktional ist. Dies kann uns helfen, uns mit dem Einfluss der Dysfunktionalität noch besser auseinander zu setzen:

1. Funktionale Paare (im Gegensatz zu dysfunktionalen) hatten erwachsene Vorbilder für liebevolle Beziehungen.
2. Erfolgreiche Paare wahren eine getrennte Identität.
3. Sie sehen ihre Ehe bzw. Partnerschaft als ein »Wir«.
4. Obwohl sie alles geben, damit die Beziehung funktioniert, wissen sie, dass sie auch ohne diese existieren können.
5. Sie akzeptieren Änderungen sowohl in sich selbst als auch in ihren Partnern.
6. Sie kümmern sich darum, dass ein grundlegendes Vertrauen erhalten bleibt.
7. Sie können über sich selbst lachen. Gesunde Paare hören einander zu, denken darüber nach, was ihr Partner ihnen erzählt, nehmen das, was sie hören, zu Herzen und ändern sich.
8. Sie haben die Fähigkeit, zu sagen: »Ich habe einen Fehler gemacht; es tut mir Leid.«
9. Sie erwarten und überstehen harte Zeiten.
10. Sexueller Verkehr ist Ausfluss einer liebevollen Verbindung.
11. Sexueller Verkehr ist ein Barometer und kein Thermometer für die Beziehung.
12. Sexbücher und -gegenstände werden nicht generell benutzt.
13. Die Beziehung hat zeitliche Priorität.
14. Sie versuchen Entscheidungen zu treffen, die beide Partner zufrieden stellen.
15. Sie engagieren sich in gewisser Weise in einem Dienst an anderen.

[12] Die Geschichte von Barbara Oliver in *The Healing Relationship* (mit Marsha Utain), 1991, sowie die bahnbrechende Studie der holländischen Autoren Imbes & Joker in *Godsdienst en Incest* zeigen uns, dass auch nicht-religiöse Täter den Anschein an den Tag legen können, im sozialen oder politischen Bereich sehr motiviert und aktiv zu sein.

[13] Markus 10,44

[14] Siehe auch Maleachi 3,24. Der Prophet weist darauf hin, dass ein Land keine Zukunft hat, wenn es zwischen Eltern und Kindern keine Herzensbeziehungen gibt. Die Familie ist der Ort, der einen durch Vorbilder »anstecken« und durch liebevolle Korrektur lehren sollte. Die Verantwortung, solche Herzensbeziehungen zu initiieren und zu pflegen, liegt bei den Eltern. Der Mangel an Herzensnahrung hat sehr häufig Personen mit einem erwachsenen Körper, aber zurückgebliebenem emotionalem Wachstum zur Folge. Dies scheint immer mehr zum wichtigsten seelsorgerlichen Problem zu werden: erwachsene Körper, die erwachsene Emotionen kennen, aber in Bezug auf die persönliche Verantwortung eher kindlich entwickelt sind.

[15] Die heilende Kraft der Wahrheit wird auch von William Glasser in seinem Ansatz zur Realitätstherapie und in Mays provokativer Studie über Suchtverhalten, *Addiction and Grace,* bestätigt.

[16] Verschiedene Studien beschreiben diese Interaktion als Dreieck. Die Arbeiten von Utain und Kindman (siehe Literaturliste) waren mir für mein Verständnis eine große Hilfe.

[17] Der schon oben zitierte Bericht aus dem *Lear's Magazine* wies darauf hin, dass ein Kind dann ein höheres Risiko hat, selbst zum Täter zu werden, wenn es von seinen Eltern missbraucht wurde. Dies kann man durch die Tatsache erklären, dass der Schaden durch den Vertrauensbruch und die von den Eltern vorgegebenen Verhaltensweisen viel tiefer geht, als wenn ein »netter Onkel« (bzw. »Tante«) außerhalb des Familienkreises involviert ist.

[18] Arterburn & Felton (1991) sowie Johnson & Van Vonderen (1992) führen viele Beispiele dafür an, dass dysfunktionale Kirchen dysfunktionale Menschen anziehen, aber auch, dass eine dysfunktionale Leitung dysfunktionale Systeme um ihrer selbst willen schafft und benötigt. Die Autoren machen viele praktische Vorschläge dazu, was man tun kann, um der repressiven Atmosphäre zu entkommen, ohne seinen eigenen persönlichen Glauben über Bord werfen zu müssen.

[19] Phil. 2,1–5

[20] Traditionelle, hingegebene Christen mit homosexuellen oder lesbischen Neigungen tun sich mit den Worten des Apostels Paulus über Homosexualität und Lesbianismus in Römer 1 sehr schwer. Paulus beschreibt ein Phänomen seiner Zeit, das meiner Meinung nach auch heute noch existiert: Manche Menschen beten eher die Schöpfung an als den Schöpfer. Damit möchte Paulus wahrscheinlich zum Ausdruck bringen, dass, wenn man die Schöpfung statt den Schöpfer anbetet, man in Wirklichkeit »die liebt, die so sind, wie man selbst, geschaffene Wesen«, und damit die eigene Art anbetet. Am Ende dieser schiefen Bahn steht die Unfähigkeit, eine Liebesbeziehung zu einer Person des anderen Geschlechts zu haben. Ich habe den Eindruck, dass die Spannung, die man in einer Beziehung der Vertrautheit zwischen Schöpfer und Geschöpf findet und finden wird, mit der Fähigkeit, die Spannung in einer intimen Beziehung zwischen Mann und Frau auszuhalten, zu tun hat. Die meisten mir bekannten traditionellen Gläubigen mit nach eigenen Angaben verwirrten Gefühlen und Fragen, was ihre sexuelle Orientierung angeht, beten nicht die Schöpfung als das Höchste an, sondern haben sich entschieden, den lebendigen Gott anzubeten. Was auch immer die Quelle ihrer Not ist, es hat nichts mit der in Römer 1,26–27 beschriebenen Homosexualität zu tun.

[21] Laut Nicolai, nach einem Zitat von Snijders, Peter in *Incest, enkele aspekten en demensies*, unveröffentlichte Doktorarbeit, Universität von Utrecht, 1992

[22] Fossum, Merle A. und Mason, Marilyn J., *Facing Shame, Families in Recovery*, Norton & Co., London, New York, 1986

[23] Dass Scham, Schmerzen und Grenzen miteinander verknüpft sind, kann auch an den intensiven Reaktionen gesehen werden, die einen Krieg auslösen. Das ungebetene Überschreiten von Grenzen bewirkt eine nationale Empörung. Dasselbe gilt für die gegenwärtigen Probleme mit dem Sesshaftwerden einer großen Anzahl von Flüchtlingen und Umsiedlern. Neue Kulturen, neue Essensgerüche und unterschiedliche Lebensstile dringen in das tägliche Leben ein.

[24] *Encyclopedie van het Christendom*, katholischer Teil, Elsevier, 1954

[25] Sandra Wilson (1990) sieht die biologische Scham als die natürliche Reaktion eines Kindes, wenn es den Unterschied zwischen sich und einem Erwachsenen beobachtet. Dagegen entspricht die bindende Scham für sie dem Gefühl der Unzulänglichkeit, das Eltern in Kindern durch Tadel, mangelnde Bestätigung oder andere Formen beleidigenden Verhaltens festlegen. Sie betrachtet die biblische Scham auf Grund der Unterschiede zwischen Gott und uns sowie unserer durch die Sünde verursachten Trennung von ihm als »gesunde Scham«. Ich selbst habe Probleme mit dem Ausdruck »biblische Scham«, da Scham an sich destruktive Elemente enthält. Die »Furcht des Herrn« mag ein besserer Ausdruck dafür sein, den fundamentalen Unterschied zwischen uns und unserem Schöpfer stärker bewusst zu machen. Eine gesunde biblische Reaktion auf Scham ist, sie sofort an Gnade zu koppeln. Dies hat zur Folge, dass Schamgefühle ausbleiben.

[26] Einige christliche Seelsorger betonen die Notwendigkeit der Buße, um Gott begegnen zu können. Die Tatsache, dass ein Kind auf einen Täter mit Zorn reagiert oder dass es Hassgedanken bzw. den Wunsch hat ihn umzubringen, wird damit als Schuld definiert und das Opfer muss dann um Vergebung bitten. Eine solche Betonung der persönlichen Schuld finde ich sehr missbrauchend und eine Verdrehung des Evangeliums. Dem Kommen des Königreiches Gottes geht Buße voraus (Mk. 1,15). Überlebende eines Missbrauchs müssen aber zuerst der »Güte Gottes, die zur Buße leitet« (Röm. 2,4) begegnen. Die Überzeugung, etwas Falsches getan zu haben, was der Beichte bedarf, sollte aus dieser persönlichen Beziehung zu einem gnädigen Gott erwachsen.

[27] In 1. Kor. 6,18 findet sich ein Hinweis auf die Folgen sexueller Sünde. Ähnlich ist es mit einer gegen eine Person gerichteten Sünde; dort sind die Auswirkungen dessen, was passiert, ebenfalls sehr drastisch.

[28] Dies heißt nicht, dass jeder Inzest-Überlebende automatisch zum Täter werden muss. Insgesamt weniger als 50 % der bekannten Täter berichten, sie seien in der Kindheit missbraucht worden. Ist der Vater oder die Mutter der Täter, so steigt (im Gegensatz zu anderen Bezugspersonen) diese Häufigkeit sehr stark an. Finkelhor (1992) berichtet, dass 70 % der von ihm untersuchten männlichen Täter wussten, dass sie in der Kindheit missbraucht worden waren, davon 50 % durch den Vater und erstaunliche 44 % durch die Mutter! Siehe Finkelhor in *Lear's Magazine*, Februar 1992.

[29] Ein ähnliches Phänomen wurde bei Kindern festgestellt, die nach dem Ende des Zweiten Weltkriegs, nach Entlassung ihrer Eltern aus dem Konzentrationslager, geboren wurden.

5

Missionare in der Kultur des Missbrauchs

Reisen Touristen aus dem Westen in Dritte-Welt-Länder, können sie über die ungewöhnlichen Sprachen, Gerüche, Sitten und Sozialbedingungen, denen sie ausgesetzt sind, ziemlich schockiert sein. Klimatisierte Busse und die Fenster der Hotels bieten jedoch einen gewissen Schutz. Aus solch einer sicheren Distanz ist es leicht, Mitleid zu haben. Man kann dann sogar ein Experte im Beobachten werden. Ähnlich ist es, wenn man in der Kultur des Missbrauchs ankommt. Wir können alles durch unser kulturelle »Brille« betrachten; wir scheinen sehr nahe zu sein und kommen doch mit dem Eigentlichen nicht in Berührung.

Kulturübergreifendes Verstehen

Biblische Begriffe müssen in die Sprache des Herzens und in die jeweilige Kultur der Menschen übertragen werden. Dabei geht es um mehr als nur Worte von gleicher Bedeutung zu finden. Notwendig sind Begriffe, die hier wie dort die gleichen Auswirkungen auf die Leser haben. Eine Verhaltensweise, die in der einen Kultur vollständig biblische Werte zum Ausdruck bringt, kann in der anderen verletzend sein.

Wollen wir Überlebenden eines Missbrauchs das Evangelium erklären, benötigen wir dazu ein Verständnis für die tiefen Gefühle, die durch bestimmte Verhaltensweisen, Begriffe und Worte erzeugt werden können. Eine freundliche Umarmung, die heutzutage in meinem eigenen Land so normal ist, kann ein Inzestopfer zum Erstarren bringen. Ist der Vater der Übeltäter, kann der Gedanke von Gott als Vater schnell abstoßende Gefühle hervorrufen. Wird im Gebet für Gott das Wort Vater benutzt, so kann das jemand erschaudern lassen.[1] Wenn Überlebende eines Missbrauchs Probleme damit haben, sich Gott als Vater oder Jesus als männliche Person vorzustellen, dann schlage ich normalerweise vor, dass sie sich das Bild einer Taube vorstellen. Schließlich manifestierte sich Gottes Gegenwart Jesus gegenüber auf diese Weise nach dessen Taufe im Jordan. Missionare und neue Gläubige lernen miteinander, was das Wort Gottes bedeutet und wie diese Bedeutung in der jeweiligen Kultur praktisch umgesetzt werden kann.

Der große Missionar Paulus zeigte uns dazu einen Weg auf. Seine Briefe an verschiedene Menschen in unterschiedlichen Kulturen wiederholen die für ihn wichtigen Kernthemen. In der Arbeit mit Überlebenden eines Missbrauchs war ich ebenfalls gezwungen, neue Wege der Kommunikation zu finden und eine bildhafte Sprache zu verwenden, die sie verstehen konnten. Für Begriffe, die Inzestopfern Schwierigkeiten bereiten, wie z. B. der »Vater«-Gedanke oder die Worte »Vergebung« und »Ehre deine Eltern«, musste ich neue Ausdrucksweisen finden, ohne sie ihrer ursprünglichen Bedeutung zu berauben. Ich versuchte so vorzugehen, dass ich einige der Kernthemen, die der Apostel Paulus als Grundtenor in allen seinen Schriften zu verwenden scheint, gebrauchte. In diesem Buch kann ich nicht alle diese »biblischen Anker« vorstellen. Die wichtigsten, die ich verwende, sind Begriffe wie Gnade, Gehorsam, Frieden, »Ruhen in Gott«, Maranatha, »In Christus«, Vergebung und »Einheit in Vielfalt«.

Gnade und Frieden

In der Einleitung zu jedem seiner Pastoralbriefe finden wir den Kern des Ansatzes von Paulus. Die Tatsache, dass er alle seine Briefe mit ähnlichen Worten beginnt, zeigt deren Bedeutung: »Gnade euch und Friede von Gott unserem Vater und dem Herrn Jesus Christus!«

Gnade ist ein Ausdruck der Güte Gottes. Wir können sie empfangen, aber nicht verdienen. Die Worte »Gnade« und »Lachen« sind linguistisch miteinander verwandt, so dass man »Gnade« auch mit »der Gott, der lächelt« übersetzen könnte. Gnade ist auch an das Verständnis gekoppelt, dass wir für unser Verhalten verantwortlich sind und dass unser Verhalten Folgen hat. Gnade bedeutet, dass Jesus die Folgen unseres Versagens und unserer Sünde auf sich genommen hat. Damit ist Gnade an die Botschaft vom Kreuz gebunden, was uns hilft, Leiden mit anderen Augen zu sehen.[2] Gnade lässt Raum für den Schrei des Herzens: »Wo war Gott, als dies alles passierte? Warum hielt er meinen Vater nicht davon ab, mich zu missbrauchen, als ich ihn darum bat, einzuschreiten? Wie kann er allmächtig sein und mich so leiden lassen?«[3] Gnade ist auch an die Auferstehung Jesu gekoppelt. Das Videoband mit unseren Erinnerungen an die Erfahrungen des Missbrauchs kann mit neuen Erfahrungen bespielt werden: Dieselbe Macht, die Jesus von den Toten auferweckte, wirkt in unseren sterblichen Körpern.[4] Ich selbst muss mich noch immer mit den Folgen vergangener Ereignisse in meinem Leben auseinander setzen. Als ich erkannte, dass auch Jesus seine Wundmale noch nach seiner Auferstehung trug, konnte ich das besser annehmen. Weil Jesus lebendig und gesund ist und mit ausgestreckten, verwundeten Händen für uns betet, kann auch die Last des »Nobody knows the trouble I've seen« (in etwa: »Keiner weiß, was ich alles durchgemacht habe«; Anm. d. Ü.) leichter werden.[5] Dies beweist seine Solidarität mit uns. Er wartet auf die Zeit, wo wir alle mit ihm zusammen sind. Erst dann werden die körperlichen Male seiner Leiden verblassen und die Herrlichkeit Gottes wird ins Zentrum unserer Aufmerksamkeit rücken.[6] Auch die Heiligen im Neuen Jerusalem, die Gott so erleben können, wie er ist, scheinen noch der Gnade zu bedürfen. Sie müssen den Schmerz bemerkt haben, den Gott auf Grund des Leidens seiner Kinder in seinem Herzen trägt. Sie fragen sich, wie lange er noch gnädig sein kann, bevor er sie rächt.[7] Dieses Betonen der Gnade, der bedingungslosen Liebe Gottes, ist für Überlebende, die ihr Vertrauen verloren haben, eine Hilfe. In ihrem Kopf wissen sie zwar, dass sie nicht schuldig sind; sie fühlen sich aber trotzdem irgendwie schlecht und von ihrem Körper entfremdet. Statt zu versuchen, sich einer ständigen Gehirnwäsche von den Lügen der Täter zu unterziehen, kann eine andere Wahrheit an Stärke gewinnen und sie tiefer berühren: Gott lächelt mich an!

Gehorsam

Gnade hängt stark mit Gehorsam zusammen, unserer loyalen Reaktion auf diese Güte Gottes. Da Gehorsam für Überlebende ein schwieriges Wort ist, sollten wir diesen Zusammenhang sehr betonen. Gnade wird in Bezug auf die schmerzliche Erfahrung, dass in der von Missbrauch geprägten Vergangenheit ihr Wille gebrochen wurde, zu einem Heilmittel: Gott erwartet und erlaubt uns, unsere eigenen Entscheidungen zu treffen. Dann gibt er uns in seiner Gnade die Kraft, das zu tun, wofür wir uns entschieden haben.[8] Hier zeigen uns die Worte Jesu an seine Jünger: »Lehrt sie zu gehorchen«, seine Einsicht in unser Menschsein. Gehorsam können wir nur lernen, und dazu benötigen wir Gnade.

Der Friede Gottes

Gott sehnt sich danach, uns seinen Frieden zu schenken. Der Krieg mit unserem Schöpfer kann zu einem Ende kommen. Dieser Friede ist weder die Abwesenheit von Krieg noch lediglich ein schönes, ruhiges Gefühl, sondern ein Ausdruck der Gegenwart Gottes. Friede ist kein »Es« sondern ein »Er«, eine Person. Jesus ist unser Friede. Durch eine persönliche Beziehung zu ihm können wir die Früchte des Friedens erfahren. Daneben gibt es aber auch so etwas wie die Gabe des Friedens. So wie Jesus seine Jünger mit dem Friedensgruß, dem Schalom-Segen[9], aussandte, können auch wir einander segnen oder etwas Gutes wünschen. Als »königliches Priestertum« (1. Pt. 2,9) ist es unsere Aufgabe, in der Welt eine segnende Kraft zu sein. Auf das Selbstbild der Gläubigen zu Paulus' Zeiten hatte diese Wahrheit eine enorme Auswirkung. Ein Sklave konnte ein Königskind sein. Diese neue Sichtweise veränderte ihre Perspektive für ihr eigenes Leben und auch für das der anderen. Sie befanden sich auf einer Mission und waren ständig als Botschafter eines anderen Königreichs unterwegs! Sie verkündeten, der Krieg zwischen Gott und den Menschen sei unnötig; sie selbst seien dazu berufen, die Realität dieses Königreichs in Form von »Gnade und Frieden« zum Ausdruck zu bringen.

Ruhe in Gott

Der Schreiber des Hebräerbriefs fordert jeden heraus, diese Haltung zu suchen: unabhängig von den äußeren Umständen mit einer inneren Ruhe zu leben, einer »Ruhe in Gott«.[10] Eine solche Haltung befähigt Überlebende eines Missbrauchs, die Schmerzen der Vergangenheit nochmals zu durchleben. Diese Ruhe in Gott sehe ich als biblische Antwort auf das, was andere durch Hypnose erreichen möchten: einen »sicheren Ort in uns« zu schaffen.[11] Statt solcher Ansätze, stehen Seelsorgern mächtige Bilder und bewährte Wahrheiten zur Verfügung, um Opfern eines Missbrauchs dabei zu helfen, zu einer inneren Ruhe, dem Schalom des Königreichs, zu kommen.

Maranatha

Das Wort »Maranatha« unterstreicht einen wichtigen Teil der Botschaft Jesu: das Königreich Gottes. Eng verbunden mit dieser Botschaft vom Königreich war die Erwartung des kommenden Königs sowie eine starke Betonung darauf, die Gegenwart Gottes zu erleben. Maranatha hat eine zweifache Bedeutung. Es ist zum einen ein Gebet: »Komm, o Herr«, und zum anderen eine Glaubensäußerung: »Der Herr kommt bald!« Beide Male liegt der Schwerpunkt auf dem Kommen Jesu; er kommt sowohl in unsere jetzige Situation hinein als auch später, um Recht und Gerechtigkeit zu bringen. Welch große Bedeutung Maranatha hat, kann man daran erkennen, dass dieses Wort der Liturgie der frühen Kirche erhalten geblieben ist. Es bekommt eine noch tiefere Bedeutung, wenn wir die Entwicklung seiner Verwendung untersuchen. Zur Zeit des Alten Testaments war es üblich, dass der König durch das Land reiste, um Recht zu sprechen, wo dies nötig war. Ein Herold ging ihm voraus, der die Trompete blies und die Menschen warnte: »Der König kommt.« Daraufhin mussten die Straßen in Stand gesetzt werden: Löcher, die durch Wind und Regen entstanden waren, wurden aufgefüllt. Steine, die man auf die Straße geworfen hatte, als man die Felder zum Säen gesäubert hatte, mussten wieder entfernt werden. Der König konnte so im wahrsten Sinn des Wortes anhand der Ebenheit der Straße sehen und fühlen, wie gehorsam seine Leute waren. Diejenigen, die schlecht behandelt wurden, warteten auf den König. Andere ermutigten sie, indem sie sagten: »Der König kommt bald und es wird Gerechtigkeit geben.« In einem solchen Kontext (eines Streites) benutzt auch der Apostel Paulus dieses aramäische Wort »Maranatha« in seinem Brief an die Korinther.[12] Es hilft Überlebenden, nicht zu sehr zu verzweifeln, wenn sie hören, dass es eine letztendliche Gerechtigkeit gibt: Es wird ein letztes Gericht geben. Gott wird es rächen!

Die Verwendung des Wortes Maranatha im Neuen Testament lässt auch die Intensität erkennen, mit der die Gläubigen erwarteten, dass Jesus, wie er es versprochen hatte, mit ihnen war, obwohl sie ihn nicht sehen konnten.[13] Er gab Kraft, Autorität, bestimmte Gaben und sogar besondere Zeichen und Wunder, um die Verkündigung zu bekräftigen.[14] Die Tatsache, dass sein Königreich nicht sofort sichtbar wurde, war meiner Meinung nach für diese Gläubigen weniger enttäuschend, als manche Theologen es heute annehmen. Sie hatten schließlich die Möglichkeit, im vereinten Gebet in der einen oder anderen Form zu erleben, dass sich Jesus manifestierte.[15] Wie sie das erlebten, hing auch mit dem jeweiligen kulturellen Umfeld zusammen, in dem sie lebten. Das trifft auch heute noch zu. Afrikanische Gläubige haben z. B. oft das Bedürfnis zu tanzen. Die Jugendkultur entfernt sich immer mehr von einer verbalen Ausdrucksweise hin zu einer Videoclip-Kultur massiver und intensiver Klänge, spektakulärer visueller Eindrücke und Bewegungen. Andere Kulturen hingegen bevorzugen die Stille.

In Christus

Da Gotteserfahrungen immer sehr subjektiv sind, benötigen wir dafür eine Art Bewertungsschema. Wie können wir wissen, dass es sich wirklich um Gott und nicht um unsere eigene Vorstellung oder sogar um eine Manifestation des Widersachers Gottes handelt?[16] Christliche Seelsorge braucht eine solide Theologie dafür, was es heißt, »Gott zu erfahren«, da der Heilungsprozess eines sexuellen Missbrauchs auch Gefühle und physische Aspekte mit einschließt. Um unseren Glaubenserfahrungen eine gute Grundlage zu geben, gebrauchte der Apostel Paulus den Ausdruck »in Christus«. Er war mit der Botschaft Jesu vom Königreich Gottes sehr vertraut. Paulus stand als Missionar jedoch vor dem Problem, die Begriffe und Ausdrücke des Königreichs in die politische Situation seiner Zeit zu übertragen. Wie konnte er von einem »anderen Königreich« sprechen, ohne als Revolutionär betrachtet zu werden? Für Missionare ist dies ein alltägliches Problem. Welche Begriffe sollen sie an Stelle von Versöhnung, Rettung oder Sünde nehmen? Man kann sich ja nicht für alles neue Wörter ausdenken. Vorhandene Wörter, Begriffe und Ausdrücke müssen übernommen, gereinigt und mit biblischen Inhalten gefüllt werden. Wie sollte man sonst z. B. in Papua-Neuguinea den Ausdruck »Lamm Gottes« erklären, wo dort Lämmer gar nicht bekannt sind? Ich glaube, dass sich Paulus mit dem Wort »in deinem Gott gehen« entschloss, einen bekannten religiösen Ausdruck zu übernehmen. Er beschreibt eine religiöse Erfahrung: die Möglichkeit eines mystischen Kontaktes mit Gott. Diesem ging man normalerweise in der Einsamkeit nach. Paulus gebrauchte dieses Wort in einem neuen Kontext und füllte es mit Inhalten des Königreiches. Die ursprünglich mit »allein in deinen Gott gehen« verbundenen individualistischen, aber auch okkulten Assoziationen wurden zu einer eher gemeinschaftlichen Erfahrung verändert. Paulus verwandte die objektive Wahrheit über Gott – wie er ihn vom Alten Testament, von Jesus und durch persönliche Offenbarung kannte –, um den subjektiven Inhalt des »in deinen Gott gehen« gleichsam zu »patentieren«. Die Bedeutung dieses Begriffes ist nicht von einer individuellen Erfahrung abhängig, sondern basiert auf objektiven Tatsachen, wie wir sie durch das Wort Gottes kennen. Verwurzelt in der objektiven Wahrheit, betrachtet es Paulus als normal und notwendig, Gott auch persönlich zu erfahren. Diese »Lehre der Erfahrung« hängt mit der aus dem Alten Testament bekannten Erfahrung des »Gottes, der sich im Tempel offenbart«, zusammen. Im Neuen Testament verknüpft Paulus dies mit unserem Körper als »Tempel, in dem Gott selbst wohnt«. Wie im Tempel des Alten Testaments, so haben auch wir einen sehr speziellen Ort in uns, den Gott für sich selbst reserviert hat, ein Allerheiligstes. Es sollte von niemand anderem besetzt sein als von Jesus.

Mit dem Ausdruck »in Christus« war es Paulus ursprünglich möglich, unnötige politische Probleme zu vermeiden. Dennoch bahnte sich ein Konflikt an. Politische Macht hatte sehr stark mit der Herkunft oder dem Status zu tun und dem Kaiser wurde eine göttliche Abstammung zugeschrieben. Er verlangte, als Gott angeredet zu werden. Nach Paulus waren jedoch auch gewöhnliche Sklaven »aus seinem Geschlecht« (Apg. 17,28). Jeder war ein Priester![17] Als die Sklaven geistliche Freiheit fanden, verloren die Autoritäten ihre Macht, das heißt die Furcht vor ihnen. Deshalb stellten sie jeden vor die Entscheidung, sich entweder vor dem Kaiser zu beugen oder getötet zu werden. Wie stark die geistliche Freiheit war, welche diese Sklaven erlebten, wird deutlich, wenn man über die heldenhafte Einstellung der Vielen liest, die lieber den Tod akzeptierten, als wieder den Status geistlicher Sklaverei anzunehmen.

Geistliche Freiheit

Die geistliche und innere Freiheit, die Paulus damals verkündigte, ist auch für diejenigen eine Antwort, die in dysfunktionalen Familien oder Kulturen leben und keine Möglichkeit haben, aus ihrem Sozialsystem auszubrechen. Auch wenn sie noch in einer dysfunktionalen Familie oder Kirche gefangen sind, können sie zumindest schon geistlich frei werden. Geistliche Freiheit kann der Anfang der Auflösung eines dysfunktionalen Systems sein und befähigt Überlebende eines Missbrauchs, sich den Tatsachen zu stellen, auch wenn sie sozial noch festsitzen. Allzu häufig beobachte ich, dass Einzelne aus ihren dysfunktionalen Familien oder Kirchen ausbrechen, um sich wiederum mit anderen Überlebenden in einem noch engeren Kreis von Menschen zusammenzutun.

Vergebung

Vergebung ist für die meisten Überlebenden eines Missbrauchs ein hartes Wort. Es wird oft als Peitsche gebraucht, indem darauf bestanden wird, dass sie sich zusammenreißen und »das Vergangene vergangen sein lassen« sollen. Dies kann sich zuweilen sogar ein Täter zunutze machen und ihnen sagen, wie schlecht sie seien, da sie nicht vergeben würden. Ebenso kann es sich um eine innere Peitsche handeln, falls der Überlebende sich selbst die Schuld gibt.[18] All dies hat schließlich zur Folge, dass das Wort Vergebung Abscheu hervorrufen kann. Dies sollten wir in unserer Arbeit mit missbrauchten Menschen verstehen. Wir müssen die biblische Lehre über Vergebung sehr feinfühlig erklären. Im Griechischen heißt Vergebung die Wurzel »loslassen«. Wir können uns weiterhin auf den Täter konzentrieren und dadurch auch weiterhin an ihn gebunden sein. Loslassen bedeutet, unseren Blick auf die Zukunft richten zu können, auf unsere eigenen Entscheidungen, auch wenn die Täter sich weigern, ihr Handeln zuzugeben oder ihre Verantwortung für das, was wirklich passierte, schmälern. Reue und Schuldbekenntnis sind Schlüsselbegriffe, die mit Vergebung verknüpft sind. Das Thema Vergebung kann man nicht von der biblischen Lehre über Gerechtigkeit trennen. Auf den nächsten Seiten werde ich nochmals darauf zurückkommen.

Einheit in Vielfalt

Auch dieses Thema ist für Überlebende eines Missbrauchs ein sehr wirksames Heilmittel. Sie wissen, dass sie anders sind. Durch ihre Vergangenheit sind sie gezeichnet. Statt eine Last zu sein, kann dieser Unterschied zu einem Vorteil werden. Das Evangelium zeigt, dass die unterschiedlichsten Menschen lernen können, miteinander in Frieden zu leben. Ich bin Gläubigen vieler verschiedener Kulturen begegnet. Dabei hat mich beeindruckt, dass überall die gleiche Umgestaltung der Persönlichkeit durch den Einfluss des Evangeliums zu finden ist. Die Frucht des Geistes wirkt sich auf den Gläubigen aus. Schlüsselbegriffe wie Gnade, Vergebung, Frieden, Freude und Gerechtigkeit durch den Heiligen Geist sind sofortige Erkennungsmerkmale und unterstreichen die gegenseitige Erfahrung der Einheit.

Kulturübergreifende Seelsorge

Wenn wir die Kultur der Hilfesuchenden verstehen, können wir besser erkennen, mit was einzelne Menschen in ihrer spezifischen Situation zu kämpfen haben. Um kommunizieren zu können, müssen wir uns auch mit den kulturellen Formen sowie mit der tieferen Bedeutung einer bestimmten Sitte vertraut machen.[19] Der Missionar Paulus war z. B. in der Lage, bei der Verkündigung des Evangeliums nationale Dichter zu zitieren.[20] Als er über die kulturelle Eigenart der Kreter, übertriebene Geschichten allzu schnell zu glauben, etwas Negatives sagen wollte, zitiert er klugerweise einen einheimischen Propheten: »Kreter sind immer Lügner, böse, wilde Tiere, faule Bäuche.« Dann fügt er delikaterweise hinzu: »Dieses Zeugnis ist wahr!« (Tit. 1,12). Er hatte auch verstanden, dass es wichtig war, positive Berührungspunkte zu finden, wie zum Beispiel den »unbekannten Gott«, für den er in Athen einen Altar fand.

Ethische Bewertung der eigenen Kultur

Nach seiner Bekehrung verbrachte der Apostel Paulus viele Jahre damit, zu lernen, dass seine eigenen Werte der Reinigung bedürfen.[21] Unsere eigenen Normen und Werte beeinflussen unsere Sicht anderer Kulturen sehr stark. Ein amerikanischer Missionar, der in die Niederlande gezogen war, war darüber schockiert, dass die Gläubigen rauchten und Bier oder Wein tranken. Uns dagegen erstaunte das starke Makeup seiner Frau. Richtende Haltungen hinderten uns daran, einander zu begegnen. Meine eigene strenge Erziehung war die Ursache dafür, dass es mir den Atem verschlug, als ich ihn zu Hause besuchte: ein Gemälde mit einer halb nackten, jungen Frau zierte die Wand seines Wohnzimmers. Wir unterhielten uns über ein ziemlich ernstes Thema, aber ich konnte mich, ehrlich gesagt, nicht voll darauf konzentrieren!

Wollen wir missbrauchten Menschen helfen, müssen wir uns das ethische Umfeld ansehen. Was in ihrer Kultur ist gut? Was bedarf der Reinigung? Welche Elemente sollte man ablehnen? Um dies beurteilen zu können, benötigen wir als Grundlage einige spezifische Werte. Die Bibel stellt uns allgemeingültige Werte zur Verfügung, von denen ich einige, die ich hilfreich fand, vorstellen möchte.

Universelle Werte

Die Bibel lehrt, dass jede Kultur unter dem Einfluss der Sünde steht. Das Prinzip der Sünde begann mit Adam und Eva. Sünde infizierte die Menschheit, »wie Braunfäule einen Baum«.[22] Menschliche Vereinigungen, ethnische Gruppierungen, Kirchen, Geschäfte usw. sind deshalb entsprechend von Sünde durchzogen. Sie benötigen keine Befreiung, sondern Reinigung. Eine Kultur kann jedoch durch dämonische Mächte so sehr beeinflusst sein, dass Befreiung nötig ist.[23] Das Evangelium sagt uns, dass Gott seine Schöpfung nicht vergessen hat. Jesus kam als der größte Missionar aller Zeiten in die Welt und hinterließ ein Königreich, das den Bereichen, die von bösen Mächten beherrscht werden, widerstehen soll. Auch das Konzept der Hoffnung muss ein Teil unserer Bewertung sein: Das Evangelium kann jede Kultur durchdringen und dort, wo es nötig ist, diese Kultur von innen heraus verändern.

Der Apostel Paulus gab uns ein starkes Fundament für kulturelle Freiheit. Es machte ihn wütend, als jüdische Christen versuchten, Nichtjuden ihre jüdische Kultur aufzuzwingen.[24] Als er praktische Fragen über Sitten und kulturelle Gebräuche beantworten sollte, nahm er die Werte des Königreichs Gottes als Ausgangspunkt: »Gerechtigkeit, Friede und Freude im Heiligen Geist« (Rö. 14,17). Diese Werte spiegeln den Charakter des Gottes der Bibel wider. Als Schöpfer hat er jeden Menschen mit diesen Werten ausgestattet. Man kann sie leicht wieder hervorholen, selbst wenn sie durch Sünde verdeckt sind. So kann z. B. der allgemeine Wunsch nach Gerechtigkeit, wenn er durch Sünde verunreinigt ist, zu einem »Geist des Rechtsstreits« werden, wo jeder jeden verklagt. Die Sehnsucht nach Frieden kann sich in eine Sucht verkehren, die unsere Unruhe verdeckt. Das Bedürfnis nach Freude kann sich zu einer hedonistischen Kultur entwickeln, in der Vergnügen zum höchsten Wert wird.

Die Werte Gerechtigkeit, Friede und Freude werden noch deutlicher, wenn wir sie ihren jeweiligen Gegensätzen ge-

genüberstellen. Gerechtigkeit geht einher mit Zorn; Gott ärgert sich über Ungerechtigkeit. Sich über Ungerechtigkeit zu ärgern, ist auch für uns natürlich und notwendig. Friede, die innere Sehnsucht nach dem »verlorenen Paradies«, der Wunsch, es möge nicht Streit, sondern eine Atmosphäre der Harmonie und Einheit vorherrschen, ist ebenfalls geprägt von Gottes Natur in uns. Das Gegenstück dazu ist Unruhe, das Empfinden von Disharmonie und Trennung, das ebenfalls zu einer normalen Reaktion gehört. In ähnlicher Weise gehören Freude und Traurigkeit zusammen. Auch diese sind ein Ausdruck des Schöpfers in uns.

Das Evangelium weist uns einen Weg, wie die ursprünglichen Werte wieder hergestellt und von der Sünde gereinigt werden können. Dazu müssen wir lernen, im Gehorsam zu leben, der wiederum in der Erfahrung der Gnade Gottes gegründet ist.[25] Bevor wir es wagen, einen Blick auf andere Kulturen zu werfen, sollten wir uns mit unserer eigenen Kultur auseinander setzen, und zwar nicht nur aus Demut, sondern weil uns blinde Flecken daran hindern, die Wirklichkeit zu sehen. Hier spielen interkulturelle Beziehungen eine wichtige Rolle. Wir brauchen Menschen außerhalb unserer eigenen Kultur, die uns helfen können, die blinden Flecken wahrzunehmen. Und gerade hier wird die Gleichheit von Helfern und Überlebenden zu einer Chance. Die Sensibilität der Missbrauchten hinsichtlich des Missbrauchs von Macht wird bald Inkonsistenzen in unseren eigenen Bewertungen aufzeigen! Eine solche Unterstützung wird schnell zu einem gegenseitigen Austausch von Einsichten, was gut und notwendig ist,[26] da die Überlebenden lange genug einer bestimmten Kommunikation ausgesetzt waren.

Kultur bewerten

Kultur ist ein Geschenk Gottes an die Menschheit. Sie ermöglicht Menschen, zusammen mit anderen zu leben und zu gedeihen. Es ist erstaunlich, wie gut sich Menschen an eine Vielzahl von Umständen anpassen können. Ich kann mich z. B. noch gut an den Geschmack des köstlichen Bratensaftes erinnern, den meine Mutter im Krieg zubereitete – leicht angebranntes Mehl, Wasser und Salz. Auch die Kreativität der Missbrauchten verdient unsere Bewunderung. Das klingt paradox; kann ein Leben, das vom Kampf ums Dasein, von dysfunktionalen Beziehungen, traumatischer Sexualisierung, Verrat, Ohnmacht und Stigmatisierung geprägt ist, eine positive Seite haben? Und falls es so ist, können diese positiven Faktoren dazu beitragen, Überlebenden eines sexuellen Missbrauchs zu helfen? Ja, in der Tat können angelernte Überlebensstrategien, wie z. B. die Angst vor Machtmissbrauch und die Notwendigkeit, das Privatleben und die Individualität zu respektieren, später im Leben, wenn man die inzestuöse Vergangenheit abgeschüttelt hat, sehr nützlich sein.

Die Gegenwart des Königs

Der Missionar Paulus konzentrierte sich nicht nur auf die Werte des Königreichs, sondern auch auf die Gegenwart des Königs.[27] Einige der mit dieser Gegenwart in Beziehung stehenden Werte sind Gerechtigkeit, Friede und Freude, wie sie von der Bibel her definiert werden.

Gerechtigkeit

Überlebende eines Missbrauchs lassen oft einen sehr feinen Sinn für Gerechtigkeit erkennen. Sie werden leicht wütend, wenn sie Ungerechtigkeiten begegnen. Obwohl sie selbst zu viel Ungerechtigkeit schlucken mussten (erlernte Ohnmacht), reagieren sie unverhältnismäßig stark, wenn andere Unrecht leiden. Das starke Streben nach Gerechtigkeit hat auch mit dem Bedürfnis nach Vergeltung zu tun. Wir sind nach Gottes Bild geschaffen, und weil er rächt, haben auch wir ein Bedürfnis nach Befriedigung, nach Vergeltung. Das ist einer der Pfeiler des Rechts in der Gesellschaft. Insofern eine Person für ihr eigenes Verhalten verantwortlich gemacht werden kann, muss sie auch die daraus resultierenden Folgen tragen.

Zorn ist eine berechtigte Reaktion auf Ungerechtigkeit. Überlebende eines Missbrauchs müssen lernen, »zornig, aber ohne Sünde« zu leben (Eph. 4,26). Nach einem schweren Missbrauch gibt es ein natürliches Rachebedürfnis. Das ist biblisch, da Gott dies in unser Menschsein hineingelegt hat. Im Alten Testament gab es genaue Regeln, wie diese Rache praktiziert werden konnte. Tragischer Weise wird dieses Rachebedürfnis von vielen Christen geleugnet. Dieses Missverständnis, zusammen mit dem, was ich zuvor über die falsche Sicht von Vergebung erwähnt habe, bedeutet, dass viele Christen sich mit dem Gedanken quälen: »Ich kann nicht vergeben, und eigentlich will ich es auch nicht.« Die folgenden Punkte können uns helfen, aus dieser Sackgasse herauszukommen:

1. Wir sollten dieses Bedürfnis, den Wunsch nach Rache, positiv sehen! Im säkularen Leben ist er einer der Eckpfeiler für Bußgelder und Bestrafungen durch das Gesetz.[28] Aus biblischer Perspektive wurde Rache nie geleugnet oder unterdrückt! Die Anweisungen des Alten Testaments würden sonst der Lehre des Neuen Testaments entgegenstehen. Im Neuen Testament wird uns allerdings ein anderer Weg angeboten, unserem Rachebedürfnis Ausdruck zu verleihen. Wir werden eingeladen, die Rache Gott zu überlassen, der damit besser umgehen kann als wir. So, wie wir eine unbezahlte Rechnung an den Schuldeneintreiber übergeben können, können wir auch unsere Rache Gott übergeben. Er begleicht die Rechnung mit dem Übertreter des Gesetzes an unserer statt.[29] Das befreit den Überlebenden. Tut er das nicht, bindet ihn das ungestillte Rachebedürfnis an den Täter! Entscheidet sich Gott dann dafür, dem Täter gegenüber gnädig zu sein und ihn nicht totzuschlagen, ist dies seine Sache. Wir können Gott schließlich nicht daran hindern, gnädig zu sein. Was wäre sonst mit *uns?*

2. Vergebung ist ein grundlegender christlicher Wert und wurde für das Gewissen derjenigen, die sich auf Grund dessen, was sie durch andere erlitten haben, nicht imstande fühlen zu vergeben, sowohl zum Segen als auch zur Qual. Wie wir zuvor gesehen haben, beinhaltet Vergebung das Konzept, sich von den Peinigern abzuwenden. Dies ist ein wichtiger Aspekt, um die Heilung von der Vergangenheit zu fördern. Im Mittelpunkt unseres Problems steht nicht, *was* getan wurde, ebenso wenig *wer* es getan hat, sondern das, was wir dabei gefühlt haben, und was wir dachten, es sei passiert.[30] Zu vergeben entspricht dann der gesunden Entscheidung, sich auf seine eigene Heilung zu konzentrieren statt auf die Person, die uns verletzt hat. Normalerweise haben Überlebende eines Missbrauchs die Bedürfnisse aller anderen auf ihre Schultern genommen. Diese Gewohnheit, aufgeben zu lernen, ist ein wichtiger Teil des Heilungsprozesses.

Wenn Opfern das biblische Gebot zu vergeben Schwierigkeiten bereitet, müssen wir betonen, dass dies sowieso etwas Unmögliches ist! Nur Gott kann vergeben. Diese Lektion musste Petrus lernen, als er meinte, er habe die Lehre Jesu über Vergeben verstanden.[31] Für uns ist Vergebung etwas Unmenschliches. Aber Gott möchte uns an der Kraft, vergeben zu lernen, teilhaben lassen. Gnade geht dem Gehorsam voraus. Da Christus in uns ist, kann er Vergebung ausstrahlen. Es ist nicht unsere Leistung, sondern sein Werk in uns. Vergeben zu lernen ist ein Prozess, der damit beginnt, dass wir beten: »Gott, lehre mich, zu vergeben.« Man kann geteilter Meinung darüber sein, ob Vergebung überhaupt mehr sein soll, als seine Aufmerksamkeit vom Täter wegzulenken und das Urteil Gott zu überlassen, wenn der Täter nicht geständig ist.[32] Biblische Gerechtigkeit verlangt, dass jeder Mensch die Verantwortung für sein Handeln übernimmt. Selbst wenn der Täter ein Geständnis ablegt und geistliche Vergebung möglich ist, befreit dies den Täter nicht davor, die gesetzlichen Folgen seines Tuns auf sich zu nehmen!

Meiner Erfahrung nach fällt es Überlebenden leichter, ihre Aufmerksamkeit vom Täter abzuwenden und somit von der emotionalen Bindung an ihn loszukommen, wenn sie mit einem richtigen Verständnis von Gerechtigkeit, Rache und Vergebung ausgerüstet sind. Mit der Zeit kommen manche sogar zu einer Haltung der Empathie, die einer inneren Freiheit und Kraft entspringt.[33] So wird es möglich, dass man sagen kann: »Ich habe vergeben, ich bin frei.«

Für das Opfer ist es manchmal auch ein Problem, dass Vergebung und persönliche Verantwortung miteinander zusammenhängen. Ein Kind hat oft eine übertriebene Vorstellung davon, was es tun kann bzw. tun sollte. Kann der Missbrauch nicht gestoppt werden, fühlt es sich deshalb persönlich verantwortlich und empfindet damit einhergehend Schuld und Scham. Insbesondere wenn der Missbrauch noch bis in die frühen Teenagerjahre hineinreicht, kann dies zu einem Problem werden. Ich fand es hilfreich, folgende Aussage zu machen: »... selbst wenn du (nur) zu einem Prozent verantwortlich bist, so hat Jesus noch immer für deine Sünden bezahlt ... Aber bevor du dies nachvollziehen kannst, musst du Gnade und Frieden erfahren haben, so dass die Wahrheit an die Oberfläche kommen kann und du dich mit ihr auseinander setzen kannst. Zum jetzigen Zeitpunkt hat Scham noch deine Wahrnehmung beeinflusst. Du musst deine Aufmerksamkeit weg von der Scham und hin zum Frieden richten.«

Friede

Wir haben schon gesehen, dass für den Apostel Paulus der Friede eine große Rolle spielte. Er hatte nur das Alte Testament, das Gerechtigkeit fest mit Schalom verknüpft.[34] Die Notwendigkeit dieses Schalom ist offensichtlich, wenn wir uns die Situation von Überlebenden eines Missbrauchs ansehen. Viele verletzte Menschen reagieren sofort auf fehlende Gerechtigkeit und werden wütend, wenn ihnen selbst oder anderen Ungerechtigkeiten widerfährt. Sie schrecken nicht davor zurück, sich auf eine Auseinandersetzung einzulassen. Überlebende haben den Zorn kennen gelernt, als sie missbraucht wurden. Da sie damals nicht in der Lage waren, ihn auszudrücken, haben sie gelernt, Konfrontationen aus dem Wege zu gehen. Sie waren ja sowieso machtlos. Die in der frühen Kindheit festgelegten Reaktionsmuster auf den sexuellen Missbrauch wurden zu »Schnellstraßen«. Bestimmte Worte, Handlungen, Milieus oder Ereignisse können einen plötzlichen Flashback auslösen. Erst in neuerer Zeit schenkt man den biologischen Auswirkungen, die sich in das Nervensystem einprägen, mehr Beachtung. Man kann es so verstehen, dass eine solch frühe Konditionierung später im Leben Belastungen oder einen Mangel an Frieden verstärken.[35] Die Folgen eines Missbrauchs, wie z. B. eine schwierige sexuelle Beziehung zu einem Partner, können das Problem verstärken und die Unruhe vergrößern. Unsere Betonung darauf, inneren Frieden und Ruhe und dies auch in Beziehungen zu erleben, wird daher häufig mit einem offenen Ohr aufgenommen und die biblische Bedeutung und Erfahrung des Schalom sind deshalb ein sehr guter Ausgangspunkt, um Überlebenden eines Missbrauchs zu helfen.

Fehlt der Friede, wirkt sich das nicht nur geistlich oder emotional aus. Auch der Körper erinnert sich. Negative Erfahrungen können unsere Emotionen und unser Denken beeinflussen. Der Friede Gottes kann sich auf den Körper auswirken.[36] Da körperliche Heilung tiefer emotionaler Traumen ein zentraler Punkt in der Hilfe sexuell missbrauchter Menschen ist, muss ich dies etwas genauer erklären.

Die Unterschiede zwischen Geist, Seele und Körper und deren Zusammenhang werden klar, wenn wir diese Begriffe als verschiedene Beschreibungen einer Beziehung sehen. Der Geist ist die Beschreibung für eine einzigartige Beziehung, die wir mit Gott haben können. Von Natur aus sind wir geistlich tot wie Schnittblumen; immer noch schön, aber nicht mehr mit der Pflanze verbunden. »Erweckung« bedeutet, eine

Beziehung mit dem Ursprung des Lebens, Gott selbst, wieder zu entdecken. Wirkt der Friede Gottes in unserem Geist, hat dies zur Folge, dass unsere Beziehung zum Schöpfer wiederhergestellt wird. Dass dies ein Prozess ist, wird durch den Apostel Paulus bestätigt, der den Wunsch zahlloser Menschen, nämlich Gott besser kennen zu lernen, zum Ausdruck bringt.[37] Das Ergebnis dieses Prozesses ist Anbetung, wobei sich unsere Aufmerksamkeit darauf konzentriert, wer Gott ist.

Die Seele ist der Teil unseres Wesens, der damit zu tun hat, wer wir sind – hier auf der Erde, in unserer spezifischen Situation und Kultur. Wie wir Gott anbeten, ist durch unsere Kultur bestimmt. Deshalb gibt es so viele verschiedene Kirchen und Gruppen mit ihren jeweiligen Formen der Anbetung. Das ist gut so; es ist alles Teil der »Einheit in der Vielfalt«. Wir benötigen diese Bandbreite, Gott durch verschiedene Kulturen zu erfahren, um, wie der Apostel Paulus sagt, das Ausmaß der Liebe Gottes zu verstehen.[38]

Der Friede Gottes zielt auch auf den Leib ab, ist also nicht nur auf den Geist und die Seele beschränkt. Überlebende eines Missbrauchs tragen das Brandmal des Täters auf sich. Die finstere und dämonische Natur dieser Berührung und auch die Erinnerungen an den Missbrauch sind mit den tiefen, zum damaligen Zeitpunkt erlebten Emotionen sowie den körperlichen Reaktionen während dieser Ereignisse verknüpft. Das bedeutet, dass der Körper seine eigene Fähigkeit hat, sich zu erinnern. Ein bestimmter Geruch kann z. B. unmittelbar bestimmte Gefühle oder Erinnerungen ins Gedächtnis rufen. Durch meine Erfahrung mit Hunderten von Überlebenden eines Missbrauchs wurde mir klar, dass eine physische Heilung nötig ist, um von den Folgen des sexuellen Missbrauchs loszukommen. Durch die Erfahrung des Schalom empfängt der Körper ein neue Erinnerung, die stärker ist, als das zuvor Geschehene. Dem Schamgefühl wird ein neues Bewusstsein entgegengestellt: Christus in meinem Leib. Dass Friede auch physisch erfahren werden kann, kommt in evangelikalen Zusammenhängen nicht immer sehr klar zum Ausdruck. Wir finden dies in 2. Kor. 7,1 ausgedrückt, wo wir lesen, dass wir aufgefordert werden, unseren Geist und unser Fleisch von allem zu reinigen, was uns befleckt. Das »Fleisch« soll hier also nicht geleugnet oder ans Kreuz gebracht, sondern gereinigt werden. Und es wird sogar noch klarer, wenn wir es mit Römer 12,1–2 vergleichen, wo wir erkennen können, dass Veränderungen in Denkmustern damit zu tun haben, wie wir unseren Körper gebrauchen! Wir können weiter gehen, als nur den negativen Gebrauch des Körpers zu vermeiden. Wir können unseren Körper auch zum Positiven verwenden – der Körper, ein Tempel des Geistes Gottes. In den nächsten Kapiteln werde ich genauer darauf eingehen, wie dies praktisch aussehen kann.

Freude

Menschen, die viel leiden, entwickeln auch leichter die Gabe des Humors, wobei ich Humor und Freude als die andere Seite der Münze der Sorge betrachte. Sie kompensieren dadurch den Schmerz, den sie erlitten haben. Wir müssen uns nur an die Juden und ihren sprichwörtlichen Sinn für Humor erinnern. Ebenso kann Freude Überlebenden helfen, mit ihrem Schmerz zurechtzukommen. Diese natürliche Fähigkeit für Humor wird in Überlebenden von den komplexen, sie niederdrückenden Formen des Kummers übertrumpft. Indem wir den Humor anregen, können wir eine »Stereo-Erfahrung« fördern: Lachen unter Tränen. Dies erhöht die Fähigkeit, sich nicht unterkriegen zu lassen, die während der harten Arbeit, die erledigt werden muss, damit die Vergangenheit nicht länger diktieren kann, wie die Gegenwart und die Zukunft aussieht, so nötig ist.

Wenn man Zorn, Traurigkeit und Unruhe nicht ausdrücken kann, kann es passieren, dass man das Leben darauf ausrichtet, Spaß zu suchen. Findet man die entsprechenden Möglichkeiten, so kann das zu einer Abhängigkeit von emotionalen High-Erlebnissen führen. Dies zu verstehen, hat Andrea Hoffnung gegeben. Sie schrieb:

Ich fragte mich immer, weshalb ich als Teenager anfing, sexuelle Erlebnisse zu suchen. Jetzt weiß ich es. Ich versuchte ein Leben zu wählen, wo ich Spaß haben konnte, wann ich es wollte. Ich hasste meinen Körper dafür, dass ich positive Gefühle hatte, während ich vergewaltigt worden bin. So entschied ich mich dafür, gute Gefühle zu suchen, und stellte sicher, dass ich immer mit verheirateten Leuten in Kontakt kam, da sie nur Sex, aber keine tiefe Beziehung wollten. Ich wollte mich nicht den Problemen aussetzen, dass sich jemand in mich verliebte. Als ich Drogen nahm, hatte ich das Gefühl, die beste Zeit meines Lebens zu haben. Es half mir, zu vergessen und nur im Moment zu leben.

Erfahrungen von Gerechtigkeit, Friede und Freude durch den Heiligen Geist

Wenn wir darüber reden, dass Gott erfahrbar ist, müssen wir das in einen biblischen Kontext stellen. Jesus verspricht eine Manifestation seiner Gegenwart als eine Folge unseres vereinigten Maranatha-Gebets.[39] Weiter oben haben wir schon gesehen, dass solche Manifestationen definitionsgemäß kulturell geprägt sind. Die Kultur der Missbrauchten wirkt sich manchmal so aus, dass Menschen sehr wachsam werden; ihr Bedürfnis, ihr Leben unter Kontrolle zu haben, bewirkt eine hohe Aufmerksamkeit in der Schule. Sie bekommen gute Noten und werden gelobt. Eine solche Bestätigung spornt die intellektuelle Entwicklung an, während ihr emotionales Leben verkümmert.[40] Sie haben es satt, 24 Stunden am Tag zu erleben, dass sie emotionale Wachsamkeit genießen. Andere sind emotional ausgelaugt. Dies sehe ich insbesondere bei Überlebenden, die durch viele alternative Behandlungen und Meditationstechniken gegangen sind oder in der Hoffnung, bessere Erfahrungen zu machen, charismatische Treffen besucht haben. Solchen Menschen muss man mehr auf der

Ebene des Verstandes begegnen, und zwar ohne jegliche Herausforderung, ausgenommen was das Wort über Gerechtigkeit, Friede und Freude sagt. Jede emotionale Äußerung führt dazu, dass sie sich zurückziehen. Manche hatten keine Möglichkeit, sich geistig zu entwickeln. Ihr Umfeld legte entweder zu wenig Wert auf die kognitive Entwicklung oder sie wurden als dumm eingestuft. Ihr Ausgangspunkt ist die emotionale Erfahrung. Werden ihre unerfüllten emotionalen Bedürfnisse gestillt, verbessern sich ihre Noten sehr stark – das habe auch ich so erlebt! Wie sich der Fall auch immer darstellt: das Evangelium eröffnet einen Weg, der in der Situation, in der sich der Hilfesuchende befindet, verstanden werden kann.

Alex war von seinem Stiefvater als dumm abgestempelt worden. Er hat dies geglaubt und wurde schließlich ein stiller, einsamer Landarbeiter. Sein begabter Verstand bekam kaum positive Aufmerksamkeit. Er drückte sich stets auf gewalttätige und emotionale Weise aus. Als er gläubig wurde, gab es eine Veränderung. Ein einfühlsamer Seelsorger bemerkte seine klugen Fragen und schlug ihm vor, Abendkurse zu besuchen. Er benötigte diese geistige Herausforderung und wurde ermutigt, die Bibel nicht nur zu seiner persönlichen Andacht zu lesen, sondern auch die Schönheit ihres Entwurfs und die Art der Entstehung verschiedener Bücher der Bibel zu sehen sowie den historischen und kulturellen Hintergrund zu verstehen. Das gab ihm den festen, geistigen Rahmen, um sich später mit einigen tief sitzenden Gefühlen auseinander setzen zu können.

Janice war die Älteste von sieben Geschwistern. Sie lernte, ihre Gefühle zu verleugnen. Ihre ganze Energie floss in ihre geistige Entwicklung. Dies war nötig, um sich von ihrem missbrauchenden Vater fern zu halten. Ihr ganzes Leben bestand darin, die kleinsten Details zu planen. In der Schule erhielt sie ausgezeichnete Noten. Während ihres Studiums an einer säkularen Universität fand sie durch »Jugend für Christus« Jesus als ihren Retter. Ihre Passion, Bibelverse auswendig zu lernen, wurde zu einem Zwang. Sie musste Abstand davon nehmen, sich dem Wort Gottes auf formale Weise zu nähern, und wurde angeleitet, in einer Gebetshaltung die Psalmen Davids durchzulesen. Dies ermöglichte ihr, ihre Emotionen mit denen des Dichters in Einklang zu bringen. Als ihr Drang zur Kontrolle nachließ, fand sie es auch nicht mehr so wichtig, in ihrem Studium gute Leistungen zu bringen, und unterbrach es sogar eine Zeit lang. Erst nachdem sie sich emotional weiterentwickelt hatte, war sie fähig, es fortzusetzen.

Da Überlebende oft Probleme damit haben, tiefe, langfristige Beziehungen einzugehen, ist für sie normalerweise auch das Thema, Gott in einer persönlichen Beziehung zu erfahren, ein Problem. Insbesondere weil die Gefühle so erschüttert wurden, kann es einen langen Zeitraum geben, in welchem die Emotionen scheinbar oberflächlich sind und ein Gefühl der Einsamkeit bewirken. Die Suche nach Beziehungen zu beenden, ist paradoxerweise die biblische Antwort auf Einsamkeit. Die Leere anzunehmen, ist der Anfang der Erfüllung. Dann können wir Jesus darum bitten, in diese Erfahrung der Einsamkeit zu kommen, und lernen, mit Gott allein zu sein. Die Worte des Propheten Jesaja waren mir dabei eine große Hilfe. Ich entschloss mich dazu, die Namen Gottes zu studieren, um in der Einsamkeit zu überleben, die ich wie eine dunkle Wolke fühlte.[41] Zu wissen, wie ich mit Einsamkeit umgehen konnte, war für mich eine gute Vorbereitung dafür, zu lernen, mit anderen eine Beziehung einzugehen. Meine Angst, nicht verstanden bzw. abgelehnt zu werden, nahm ab. Schließlich gab es ja noch einen Gott, der auf jeden Fall da sein würde. Die Geschichte von Hosea drückt auf poetische Weise aus, wie Gott mit den eigenwilligen seiner Leute umgeht; wie er sie in die Wüste des Lebens führt, in die Einsamkeit, und ihnen dann dort begegnet. Die ehebrecherische Frau Hoseas wird mit einem Ehemann konfrontiert, der nicht aufgibt, und wird schließlich wieder mit ihm vereinigt.[42]

Überlebende eines Missbrauchs benötigen die Hoffnung, dass das Leben nicht so weitergehen muss, wie es war; dass sich ihre Familien ändern und auch im Frieden leben können.

Sogar unter Christen fand ich Pessimismus: »Wir leben in gewalttätigen Zeiten, und so wird es auch in Zukunft sein.« Gegen dieses negative Denken gibt es für mich zwei Argumente; eines aus der anthropologischen Forschung und eines aus einem biblischen Verständnis heraus:

1. Der friedliche Zustand ist eigentlich ein natürlicherer Zustand für unsere Gesellschaft und die anthropologische Forschung von Howell und Willes bestätigt, dass man dies auch praktisch nachweisen kann.[43] Die natürliche Sehnsucht nach Frieden in den Menschen kann als eine Quelle für Veränderung angezapft werden.
2. Das Wirken des Friedens Gottes in Geist, Seele und Körper sollte letztlich dazu führen, dass unsere Umgebung so davon beeinflusst wird, dass wir Quellen des Friedens in unserer Gesellschaft sind. Das göttliche Geschenk »Gnade und Frieden« kann das natürliche Verlangen nach Frieden so mit Vollmacht erfüllen, dass man den Zustand »Friede als rationale und aktive Konstruktion kooperativer Wesen« erlebt.

Das Leben eines Missionars: Überleben und Gedeihen in zwei Welten

Missionar sein heißt, in zwei Welten zu leben. Dazu benötigt man eine große Flexibilität. Fehlt die gewohnte Umgebung, ist die normale Reaktion auf ein solches Aufeinanderprallen von Kulturen, das Neue abzulehnen; dies nennen wir Kulturschock. Die Folge davon ist eine kritische Haltung. Die neue Welt wird immer durch die alte Brille gesehen. Es kann aber auch das Gegenteil passieren: alles in der neuen Welt ist »besser« als das, was wir zu Hause hatten.

Diese Lektion aus der Erfahrung der Missionare ist von großer Bedeutung, wenn man die Kultur der Missbrauchten betritt. Die erste Erfahrung kann schockierend sein, man lernt aber normalerweise, damit zu leben. Manche müssen aufgeben und in weniger konfliktträchtige Situationen nach Hause zurückkehren. Es gibt einige Prinzipien, die uns helfen können, mit dem Kulturschock klarzukommen und in einer anderen Kultur effektiv zu arbeiten:

1. Die Gabe des Missionars

Nicht jeder hat dieselben natürlichen Talente oder geistlichen Gaben. Manche Geschäftsleute, die in ihrem Heimatland sehr erfolgreich sind, können sich nicht an eine neue Kultur anpassen. Sie fühlen sich nicht zu Hause. Die inneren Barrieren sind zu hoch. Es gibt aber auch diejenigen, die sich in anderen Ländern extrem gut zurechtfinden. Sie besitzen eine natürliche Flexibilität, genießen es, anderen Systemen und Werten zu begegnen, und gewöhnen sich leicht ein.

Als Jesus den Befehl gab, das Evangelium »jenseits der Grenzen« zu verkündigen, gab er dazu auch besondere Verheißungen, was Vollmacht und spezielle geistliche Fähigkeiten angeht. Um Grenzen zu überschreiten, gibt es die Gabe des Missionars: die Fähigkeit, sich in einer anderen Kultur zu Hause zu fühlen, ohne seine eigene zu verlieren. Dies ist meiner Meinung nach auch für Helfer, die »jenseits der Grenzen« in der Kultur der Missbrauchten arbeiten, unerlässlich.

2. Eine multikulturelle Persönlichkeit

Die Begegnung mit anderen Kulturen erweitert unseren Horizont, verändert uns aber auch permanent. »Wer die Erkenntnis vermehrt, vermehrt auch die Sorge.«[44] Ein Gefühl der Entfremdung, anders zu sein, eine Unfähigkeit, wieder Fuß zu fassen, ist oft die Klage von Missionaren, die einen »Heimkehrschock« erleiden, wenn sie Heimaturlaub haben. Viele Seelsorger im Bereich Missbrauch erleben dasselbe. Wie können sie Außenstehenden Einzelheiten mitteilen – selbst wenn dies möglich wäre –, ohne die Vertraulichkeit zu verletzen? Wer würde es verstehen können? Diese Einsamkeit ist ein Schmerz ähnlich der Stigmatisierung der Überlebenden eines

Missbrauchs. Die Hilflosigkeit, mit der ein Seelsorger konfrontiert wird, wenn grauenhafte Traumen von Neuem durchlebt werden; das Schamempfinden darüber, was Menschen Kindern antun; der Zorn über den Verrat, wenn man herausfindet, wer die Täter waren – all dies sind Faktoren, die uns helfen, uns in der Kultur der Missbrauchten zu Hause zu fühlen. Es ist notwendig, zu einem kulturellen Frieden zu kommen, d. h. diesen zigeunerhaften Lebensstil zu akzeptieren, von einer Kultur zur anderen zu ziehen. Das kann sich wie Wurzellosigkeit anfühlen. Zu bestimmten Zeiten werden Seelsorger an Missbrauchten eine Pause einlegen und einen »Heimaturlaub« antreten müssen. Sieht man jedoch die Seelsorge an Missbrauchten als Lebensaufgabe, muss man zu einer multikulturellen Persönlichkeit werden, die in jeder Kultur zu Hause sein kann.

3. Ein innerer Friede

Begabte Therapeuten besitzen oft einen beinahe unheimlichen Sinn, dafür, wann sie einfach nur da und still sein sollen und wann sie reagieren müssen, wann sie ihre Gefühle zeigen und wann sie zu reden beginnen sollen. Dieser innere Friede ist mehr als ein innerer Ruhezustand, wenn er sich auf biblische Wahrheiten gründet. Auch Laienseelsorger können, unterstützt durch den Frieden Gottes, sensibel sein.

Der Missionar Paulus wusste aus Erfahrung, wie wichtig es ist, geistigen und emotionalen Schutz zu haben. Er beschreibt diesen »Frieden Christi« als eine Art Verteidigungswall. Fragen mich Leute danach, wie ich mit den Tatsachen und den Emotionen in der Seelsorge an Missbrauchten umgehe, dann beziehe ich mich oft auf diesen Wall des Friedens.[45] Er erlaubt mir, Gottes Frieden zu spüren und zu erleben, auch wenn ich innerlich stöhne, verletzt und gleichzeitig sehr verärgert bin, während ich den Horrorgeschichten zuhöre, die Überlebende schon so lange mitteilen wollten, sich aber nicht getraut hatten. Hier ist es wichtig, dem Thema »in Christus sein«, das ich schon weiter oben erwähnte, seine Aufmerksamkeit zu widmen: wer man in Christus ist, was unser objektiver Zustand, unabhängig von den sich verändernden Situationen, ist. Jesus wies seine Jünger auf die Notwendigkeit dieses geistlichen Ankers hin: »Doch darüber freut euch nicht, dass euch die Geister untertan sind; freut euch aber, dass eure Namen im Himmel geschrieben sind« (Luk. 10,20).

Dieser innere Friede wird insbesondere dann benötigt, wenn der Missionar in der Kultur des Missbrauchs einigen der härtesten Fragen des Lebens gegenübersteht: »Wo war Gott, als ich ihn brauchte? Warum ließ er das zu?« Im nächsten Kapitel werde ich versuchen, über einige Stufen meiner eigenen Pilgerreise, auf der Suche, eine Antwort auf diese Fragen zu finden, zu berichten.

Anmerkungen

[1] Das Problem mit dem Wort »Vater« mag einer der Gründe gewesen sein, weshalb der Apostel Paulus den Gläubigen in Rom den Namen »Abba« vorschlägt. Die Väter zu dieser Zeit konnten mit ihren Kindern machen, was sie wollten. Sie konnten – ungestraft – die härtesten körperlichen Züchtigungen anwenden. Sie konnten ihre Kinder als Sklaven oder Prostituierte verkaufen und sie sogar töten. Es ist deshalb kein Wunder, dass Paulus zu den neuen Gläubigen sagt: »Ihr könnt ihn ›Abba‹ nennen« – das Kosewort, das Jesus im Gebet gebrauchte!

[2] 2. Kor. 12,9

[3] Siehe Kapitel 8, was meine eigenen Versuche, eine Antwort auf diese verblüffende Frage zu finden, angeht.

[4] Röm. 8,11

[5] Heb. 7,24.25

[6] 1. Kor. 15,20–28

[7] Offb. 6,9–11

[8] John Bright betont in *The Kingdom of God* (Nashville 1994) den Zusammenhang zwischen Gnade und Gehorsam. Gerade hier versagen viele Seelsorger mit einem traditionellen evangelikalen Hintergrund in der Praxis. Sie führen zu schnell den Begriff des Gehorsams ein. Aber Gehorsam ohne Gnade ist nichts weiter als Gesetzlichkeit und macht aus einem religiösen System leicht ein System des geistlichen Missbrauchs.

[9] Mt. 10,12

[10] Heb. 4,1–12. Es ist offensichtlich, dass die Ruhe in Gott mit der Kraft des Wortes Gottes zu tun hat. Für den Überlebenden eines Missbrauchs wurden die Todesgefahr, die Scham, die Ohnmacht, das Misstrauen und all die anderen intensiven Gefühle zu einer echten physischen Erfahrung. Will man lernen, in Gott zu ruhen, muss man das Knochenmark berühren!

[11] Die gesamte Idee der Hypnose als Teil einer Therapie verursacht unter vielen traditionellen Christen eine große Aufregung. Sie sehen darin einen Gebrauch »übersinnlicher« Kräfte oder übernatürlicher Mächte, die von dem Hypnotiseur ausgehen. Sich von einer anderen Person so stark beeinflussen zu lassen, wird als gefährlich und unbiblisch angesehen. Repräsentiert der Hypnotiseur zusätzlich ein anderes Glaubenssystem oder hat er sogar mit dem Okkulten zu tun, wird dies manchmal als »Fremdinvasion« gesehen, von der man befreit werden muss. Jeffrey Masson (*Against Therapy*) hat aufgezeigt, dass das Glaubenssystem des Helfenden die Hilfesuchenden stark beeinflusst. Die Besorgnis über den Missbrauch von Macht beschränkt sich nicht nur auf traditionelle Christen. Ich kenne eine säkulare, feministische Psychologin, die in der Vergangenheit Hypnose anwandte, sich aber auf Grund des »Machtmissbrauch«-Faktors, für den sie die feministische Psychologie sensibilisiert hatte, entschied, damit aufzuhören.

Gerechterweise sollten wir auch darauf hinweisen, dass die Möglichkeit, seelsorgerliche Macht zu missbrauchen, erforderlich macht, dass wir uns fragen, worin der Unterschied zwischen Hypno-Therapie und maßgebenden seelsorgerlichen Aussagen oder der seelsorgerlichen Anwendung von »geführter Imagination« besteht. Ich kenne vertrauenswürdige Psychologen, die als Christen keine Probleme damit haben, geführte Imagination einzusetzen. Ich selbst habe jedoch Bedenken, was die Verwendung dieser Methode und die große Möglichkeit des Missbrauchs, die sie erzeugt, angeht. Dasselbe trifft auf einfache Entspannungsübungen zu. Sobald dies zu einer »inneren Leere«, einem Leeren von sich selbst, führt, ist die Gefahr groß, dass wir in einen Zustand der Selbsthypnose eintreten. Es geht hier im Wesentlichen darum, was die Quelle der Kraft ist und wer die Kontrolle hat. Ich habe beobachtet, dass starke Einflüsse von Ideen, Aussagen von Eltern, Pastoren oder anderen Bezugspersonen (z. B. »Du bist zu nichts nütze!«), die Diagnose eines Arztes, die Begegnung mit einem Wahrsager oder einer Hexe einen solchen Einfluss haben können, dass Befreiung nötig ist: eine Wiederherstellung der eigenen Freiheit von der Beherrschung durch diesen Einfluss. Dadurch bekamen manche eine unnötige Angst vor jeder Erfahrung. Jesus versprach uns jedoch einen anderen Frieden, als ihn die Welt uns geben kann. Eine feste Ausrichtung auf die Gegenwart Jesu in Geist, Seele und Leib (1. Thess. 5,23) kann auf der anderen Seite unbiblische Erfahrungen in Massenveranstaltungen, in der Kirche oder bei der privaten Meditation verhindern, da wir dann davon ausgehen können, dass Gott uns keine Steine gibt, wenn wir um Brot bitten.

Ich versuche in diesem Buch darauf hinzuweisen, dass es die Möglichkeit einer echten Erfahrung der Ruhe in Gott gibt, da Gott sie selbst versprochen hat. Die Bibel schränkt die Art und Weise der Erfahrungen, die Gott gibt, nicht ein. Der Apostel Paulus beschreibt sogar etwas, was eine außerkörperliche Erfahrung gewesen sein könnte (2. Kor. 12,3). Die Bibel ist aber sehr deutlich darin, dass es sowohl positive, vom Heiligen Geist gewirkte Erfahrungen geben kann als auch negative, die ihren Ursprung z. B. in sündigem, selbstbezogenem Leben oder okkulten, Gott widerstehenden Kräften haben.

Biblisch fundierte Erfahrungen können in einer Seelsorgesitzung niemals »organisiert« und deshalb nie zu einer Technik werden. Gott offenbart sich auf seine Weise. Zuerst kann eine solche Manifestation ziemlich beunruhigend sein, wie wir es in der Bibel und auch heute noch sehen. Eine Art positive Befürchtung ist hilfreich, falls man gegenüber einer Begegnung mit dem Heiligen nicht zu gefühllos werden möchte. Dies nennt die Bibel die »Furcht des Herrn«.

12 1. Kor. 16,22. Die Erwartung von Gottes Gegenwart in Konflikten hat auch einen direkten Bezug zu Mt. 18,15–19. Wird in der Bibel der Ausdruck »zwei oder drei« verwendet, geschieht dies normalerweise im Kontext eines (potenziellen) Konfliktes. Als Paulus den Konflikt in wenigen Zeilen zusammenfasst – wir können davon ausgehen, dass er seine Kinder im Glauben nur schweren Herzens so stark zurechtwies –, kann er nicht anders, als das Wort Maranatha zu verwenden: »Komm, o Herr.«

13 Mt. 18,19–20; 28,18–20

14 Heb. 2,4

15 Mt. 18,19.20

16 Gal. 1,8

17 1. Pt. 2.9

18 Jan Hindman, *Just before dawn, From the Shadows of Tradition to New Reflections in Trauma Assessment and Treatment of Sexual Victimization* (1989) und *The Mourning Breaks* (1991), Alexandria Associates, Ontario, Oregon. Lewis B. Smedes, *Forgive and Forget, Healing the Hurts We Don't Deserve*, Harper & Row, 1984

19 Augsburger, David W., *Pastoral Counselling Across Cultures*, The Westminster Press, 1986. Hesselgrave, David J., *Counselling Cross-Culturally*, Baker Book House, Grand Rapids, 1984

20 Apg. 17,28

21 Phil. 3,7

[22] J. Sidlow Baxter, *Christian Holiness Restudied and Restated*, Zondervan, Grand Rapids, 1977

[23] Um nur einige wenige zu nennen: weibliche Beschneidung in Afrika, Verbrennung von Witwen in Indien, Geburtspraktiken in Nordost-Thailand oder die Art und Weise, wie Euthanasie im Westen gefördert wird.

[24] Gal. 2,11–14; 3,1–3

[25] 2. Kor 7,1

[26] Das starke Verlangen nach Gerechtigkeit in Überlebenden eines Missbrauchs, d.h. die Täter für ihre Taten zur Verantwortung zu ziehen, könnte einer der großen Beiträge für eine Erneuerung der biblischen Theologie sein. In den letzten Jahrzehnten sehen wir die Auswirkungen humanistischer Werte, die falsches Verhalten zu verstehen versuchen und deshalb oft entschuldigen, immer deutlicher. Auch Versicherungspolicen und die Unfähigkeit von Regierungen, die Gesetze zu vollziehen, haben zu einer Dichotomie (Trennung) zwischen unserem Verhalten und den Folgen geführt, mit denen wir konfrontiert werden. Ich sehe eine direkte Verbindung zwischen dem Aufkommen des Buddhismus in Europa und dieser Entwicklung. Der Buddhismus lehrt stark den Zusammenhang von Ursache und Wirkung, das Gesetz des Karma. So, wie uns die Aufklärung half, das Kind nicht als Miniatur-Erwachsenen zu sehen, und die Bewegung des Feminismus uns die Augen für den sexuellen Missbrauch an Frauen öffnete, vermute ich, wird uns der Buddhismus dazu zwingen, die biblische Lehre von Bestrafung, Hölle und Verdammnis ebenso wie Gottes Weg, dem zu entkommen, von neuem zu studieren.

[27] Ladd, George Eldon, *The Gospel of the Kingdom*, Eerdmans, Grand Rapids, 1981

[28] Röm. 13,1

[29] Röm. 12,19

[30] Seminarnotizen, Beverly James, James Institute, Post Office Box 148, Honaunau, Hawaii 96726 USA

[31] Mt. 18,21–35

[32] Es gibt Wunder der Vergebung, bei denen Eltern den Mördern ihrer Kinder vergeben konnten und wo Beziehungen wiederhergestellt wurden. Corrie ten Boom schreibt anschaulich über ihr Ringen, den Menschen, die sie im Konzentrationslager gequält hatten, zu vergeben und sich nach ihnen auszustrecken. Während es eine Entscheidung ist, für eine solche Infusion der Liebe offen zu sein, ist die eigentliche Erfahrung eine Gnadengabe, die man nicht machen kann.

[33] Röm. 12,20–21 spricht über das Anhäufen brennender Kohlen auf die Köpfe der Menschen. Ich hatte oft das Gefühl, genau das zu tun! Die Bedeutung dieser Redewendung ging jedoch mit der Erfindung der Streichhölzer verloren. Zu Paulus' Zeiten war es wesentlich, »sein Feuer am Brennen zu halten«. Der Feuerkübel, der gewöhnlich auf dem Kopf getragen wurde, war ein wichtiger Bestandteil des täglichen Lebens. Das Feuer am Brennen zu halten, war eine Kunst, die schon die Kinder lernten. Erlosch das Feuer, war dies eine Schande. Brennende Kohlen auf jemandes Haupt zu häufen, bedeutet eigentlich, sich mit ihrer Scham zu identifizieren und etwas dagegen zu tun!

[34] Der Prophet Jesaja verknüpft Gerechtigkeit mit dem biblischen Schalom-Frieden, der Harmonie und Wohlstand in der Gemeinschaft mit einschloss: »Und der Gerechtigkeit Frucht wird Friede sein und der Ertrag der Gerechtigkeit wird ewige Stille und Sicherheit sein, dass mein Volk in friedlichen Auen wohnen wird, in sicheren Wohnungen und in stolzer Ruhe.« (Jes. 32, 17–18).

[35] Gerald May gibt in *Addiction and Grace* (1988) eine ausgezeichnete Zusammenfassung dieser biologischen Aspekte. Carol Hartman (1993) schreibt in *Informa-*

tion Processing of Trauma über ihre Entdeckungen in der Neurobiologie des Traumas. Sie schließt ihre Studie mit der folgenden Bemerkung:
»Die Einbeziehung dieses biologischen Verständnisses des Traumas und der Informationsverarbeitung in die Behandlung unterstreicht die Notwendigkeit, den Reiz zu verringern und dadurch die Prozesse der Disassoziation zu vermindern. Hat man dies erreicht, kann das primäre Lernen wieder aufgenommen werden. Behandlung und Forschung können nun in Richtung kognitive und physiologische Interventionen gehen, während gleichzeitig die sozialen und kontextuellen Aktivitäten, die das Heilungspotenzial der therapeutischen Beziehung unterstützen, aufrecht erhalten werden.«
Ich finde, dass hier ein klassisches Verständnis physischer Heilung, nämlich durch Gebet, eine Anwendung der oben erwähnten Prinzipien sein kann. Zumindest beobachte ich, dass der Ansatz des *mächtigen Friedens* auch ein physiologisches Element der Reizreduzierung enthält, in welchem Überlebende, geschützt durch den Frieden Gottes, lernen, sich der Realität zu stellen. Dieser Friede hilft ihnen dann, Fertigkeiten für das Leben zu erlernen (primäres Lernen), die sie zuvor nicht aufnehmen konnten.

[36] 2. Thess. 5,23

[37] Phil. 3,10

[38] Eph. 3,16–18

[39] Mt. 18,19.20

[40] Siehe die zuvor erwähnten Arbeiten von Dr. Anne Terruwe sowie die Deprivationsneurose.

[41] Jes. 50,10–11

[42] Hos. 2,14–17

[43] Nicht Aggression, sondern Friedfertigkeit wird als die grundlegende, von der Schöpfung gegebene, soziale Eigenschaft der Menschheit angesehen. Dies würde gut zu dem biblischen Verständnis passen, dass wir nach Gottes Bild geschaffen sind und seinen Charakter widerspiegeln, der Friedfertigkeit mit einschließt. Als die Sünde in die Welt kam, nahm die Aggression überhand. Dies ist aber, wie die Autoren zeigen, nicht überall der Fall. Gerade hier sehen wir auch die Macht der »gefallenen Kultur« und den langsamen Veränderungsprozess, den das Evangelium gebracht hat. Zum Teil, wie Schreitner (1985) gezeigt hat, liegt dies daran, dass wir weder unsere eigenen Kulturen noch die Kulturen, denen wir die gute Botschaft des Friedens bringen, ausreichend verstehen. In meiner Arbeit mit Missionaren habe ich beobachtet, dass viele eine westliche Aggressivität sowie die Lust, um die rechte Lehre zu kämpfen, als erstrebenswerte Aspekte sehen.

[44] Pred. 1,18

[45] Phil. 4,6–9

6

»Warum, Gott?«

Judy starrte mich mit leeren Augen an, die schließlich vor Zorn funkelten: »Warum hat er das getan?« Darauf folgte eine Stille. Sehr viel sanfter fügte sie dann hinzu: »Wenn ich daran denke, kann ich mir eigentlich nicht vorstellen, dass es einen Gott gibt.« Die abscheulichen Ereignisse, die sie mir gerade erzählt hatte, hingen noch in der Luft. Ich nickte nur und schwieg weiter.

Ein Seelsorgeansatz, um Überlebenden eines Missbrauchs zu helfen, muss sich mit der Sinnlosigkeit auseinander setzen, dem »Warum?«, das durch die leeren Gänge eines zu einem Spukhaus gewordenen Lebens hallt. Wir leiden unter der Beschränktheit der Worte, Gleichnisse und Bilder, vergleichbar den zahllosen Gedichten, Romanen, Gemälden und anderen Kunstwerken, die mit dem Paradoxon ringen, dass unschuldige Menschen leiden.

Der Historiker Jeffrey Burton Russell stellt religiöse Antworten mit folgender Aussage auf den Prüfstand: »Eine Antwort, die nicht angesichts sterbender Kinder gegeben werden kann, ist nicht glaubwürdig.«[1] Da im Christentum nicht Religion, sondern eine Person im Mittelpunkt steht, sollte diese eine Antwort geben! Schweigt Gott, weil wir ihn auf Grund des Schreis in unserem eigenen Herzen nicht hören können, oder ist er angesichts des Leidens sprachlos?

Erlaube Gott, für sich selbst zu sprechen

Ein Mädchen schrie mich beinahe an: »Als ich versuchte, das alles zu verstehen, habe ich mir mein Hirn herausgebetet. Wenn er allmächtig ist – wieso hat er dann nicht gestoppt, was passiert ist? Wo war er, als ich ihn brauchte?« In einem der ältesten Teile der Bibel, dem Buch Hiob, können wir beobachten, dass sogar Gott selbst Hiob erlaubte, auf ihn wütend zu sein. Es kam kein Blitz vom Himmel, als Hiob seine Faust gegen Gott reckte. Gott zeigte vielmehr, dass es, auch wenn es uns an Worten fehlt, eine Sprache gibt, die keiner Worte bedarf: die Sprache, »einfach da zu sein«. Die Freunde Hiobs saßen einfach sieben Tage lang bei ihm und schwiegen, während Hiob nach Gerechtigkeit schrie. Was sie danach sagten, scheint gar nicht so wichtig zu sein. Zumindest aber halfen sie Hiob, auf sie wütend zu werden. Auf diese Weise konnte er seine Gefühle für seine Freunde herauslassen, die er sehen konnte, während der Unsichtbare nicht nur schwieg, sondern auch außer Reichweite zu sein schien. Anscheinend redete Hiob nicht nur mit Gott, sondern auch mit sich selbst. Kapitel für Kapitel lesen wir den Monolog einer gequälten Person, die zu einem Gott spricht, der schweigt. Dann passiert etwas. Der Abwesende offenbart sich und fängt zu reden an. Aus einem Monolog wird ein Dialog.

Verdrehte Vorstellungen von Gott

Während einer bestimmten Phase in der Seelsorge ermutige ich Ratsuchende, Gott im Gebet persönlich ausfindig zu machen. Bevor man einem Menschen den Rat gibt, einen ernsthaften Versuch zu machen, die Beziehung zu seinem Gott zu verbessern, sollte man jedoch herausfinden, wer dieser Gott ist. Stellen Sie sich vor, Sie schicken sie zu einem Tyrannen zurück![2] Durch Zuhören und das Stellen wohlüberlegter Fragen können wir erkennen, was Hilfesuchende über Gott denken und welche Gefühle sie ihm gegenüber haben. Die Ausdrücke und Worte, bei denen eine Bitterkeit durchscheint, wie z. B. »sich ergeben« oder »Vater«, sollte man notieren. Ausdrücke, die neutralere oder positivere Werte beinhalten, sind für uns Schlüssel für den Zugang zu ihrem religiösen Wortschatz. Manchmal können wir zu einer anderen, ihnen bekannten Ausdrucksweise überwechseln, statt Ausdrücke zu benutzen, die Ekelgefühle hervorrufen können. Eine andere Möglichkeit ist, gemeinsam nach neutraleren Worten zu suchen, die in etwa dieselbe Bedeutung haben.

Vorstellungen von Gott können verdreht sein, aber ein Seelsorger kann, indem er einfach nur da ist, einen Prozess der Entwirrung des Gottesbildes einleiten.

Nicht was man sagt, sondern was man ist

Viele Menschen entscheiden sich dafür, genau dort zu sein, wo Menschen schrecklich leiden. Die von der albanischen Nonne Mutter Teresa gegründeten Missionarinnen der Liebe und die Heilsarmee sind wohl bekannt. Viele Organisationen dienen den Millionen von Flüchtlingen überall auf der Welt. Eine davon ist Jugend mit einer Mission. Hunderte von Freiwilligen verbringen eine Zeit ihres Lebens in verzweifelten Flüchtlingssituationen und viele davon haben dies zu ihrem Lebensauftrag gemacht. Wenn ich solche Menschen beobachte, sehe ich ihren privaten Kampf mit der Qual unschuldigen Leidens. Sie alle verbindet, dass sie sich weigern, vor den Problemen davonzulaufen. Sie sind bei denen, die leiden, auch wenn sie sonst nichts zu geben haben. Dies lehrte mich, dass es nicht so wichtig ist, was man sagt, sondern was man ist, wenn man jemandem beisteht, der leidet. Ich habe beobachtet, dass es einen entweder härter und verschlossener oder offener und transparenter machen kann, wenn man sich dem Leiden aussetzt.

Die Griechen und Juden zu Paulus' Zeiten spotteten über dessen Lehre des Leidens und der Schwäche. Die westliche Kultur gründet sich auf Versuche, dem Leiden zu entkommen. Der deutsche Theologe Helmut Thielicke bemerkte, man könne die Unfähigkeit, das Evangelium in unsere heutige Kultur zu übersetzen, am besten daran erkennen, dass vermieden wird, eine Theologie des Leidens zu entwickeln.[3] Wenn wir denen helfen wollen, die in der Kultur des Missbrauchs leben, müssen wir solche Antworten auch für uns selbst entwickeln. Es gibt hartnäckige Fragen, die sich nicht so leicht abschütteln lassen.

Ansätze für eine biblische Theologie des Leidens

Eine biblische Theologie des Leidens lässt sich aus unserer Interaktion mit dem Wort Gottes entwickeln. Aus Platzgründen kann ich nur einige der häufigeren Fragen berühren, denen Überlebende eines Missbrauchs gegenüberstehen.

Ein unerwarteter Vorfall brachte mich auf die Spur. Ich war über eine Sache sehr verärgert. Während ich über Psalm 4,5–9 nachdachte, traf mich der Satz: »Zürnt ihr, so sündigt nicht.« Ich hatte das Gefühl, mein Zorn sei berechtigt, konnte es aber keinen »gerechten Zorn« nennen, da mir allzu bewusst war, dass mein Zorn noch von einigen ziemlich hässlichen Gedanken befleckt war. Ich entschloss mich dann, Gott zu bitten, meinen Zorn von den sündigen Elementen zu reinigen. Als in mir Anbetung aufkam, empfand ich ein fremdes »Stereo-Gefühl«: Anbetung und Zorn. Dann huschte ein Gedanke über den Zorn Gottes durch meinen Kopf. Ein seltsames Gebet folgte: »Herr, ich fühle, dass ich noch immer verärgert über das bin, was sie getan haben. Gibt es auch etwas, worüber du zornig bist?« Unerwartet donnerte eine Antwort in mir: »Ja, ich bin zornig. Mein Volk in Äthiopien wird getötet und keiner macht deswegen einen Finger krumm.« Nun, zu diesem Zeitpunkt hatte ich überhaupt nicht an Äthiopien gedacht. Da ging mir ein Licht auf und plötzlich fand ich mich wieder, wie ich mit Gefühlen des Zorns, der Kraft und der Dringlichkeit betete, was mir eine neue Perspektive für Fürbitte gab. Seitdem lerne ich, als Ausgangspunkt, Gott nach seinem Herzen über Menschen oder Dinge zu fragen, auch andere Emotionen einzusetzen. Dadurch kam ich auch auf den Gedanken, dass Gott Schmerzen hat. Könnte es sein, dass Gott auch heute noch Schmerzen hat?

Man kann viele philosophische und religiöse Wege beschreiten, um eine Antwort auf die Frage des Leidens zu finden. Mit zahllosen anderen habe ich mich dafür entschieden, das anzunehmen, was Gott in der Bibel darüber sagt; weshalb er Jesus sandte, um ein Mensch zu werden, um das Wort zu werden und um für den Vater zu sprechen. Auf die Göttlichkeit Christi zu sehen reicht nicht aus; wir müssen dem Menschen begegnen, einem Zimmermann, der die Sprache der einfachen Leute spricht; einem Mann, der missverstanden, falsch zitiert, manipuliert, missbraucht und schrecklich gequält wurde, bevor er starb.

Als es Gott an Worten über sich selbst fehlte, wählte er die Sprache der Inkarnation; er wurde Fleisch und Blut. Er wurde wie wir. In einem holländischen Weihnachtslied heißt es: »Auch die Krippe war ein Kreuz für Jesus.«[4] Für viele Missbrauchte ist es ein Trost, dass Jesus weiß, was es bedeutet, einen Nagel in seinen Körper geschlagen zu bekommen; und dass die Kreuzigung eine Art höhnische Vergewaltigung ist. Sein Leiden endete nicht am Kreuz. Er sieht eine ganze Welt in ihrem Leid, und das tut ihm weh.

Gottes Schmerz

Der Gedanke von Gottes Schmerzen kommt in der Kirchengeschichte zu unterschiedlichen Zeiten zum Vorschein. In neuerer Zeit machte der japanische Theologe Kazo Kitamori die Kirche darauf aufmerksam. Nach dem Ende des Krieges fand er Trost in seiner Theologie des Schmerzes Gottes (*Theology of the Pain of God*, 1946). Diese gründet er auf Jeremia 31,20. Er schließt aus dieser Stelle, dass Gott für Ephraim litt und dass er auch für sein Volk leidet. Diese Gedanken waren eine Anregung für mich, als ich mit Leprapatienten arbeitete, die das Empfinden für Schmerz verloren hatten. Ich begann zu erkennen, welch wunderbare Schöpfungsgabe der Schmerz in Wirklichkeit ist. Ohne Schmerz wären wir alle wie Leprapatienten und würden nicht merken, wo es uns schmerzt. Schmerz ist ein Warnsignal, ein Aufruf zum Handeln.

Gott spricht durch Schmerz

Auf Grund der Botschaft des Kreuzes wagen wir es, einen Blick auf den Schmerz anderer zu richten. Wenn wir Hilfesuchenden zuhören, um zu lernen, werden wir sensibler, reagieren angemessener, hören, was nicht gesagt wird, und trauern. Derjenige, der die Arznei ausgibt, nimmt auch eine gute Dosis für sich selbst! In solchen Momenten können unsere Worte eine tiefere Bedeutung erhalten, wenn Jesus hineinkommt und die Situation erhellt. Plötzlich strahlen altbekannte Worte in einem neuen Glanz, da ein anderes Licht durch sie hindurch scheint. Kann es etwas Erhabeneres geben? Gerade dann kann die Freude am Herrn unsere Herzen erheben und – selbst mitten im Leiden – Lachen hervorbringen.

Gottes Ringen mit einer gefallenen Schöpfung

In einer provokativen Auslegung von Hiob zeigt Donald Capps[5], Professor für pastorale Theologie am Princeton Theological Seminary, USA, dass die Antwort Gottes an Hiob weder etwas mit den langen Diskursen von Hiobs Freunden noch mit den bitteren Klagen von Hiob selbst zu tun hat. Nicht, dass diese Diskurse sinnlos wären, sondern Gott selbst scheint mit der Frage des unschuldigen Leidens zu ringen. Nach Capps scheint Gott zu sagen, er verstehe, dass unser Leiden schrecklich ist, und er erlaube uns, unsere eigene Hoffnungslosigkeit zu fühlen und auszudrücken. Wenn ich die Seiten mit Hiobs Herzensschrei lese, scheint mir, als wolle Gott sagen: »Mach weiter, Hiob. Ich höre zu. Ich bin da.« Hiobs wiederholte Frage ist: »Warum ich? Was habe ich getan, dass du mich wie ein Jäger verfolgst?« Als Gott schließlich redet, werden keine der Fragen Hiobs beantwortet. Gott beginnt, mit seinem im Schmerz verbundenen Freund spazieren zu gehen. Er weist ihn auf die Schönheit der Schöpfung hin und erklärt ihm, dass dadurch, dass der Tod in die Schöpfung eindrang, diese durcheinander kam, und dass der Tod, den er verabscheue, zu einem Glied in der Nahrungskette wurde. Dann fordert Gott Hiob mit diesem Problem heraus. Hat er etwa eine Antwort auf den Hunger der jungen Löwen oder dem der Raubvögel; versteht er, dass es unschuldige Opfer geben muss, um jene zu sättigen?[6]

Sprach- und fassungslos erkannte Hiob, dass sich die Puzzleteile auf einmal zusammenfügten. Er kannte die Geschichte von Adam und Eva, wie das Leiden in die Welt kam, und dass das Böse die Ursache für den Verlust des Paradieses war. Aber Hiob kannte auch die Verheißung des letztendlichen Sieges, als Gott Satans endgültiges Schicksal ankündigte: »Der Nachkomme dieses Weibes soll dir den Kopf zertreten und du wirst ihn in die Ferse stechen« (1. Mo. 3,15). Adam und Eva standen genau zu diesem Zeitpunkt der Tatsache gegenüber, dass durch ihre Sünde andere würden leiden müssen. Damals hatte das Warten auf den Verheißenen begonnen. Die Realität unschuldigen Leidens wird lebhaft illustriert, als Gott einige unschuldige Tiere tötet, um Adam und Eva zu kleiden und ihre Scham zu bedecken. Dann wird der unschuldige Abel von Kain getötet. Das Böse scheint zu regieren, aber der letzte Sieg ist verheißen. Gottes Argumente über das Leiden scheinen Hiob zufrieden zu stellen. Traditionelle Übersetzungen des Hebräischen geben Hiobs Schlusssatz der Heldengeschichte mit »Ich verwerfe und bereue in Staub und Asche« (Hiob 42,6) wieder. Capps bemerkt jedoch, dass Hiob schon *in* Staub und Asche war. Dies veranlasst ihn, eine alternative Übersetzung zu bedenken, die er für linguistisch korrekt hält und die auch der Auslegung dieser letzten Zeilen von Hiob mehr Sinn gibt: »Vom Hörensagen hatte ich von dir gehört, jetzt aber hat mein Auge dich gesehen. Darum verachte ich mich selbst und tue Buße *von* Staub und Asche.«[7] Aus der Antwort Gottes entnimmt Hiob, dass es keinen Grund dafür gab, in Staub und Asche zu gehen! Hiob versteht jetzt, dass es unschuldige Menschen gibt, die leiden. Durch den Sündenfall kam ein grundsätzlicher Defekt in die Schöpfung hinein. Das war nicht Gottes Wille, aber seine Spielregeln konnten nicht mehr geändert werden. Seine eigenen Regeln schränkten ihn ein.

Gottes Anordnung: ein eingeschränkter Gebrauch von Macht

Gott gab der Menschheit das Prinzip der Autorität als ein Geschenk der Schöpfung.[8] Als der Mensch in Sünde fiel, wurde auch die Autorität mit Sünde verunreinigt. Aus dienender Leiterschaft wurde selbstherrliche Tyrannei. Mächtige Herrscher und deren Untertanen entdeckten, dass Missbrauch von Macht destruktiv war. So wussten sie schon zu Daniels Zeiten, dass ein Land nicht lange bestehen bleiben kann, wenn die Gesetze ständig geändert werden! Der absolute König musste im Gebrauch seiner Macht eingeschränkt werden, ohne seine »absolute Stellung« zu verlieren. Ich glaube, dass die Herrscher der Meder und Perser, in einem Versuch, Gerechtigkeit und Stabilität in der Gesetzgebung zu verankern, irgendwie ein Blatt aus Gottes Gesetzbuch nahmen. Es gab einige sehr spezielle Gesetze, die ein Herrscher aufstellen konnte, die aber dann unwiderruflich waren. Damit wurde der mächtige Herrscher zum Gegenstand seiner eigenen Gesetze. Und so konnte es geschehen, dass der mächtige König keine Möglichkeit hatte, zu verhindern, dass ein guter Mensch wie Daniel in die Löwengrube geworfen wurde.[9] Diese Geschichte verdeutlicht das Problem, dem Gott gegenübersteht. Er setzte bestimmte Prinzipien für Autorität und Macht ein. Das in Satan und den Dämonen personifizierte Böse ist noch immer da. Die Menschheit leidet auf Grund eines fatalen Fehlers, eines grundlegenden Defekts; das Böse hat auch die Menschheit infiziert. Eines der fundamentalen Prinzipien von Gottes Gesetzen ist, dass jede Person für ihr eigenes Handeln verantwortlich ist.[10] Jeder hat die Freiheit, Entscheidungen zu fällen. Eine Folge dieser Freiheit ist, dass man Fehlentscheidungen treffen kann, wodurch unschuldige Menschen leiden.

Trunkenheit am Steuer kann einem zwar vergeben werden, aber man muss für den Rest seines Lebens mit den tragischen Konsequenzen des daraus resultierenden Unfalls leben. Das Böse verletzt unschuldige Menschen. Eine Welt ohne unschuldiges Leiden wäre eine Welt, in der jeder tut, was Recht ist, weil es einen Automatismus gibt, der dafür sorgt, dass man sich richtig verhält.

Als Gott die Welt erschuf, war Satan schon gefallen. Der Schöpfer muss gewusst haben, dass er ein Risiko einging, als er Adam und Eva schuf; auch sie konnten fallen. Er stellte die Spielregeln auf und verlor scheinbar, als Adam und Eva nicht gehorchten. Gott hatte sich entschlossen, die Spielregeln einzuhalten, und sandte Jesus, den höchsten Ausdruck seiner Liebe. Er sollte sich an dieselben Spielregeln halten und unter ihnen leiden. Deshalb litt Jesus unschuldigerweise und starb am Kreuz. Die Schlange stach in die Ferse des Nachkommens, aber er zerschmetterte ihren Kopf. Jesus beschämte die Mächte des Bösen.[11] Licht ist stärker als Dunkelheit; am Ende wird das Gute das Böse überwinden. Er stand von den Toten auf, um den Kampf zu Ende zu bringen. Ein treffender Vergleich ist die Invasion auf den europäischen

Kontinent im Juni 1944. Am D-Day (dem Tag der Invasion in der Normandie durch die Alliierten; Anm. d. Ü.) wurde das Rückgrat des Dritten Reichs gebrochen. Aber bis zum VE-Day (Tag des Sieges der Alliierten in Europa; Anm. d. Ü.) dauerte es noch elf Monate. Zwischen D-Day und VE-Day starben mehr Soldaten als in all den Jahren davor.[12] Aus diesem Grund ermutigt uns Jesus zu evangelisieren. Der entscheidende Sieg ist errungen, aber es werden noch viele verletzt werden, bevor der Krieg vorbei ist.

Gottes Schwäche

Die Griechen hatten Probleme damit, dass Paulus ihnen einen gekreuzigten Gott vorstellte.[13] Ihre Suche galt eher einer Art »Rambo«-Gott. Sie konnten die Botschaft von Paulus nicht begreifen, das oberste Ziel sei weder ein mit unübertroffener Weisheit vorgetragener Redefluss voller Logik noch Heilungen, mächtige Erscheinungen oder diverse Wunder. Nein, das größte aller Wunder sei Gottes Gnade, selbst zu kommen, da zu erscheinen, wo wir sind. Paradoxerweise erlebten genau die Juden und Griechen, die auf die Botschaft vom gekreuzigten Christus eingingen, Auferstehungskraft; eine Erfüllung mit dem Geist Gottes, zu der auch eine Erfüllung mit Kraft und Weisheit gehörte. Warum also diese Betonung der Schwäche, warum diese ganze Aufmerksamkeit auf die scheinbare Niederlage am Kreuz? Gott weiß, dass Macht missbraucht werden wird, dass »mächtige Leute« mehr Macht wollen und mehr Menschen missbrauchen werden! Gott weiß, dass Religion so manipuliert werden kann, dass sie Menschen entsprechend den Wünschen dieser Manipulatoren wirkungsvoll kontrolliert. Stellt man jedoch die Botschaft vom Kreuz in den Mittelpunkt, lässt dies die Möglichkeit offen, dass Macht zum Wohle anderer verwendet wird! Während die Religiosität auch ohne das Kreuz weiter existieren kann, bleibt das Kreuz selbst ein Stolperstein für machthungrige, missbrauchende Leiter.[14] Wollen wir Überlebenden eines Missbrauchs helfen, insbesondere denen, die in einem religiösen Umfeld missbraucht wurden, dann müssen wir diese scheinbare »Schwäche« Gottes verstehen.

Gott in unserer Schwäche

Der Gedanke der Schwäche Gottes war nicht nur für diejenigen, die der Apostel Paulus zu erreichen versuchte, ein Stolperstein. Er widerspricht auch westlichen Ansichten, wer Gott ist oder sein sollte. Helfer, die über einen guten Gott, dessen Macht und Fürsorge reden, werden sich damit auseinander setzen müssen. Ein jüdischer Freund, der dieses Manuskript las, schrieb an den Rand: »Gott zu loben, ohne nach Auschwitz zu fragen, ist religiöse Heuchelei.«

Die Bibel zeigt, dass das Leiden Unschuldiger einen tiefen Schmerz im Herzen Gottes bewirkt. Er streckt sich mit Gnade, mit bedingungsloser Liebe nach uns aus. Wie bei Hiob geht der eigentliche Kampf darum, wie wir darauf antworten. Reagieren wir wie ein Schoßhund seinem Herrn gegenüber oder können wir die Ebene von Gottes bedingungsloser Liebe erreichen, ein Maß an Liebe, das Satan dem Hiob nicht zugetraut hat?

Für unser Ringen, was das Leiden und die bedingungslose Liebe angeht, stattet uns Gott mit einigen speziellen Werkzeugen aus. Gott ist seinem Wesen nach Liebe.[15] Er verspricht uns, sein eigenes Leben und seine Liebe durch den Heiligen Geist in unsere Herzen auszugießen.[16] Das ist für mich die Bestätigung, dass wir Liebe nicht selbst »machen« müssen, sondern dass die Liebe, die Gott gibt, voller Kraft ist.

Der Preis der Macht

Im Gefängnis und in Bedrängnis, so dass sich selbst ehemalige Mitarbeiter fragten, welche Sünde Paulus wohl begangen habe, dass Gott ihn nicht befreite, wie er es bei Petrus getan hatte, schreibt Paulus die unvergänglichen Worte: »Ich möchte Christus erkennen und die Kraft seiner Auferstehung und die Gemeinschaft seiner Leiden, indem ich seinem Tod gleich gestaltet werde, damit ich gelangen möge zur Auferstehung von den Toten« (Phil. 3,10–11).

Selbst nach allen Heilungen, die wir erfahren, und nach allen Segnungen, die wir empfangen können, gibt es immer noch den einen Freund, der mit einer kaputten Welt mit leidet. Als seine Freunde sind wir dazu eingeladen, mit einem leidenden Gott in Berührung zu sein. Dann werden wir mit einer ewigen Kraftquelle verbunden. Als ich versuchte, diese Einladung anzunehmen, wurde ein verborgener Widerstand dem Leiden gegenüber schwächer. Gleichzeitig wurde auch ein Schmerz über meine eigene missbrauchte Vergangenheit, der lange Jahre verborgen geblieben war, geweckt.

Aber was ist mit dem Gebet?

Laurie, eine 18-Jährige, erzählte mir unter Tränen, sie habe gebetet: »Mach, dass Papa aufhört, mir dies anzutun.« Aber der Missbrauch ist immer weitergegangen. Herausfordernd und mit brennenden Augen fügte sie hinzu: »Warum hat er mein Gebet nicht erhört?« Ich war sprachlos. Auch nur der Wunsch, eine Antwort zu versuchen, löste sich in Luft auf. Schließlich, mit neuer Lebenskraft, als ob eine große Last von ihr genommen worden wäre, durchbrach sie die Stille, dankte mir einfach dafür, dass ich »da war« und ging.

Dr. Helen Roseveare hatte als Missionarin in Afrika miterlebt, wie bei einem Umsturz Missionare in die Hände von Rebellen fielen. In einem Fernsehprogramm erzählte sie uns, sie sei vergewaltigt worden und habe gebetet, es sei aber trotzdem immer weitergegangen. Zur selben Zeit habe sie das seltsame Bewusstsein gehabt, dass Gott bei ihr war und sie in der Tortur nicht allein ließ. Sie erzählte auch, dass sie viele Monate brauchte, um sich zu erholen, zu weinen, zu trauern, zornig zu sein und wiederhergestellt zu werden.

Macht Gebet überhaupt einen Sinn? Da ich selbst mit dieser Frage ringe, hatte ich zunächst überlegt, dieses ganze Kapitel auszulassen. Dann wurde mir klar, dass es genau dieses Ringen ist, mit dem wir als Seelsorger konfrontiert werden und das zur Theologie des Leidens gehört. Vielleicht wird eine Zeit kommen, in der ich meine Antworten etwas verständlicher und genauer darlegen kann. Zum jetzigen Zeitpunkt werde ich mit folgender Antwort an die Lauries dieser Welt zufrieden sein müssen:

> Jesus betete in Gethsemane: »Ist es möglich, so lass diesen Kelch an mir vorübergehen«, aber auch: »Dein Wille geschehe.« Auf dieselbe Weise können wir in den Zeiten unserer Trübsal beten. Gott hat die Macht, aber er hat auch einen Plan. Ich vergleiche diesen Plan gerne mit Zwiebelschalen. Es gibt eine Hierarchie in den Plänen, den Wünschen Gottes, dem »Baumeister«. Einer davon ist das schon erwähnte Prinzip, dass unschuldige Menschen leiden, weil die Sünde in die Welt hineingekommen ist.

Gebet wirkt sich tatsächlich auf Umstände aus. In Thailand war ich zweimal in Todesgefahr, als Gebetspartner in den Niederlanden (wo es zu diesem Zeitpunkt Nacht war) mit folgenden Worten aufwachten: »Steh auf und bete, Teos Leben ist in Gefahr.« Beide Male erlebte ich wirklich übernatürliche Hilfe, einmal sogar durch eine Erscheinung von Engeln, die uns schützten. Es gab andere Zeiten, als etwas schief ging, von denen ich nur sagen kann, dass wir beteten und nichts passierte, aber dass Gott in unsere Situation hineinkam. Manchmal nur als ruhiger Wind. Zu anderen Zeiten, insbesondere wenn ich emotional verletzt war und Schmerzen hatte, durch Freunde, die mir freiwillig zur Seite standen.

Leiden und Kinder

Der Zusammenhang zwischen Gebet und einer Theologie des Leidens scheint deshalb in den Worten Jesu »Dein Wille geschehe« enthalten zu sein. Wie erklärt man dies aber einem Kind? Wie antworten wir auf Jeffrey Burton Russells Herausforderung: »Keine Antwort ist glaubwürdig, die nicht angesichts sterbender Kinder gegeben werden kann?«

Ich möchte mich nicht zu Gottes Anwalt machen, sondern ihn lieber für sich selbst sprechen lassen. Die Bibel sagt, dass Engel das Gesicht des Vaters beobachten. Ich nehme an, um Anweisungen zu erhalten, was sie tun sollen, wenn Kinder missbraucht werden.[17] Ich kann nicht erklären, was das bedeutet. Hat der enorme Wille zu überleben mehr mit göttlicher Vollmacht zu tun als mit einem starken Charakter? Ist die Art, in der Kinder dissoziieren, ein Teil dieser Gabe des Überlebens? Ist eine andere, übernatürliche Realität vielleicht die Inspiration oder sogar die Wurzel ihrer »Ausflüchte in schöne Fantasien«? Eine Überlebende, die, als der Missbrauch begann, das Gefühl hatte, von Engeln an einen sicheren Ort getragen zu werden, erzählte mir, sie habe mit Gott darum gerungen, nach dem Ende des Missbrauchs nicht wieder in ihren Körper zurückgehen zu müssen. Sie habe Gott gebeten, bei ihm bleiben zu dürfen. Noch heute, als reifer Christ, sei dies ein wunder Punkt zwischen ihr und Gott. Auf der Grundlage der Freiheit Hiobs, seinen Schmerz und seine Fragen herauszulassen, ermutigte ich sie, mit Gott ehrlich darüber zu sprechen. Während ich sehen kann, dass sie für andere Missbrauchte eine große Hilfe ist, bleibt es für sie selbst noch immer eine ungelöste Frage.

Gottes Gegenwart und unsere unvollständige Theologie des Leidens

Jede Theologie des Leidens wird unvollständig bleiben müssen. Für mich gehört die Vorstellung, dass Gott weint, zu dieser »Schwäche« Gottes dazu; dass er der Menschheit noch immer Rettung bringen möchte, wie er es Tausende von Jahren zuvor getan hat. Die Bibel beteuert die Möglichkeit einer besonderen Manifestation von Gottes Gegenwart in unserer Notsituation.[18] Weiter oben sprach ich schon darüber, dass Maranatha, die Erwartung von Gottes Gegenwart, für mich zu einem theologischen Anker inmitten der vielen emotionalen Stürme, die ein Dienst an Missbrauchten erzeugt, geworden ist. Auch in meiner unvollständigen Theologie des Leidens wurde Maranatha zu einem Fixpunkt. Der Bezug zum Leiden wurde durch dessen liturgischen Gebrauch im Heiligen Abendmahl verstärkt. Beim Nachsinnen über das Leiden Christi sagt der Priester: »Komm, o Herr.« Dann, mit den Elementen der Kommunion in der Hand, wendet er sich der Gemeinde zu und ruft aus: »Der Herr ist gekommen: Maranatha.«

Das Maranatha-Gebet hat sich in der Seelsorge an Missbrauchten von besonderem Wert erwiesen. Jesus wird durch Sakramente, durch Lehre, durch persönliches Gebet, Gebet in der Gruppe oder bei einem Spaziergang allein in der Schönheit der Natur als das Wort offenbar.

Auch die Wiederkunft des Herrn, die Parusie, kann eine Ermutigung sein. Überlebende eines Missbrauchs haben oft mit einem Rachebedürfnis zu kämpfen. Ich denke, dass dies eine natürliche Reaktion ist, die uns nicht allzu sehr verunsichern sollte. Die »Rachepsalmen« von König David sind sehr wortgewaltig! Stehen wir dem Bedürfnis nach Rache gegenüber, gibt uns die Bibel eine interessante Antwort: Gib die Sache an Gott ab. Er kann besser Vergeltung üben, als uns dies jemals möglich wäre. Das hilft uns, nicht im Morast der Bitterkeit zu versinken. Auch befreit es Opfer eines Missbrauchs von dem falschen Verantwortungsgefühl in Bezug auf ihre Peiniger, was häufig der Fall ist. Mit der Zeit werden sie wohl akzeptieren können, dass auch ein Täter Gottes Rache entkommen kann, wenn er seine Gnade annimmt und als Folge davon Buße tut und die Verantwortung für sein Handeln übernimmt.

Aber es macht doch keinen Sinn

Bei einem großen Teil des Leidens, dem ich begegne, fällt es mir schwer, einen Sinn darin zu sehen. Philip Yancey[19] war mir in diesem Punkt mit seinen Beobachtungen eine Hilfe. Leiden und Schmerz geben uns die Möglichkeit, unsere Beziehung zu Gott neu zu überdenken, und ermöglichen uns, eine noch tiefere Beziehung zu suchen. Unter dieser Prämisse wird die Last des sinnlosen Leidens (etwas) leichter.

Die Leidenden hegen oft vage Zweifel in Bezug auf ihre Verantwortung für das, was ihnen widerfuhr. Hiob mag ja unschuldig gelitten haben, aber diese Menschen fragen sich: »Leide ich, weil ich gesündigt habe?« Die meisten von uns werden sich wohl nicht allzu schnell mit dem gerechten Hiob vergleichen wollen. Der realistische Gläubige wird sicher ohne Schwierigkeiten manchen Grund finden, weshalb er gerichtet wird! Aber die Geschichte von Hiob lehrt uns, dass unsere erste Frage nicht: »Habe ich gesündigt?«, sein sollte, sondern: »Liebst du mich trotzdem?« Nur wenn wir auf diese Liebesfrage positiv antworten können, befinden wir uns in der richtigen »Liebesumgebung«, in der wir mögliche Vorwürfe über unseren Lebensstil, über falsches Handeln oder offensichtliche Sünden auch hören können. Der Apostel Paulus weigert sich, an ihn gerichtete Vorwürfe anzunehmen, wenn eine solche Manifestation der Gegenwart Gottes fehlt.[20] Die richtigen Worte plus seine Gegenwart können Leben bringen.[21] Deshalb ist, auch wenn wir Sünde als eine mögliche Ursache für unsere Probleme vermuten,[22] Gottes erste Frage: »Liebst du mich trotzdem?«

Manche Menschen verlieren ihren Glauben, während sie nach Antworten auf das Leiden suchen. Meiner nahm dagegen zu, da ein persönlicher Gott in meine Welt hineinkam. Immer wieder erlebe ich es, wie er in das Leben anderer eintritt. Jesus lässt uns mit den Schwierigkeiten des Lebens nicht allein. Er ging, um mit dem Vater zu sein und um seine Macht vom Thron Gottes aus zu unserem Vorteil zu nutzen. Er kümmert sich noch immer aktiv darum, unser Wohlergehen sicherzustellen.[23] Zwischen Gut und Böse findet ein Kampf statt, ein Kampf, in dem Gott ein Handikap akzeptierte. Seine Allmacht als Schöpfer ist weit größer als die Macht Satans, der ein Geschöpf ist.

Den Glauben verlieren

Auf ihrer Suche nach Antworten kommen manche zu dem Schluss, es sei alles sinnlos, und entscheiden sich, mit dem Glauben aufzuhören. Ich habe jedoch entdeckt, dass solche Entscheidungen auf großen Missverständnissen beruhen können. Steht ein Mensch unter großem Stress, erlebt er oft einen emotionalen Rückfall in ein unreiferes Verhalten. Sie müssen sich nur daran erinnern, als Sie das letzte Mal kindisch reagiert haben! Kinder gehen mit Traumen anders um als Erwachsene. Der erwachsene Verstand und der unreife emotionale Stand können dabei miteinander ins Gehege kommen. Das kleine Kind weiß nicht, wie es die Bibel lesen soll, und es ist auch nicht daran interessiert, dies zu tun. Die Worte und Begriffe übersteigen seinen Verstand. Der reife Verstand fühlt sich schuldig und sieht dies oft als Zeichen geistlicher Verschlechterung. Hier kann ein geistlicher Coach eine Unterstützung sein, jemand der eine Pflegeelternschaft übernimmt, der für das Kind glaubt und betet. Durch eine gute Seelsorge und indem man das, was geschieht, reflektiert, kann der Stress nachlassen. Dann stelle ich oft fest, dass der Glaube wieder wächst. Das Verschieben des Gerichts kann so zu einer Zeit der Wiederherstellung und Besinnung führen.

Nicht nur Überlebende eines Missbrauchs können mit einem Gefühl, den Glauben zu verlieren, ringen. Seelsorger an Missbrauchten können mit derselben Frage konfrontiert sein. Einer Lawine von Missbrauchten, die nach Hilfe suchen, ausgesetzt zu sein, brachte mich zu einem Punkt, wo ich zuerst dachte, es sei der Anfang eines Burn-out. Das Lesen der Bibel zu meiner persönlichen Erbauung wurde immer schwieriger, obwohl es mir leicht fiel, eine Predigt oder etwas Ähnliches vorzubereiten. Eines Tages dämmerte mir dann, dass meine Andachtszeit auf ein göttliches Fasten gesetzt war. Mir schien, als wolle Gott kindische Vorstellungen von ihm beseitigen, weshalb er eine Leere erzeugte, die er mit reiferen Einsichten füllen konnte.

Gott interessiert sich für missbrauchte Menschen. Das Thema des nächsten Kapitels ist, wie dieses Interesse zum Ausdruck kommt.

Anmerkungen

[1] Wie es von Lance Morrow in einem Aufsatz über das Böse in *Time* (10. Juni 1991, S. 41) zitiert wurde.
[2] Gerard W. Hughes (1985)
[3] Yancey, S. 9. »Nach einer längeren Reise durch die USA wurde der bekannte deutsche Pastor und Theologe Helmut Thielicke gefragt, was er als den größten Mangel unter den amerikanischen Christen sähe. Er erwiderte: »Sie haben eine unangemessene Sicht dem Leiden gegenüber.« War es ein kultureller blinder Fleck, dass Thielicke diesen Mangel nur erkannte, als er in den Vereinigten Staaten reiste? Wie sieht es mit der Realität in Europa aus?
[4] Unsere romantische Vorstellung von einem in Windeln gewickelten Baby hat auch eine weniger schöne Seite. Wie alle Kinder zu seiner Zeit war Jesus wochen- und monatelang fest eingewickelt und konnte sich nicht bewegen. Das klingt in meinen Ohren nicht besonders angenehm. Es bedeutet aber, dass sich Jesus mit allen Kindern, die frühkindliche Traumen erleiden, identifizieren kann.
[5] Donald Capps (1990)
[6] Hiob 38,39–40
[7] Capps, S. 159
[8] Rö. 13,1–5
[9] Dan. 6,6–16
[10] Siehe Hes. 18
[11] Kol. 2,15
[12] Oscar Cullman (1959)
[13] Apg. 17,32
[14] 1. Kor 1,23
[15] 1. Joh. 4,16
[16] Rö. 5,5
[17] Mt. 18,10
[18] Mt. 18,20
[19] Yancey Philip, *Where is God when it hurts,* Zondervan, 1976.
[20] 1. Kor. 4,4–5
[21] 1. Kor. 5,1–5
[22] Jes. 1,2–9
[23] Heb. 6,19.20; 7,24–25

7

Gefangene einer Kultur

Sexueller Missbrauch und repressive Kirchenstrukturen

Die Bibel berichtet über den Schöpfer und darüber, dass dieser in seiner Schöpfung noch immer am Wirken ist.[1] Durch seine Anordnungen gab er mächtige Kräfte in die Schöpfung hinein. Beispiele hierfür sind auf der einen Seite der Expansionsdrang, »die Erde zu füllen«, und auf der anderen Seite die »magnetische« Kraft, die bewirkt, dass sich Menschen zusammentun. Wird die empfindliche Balance zwischen diesen beiden Kräften gestört, entfremden sich die Menschen voneinander und werden individualistisch oder sie schließen sich in engen Gruppen zusammen. Die einen Kirchen sind wie Einkaufszentren, andere bieten die enge, stickige Atmosphäre einer »rassistischen Gruppe« oder religiösen Sekte. In vielen Menschen sind diese beiden Kräfte miteinander am Ringen: »Wie kann ich entkommen?«, und: »Wo gehöre ich hin?« Die Schöpfungskräfte, die eigentlich ein Segen sein sollten, werden zum Fluch.

Der Missbrauch von Macht hat sich als ein Wegbereiter für sexuellen Missbrauch und Inzest herausgestellt. Es ist deshalb verständlich, dass Täter sich ein soziales Umfeld aussuchen, das von Missbrauch geprägt ist. Diejenigen, die zum System gehören, entwickeln gegenüber Machtmissbrauch, einschließlich sexuellem Missbrauch und Inzest, einen blinden Fleck.

Findet bereits emotionaler und geistlicher Missbrauch statt, dann ist der Weg zum physischen und sexuellen Missbrauch nicht mehr weit.

Als ich diese dysfunktionalen Zusammenhänge verstehen lernte, wurden meine Überzeugungen in Bezug auf das kirchliche Leben gründlich erschüttert. Mir wurde klar, dass ich zuweilen selbst Teil eines solchen Umfelds gewesen war und versucht hatte, emotional oder geistlich missbrauchten Menschen zu helfen, in ihrer Situation zurechtzukommen. Ich hatte nicht erkannt, dass die Ursache der Probleme nicht nur »ein Bruder, der Macht missbraucht« war, sondern dass Missbrauch fördernde Konzepte Teil der grundlegenden Identität einer kirchlichen Gemeinschaft oder christlichen Organisation waren. Als ich mich fragte, was hinter solchen Entwicklungen stehen könnte, kam ich zu folgenden Ergebnissen:

1. Eine Sucht nach Macht

Als ich hinter die Kulissen vieler christlicher Aktivitäten blickte, entdeckte ich »religiöse Süchte« – Aktivitäten, die durch Scham, sozialen Druck, Schuldgefühle und Manipulation motiviert waren, statt durch selbstlose Liebe, »Gnade und Frieden« oder den Respekt der Persönlichkeit. Ist jemand in einem solchen System gefangen, wechselt er leicht von der Position des Opfers zu der eines Täters.

2. Das Bedürfnis nach einer »geschlossenen« Gemeinschaft

Es ist nicht einfach, von einer Dorfkultur zur Kultur einer Großstadt zu wechseln. Für manche ist die Großstadt mit ihrem Individualismus, ihrem Mangel an sozialen Bindungen und dem hektischen Lebensstil schlicht eine Überforderung.

Eine geschlossene Gruppe ist dann attraktiv, da sie intensivere und persönlichere Begegnungen bietet. Jeder kennt jeden. Einsame erkennen schnell die Vorteile. In einem Dorf sind klare und funktionierende Autoritätsstrukturen vorhanden, während man sich in der Großstadt seine Position erarbeiten muss und sie auch wieder verlieren kann. Besonders in den neuen »Freikirchen«, die zu blühen scheinen, während die eher traditionellen an Boden verlieren, ist eine solche »Dorfkultur« für manche ein Sprungbrett, schnell zu einem Teil der Machtstruktur des »Dorfes« zu werden. Dann aber beginnen die Enttäuschungen. Um dazuzugehören, muss man dem allgemeinen Standard entsprechen; tut man dies nicht, wird man zum Gegenstand des Spotts oder man wird ausgeschlossen. Dysfunktionale christliche Kirchen und Organisationen reden über Gemeinschaft, sind aber in Wirklichkeit geschlossene Gruppen, in denen leicht persönliche Grenzen verletzt werden. Es entsteht ein Klima, das echte Freundschaften verhindert. Hohe allgemeine Maßstäbe und wenig Umsetzung der entsprechenden Werte erzeugen eine innere Leere, die im Allgemeinen hinter sexuellen Süchten steht.[2] Die weit verbreiteten Berichte über einige bekannte Personen und deren Versagen sind nur ein Teil dessen, was man weiß.

Aus repressiven Strukturen ausbrechen

Wir können einem Menschen in repressiven Strukturen nicht einfach sagen, er solle daraus ausbrechen. Neue Familienbeziehungen und soziale Netze fallen nicht einfach vom Himmel. Auch wenn eine einladende Gemeinschaft noch so gute Absichten hat, Gottes Familie zu sein, ist es in der Praxis für kulturell entwurzelte Menschen schwierig, neue soziale Kontakte aufzubauen. Die Botschaft Jesu zeigt, dass es möglich ist, zuerst eine innere Freiheit zu erleben, bevor man Schritte aus einer unterdrückenden Sozialstruktur heraus unternimmt. Wir sollten hinzufügen, dass das Leben »in der Welt« auch kein Zuckerschlecken ist. Auch in der Arbeitswelt gibt es, nicht zuletzt auf Grund des Mangels an Arbeitsstellen, einen zunehmenden Missbrauch von Macht.

Das Beispiel Jesu
Auch zu Jesu Zeiten war der Missbrauch von Macht durch Leiter üblich. Schon kurz nach seiner Geburt mussten Josef und Maria in Ägypten Asyl suchen. Wie es Jesus später wohl erging, als er erfuhr, dass die Soldaten des Herodes seinetwegen Kinder hingemetzelt hatten? Nachdem sich seine Eltern in Nazareth niedergelassen hatten, wuchs Jesus in einem von den Römern beherrschten Land auf. Dreißig Jahre lang lebte er zurückgezogen. Nach einer »Bevollmächtigung« durch den Heiligen Geist verbrachte er sein Leben damit, den Unterdrückten, Kranken, Armen und Waisen zu helfen. Er hatte eine Botschaft für Menschen, die unter dem Missbrauch von Macht litten. Auch ohne soziale Freiheit konnte jeder eine innere Freiheit erfahren. Diese innere Freiheit unterhöhlte jedoch die Position der Machthaber. Der Konflikt zwischen diesen beiden Systemen brachte ihn letztlich ans Kreuz.

Das Beispiel von Nikodemus
Diese innere Befreiung hat mit der persönlichen Annahme der Botschaft des Königreichs Gottes zu tun. Nikodemus, einer der gebildeteren Leute seiner Zeit, kam eines Nachts zu Jesus. Er war einer der wenigen, von denen man weiß, dass sie ein längeres, persönliches Gespräch mit Jesus führten. Nikodemus wusste anscheinend, dass bei ihm, auch schon vor seiner Geburt, einiges schief gelaufen war. Wir wissen nicht, ob er sich auf eine Situation aus dem Leben seiner Eltern bezieht oder ob er einfach das Gefühl hatte, er sei, wie David, in Schande empfangen worden.[3] Sein Wunschgedanke stand schmerzlich im Raum: »Es gibt keine Chance für mich, wieder in den Schoß meiner Mutter zurückzukehren und einen besseren Start zu haben.« Daraufhin vermittelt ihm Jesus eine völlig neue Perspektive; eine Botschaft der Hoffnung an alle, die wissen, dass sie in Schande empfangen wurden. Jesus spricht davon, dass es ein anderes Gesetz – das des Reiches Gottes – gibt, das unsere ganze Existenz durchdringen kann, wenn wir Leben von Gott, »Leben von oben«, empfangen,

»nicht aus dem Willen des Fleisches, auch nicht aus dem Willen des Mannes, sondern aus Gott geboren«. Diese Worte an Nikodemus brachten einer Frau, die durch Inzest empfangen worden (ihr Vater war gleichzeitig ihr Großvater) und bei mir in Seelsorge war, neues Leben. Sie konnte ihre biologische Herkunft nicht leugnen, empfing aber eine Infusion göttlichen Lebens. Wenn ich miterlebe, wie »Leben von oben« in Überlebende eines Missbrauchs hineinfließt und ihrer Identität, ihrem Erbe und ihrer Zukunft eine völlig neue Perspektive gibt, komme ich mir manchmal wie eine Hebamme vor.

Die Botschaft des Apostels Paulus in einer Zeit des politischen und religiösen Machtmissbrauchs

Auch Paulus betonte die Wichtigkeit der innerer Freiheit – einer Gesellschaft gegenüber, in der Sklaverei sozial so normal war, wie heutzutage hohe Schulden jemand praktisch zu einem Sklaven der Banken machen. Die Botschaft Jesu und die Kraft des Heiligen Geistes bewirkten individuelle Veränderungen – sogar bei Kinderschändern.[4] Gleichzeitig war die Lehre von Paulus auch auf strukturelle Veränderungen ausgelegt. Er bekämpfte die versklavenden Taktiken jener Christen, die darauf bestanden, dass Nichtjuden auch kulturell zu Juden gemacht werden müssten, um gerettet zu werden. Seine Lehre, dass innere Freiheit trotz sozialer Sklaverei möglich ist, war sein gewaltfreier Ansatz, die ideologischen Fundamente der Systeme des Machtmissbrauchs zu zerstören.

Religiöser Machtmissbrauch in der heutigen Zeit

Unsere Vorstellungen von Jesus sind in der Sprache, Kultur und Subkultur unserer jeweiligen Welt verankert. Patriarchalische Aspekte der westlichen Kultur, wie z. B. eine Geringschätzung von Frauen und Kindern (vor allem Mädchen), übten auch auf das frühe Christentum einen starken Einfluss aus.

Obwohl das Evangelium den Weg vom Machtmissbrauch zur Freiheit weist, gibt es noch immer dysfunktionale christliche Familien, Organisationen und Gemeinden. Ein Grund dafür ist das kulturelle Bedürfnis, in die zuvor erwähnten, alten Beziehungsmuster des Dorfes zurückzufallen. Ein weiterer Faktor ist, dass Veränderung nicht automatisch kommt. Das Evangelium muss eine Kultur durchdringen, bevor es diese von innen her reinigen kann. Wenn es sexuellen Missbrauch innerhalb der Kirche gibt, bedeutet dies, dass das Evangelium in den Werten und Strukturen unserer Kultur nicht genügend Wurzeln geschlagen hat.[5]

Praktische Schritte in die Freiheit

Wenn Ratsuchende selbst Probleme mit der von Missbrauch geprägten Kultur einer Kirche bekommen, können wir versuchen, ihnen zu erklären, wie Jesus zu seiner Zeit damit umging. Es ist nicht weise, ihnen zu raten, ihre Gemeindezugehörigkeit aufzugeben. Falls nötig, können wir ihnen empfehlen, vorübergehend einen »Zufluchtsort« in einer anderen Gemeinde zu suchen, um stärker zu werden, bevor sie zu einer endgültigen Entscheidung darüber kommen, wo ihr Platz ist, d. h. ob sie mit ihrer inneren Freiheit in einem dysfunktionalen System bleiben oder ob sie die Freiheit haben, ein solches System zu verlassen. Im letzteren Fall ist dann eine Beratung bezüglich der Muster des Missbrauchs besonders wichtig, da Menschen, die eine repressive Struktur verlassen, oft in eine andere, ähnliche Struktur hineingeraten.

Persönlicher Sieg über eine dysfunktionale Kultur

Die vielen Geschichten, die mir Inzest-Überlebende erzählten, schufen in mir einen neuen Respekt vor der menschlichen Willenskraft. Auf die eine oder andere Art und oft ohne die Hilfe anderer Menschen haben viele einen sich von der dysfunktionalen, verdrehten Welt ihrer Vergangenheit unterscheidenden Lebensstil gewählt. Seelsorger sollten diese persönlichen Siege wahrnehmen und dürfen nicht davon ausgehen, dass auf Grund einer von Missbrauch geprägten Vergangenheit automatisch noch viele Probleme vorhanden sind. Als Seelsorger benötigen wir den Glauben, dass das Evangelium auch in einer Kultur des Missbrauchs Wurzeln schlagen und wachsen kann. Eine Voraussetzung dafür ist, dass wir als Teil der Vorbereitung eine persönliche Erneuerung erfahren haben.

Seelsorgerliche Ausbildung für die Arbeit in der Kultur des Missbrauchs

Um Menschen aus einer Kultur des Missbrauchs effektiv ansprechen zu können, ist mehr als nur eine Ausbildung und Glaube nötig. Die eigenen Werte in Bezug auf Schwache, Frauen, Macht und Dienen bedürfen einer Reformation. Einschlägige »Fachliteratur« über Mission wird plötzlich sehr zeitgemäß. Ein guter Ansatz, wie man lernen kann, in diese neue Kultur einzutreten, ist, sich einen Überlebenden als »Reisebegleiter« und Trainer zu suchen. Lassen Sie sich von dieser Person erklären, wie sie die Welt sieht. Die von mir beschriebenen kulturellen Muster können dabei helfen, die richtigen Fragen zu stellen! Nach seiner Ankunft ist die erste Aufgabe eines Missionars, herauszufinden, was Gott in den Herzen der Menschen bereits getan hat. Wie eine Perle wartet dieses Wirken Gottes darauf, entdeckt zu werden.

Verborgene Perlen in der Kultur der Missbrauchten

Um die Prämisse zu prüfen, dass jede Kultur, auch die Inzestkultur, »Perlen« enthält, möchte ich Sie einladen, mich auf einer Entdeckungsreise zu begleiten. Für die Therapie sexuell Missbrauchter ist es sehr wertvoll, die Perlen ihrer Kultur ausfindig zu machen. Wir können Schätze in ihrem Überlebenswillen, den dysfunktionalen Beziehungen, der traumatischen Sexualisierung, im Verrat, in der Hilflosigkeit sowie der Stigmatisierung finden! Diese Erkenntnis kann jemand zu einer ganz neuen Sicht in Bezug auf den Sinn seines Lebens verhelfen.

1. Der Wille zu überleben

In einem Opfer begegnen wir gleichzeitig auch einem Überlebenden. Entdecken wir, welche Stärken ein solcher Mensch entwickelt hat, können wir seinen Überlebenswillen nutzen, um Methoden der Beratung zu entwickeln, die sich auf eine solche innere Stärke beziehen. Wir sollten deshalb die Tatsache bewundern, dass er überhaupt noch lebt. Dies lenkt die Aufmerksamkeit von der Vergangenheit auf die Gegenwart und auf das Wirken Gottes in seinem Leben heute.

Der Wille zu überleben kann sich in einen Wunsch zu sterben wandeln. Häufig stelle ich fest, dass sich Überlebende sehr danach sehnen, ein normales und erfülltes Leben zu führen. Dies scheint jedoch außer Reichweite zu sein, so dass sich die Sehnsucht nach Leben in einen Wunsch zu sterben verwandelt. Um die Perle des Lebens entdecken zu können, müssen wir deshalb darauf vorbereitet sein, der Frage des Selbstmords fest ins Auge zu sehen. Hier spielen mehrere Faktoren eine Rolle, von denen ich drei erwähnen möchte:

a) Sexueller Missbrauch ist emotionaler Mord

Ein etwa acht Jahre alter Junge saß an einem Ufer und blickte konzentriert auf seine Angelrute. Ein älterer Mann setzte sich neben ihn und bot ihm Süßigkeiten an. Der Junge lächelte und schaute wieder auf seine Rute. Der ältere Mann begann, mit ihm zu reden, wurde immer freundlicher und streichelte ihn zärtlich. »Zu jener Zeit war mein Vater oft verreist. Ich mochte seine Aufmerksamkeit.« Dann wurde das Streicheln sexuell erregend. Als er in die Augen des Mannes sah, erschrak er zu Tode. »Ich habe nicht vergessen, wie er mich anstarrte. In seinen Augen sah ich Mord. Ich spürte, er könnte mich umbringen.« Diese »Begegnung mit dem Tod« ist für Überlebende eines Missbrauchs nicht ungewöhnlich. Auch die Bibel verbindet Perversion mit dem Tod.[6] Es überrascht nicht, dass das Gesetz (der Bibel) die Todesstrafe verlangte, wenn ein Sexualtäter gefasst wurde.

b) Sexueller Missbrauch durch Eltern ist Selbstmord der Elternschaft

Wenn Eltern sexuellen Kontakt mit ihren Kindern aufnehmen, findet ein grundlegender Rollentausch statt. Sie werden von Eltern zu illegalen Liebhabern. Nachdem mir zahllose Inzestopfer berichtet hatten, sie würden sich wie Waisen vorkommen, wurde mir klar, dass sie tatsächlich Recht hatten. Die Elternschaft stirbt; ein Opfer wird in diesem Augenblick praktisch zu einem Waisen.

Diese Einsicht war für jene, die mit dem biblischen Gebot »Ehre Vater und Mutter« ringen, eine Hilfe. Für sie ist es erleichternd, zu wissen, dass es möglich ist, dass ein sexuell missbrauchtes Kind die Eltern vor dem Missbrauch geehrt hat. Nach dem Missbrauch verlor der entsprechende Elternteil seinen Titel und wurde ein Fremder, ein Herr oder eine Frau X, eine unbekannte Person. »Selbstmord der Elternschaft« klingt schrecklich, aber das ist es! Paradoxerweise enthält diese Einsicht jedoch auch eine Hoffnung. Das Evangelium lehrt uns den Glauben an die »Auferstehung von den Toten«. Es kommt gelegentlich vor, dass Überlebende persönliche Beziehungen wiederherstellen können, sogar die Eltern-Kind-Beziehung. Dies ist jedoch ein fast so großes Wunder wie die Auferstehung Jesu selbst! Ich kenne einige Fälle dieser Art. Aber noch fühlen sich die Betroffenen nicht in der Lage, öffentlich darüber zu reden. Wir brauchen dringend mehr von diesen Geschichten der Hoffnung.

Ist der Täter ein Gemeindeleiter oder Pastor, kann dies für das Opfer auch bedeuten, dass Gott »stirbt« oder »getötet werden sollte«. Die Tatsache, dass wir als Seelsorger Gott »repräsentieren«, ermöglicht einem Opfer, den tiefen Schrei »Wo war Gott, als ich um Hilfe bat?« zuzulassen bzw. seinen immer noch vorhandenen Unglauben mitzuteilen. Diese Schmerzausbrüche bringen die Distanz zwischen dem Überlebenden und Gott deutlicher zum Vorschein. Wie ich bereits erklärte, sollten wir als Helfer nicht versuchen, Gott zu verteidigen. Er braucht keinen Anwalt. Er kann für sich selbst sprechen, sobald jemand bereit ist, zu hören! Wir sollen einfach nur da sein und zuhören. Ist es an der Zeit, ein paar Worte zu sagen, frage ich manchmal: »Darf ich für Sie glauben? Ist es in Ordnung, wenn ich mit Gott über Sie rede, da Sie sich noch nicht in der Lage fühlen, ihm jetzt schon zu begegnen?« Die Einwilligung dazu gibt uns dann die Möglichkeit, still zu beten oder, falls möglich, ein kurzes, lautes Gebet zu sprechen, wie z. B.: »Gott, dieser Mensch will anders leben; sie (bzw. er) möchte echtes Leben haben!« Manche müssen wir sogar ermutigen, zu entdecken, dass es Leben vor dem Tod gibt! Dieses Bewusstsein, dass ich »Gottes Barmherzigkeit repräsentieren« kann, half mir, jemandem positiv zu begegnen, der mich vor kurzem um Hilfe bat und sagte: »Ich hatte Gott bereits abgeschrieben; aber wenn seine Leute so sind wie du, werde ich ihm noch eine Chance geben.«

c) Selbstmord als ein Verlangen, den Täter umzubringen

Viele Überlebende erzählen mir: »... aber ich habe das Gefühl, dass er noch immer in mir ist.« Der Drang, den Täter zu zerstören, kann sich so in eine Selbstzerstörung verwandeln.

Falls die Selbstmordabsichten nicht nachlassen, sollten Laienseelsorger zumindest den Rat eines Fachmanns einholen. Manchmal verweise ich auf die Tatsache, dass der Täter ja bereits ein emotionaler Mörder ist. »Möchten Sie, dass er auch noch Ihren physischen Tod verursacht? Wäre es nicht eine Erleichterung für ihn, wenn man ihn nicht mehr anklagen könnte?« Lässt sich ein solcher Todeswunsch nicht ändern, sollte man am besten den Hausarzt des Überlebenden oder die örtlichen Sozialbehörden um Hilfe bitten.

Auch solche, denen es jahrelang gut ging, können gerade dann, wenn endlich eine Veränderung in Sicht ist, die Hoffnung verlieren. Sie stehen dann in der Gefahr »in Sichtweite des Hafens zu sinken«. Damit meine ich, dass auf Grund der nun angebotenen Hilfe ihr Kampfgeist nachlassen kann. Der Überlebende kommt plötzlich nicht mehr weiter und die Gefahr von Selbstmordgefühlen erhöht sich. Es ist deshalb ein vorsichtiger Ansatz nötig, der Respekt, Bewunderung sowie die Bestätigung der bereits vorhandenen Überlebenstechniken zum Inhalt hat.

2. Dysfunktionale Beziehungen

Eine andere Perle ist die Tatsache, dass viele Überlebende später im Leben von der »Opferrolle« in eine »Helferrolle« schlüpfen (s. Kap. 4). Dieser Wunsch, anderen zu helfen, lässt sich in eine gesunde Einstellung zum Leben verändern und birgt eine Hoffnung für die Zukunft in sich. Es muss aber eine grundlegende Änderung der dysfunktionalen Beziehungsmuster stattfinden, da der Versuch zu helfen sonst lediglich zu einer Wiederholung der dysfunktionalen Beziehungen der Vergangenheit wird. Leider geschieht dies in der Seelsorge allzu oft, wenn die Missbrauchten der Vergangenheit zu den missbrauchenden Helfern von heute werden. Anstatt aber die Menschen, die sich gerade von ihren dysfunktionalen Beziehungen erholen, vom Helfen abzuhalten, ist es besser, sie durch Supervision und Training zu einem besseren Stil des Helfens zu führen.[7] Diese Aussage beruht auch auf praktischen Beobachtungen: solche Leute werden auf jeden Fall versuchen, anderen zu helfen, ob wir das gut finden oder nicht. Während des Heilungsprozesses ist eine gewisse Selbstachtung von großer Bedeutung; von Gott gebraucht zu werden, dadurch, dass man trotz der eigenen Behinderung einem anderen Menschen hilft, gibt dem Leben Sinn.[8]

3. Traumatische Sexualisierung

Die Erkenntnis, dass eine traumatische Sexualisierung nicht einfach verdrehte Kindheitsfantasien sind, führte in der säkularen Beratung zu einer radikalen Änderung. Früher sprach man von einer »wertefreien« Hilfe; ethische Normen wurden nicht berücksichtigt, alles war »kulturell« und gleichwertig. Dies hat sich jedoch geändert. Es gibt nun eine Grundlage, auf der sich säkulare Helfer und Seelsorger begegnen können, d.h. es wird die Tatsache akzeptiert, dass die normale Entwicklung eines Kindes geschädigt wird, wenn es durch die Personen, von denen es sich ablösen sollte, verfrüht in sexuelle Aktivitäten verwickelt wird. Überlebende eines Missbrauchs können in einer Gesellschaft, in der immer weniger Respekt vor Grenzen, Machtmissbrauch und sexuellen Normen zu finden ist, als Wegweiser für gesunde Werte dienen.

4. Verrat

Inzest-Überlebende sehnen sich sehr nach Verlässlichkeit und Vertraulichkeit. Ihr Bedürfnis, alles, was ihnen begegnet, zu kontrollieren, kann in einen positiven Lebensstil umgemünzt werden. Wir können ihnen begegnen, indem wir sie darin bestätigen, dass Misstrauen nötig ist. Fühlen sie sich unsicher, dann arbeiten wir innerhalb dieser Grenzen.

Die Sensibilität für Verrat kann eine verstärkte Beobachtungsfähigkeit zur Folge haben. Ihre »Antennen« stehen immer auf Empfang und ihr »Radarschirm« ist permanent in Bereitschaft. Eine solche Wachsamkeit kann ein Sprungbrett für die Weiterentwicklung ihrer Analyse- und Beobachtungsgabe sein. Es stimmt ja auch, dass man nicht jedem vertrauen kann! Wir brauchen die Sensibilität dem Missbrauch von Macht gegenüber, die Überlebende besitzen. Sie ist ein guter Gradmesser dafür, ob wir wirklich dienen oder ob wir dominieren!

Die Isolation, die durch dieses Gefühl des Verrats entstehen kann, kann auch eine gute Gelegenheit sein, als Individuum eine größere Unabhängigkeit zu entwickeln. Während die zunehmende Einsamkeit ein Symptom der modernen Gesellschaft ist, können wir Überlebende darin lehren, Einsamkeit in ein »Allein-sein-mit-Gott« zu verwandeln. Das heißt, dass man im Verlauf der Seelsorge einer biblischen Form von Meditation und der persönlichen Anbetung einen zentralen Platz einräumt.

Haben Hilfesuchende »in uns« endlich jemanden gefunden, dem sie vertrauen können, so kann dadurch das Pendel in die andere Richtung ausschlagen. Sie schlucken dann alles, was wir sagen, oder werden sehr intim. Deshalb sollten auch wir wachsam sein. Wir sollten ein wenig herumalbern, falls wir feststellen, dass jemand zu schnell akzeptiert, was wir tun, sagen oder auch nur vage andeuten. Humor kann dazu beitragen, dass uns der Hilfesuchende nicht allzu ernst nimmt. Die Fähigkeit, »Nähe« zu erleben, benötigt die »Distanz«-Fähigkeit als Ausgleich. Dies ist für Laienseelsorger einer der schwierigeren Aspekte. Professionelle Berater werden in diesem Bereich gut geschult und kennen Methoden, um eine gesunde Distanz zu wahren. Für Laienseelsorger kann das Misstrauen von Überlebenden eines Missbrauchs ein ausgezeichnetes Lernfeld sein, falls sie sie ermutigen können, offen und ehrlich »Feedback« zu geben!

5. Ohnmacht

Missbraucher (Täter) wenden definitionsgemäß irgendeine Art geistlicher, emotionaler, physischer oder sozialer Macht an. Dadurch werden die Opfer leicht überwältigt. In der Vergangenheit mussten diese erleben, dass die Situation durch nichts verändert werden konnte. Dies führte zu einer erlernten Ohnmacht. In jeder Beratungssituation gibt es Zeiten, in denen man das Gefühl hat, man komme nicht weiter. Dies bietet die Chance, eine andere Reaktion auf Ohnmacht herbeizuführen: kreative Hilflosigkeit. Gott hat uns im Evangelium eine Antwort gegeben, die uns die Kraft gibt, dieses überwältigende Gefühl der Ohnmacht zu zerstören. In seiner Schwachheit kann der Hilfesuchende lernen, zu sagen: »Aber Christus ist in mir.« Die Erfüllung mit der Kraft des Heiligen

Geistes kann einen enormen Aufschwung bringen. Werden allerdings Schwachheit und Hilflosigkeit von den Ratsuchenden nicht richtig verstanden oder verachtet, stehen sie in der Gefahr, aus Angst, wieder »hilflos« zu werden, an Gottes Macht herankommen und das Ego aufbauschen zu wollen. Die Bibel zeigt uns jedoch anhand der Beispiele vieler Menschen, dass Schwachheit und Nöte real sind und dass Gott durch seine Gnade Einzelne gebrauchen kann, auch wenn diese noch schwach sind.

6. Stigmatisierung

Von einem Missbrauch herrührende Schamgefühle verstärken das Gefühl, »anders«, »gebrandmarkt« oder stigmatisiert zu sein.

Die Einzigartigkeit jedes Menschen ist ein positiver Ansatz, dem Gefühl, gebrandmarkt zu sein, das Überlebende auf Grund vergangener Ereignisse haben, zu begegnen. Statt ihnen zu erlauben, sich zu verstecken, können wir sie dahin führen, die aktuellen Begrenzungen anzunehmen und über ihre jetzige Identität zu reden; also z. B. stolz darauf zu sein, dass sie Überlebende sind. Introvertierte werden das wahrscheinlich weniger tun wollen als andere. Eine positive Annahme der Unterschiede, wie z. B. »Ich finde Auseinandersetzungen immer noch schwierig« oder »Als ich depressiv war, fing ich an, zu viel zu essen«, kann da helfen.

Weshalb Selbsthilfegruppen nötig sind

Das positive Einbringen der eigenen Vergangenheit ist insbesondere in Selbsthilfegruppen sehr wertvoll. Vor allem in Skandinavien erwarb sich ein Netzwerk von Unterstützungszentren für Inzest-Überlebende großen Respekt. Diese Zentren werden von den Überlebenden selbst geführt und bieten sofortige und kostenlose Hilfe an.

Selbsthilfegruppen bringen Menschen mit ähnlichen Erfahrungen zusammen. Deshalb besteht darüber hinaus ein Bedarf an Beziehungen, die nicht mit dem Missbrauch zusammenhängen, um das »normale« Leben entdecken zu können. Die Kirche kann und sollte ein solches Umfeld bieten. Sie hat jedoch in dem Bereich, missbrauchten Menschen zu helfen, nicht viel vorzuweisen. Die ständige Betonung auf Erneuerung sollte mehr als nur eine persönliche Erneuerung umfassen: Wir benötigen ebenso eine Erneuerung von zum Missbrauch neigenden Kirchenstrukturen und seelsorgerliche Ansätze.

Anmerkungen

1 Joh. 1,9; Apg. 17,24–28; Kol. 1,15–17
2 Mark Laaser (1992), Sandra D. Wilson (1990), Harry W. Schaumberg (1992), Charlotte Davis Kasl (1988)
3 Ps. 51 ist m. E. eine eher persönliche Aussage Davids in Bezug auf Generationen übergreifende Sünde als eine theologische Aussage.
4 1. Kor. 6, 9–11
5 Siehe Röm. 12,1–2; auch Schreitner, Robert J., *Constructing Local Theologies*, Maryknol, 1985
6 Spr. 7,27
7 Heb. 12,12. Hier wird ebenfalls bestätigt, dass Überlebende eines Missbrauchs im Rahmen einer Selbsthilfegruppe anderen helfen können.
8 2. Kor. 1,4

8

Die Kirche und die Kultur des Missbrauchs

Versagen in der Vergangenheit

Ihre Geschichte zeigt, dass Religion den Menschen sowohl zum Nutzen als auch zum Schaden werden kann. Auf der einen Seite befreite sie Menschen aus bösen Zwängen, auf der anderen Seite gingen von ihr aber auch Unterdrückung, Verfolgung und Tod aus. In manchen Fällen scheint die Kirche, die von sich behauptet, sie übersehe die Dinge, für die Realität völlig blind zu sein. Die Aufklärung als eine Gegenreaktion auf religiösen Dogmatismus entdeckte im Laufe der Zeit, dass das Kind kein Miniatur-Erwachsener, sondern eine sich in Entwicklung befindliche Person ist. Die New-Age-Bewegung betont die Notwendigkeit einer ganzheitlichen Sicht der Realität und rebelliert gegen die Trennung von Seele und Körper, was sie in vielen christlichen Zusammenhängen beobachtet. Die Feministinnen wiederum erhoben sich gegen die männliche Vorherrschaft. Sie waren auch die ersten, die den sexuellen Missbrauch an Frauen und insbesondere Inzest, den Missbrauch innerhalb der Familie, thematisierten. Dies bestätigt mich darin, dass Gott zu gewissen Zeiten auch solche Menschen beruft, die sich selbst als »Außenseiter« sehen, um seine Kinder zur Besinnung zu rufen. Die Emanzipation führte zu einem neuen Ansatz, was den Platz der Kinder in der Kirche angeht. Die New-Age-Bewegung brachte uns von neuem dazu, zu bestätigen, dass der Körper an sich nicht schlecht ist und das Drängen der Feministinnen machte die Kirche schließlich auf den sexuellen Missbrauch an Frauen aufmerksam.[1]

Versagen der Kirche in Bezug auf sexuellen Missbrauch an Kindern

Lange Zeit ignorierte die Kirche den sexuellen Missbrauch an Kindern. Noch immer hören viele kirchliche Leiter nur wid erwillig zu, wenn Überlebende nervös und unsicher die Geheimnisse über den Missbrauch in ihrer Kindheit mitzuteilen versuchen. Missbrauch wird vertuscht und Täter werden still und heimlich versetzt. Kann man da noch etwas von der Kirche erwarten? Überlebende, die ihr Schweigen brachen, standen Verleugnung, Verdächtigung und Unglauben durch. Als »Spezialisten der Erfahrung« machen sie uns mit dem Versagen säkularer und religiöser Helfer bekannt.[2]

Versagen des säkularen Systems in Bezug auf sexuellen Missbrauch an Kindern

Auch in den traditionellen Institutionen zur Hilfe verletzter Menschen wurden Inzest und Missbrauch an Kindern lange Zeit geleugnet. Oft wurden psychoanalytische Theorien über sexuelle Fantasien von Kindern gebraucht, um die seltsamen Geschichten der Überlebenden zu erklären. Das Versagen der Kirche in der Vergangenheit dafür zu benutzen, sie als glaubwürdige Möglichkeit für Heilung abzulehnen und nur säkulare Möglichkeiten der Hilfe zu fördern, wäre eine einseitige und unkluge Schlussfolgerung. An der Therapie beteiligt zu sein, ist die beste Möglichkeit, sich der Zerstörung, die sexueller Missbrauch verursacht, bewusst zu werden. Wenn wir also wollen, dass sich die Kirche ändert, müssen wir sie dazu drängen, sich zu engagieren! Aber wie?

Weshalb sich die Kirche engagieren sollte

Dass Überlebende eines Missbrauchs *tatsächlich* kirchliche Hilfe suchen, liegt teilweise daran, dass Überlebende mit einem christlichen Hintergrund der Meinung sind, für sie reiche die säkulare Hilfe allein nicht aus. Bitten solche Überlebende um seelsorgerliche Hilfe, stoßen sie oft auf Ungläubigkeit oder werden mit Aussagen wie »Du solltest vergeben!« oder »Tue Buße von deinem Zorn!« unter Druck gesetzt. Kirchliche Leiter wollen oft lieber einen Skandal vermeiden als sich auf die Seite eines Opfers stellen. Deshalb ist es kein Wunder, dass viele sich von einer solchen Kirche abwenden. Die meisten derer, die mir begegnen, sehnen sich nach geistlichen Erfahrungen, waren aber gewissermaßen gegenüber jeder Form organisierter Religion allergisch. Dies kann in der Therapie zu Problemen führen, wie mir eine Überlebende erzählte:

> Als der Therapeut damit begann, mich über mein Angewidertsein von der Kirche zu befragen, rannte er offene Türen ein. Da er mich dazu ermutigte, mich von meiner Kirche abzuwenden, verlor ich auch mein soziales Netz. Das Einzige, was mir blieb, war die Selbsthilfegruppe der Inzestopfer. Von da an traf ich Menschen nur noch aus dem einzigen Grund, dass ich eine Überlebende war. Mein ganzes Leben begann sich um diese Sache zu drehen. Ich endete da, wo ich nicht sein wollte – wieder in einer bestimmten »Ecke«. Ich wollte doch verzweifelt eine normale Person sein.

Aus dieser Geschichte lernen wir, dass Überlebende eine kultursensitive Therapie benötigen. In neuerer Zeit weisen Diskussionen mit säkularen Helfern in den Niederlanden darauf hin, dass es eine wachsende Bereitschaft gibt, Menschen innerhalb ihres kulturellen Rahmens zu helfen.

Ein Aspekt der Kirche war schon immer der, dass Menschen zusammen sind. Welche Ressourcen bietet eine Gemeinschaft für die Zurüstung der Heiligen zum Dienst? Welche »Spezialisten der Erfahrung« sind vorhanden? Die Überlebenden, die sich mit ihrer Vergangenheit auseinander gesetzt haben und nun lernen können, anderen zu helfen? Da Berufsseelsorger nur nach Terminabsprache zur Verfügung stehen, benötigen wir noch eine andere Art der Spezialisierung: fürsorgliche Menschen, die sich darauf spezialisiert haben, persönliche Unterstützung zu geben. Wir benötigen Laienseelsorger, welche die brennenden Fragen verstehen und zulassen, dass die Hilfesuchenden eine Stimme zu Gott erheben, und die darüber hinaus mit der Frage der Sinnlosigkeit des Lebens umgehen können, die viele beschäftigt, und ebenso wissen, wie man Überlebende in der Kunst, ein freies und erfülltes Lebens zu führen, unterweisen kann.

Immer wenn ich über das Engagement von Laienseelsorgern im Bereich des ernsthaften Missbrauchs spreche, stoße ich bei offiziell ausgebildeten Helfern auf Bedenken. Ihre Untersuchungen haben gezeigt, wie riesig die Nöte sind und dass viele Fehler gemacht werden können. Die Bibel lehrt uns aber, dass Gott gewöhnliche Gläubige dazu ausrüsten möchte, »Priester in dieser Welt« zu sein. Sie stellt auch ein umfassendes System des Denkens und bewährte Regeln für ethisches Verhalten zur Verfügung. Darüber hinaus gibt uns Gottes Wort die Kraft, Hoffnung und Leben zu vermitteln. Die Kirche ist auch dazu aufgerufen, isolierten Menschen zu helfen, Beziehungen aufzubauen. Das können zwar auch Gruppen für Überlebende eines Missbrauchs leisten; diese sind aber dadurch beschränkt, dass sie um eine spezielle Not kreisen. Die kirchliche Gemeinde dreht sich jedoch um eine Person. Manche Gläubige können auch ohne formale Ausbildung innerhalb ihrer Möglichkeiten und Grenzen als Spezialisten für Missbrauch arbeiten. Das gegenseitige Verstehen der jeweiligen Möglichkeiten und Grenzen erlaubt, dass Psychologen und Psychiater als Fachleute für die Therapie Missbrauchter die Fälle übernehmen, bei denen andere nicht weiterkommen.

Weshalb Therapeuten, die mit der Kirche in Beziehung stehen, für Missbrauch benötigt werden

Überlebenden zu helfen, heißt, sie zu befähigen, mit der Scham und dem Schmerz des sexuellen Missbrauchs zu leben. Ihre Nöte werden darüber hinaus oft durch gewisse Probleme allgemeiner Art verkompliziert, die sie normalerweise so lange als unbedeutend betrachten, bis die Hauptwunden des Missbrauchs zu heilen beginnen. Diese unbehandelten Probleme, die nicht mit dem Missbrauch zusammenhängen, erschweren den Heilungsprozess. Einige Folgen der Missbrauchstraumen können nicht rückgängig gemacht werden. Nach der Heilung wird einem oft schmerzlich bewusst, dass man wichtige Chancen, wie z. B. die Findung eines Lebenspartners, ein Familienleben und möglicherweise Kinder zu haben, verpasst hat.

Wir brauchen Spezialisten, welche die dunklen Gänge eines verdrehten Lebens, die emotional und auf der Ebene des Verhaltens umstrukturiert werden müssen, entlanggehen. Die Art und Weise, wie Überlebende mit dem Missbrauch umgehen, ergab zum Zeitpunkt des Missbrauchs einen Sinn. Damals benötigten sie natürlich gewisse emotionale Schmerzmittel und man kann leicht verstehen, dass sie missbrauchende Menschentypen gemieden haben. Im Heilungsprozess müssen sie jedoch neue Verhaltensmuster lernen. So, wie nicht jeder ein guter Lehrer ist, wird auch nicht jeder die Geduld und die Fähigkeit haben, den Menschen zu helfen, wieder gesund zu werden.

Da die Nöte kompliziert sind, können Helfer in die Falle der Vereinfachung geraten. Dies geschieht ganz natürlich auf Grund der Reaktion der Ratsuchenden. Wurde sexueller Missbrauch einmal als *eine* Ursache aufgezeigt, wird er schnell zu *der* Ursache. Ähnlich wie eine kranke Person auf einem sinkenden Schiff zwei Probleme hat, sollten wir hinter die individuellen Nöte eines Überlebenden blicken und uns auch mit dem größeren Bild auseinander setzen.

Die Nöte in einer Not

Das Bedürfnis nach Erfahrungen

Überlebende eines Missbrauchs stehen nicht nur einem einzigen Problem gegenüber. Insbesondere im Westen wird ihr Leid durch die Individualisierung, den Verlust an sozialer Bindung und die zunehmende Bedeutungslosigkeit des Lebens noch verstärkt. Mit dieser größeren Not beschäftigte sich kürzlich ein Bericht des Holländischen Rates der Kirchen. Er weist darauf hin, dass Menschen ein wachsendes Verlangen haben, überhaupt *etwas* zu erfahren und zu fühlen. In den letzten fünfzig Jahren haben sich die Menschen im Westen massenweise von kirchlicher Hilfe abgewandt und sich für alle möglichen Lösungen geöffnet. Von einem bunten Spektrum östlicher Religionen bis hin zu althergebrachtem Animismus und Okkultismus gibt es in meinem Land die verschiedensten esoterischen Hilfsangebote, die im Jahr ca. 600 Millionen Gulden (etwa 500 Mio. DM) umsetzen.

Wenn Überlebende im Verlauf des Heilungsprozesses lernen, unterdrückten Ärger, Hass und Zerstörungswünsche aufzuarbeiten, werden sie mit starken emotionalen Nöten konfrontiert. Viele von ihnen lernten »abwesend« zu sein, während der Missbrauch stattfand. Das war ihr Weg des Überlebens. Mit der Zeit kann dies zu einer solchen Gewohnheit werden, dass ihre auf der Schöpfung beruhende Gabe, Gott, den Schöpfer, anzubeten[3], eine neue Ausrichtung bekommt. Sie können sich durch Konzentration in eine Leere versenken (»in ein schwarzes Loch schreiten«) oder sich einem Leben voller Aufregung bzw. dem Materialismus verschreiben. Die Heilung dieser Flucht aus der Wirklichkeit kann durch die Rückkehr zu der ursprünglichen Schöpfungsgabe, Gott anzubeten, gefördert werden. Das befähigt sie, in der Wirklichkeit zu bleiben und sich nicht ins Nichts oder in Fantasieträume zu flüchten.

Die Anbetung des Allmächtigen ist eine der größten Gaben, die der christlichen Gemeinde geschenkt wurden, und ein gesunder Ausgangspunkt für Erfahrungen, bei denen Gott im Mittelpunkt steht. Tragischerweise ließen viele Gemeinden das Potenzial, Menschen zu solchen Erfahrungen zu verhelfen, verkommen. Doktrinäre Wahrheit, die das Rückgrat für biblische Erfahrungen sein kann, wurde allzu schnell ein Hinderungsgrund, sich emotional auszudrücken. Dies beraubte das Volk Gottes in der Tat der vereinten Erfahrung, in ehrfürchtiger Anbetung vor dem Allmächtigen zu stehen.

In der Gemeinde verwurzelte Spezialisten für die Therapie von Missbrauch besitzen einen reichen Schatz an auf der Bibel basierender Anbetung, um sowohl für sich selbst als auch für die Hilfesuchenden Stärke und Trost zu empfangen.

Die Notwendigkeit der Integration; die Betonung der Ganzheitlichkeit

Die christliche Betonung auf geistlichen (in anderen Worten, geistigen) Tatsachen und der zuweilen offene Hass gegenüber dem physischen Körper als dem »Feind« führen zu einem Vakuum in den Glaubenserfahrungen. Das Christentum ist aber im Grunde eine sehr physische Religion. Die Bibel spricht ja z. B. von der Auferstehung toter Körper! Wir glauben auch, dass der Geist Gottes in unseren schwachen menschlichen Körpern wohnen und uns so zu einem »Tempel des Geistes« machen kann!

Christliche Spezialisten für die Therapie von Missbrauch werden sich mit ihrem eigenen Verständnis der Ganzheitlichkeit und der Integration von Geist, Seele und Leib durch den Gott des Friedens auseinander setzen müssen.[4] Dann werden sie in der Lage sein, den Hilfesuchenden mit einem geprüften und biblischen Rahmen für geistliche, seelische und körperliche Erfahrungen zu dienen.

Grenzen kirchlicher Hilfe

Die Kirche als Gemeinschaft von Gläubigen, die gemeinsam handeln wollen, kann nicht alles tun. Dieses Selbstverständnis hilft bei der Entscheidung, wann Überlebende eines Traumas an andere verwiesen werden sollten. Zu oft werden für uns aus »schwierigen Fällen« »schwierige Menschen«, da sich die Kirche allen verpflichtet sieht. Wir wagen nicht, sie wegzuschicken, fühlen uns aber auch nicht in der Lage, ihnen zu helfen.

Die Antwort liegt meiner Meinung nach darin, dass jede Gemeinde einige Leute benötigt, welche diese Überlebenden verstehen und begleiten können. Auch wenn wir keine Heilung versprechen können, so können wir doch die Gültigkeit der Verheißung Jesu, dass er in unseren Schmerz hineinkommen will, bestätigen. Der Schalom-»Zufluchtsort« ist auf jeden Fall auch dann eine Hilfe, wenn wir nicht die entsprechenden Fähigkeiten haben, um den Überlebenden auf der Ebene ihrer Not zu begegnen.

Sind Spezialisten für geistige Gesundheit verfügbar und bereit innerhalb des Werterahmens eines christlichen Klienten zu arbeiten, können sie einen wesentlichen Beitrag zum Heilungsprozess leisten. Lehnen sie jedoch die Grundwerte des Überlebenden ab, dann kann ihre Hilfe zu einer weiteren Missbrauchserfahrung werden. Dieselbe Regel sollte auf Situationen angewandt werden, in denen ein kirchlicher Dienst daran beteiligt ist, jemandem zu helfen, der seine eigenen religiösen Werte noch nicht geklärt hat. Darauf zu bestehen, dass sie unsere Werte akzeptieren, bevor wir ihnen helfen, ist in gleicher Weise missbrauchend.

Ich bin ein überzeugter Christ, weiß aber auch, dass man im säkularen Umfeld von Gott gegebene Gaben vorfindet. Gott wirkt nicht nur durch bekennende Christen. Als Beispiel möchte ich die Erfahrung eines Missionars in Asien anführen. Chronische Krankheit hatte seine Arbeit gelähmt. Die Missionsärzte waren davon überzeugt, dass es tiefe psychische Gründe für seinen Zustand gab, an die sie jedoch nicht herankommen konnten. Er bekam den deutlichen Rat: »Sieh zu, dass du gesund wirst, oder geh wieder nach Hause.« Dann gaben sie ihm die Adresse eines Psychiaters in einer Stadt in der

Nähe. Der Psychiater hörte sich die Geschichte des Mannes an, seine zerschlagenen Träume, seine Ängste und Versagensgefühle. Nach einer Stunde bemerkte er dann: »Ich bin zwar kein Christ, aber ich kenne die Bibel etwas. Es sieht so aus, als ob Sie zwar einen Gott des Zorns und des Feuers kennen, aber nicht den Gott der Liebe und Vergebung, den Einen, der auf Sie wartet und Ihnen hilft, wieder von vorne zu beginnen.« Später erzählte dieser Missionar, er habe sich wie Paulus gefühlt, der auf der Straße nach Damaskus mit Blindheit geschlagen worden war, aber geheilt worden ist, nachdem jemand für ihn gebetet hatte, so dass es ihm »wie Schuppen von den Augen« gefallen war. Das war der Moment, in dem dieser Missionar für die Liebe Gottes aufwachte. Der Spiegel, den ihm der Psychiater vorgehalten hatte, deckte einen tiefen inneren Kampf auf, der, wie sich später herausstellte, direkt mit seiner Heilung zu tun hatte.

Auf der anderen Seite gibt es auch Berichte, wonach einzelne Christen von säkularen Helfern auf unethische Weise behandelt wurden. Aber auch nicht alle Kirchen sind förderlich. Überlebende empfinden oft aktionsorientierte Kirchen als missbrauchend. Ihre Heilung scheint in einer Kirche mit einem niedrigeren Anspruch an das Kirchenleben besser voranzuschreiten. Damit sage ich nicht, alle aggressiv-evangelistischen Kirchen seien von vornherein roh. Auch Kirchen mit einem niedrigen Anspruch können auf subtile Art und Weise manipulativ sein. Der Unterschied liegt darin, dass diese den Kirchenmitgliedern normalerweise einen größeren Freiraum geben und Überlebende somit manipulative Situationen eher vermeiden können.

Eine Atmosphäre der Heilung für Inzest-Überlebende

Wie kann eine christliche Gemeinschaft eine Atmosphäre der Heilung anbieten? Aus meiner Sicht sind dazu mindestens vier Elemente nötig:

1. Heilungsfördernde Sozialstrukturen
2. Inzest-Überlebende, die in Bezug auf die Hilfe realistische Erwartungen haben und bereit sind, aktiv an einem Selbsthilfeprogramm teilzunehmen
3. Freiwillige (Laien), die das Selbsthilfeprogramm unterstützen
4. Zugang zu professioneller Hilfe, falls sich die anderen drei Faktoren als unzureichend herausstellen sollten.

1. Heilungsfördernde Sozialstrukturen

Die Gemeinde hat ein großes Potenzial, Menschen zum Handeln zu motivieren. Dem Bedarf an heilungsfördernden Sozialstrukturen kann eine Gemeinde, die für die speziellen Nöte von Überlebenden sensibel ist, leicht begegnen. Es muss sich dabei um einen Ansatz handeln, der mindestens so sensibel ist, wie wenn es sich um Asylbewerber handeln würde.

Da eine einzelne Gemeinde nicht alles tun kann, könnten verschiedene Kirchen ihre Kräfte zusammenlegen und eventuell sogar Seelsorger untereinander austauschen. Überlebende eines Missbrauchs möchten eine geschützte Privatsphäre haben. Sie finden es sehr schwierig, einer Person, der sie in vielen Jahren wieder begegnen könnten, wirklich »alles zu erzählen«. Mit Hilfe verschiedener Gemeinschaften könnten Strukturen mit Spezialisten und Zentren ins Leben gerufen werden.

Diese Strukturen werden gebraucht, damit Überlebende auf neue Weise lernen können, Beziehungen einzugehen. Die Inzestkultur ist im Prinzip dysfunktional. Manipulation ist an der Tagesordnung. Eine heilende, soziale Gemeinschaft sollte deshalb anti-manipulativ sein sowie persönliche Freiheit und Verantwortung garantieren und die Leitung der Gemeinschaft sollte auf die Überlebenden keinen Druck ausüben, »ihren Teil beizutragen«. Unverbindlichkeit ist essenziell. Alles, was bindet, hat auch einen gegenteiligen Effekt. Das gilt sowohl für säkulare Gruppen als auch für Kirchen.

In einer Gemeinde, die für die Heilung förderlich ist, sehe ich drei Ebenen des Engagements:

1. Ein innerer Kreis
Dies ist der verbindliche Kern, d. h. der Pastor und andere mit einer offiziellen Aufgabe betraute Mitglieder. Sie leben für die kontinuierliche Existenz dieser Kirche bzw. Gemeinde, und das ist gut so. Ohne eine solche hingegebene Gruppe wird eine Gemeinde nicht lange überleben.
2. Ein zweiter Kreis
Leute in diesem Kreis sind in ihrer Freizeit aktiv, allerdings eingeschränkt. Sie bilden die zweite Leitungsebene, wie z. B. Leiter von Hauskreisen und Mitarbeiter der Sonntagsschule.
3. Der dritte Kreis
Hierzu gehören die »normalen« Gläubigen. Diese sind dazu berufen, in der Welt aktiv zu sein, und finden für diese Aufgabe in der Gemeinde Unterstützung. Es gibt nur geringe oder keine Erwartungen der anderen Kreise, dass die Menschen in diesem Kreis für die Gemeinde überhaupt etwas tun, außer etwas zur Kollekte beizutragen! Auf der anderen Seite werden sie ermutigt, in der Welt eine aktive Rolle zu spielen. Ich habe festgestellt, dass sich Überlebende eines Missbrauchs oft diesem Kreis anschließen. Mein Eindruck ist, dass ihnen die anderen Kreise in Bezug auf Erwartungen und langfristige Verpflichtungen zu viel Druck bereiten.

2. Ein gutes Selbsthilfeprogramm
Inzest-Überlebende müssen lernen, ihre eigene kulturelle Welt zu verstehen. Es handelt sich dabei um einen ähnlichen Prozess wie bei Einwanderern oder Flüchtlingen. Werden solche Menschen in unsere kirchlichen Gemeinschaften mit hineingenommen, dauert es normalerweise eine gewisse Zeit, bis sie die jeweilige Kultur des Landes und der Kirche verstehen und sich daran gewöhnen. Auf der anderen Seite ist es für die einheimischen Gläubigen horizonterweiternd, von ihnen zu lernen, wie sie Gott erleben. Auf diese Weise können wir unsere eigene Kultur durch die Augen der Fremden sehen und vielleicht Bereiche, die inakzeptabel sind, identifizieren und zugeben. Wenden wir dieses Beispiel auf die Inzestkultur

an, kommen wir zu denselben Schlussfolgerungen. So, wie Einwanderer in der Praxis unter der Mithilfe einheimischer Freiwilliger die Kultur des jeweiligen Landes kennen lernen müssen, spielen Freiwillige auch bei der Beratung von Inzestopfern eine wichtige Rolle. Dazu ist eine gegenseitige Toleranz nötig. Allerdings sollten Überlebende auch dazu ermutigt werden, sich selbst zu helfen.[5]

Das Ausbrechen aus der Inzestkultur beginnt damit, dass man das an ihr ablehnt, was schlecht ist. Wenn die Überlebenden nicht sehen können, was in ihrer ursprünglichen Kultur gut ist, besteht die Gefahr einer kulturellen Isolation. In den Helfern können Inzest-Überlebende neue Werte beobachten und neue Einsichten darüber erhalten, was in ihrem eigenen Leben geändert werden kann. Dies ist sicherlich nicht die leichteste Phase des Heilungsprozesses. Wenn sie erkennen, was sie verpasst haben, kann ein riesiger Zorn ausbrechen und wir werden ihnen helfen müssen, mit diesem Zorn umzugehen und sich auf positive Themen konzentrieren zu lernen.

3. Verständige Laien

Durch den regelmäßigen Kontakt von Laien und Inzest-Überlebenden kann das patientenorientierte Beratungsmodell vermieden werden. Laien können als kulturelle Brücken dienen und den Überlebenden damit den Eintritt in eine kirchliche Gemeinschaft erleichtern, ohne sie zu »verhätscheln«.

Im Erstgespräch mit Inzest-Überlebenden erkläre ich normalerweise die Notwendigkeit der emotionalen Selbstverteidigung: Sie haben die Kontrolle darüber, was bzw. was nicht besprochen wird. Sie können die Richtung des Gespräches bestimmen. Es liegt an ihnen, in welcher Tiefe etwas besprochen wird und wann das Thema gewechselt wird. Sie können Verabredungen in letzter Minute absagen, falls sie plötzlich Angst bekommen. Alles, was ihren Willen stärkt, ist gut.

Da der Wille gebrochen wurde, sprechen wir von einer Art »emotionalem Leistenbruch«. Jede Form von Druck oder

Zwang ist belastend, tut weh und ist deshalb schädlich. Ein Seelsorger hat jedoch ebenso die Kontrolle über sein eigenes Leben. Auch er darf die Richtung vorgeben, Grenzen festlegen und braucht einen neuen Termin erst dann zu vereinbaren, wenn *er* damit umgehen kann und nicht, wann die Hilfesuchenden wollen. Er sollte einen gesunden Einsatz des Willens demonstrieren.

4. Verfügbarkeit professioneller Hilfe

Es wird Zeiten geben, in denen wir das Gefühl haben, nicht weiterzukommen. Der Kulturschock bzw. die gegenwärtigen Umstände sind einfach zu viel. Es kann auch Schwierigkeiten in der Kommunikation und den Sozialkontakten geben, die nicht innerhalb der oben vorgeschlagenen, heilenden Atmosphäre gelöst werden können. Dann sollten wir keine Angst haben, zuzugeben, dass es nicht funktioniert und dass fachmännische Hilfe benötigt wird.

Akzeptieren, dass Ressourcen beschränkt sein können

Alle diese vier Faktoren sind notwendig, damit eine kirchliche, seelsorgerliche Hilfe gut funktioniert. Dass Hilfe innerhalb einer Kirche verfügbar ist, kann für solche Inzest-Überlebenden sehr attraktiv sein, die einer Kirche aus genau diesem Grund beitreten möchten! Falls aber das gesamte System nicht richtig funktioniert, wird dies die Laienseelsorger zu sehr belasten, so dass andere Arbeitsbereiche liegen bleiben. In diesem Fall ist es ratsamer, den Anfragenden zu sagen: »Zur zeit können wir auf Ihre Anfrage leider nicht eingehen, wir sind jedoch darauf vorbereitet, Ihnen dabei zu helfen, die richtige Person zu finden, die Sie in Ihrem Heilungsprozess fachmännisch unterstützen kann; wir würden Ihnen aber gerne in anderen Bereichen helfen.« Besteht für die Laienseelsorger jedoch die Möglichkeit, an Beratungssitzungen mit Fachleuten teilzunehmen, sollten sie davon Gebrauch machen, um zu sehen, was sie von ihnen lernen können!

Weshalb Hoffnung nötig ist

Menschen in einem sozialen Umbruch sind auf Grund der vielen sich widersprechenden Gefühle verwirrt und benötigen deshalb Helfer, die den Prozess der kulturellen Anpassung verstehen. Dies ist eine typische Aufgabe eines Entwicklungshelfers oder Missionars. Als Spezialisten für Veränderungen sind sie fähig, die Umsetzung des Evangeliums in eine bestimmte Kultur zu unterstützen. Seelsorger können lernen, das Gleiche zu tun, und dadurch Inzest-Überlebenden zur Freiheit verhelfen. Wenn sie den Glauben haben, dass dies möglich ist, macht das die Helfer sehr stark. Dieser Glaube kann ansteckend wirken, da man ja selbst mit einem Fuß im Schlamm steckt und nach festem Grund sucht, während man mit dem anderen auf dem festen Felsen des Glaubens steht.

Hoffnung ist für Inzestüberlebende kein neuer Gedanke. Sie sind schließlich immer irgendwie weitergegangen und mussten deshalb zumindest eine gewisse Hoffnung gehabt haben, irgendwann aus den Umständen ausbrechen zu können. Und sie haben gebetet. Manchmal erzählt mir ein Überlebender: »Irgendwie war Gott da. Mit seiner Hilfe war ich fähig, weiterzugehen; er war mein einziger Trost.« Wahrscheinlich haben sie auch die Hoffnung gehabt, durch eine Heirat ihr altes Leben hinter sich lassen zu können. Auf der anderen Seite wurden sie aber immer wieder enttäuscht, auch von Gott. Ihre Gebete wurden nicht erhört; es änderte sich nichts; Gott war weit weg. Deshalb sind in den Inzest-Überlebenden Hoffnung und Verzweiflung, Glaube und Unglaube beinahe untrennbar miteinander verbunden.

Als Seelsorger repräsentieren wir die Hoffnung, die von Gott kommt. Wir können die Uhr nicht zurückdrehen. Was vorbei ist, ist vorbei. Was geschah, ist nun Geschichte. Es ist auch nicht unsere Aufgabe, »dem Leiden einen Sinn zu geben«. Falls es einen Sinn gibt, wird Gott ihn klar machen müssen! Aber wir können auch weiterhin unseren Glauben an einen Gott zum Ausdruck bringen, der am Anfang der Bibel aus dem Chaos etwas Neues schuf und sagte: »Es werde Licht!«

Kompetenzebenen in der Kirche

Ich glaube noch immer leidenschaftlich daran, dass es Gottes Absicht für die Kirchen ist, wie Inseln der Heilung in einer zerbrochenen Welt zu sein und die Erde mit solchen Orten der Gesundheit zu füllen. Ich bin von der Kirche überzeugt, da es in einer christlichen Gemeinschaft etwas gibt, was Menschen in einer säkularen Behandlung nicht bekommen können. Es gibt auch nichtreligiöse Gruppen, die ein Zugehörigkeitsgefühl erzeugen und Menschen mit den unterschiedlichsten Persönlichkeiten lehren, wie sie miteinander harmonisch zusammenleben können. Als solches ist die Kirche nicht einzigartig. Was anders *ist*, ist der Anspruch, dass wir als Gläubige miteinander die Möglichkeit haben, eine Begegnung mit Jesus selbst zu erleben. Gott möchte, dass wir eine solche Art von Gemeinschaft haben, um den bösen Mächten zu demonstrieren, dass Jesus der Herr ist, dass es Menschen gibt, die sich dazu entschieden haben, Gott bedingungslos zu lieben.[6] Um diese Begegnungen zu ermöglichen und sie vor Pseudomanifestationen – religiösen »Hochgefühlen« ohne Christus – zu bewahren, benötigen wir Strukturen, eine Plattform und Qualitätskontrolle.

Während die Kirche in ihrer Gesamtheit dazu in der Lage ist, die richtige Form von Hilfe anzubieten, hat nicht jeder Einzelne dieselben Gaben oder Fähigkeiten zu helfen. Akzeptieren Seelsorger diese Begrenzungen, können sie mit einer größeren Freiheit helfen und Ratsuchende an andere verweisen, wenn sie merken, dass sie an ihre eigenen Grenzen kommen. Diejenigen, die in dem Rahmen arbeiten, den Gott ihnen gegeben hat, und die in Bezug auf das, was sie nicht haben, entspannt sind, können mit der Zeit häufig ihre Fähigkeiten erweitern!

Ein Seelsorger mit einem Herz für missbrauchte Menschen kann diese auf jeden Fall lehren, wie sie weiteren Missbrauch vermeiden und von Missbrauch geprägten Umgebungen aus dem Wege gehen können. Sie können dann den zu der spezifischen Situation eines Ratsuchenden passenden Helfer suchen. Weiterhin wird es nötig sein, die richtige Wahl zu treffen, was eine Kirchenmitgliedschaft und informelle Kontakte angeht, damit der Überlebende sich resozialisieren kann bzw. zum ersten Mal lernen kann, mit einer Gruppe von Menschen in Beziehung zu treten.

Um beziehungsfähig zu werden, benötigen wir eine gewisse Einsicht darüber, wer wir sind. Das negative Selbstkonzept eines Überlebenden stellt für ihn ein Hindernis dar, die für die Heilung lebensnotwendigen Beziehungen eingehen zu können. Wie ich im nächsten Kapitel erörtern werde, ist eine der ersten Aufgaben eines Seelsorgers, einem Opfer zu helfen, das Selbstkonzept eines Opfers gegen das eines fähigen Überlebenden auszutauschen.

Anmerkungen

1 Imbes und Jonker waren die Ersten, die in den Niederlanden die christliche Perspektive ins Spiel brachten. In *Religion and Incest* (Religion und Inzest) beschreiben sie die zusätzliche Last, wenn ein Inzest in einer ideologisch aufgeladenen Umgebung, sei sie christlich oder anders geartet, stattfindet. Sie und andere konnten aber nicht nachweisen, dass Inzest in christlichen Kreisen mehr oder weniger häufig vorkommt als in anderen Bereichen der Gesellschaft. Es gibt aber offensichtlich einen Zusammenhang zwischen Inzest und dem Leben in eher geschlossenen Familien und Gemeinschaften. Ihre Untersuchungen schlossen auch ein Opfer ein, das nicht als Christ, sondern in einem ideologisch-politschen Klima erzogen worden war.

2 Alice Miller, 1990; Imbes und Jonker, 1985

3 Röm. 1,18–23

4 1. Thess. 5,23

5 Gal. 6,5

6 Eph. 3,10–11

9

Vom Opfer zum fähigen Überlebenden

Tiefe Traumen hinterlassen ihre Spuren in einem Menschen, auch wenn er das verbergen kann. Unterhält man sich z. B. mit Leuten, die eine gewisse Zeit im Konzentrationslager verbringen mussten, zeigen manche von ihnen ihre tiefen, damit verbundenen Gefühle, wenn man diese Periode ihres Lebens erwähnt. Andere können distanziert darüber reden, als beträfe es eine andere Person. Dabei ist eines sicher: es kommt darauf an, wie man seine Vergangenheit wahrnimmt. Bin ich immer noch ein Opfer oder bin ich inzwischen ein Überlebender? Unsere Identität wird davon beeinflusst, welche Bezeichnungen bzw. Namen wir uns geben.

Die Bedeutung von Namen

Um die Bedeutung von Namen zu erklären, möchte ich einige Beispiele anführen. Gerade telefonierte ich mit einer meiner Töchter. Sie meldete sich mit ihrem Mädchennamen, obwohl sie glücklich verheiratet ist. Es gab mir aber ein gutes Gefühl, unseren Familiennamen durch das Telefon zu hören. Namen haben etwas mit der Identität zu tun. Sie sind Symbole, und Symbole spielen in der Kommunikation eine wichtige Rolle.

Was wir mit einem Symbol verbinden, ist jedoch unterschiedlich. Eine Fahne, die das Herz des einen höher schlagen lässt, kann bei einem anderen Sodbrennen hervorrufen! Manche Worte oder Symbole sind so mächtig, dass sie alles um sich herum beeinflussen. Sie geben den Ton an. Beispiele dafür sind das Rote Kreuz oder der Rote Halbmond, sein islamisches Gegenstück.

Einige Kinder in der Klasse eines befreundeten Lehrers änderten einige Male ihre Namen, da ihre Mütter mehrmals wieder heirateten. Wie das wohl die Identität eines Kindes beeinflusst? Namen zu ändern wirkt sich aus; es kann zum Beispiel einen neuen Status oder eine neue Beziehung anzeigen. Abram wurde zu Abraham; aus Jakob wurde Israel. Hinter diesen Änderungen stehen ganze Geschichten.

Paradigmenwechsel

Namen zu ändern, bedeutet eine Änderung der Sichtweise, einen Paradigmenwechsel, die Neufassung einer Vorstellung aus anderer Perspektive. In unserer Familie erlebten wir kürzlich einen solchen Paradigmenwechsel. Meine Frau malt Aquarellbilder. Einmal malte sie ein Bild, das ihr nicht gefiel, so dass sie die Farbe mit Wasser wieder wegwusch. Es blieben aber immer noch ein paar recht schöne Farben übrig. Sie nahm einen großen Pinsel und spielte mit der Farbe. Dabei entstand ein ziemlich ungewöhnliches Bild, so dass sie sich entschied, es nicht wegzuwerfen. Ein Kunsthändler kaufte einige ihrer Bilder, einschließlich dieses beinahe abgelehnten. Als sie später zu seinem Kunstladen ging, war sie sehr erstaunt darüber, welche Auswirkung ein guter Rahmen auf dieses Bild hatte. Es war so schön gemacht, dass sie ihr eigenes Bild zurückkaufte! Dieses »einer Perspektive einen neuen Rahmen geben« wird Paradigmenwechsel genannt.

Auch Opfer eines Missbrauchs brauchen einen Paradigmenwechsel. Das Wort »Opfer« deutet auf einen Missbrauch in der Gegenwart hin. »Überlebender« dagegen weist darauf hin, dass man in der Vergangenheit etwas durchgemacht hat. »Überlebender« statt »Opfer« zu verwenden, entspricht einem mentalen Ortswechsel. Dieser Ortswechsel ist der erste lebensnotwendige Schritt, wenn man seine Vergangenheit hinter sich lassen will.

Ein Paradigmenwechsel kann schnell vor sich gehen, wie z. B. die sofortige Bekehrung des Apostels Paulus auf der Straße nach Damaskus. Der Peiniger wird zu einem Jünger und fragt sogleich: »Was willst du, Herr, dass ich tun soll?« Dem radikalen, verstandesmäßigen Perspektivenwechsel des Paulus folgten aber noch Jahre der Veränderung. In Antiochien musste er in der Isolation und des Wartens neu lernen, was Glaube ist und wie er diesen Glauben zum Ausdruck bringen konnte. Erst dadurch wurde er zu dem Paulus, den wir aus seinen Schriften kennen.

Wie wichtig ein Paradigmenwechsel ist, wenn es um sexuelle Perversion und Missbrauch geht, wird an der Stelle deutlich, als Paulus den neuen Status von Gläubigen beschreibt, die zuvor Irregeleitete bzw. Opfer waren: »Und das sind manche von euch gewesen ... aber nun seid ihr ein Tempel des Heiligen Geistes« (1. Kor. 6,11.19).

Ich möchte nun die Geschichte von Betsy erzählen, bei der die Änderung eines wichtigen Symbols ihres Leben zunächst eher langsam vor sich ging, gemeint sind männliche Personen. Immer wenn ein Mann in ihre Nähe kam, löste dies einen Alarm in ihr aus und sie verspannte sich. Das ist kein Wunder, wenn man weiß, was Männer ihr angetan hatten. Sie kam dadurch zu dem Glauben, alle Männer seien brutal und gefährlich. Nicht nur ihre eigenen Gefühle, sondern auch die Erzählungen ihrer Mutter führten zu einer Vielzahl negativer Paradigmen. Ihre Seelsorgerin machte sie dann mit dem Gedanken bekannt, sie würde langsam lernen müssen, Männern positiver zu begegnen, da die bleibenden Auswirkungen des Missbrauchs ihr sonst einen Großteil der Lebensfreude rauben würden. Betsy lernte Verhaltensstrategien, die sie darauf vorbereiteten, Männern auf eine reifere Art und Weise zu begegnen. Sie begann dann Begebenheiten zu erzählen, die zeigten, dass das Eis am Tauen war. Schließlich willigte sie ein, einen männlichen Seelsorger an ihrer Therapie zu beteiligen. Als ich in das Zimmer hereingebeten wurde, drückte ihre gesamte Körpersprache Angst aus. Aber in dieser ersten Begegnung geschah etwas. In einer offenen Atmosphäre begann sie, lange unterdrückte Begebenheiten mitzuteilen. Ich wurde zur ersten männlichen Person, der sie vertraute. Obwohl die Seelsorge Betsy Schritt für Schritt für die Tatsache geöffnet hatte, dass nicht alle Männer brutal sind, war es für sie trotzdem schockierend, zu erkennen, dass sie sich mit einigen von ihnen sogar sicher fühlen konnte. Auf diese Weise änderte sich das Paradigma allmählich.

Glaubenssysteme

Nimmt man verschiedene Paradigmen zusammen, entsteht ein Glaubenssystem. Das Christentum ist zum Beispiel nicht nur eine bestimmte Sichtweise, sondern ein ganzes Spektrum von Paradigmen: das Kreuz, die Bibel, die Person Jesu sowie Begriffe wie Glaube, Hoffnung und Liebe. Diese Paradigmen sind eng miteinander verwoben. Degradiert man deshalb die Bibel von einem göttlich inspirierten Buch zu einem interessanten Märchen voller Irrtümer, beginnt das christliche Glaubenssystem auseinander zu fallen.

1. Die Glaubenssysteme der Missbrauchten

Die Welt von Überlebenden eines Missbrauchs wurde zerstört (falls sie überhaupt entstehen konnte). Die Elternfigur, der man vertraute, wird zu einer Person, die Verwirrung, Angst und Misstrauen erzeugt. Neue Methoden, mit der Situation fertig zu werden, prägen sich tief in ein Kind ein. Daneben findet eine ständige Gehirnwäsche statt; das Kind ist falschen Informationen seitens des Täters und oft auch der Umgebung ausgesetzt. Die Mutter sagt: »Erzähle mir keine Lügen über Deinen Vater.« Der Pastor sagt: »Du bist ein schlechtes Mädchen, dass du solche Märchen erzählst. Ich kenne deinen Vater; er würde das nie tun.« Es bildet sich ein neues Glaubenssystem heraus, das auf Lügen, falschen Schuldgefühlen und den vergeblichen Versuchen eines machtlosen Kindes, mit der Situation zurechtzukommen, beruht.

Überlebenden eines Missbrauchs zu helfen, heißt, sie in ein anderes Glaubenssystem über sich selbst und über das, was geschehen ist, einzuführen. Sie benötigen auch praktische Informationen, was den Körper und die durch sexuelle Stimulation hervorgerufenen physiologischen Reaktionen angeht. Ebenso müssen wir sie über moralische Werte unterrichten. »Es ist nicht wahr, dass alle Väter, die ihre Kinder wirklich lieben, dies tun.« Werte in Bezug auf Recht und Unrecht müssen gelehrt werden. Für Seelsorger, die nicht-direktiv arbeiten, d. h. den Klienten die Situation bestimmen lassen, ist dies etwas Neues. »Wie soll ich ihm sagen, was gut und was schlecht ist?« Ob religiös oder nicht – jeder Helfer wird gewisse Vorstellungen über die Existenzfragen und Gedanken, was das Böse, das Gute, Leben und Tod angeht, haben. Christliche Seelsorger haben in der Seelsorge schon immer eine gewisse Richtung vorgegeben. Die ratsuchende Person weiß das. Seelsorgerliche Hilfe zu suchen, hat automatisch Konsequenzen, und durch die Art der Seelsorge, die ein Opfer sucht, weiß es, welches Glaubenssystem der Seelsorger hat.[1]

2. Die Glaubenssysteme der Seelsorger

Nicht nur das Glaubenssystem des Ratsuchenden spielt eine Rolle. Wir müssen uns auch die Überzeugungen der Seelsorger ansehen, da diese deren Sehen und Hören beeinflussen. Der Gedanke des Generationen übergreifenden Traumas kam auf, als einigen holländischen Therapeuten allmählich bewusst wurde, dass sie unangenehme Bereiche in den Ratsuchenden mieden und stattdessen andere Themen wählten. Suchten Kinder von Überlebenden eines Konzentrationslagers bei Therapeuten, deren Eltern Kriegstraumen erlebt hatten, um Hilfe nach, stellte sich oft heraus, dass die Therapeuten wichtige schmerzliche Themenbereiche mieden. »Narben der zweiten Generation« spielten hier eine Rolle. Dasselbe scheint mit der Schikanierung sexuell Missbrauchter der Fall zu sein. Dass Seelsorger sich jahrzehntelang weigerten, zu glauben, die Zahl sexuell Missbrauchter sei so hoch, kann auf ein ähnliches Symptom zurückgeführt werden.

Wir haben bereits festgestellt, dass auch religiöse Überzeugungen eine große Rolle spielen. Um ein weiteres Beispiel hinzuzufügen: Was jemand über die Existenz böser Geister glaubt, wird seine Perspektive in Bezug auf die Symptome eines Ratsuchenden beeinflussen.

Glaubenssysteme prallen aufeinander

Christliche Seelsorger haben mindestens zwei bedeutende Glaubenssysteme: zum einen das, was die Kirche glaubt und als wertvoll ansieht, und zum andern die fundamentalen Überzeugungen und Werte der Kultur, in der sie leben.

Da wir in beiden Systemen leben, wird unser Glaube auch von beiden beeinflusst. Es ist deshalb kein Wunder, dass uns der Apostel Paulus ermutigt, den nie endenden Änderungsprozess fortzuführen.[2] Hier sind wir auf einer persönlichen Ebene mit dem Ringen der Inkarnation konfrontiert. »Wer ist Gott für mich? Was glaube ich über ihn?« Wir können keine guten Seelsorger sein, bevor wir nicht einige Grundlagen unseres eigenen Glaubens klargestellt haben. Ansonsten wird uns das Fragen der anderen erschrecken und Unsicherheiten erzeugen, die eine offene Interaktion zwischen dem Seelsorger und dem Ratsuchenden hemmen.

Da unsere Glaubenssysteme so sehr beeinflussen, wie wir unsere Umwelt wahrnehmen, müssen wir gewisse gemeinsame Grundlagen finden. Dies trifft auf die Politik, die Kultur und ebenso auf die Religion zu. Vielfalt kann nur existieren, wenn es auch eine gewisse Einheit gibt. Der Schöpfer möchte Vielfalt haben, lehrt uns aber anhand des Universums mit all seiner Vielfalt, dass auch Einheit notwendig ist.

Schöpfungswerte und Glaubenssysteme

Wenn wir die Menschheit und ihre Glaubenssysteme untersuchen, können wir eine Einheit finden, die religiöse und kulturelle Grenzen übersteigt. Es gibt eine gemeinsame Entwicklung des Menschen, die uns die Möglichkeit gibt, zu einer ähnlichen Perspektive zu kommen. Um die Frage »Ist Inzest schlecht?« beantworten zu können, braucht man deshalb nicht einmal die biblische Autorität. Sie wurde schon durch eine Beobachtung der menschlichen Entwicklung beantwortet. Inzest ist eine Handlung, die zur falschen Zeit durch die falsche Person mit einer falschen Motivation geschieht.

Als ich einmal in Dänemark vor Internatsleitern ein Seminar über Inzest hielt, zeigte man mir eine Liste der Filme, die in Schulen erlaubt waren. Einer davon stellte sexuelle Intimität innerhalb einer Familie, Kinder eingeschlossen, positiv dar. Seit dieser Film gedreht worden ist, war das Inzestproblem explodiert und hatte zu einem Paradigmenwechsel der öffentlichen Meinung geführt. Die deshalb in die Wege geleiteten Gesetze, um Kinder vor Inzest zu schützen, beinhalten in etwa die härtesten Strafen in Europa. Paradoxerweise ermöglichte die Medienfreiheit, dass dieser Film noch immer gezeigt werden konnte.

Auch wenn ein Überbetonen der Moral zu Fanatismus und einer neuen Inquisition führen kann, muss man irgendwo eine Grenze ziehen. Einen Bestimmungsfaktor für eine solche Grenze können wir aus unserem Verständnis der Schöpfung ziehen. Es gibt einige unstrittige Menschenrechte. Zu diesen gehört, dass die Entwicklung eines Menschen bis zu einem gewissen Zeitpunkt geschützt werden muss.

Studieren wir die Schöpfung und die Gaben, die uns der Schöpfer zu ihrer Entfaltung und zum Gebrauch gegeben hat, kann uns das für den Paradigmenwechsel vom Opfer zum Überlebenden helfen.

Überleben mit Hilfe von Schöpfungsgaben

Wenn wir in Rom auf dem Rand eines schönen Brunnens einer Plaza sitzen, können wir uns über die großartige Architektur, die wir sehen, unterhalten. Es ist ein heißer Tag. Während Sie ihr Gesicht im Wasser erfrischen, drückt ein Freund Ihren Kopf spielerisch nach unten. Innerhalb von 15 Sekunden sind alle Gedanken über Architektur vorbei, und wenn es noch länger dauert, kann Sie Panik erfassen. Es wird ein Kampf ums Überleben. Diese sofortige Änderung von der Schönheit zu einem Kampf ums Überleben ist letztlich eine Gabe der Schöpfung. Je stärker unsere Existenz bedroht ist, desto intensiver, härter und entschlossener wird unsere Reaktion sein.

Die tiefe Bedrohung der Persönlichkeit durch den Missbrauch erzeugt ein grundlegendes Überlebensmuster, das in allen Kulturen Ähnlichkeiten aufweist. Aus diesen universellen Reaktionen kann man einen seelsorgerlichen Ansatz herausarbeiten, wie man Überlebenden eines Missbrauchs das Evangelium vermitteln kann. Ein Therapieprogramm wird effektiver sein, wenn es auf die natürlichen Reaktionen, welche die Schöpfung schon in uns hineingelegt hat, Bezug nimmt. Beobachten wir, dass ein Ratsuchender schon gelernt hat, diese Überlebensgaben einzusetzen, dann können wir darauf aufbauen. Schmerz ist zum Beispiel ein universelles Phänomen. Wie man jedoch mit physischem oder emotionalem Schmerzen umgeht, kann sich stark unterscheiden.

Dr. Brand, ein erfahrener Missionsarzt und Pionier in der Behandlung von Lepra, sieht Schmerz als eine der Gaben Gottes an. Er ist ein großartiges Faktum der Schöpfung, das unser Wohlbefinden sicherstellt. Unsere Fähigkeit, mit Schmerzen umzugehen, ist jedoch unterschiedlich. Es ist auch so, dass sich das Schmerzempfinden subjektiv erhöhen kann, wenn wir uns auf den Schmerz konzentrieren, auch wenn zu diesem Zeitpunkt kein Schmerz zugefügt wird. Ein liebevoller Zahnarzt erklärte diese Schmerzsensibilität einmal einem Kind. Das kleine Mädchen zitterte ängstlich im Stuhl des Zahnarztes. Als er sich ihr dann zuwandte, begann es sich vor Schmerz zu krümmen, noch bevor er die Zähne berührte. Er versuchte dem Kind zu zeigen, dass Angst die Schmerzempfindlichkeit erhöht. Er wusste auch, dass wir unsere Fähigkeit, mit Schmerz umzugehen, ausweiten können, wenn wir unsere Konzentration auf etwas anderes lenken. Er deutete auf ein schönes Bild mit Schmetterlingen an der Decke über dem Zahnarztstuhl. Dies lenkte das Mädchen so sehr ab, dass er die Behandlung beginnen konnte.

Es kann jedoch der Zeitpunkt kommen, an dem der Schmerz und das Leiden einfach zu stark werden. Auch dafür hat die Schöpfung vorgesorgt. Die »Alarmglocken« werden dann irgendwie ausgeschaltet, der Körper wird kalt und es stellt sich eine Gefühllosigkeit ein. In den schwereren Fällen, wenn der Schock oder der Schmerz zu intensiv werden, kann es vorkommen, dass eine Person ohnmächtig wird.

Wenn mir Überlebende erzählen, wie sie mit ihren Qualen fertig wurden, erstaunt mich der einzigartige Gebrauch dieser Schöpfungsgaben. Sie haben ihre eigenen Verhaltensweisen entwickelt, um mit der Situation zurecht zu kommen. Der menschliche Wille, trotz schrecklicher Bedingungen weiterzuleben, ist unglaublich. Nehmen wir zum Beispiel Peter, der wirklich Geschichten erzählen konnte. Seine Fantasie war unbegrenzt. Er gebrauchte diese Gabe oft, um sich mit bemerkenswerter Fähigkeit aus der Klemme herauszureden. Wahrheit wurde für ihn ziemlich dehnbar. »Wie man sie darstellt, hängt von den Umständen ab.« Das Problem war, dass er manchmal nicht zwischen Wahrheit und Fantasie unterscheiden konnte. Andere schlossen daraus schlicht und einfach, er lüge. Das verletzte ihn sehr. In der Seelsorge entdeckte er, dass die Fantasie für ihn gearbeitet hatte. Als der neue Ehemann seiner Mutter damit begann, ihn zu missbrauchen, waren Fantasien seine einzige Fluchtmöglichkeit. Daraus entwickelte sich eine hilfreiche Strategie des Zurechtkommens. Nachdem der Missbrauch aufhörte, schien es für ihn die natürlichste Sache zu sein, seine Fantasie dafür einzusetzen, der beliebte Geschichtenerzähler zu werden. Es half ihm auch, kreativ dabei zu sein, die Wahrheit zu »färben« oder, wie andere sagen würden, zu lügen.

Die Seelsorge an Überlebenden eines Missbrauch wird noch schwieriger, wenn die Täter raffinierte Methoden anwandten und ebenfalls Gebrauch von Überlebensgaben gemacht haben. Ich weiß von Überlebenden, die dazu manipuliert wurden, sich von der Realität »abzuspalten« oder zu »dissoziieren«, um sie zu willigeren Überlebenden und sanft wie Lämmer zu machen. Albert erzählte mir, er könne noch immer die Hitze spüren, die auf seinen Körper angewandt worden war. Dies war Teil der Tortur gewesen, die ihm als Kind zugefügt worden war. Er hat einen imaginären »Eispalast« entwickelt. Dieses riesige Gebäude hatte ihm genügend Raum gegeben, sich zu verstecken, so dass man ihn nicht fangen konnte. Die Kälte hat auch seine Gefühle betäubt und ihm geholfen, mit den Qualen fertig zu werden. Mit der Zeit konnte er sich besser erinnern, was alles passiert war. Er erkannte, dass seine Peiniger diesen »Rückzug in die Kälte« geplant hatten, um ihn zu einem gefälligen Opfer für ihre niedrigen Spiele zu machen. Ursprünglich hatten sie ihn in einen großen Kühlraum gesetzt, bevor sie mit der Tortur des Brennens begonnen hatten. Später hatten sie das weggelassen und er hatte seine eigene »kalte Welt« erzeugt. Es ist kaum zu glauben, dass Menschen Kindern so etwas antun, und es ist noch erstaunlicher, dass sich einige von diesen erholen. Auch wenn sie es noch nicht wissen, so glaube ich, dass ein gnädiger Gott da ist, der ihnen in ihrem Schmerz beisteht.

Überleben mit Hilfe übernatürlicher Gaben

Beatrice konnte nicht verhindern, dem Täter zu begegnen, der sie vergewaltigt hatte. Sie lebten beide in derselben kleinen Stadt. Es hatte keine Möglichkeit gegeben, die Sache zu beweisen. Nachdem es passiert war, war sie stundenlang in der kalten Nacht umhergegangen. Sie war ganz benommen gewesen und hatte sich wie tot gefühlt. Ihre Eltern dachten einfach, sie habe die Geschichte als Ausrede dafür erfunden, dass sie zu spät nach Hause gekommen war, und verhinderten, dass sie zur Polizei ging. Sie kämpfte mit ihren Reaktionen.

Als ich sie traf, beobachtete ich, dass es mitten im Gespräch Momente gab, in denen sie wegdriftete. Es war, als ob sie sich »in Luft auflösen« würde. Nach einiger Zeit fing sie dann zu reden an, ohne wirklich etwas zu sagen. Sie dachte, ihr Problem sei, nicht irgendwo anders hinziehen zu können. Im Dorf zu leben war eine tägliche Tortur, insbesondere wenn sie das selbstgefällige Gesicht des Vergewaltigers sah. Ich brachte sie auf die Idee eines »Nebels«, einer Art »heiligen Gleichgültigkeit«. Dies würde sie der Situation gegenüber weniger sensibel machen.

In ihrem Glaubenssystem wurde dies zu einem praktischen Gebet, das sie anwenden konnte. Ich zeigte ihr, wie sie dafür beten konnte, und bat Gott einfach darum, ihr diesen »Nebel« zu schenken. Ich meinte damit eine hohe Konzentration der Gegenwart Gottes, die es ihr ermöglichte, im Hier und Jetzt zu leben, und ihre Zwangsvorstellungen über den Täter und die Vergangenheit verminderte. Wochen später rief sie mich an, um mir zu sagen, es funktioniere noch immer und sie könne dafür beten, wann immer sie es brauche. Dies beruhigte sie so weit, dass sie lernen konnte, ihre Wut zu zeigen, und dass sie ihre Freiheit demonstrieren konnte, hinzugehen, wo sie wollte.

Wegweiser im Dunkeln

Wenn wir versuchen, Überlebenden mit ihren einzigartigen Fragen und zuweilen unmöglichen Situationen zu helfen, gibt es keine Standardantworten dafür, was uns begegnet. Das Einzige, was wir tun können, ist, einem Überlebenden »Wegweiser« zu geben, die ihm ermöglichen, sich auch im Dunkeln vorwärts zu tasten.

Darüber dachte ich nach, als ich von Reykjavik, der Hauptstadt Islands, zum Flughafen Keflavik fuhr. Gerade hatte mir ein Überlebender einige sehr harte Geschichten erzählt; ich musste allerdings nach Hause zurückkehren. Ich war froh, dass einige der Studenten, die ich zurückgelassen hatte, Interesse an ihm zeigten, und ich betete, dass sie eine Möglichkeit finden würden, ihm zu helfen. Als ich nach draußen blickte, sah ich die mondähnliche Landschaft Islands. Wenn früher Nebel oder Dunkelheit die Gegend bedeckt hatte, konnten sich Reisende leicht verirren, so dass man kleine Steinhaufen als Wegweiser aufgerichtet hatte. Ich fuhr in der Hoffnung, dass einige der Prinzipien, die ich in diesem Kurs weitergegeben hatte, den Studenten ebenfalls helfen würden, ihren Weg zu finden.

Ich möchte nun von Evelyn und Tina berichten, die um Hilfe gebeten hatten, aber die angebotene Hilfe nicht so einfach annehmen konnten. Anhand ihrer Geschichten möchte ich auch einige Wegweiser vorstellen, die uns die nächsten Schritte zeigen können, wenn wir uns von einem Prinzip des Helfens zum nächsten vorwärts tasten.

Evelyn reckte sozusagen die Faust gegen Gott. Alle ihre Versuche, die Vergangenheit hinter sich zu lassen und eine fähige Überlebende zu werden, hatten fehlgeschlagen. Sie hatte Missbrauch nicht auf direkte Weise erlebt. Bei ihr war es mehr ein Leben in einer Umgebung des Missbrauchs gewesen. Sie hatte mit ansehen müssen, wie ihre ältere Schwester missbraucht worden war. Als ich sie traf, war sie Mutter von drei Kindern. Sie war immer depressiver geworden. Es gab offensichtlich einen triftigen Grund für den Mangel an Sicherheit, den sie als Kind erlebt hatte. Mit fünf Jahren war ihr Vater plötzlich weg. Eine sympathische Frau hatte ihr immer wieder Fragen über ihren Vater gestellt, die sie nicht verstanden hatte. Sie war nicht sicher, ob sie die Fragen richtig beantwortet hatte, da die Frau nie wieder darüber gesprochen hatte. Diese hatte, als sie zurückgekommen war, ihre Aufmerksamkeit ganz ihrer älteren Schwester gewidmet. Ohne Erklärung hatten sich die Eltern dann scheiden lassen. Ihre Mutter heiratete nie wieder. Außer ihrem Onkel kam kein anderer Mann je wieder in ihr Haus.

Da es zu Hause nun friedlicher war, verbesserte sich Evelyns emotionale Stabilität. Sie verliebte sich und heiratete. Zunächst ging alles gut, außer dass sie merkte, dass sie auf sexuellem Gebiet desinteressiert war. Ihr Ehemann zeigte sehr viel Verständnis, was vielleicht zu einem Teil des Problems wurde. Er kompensierte ihre mangelnde Bereitschaft, initiierte aber niemals eine Hilfe für sie beide. Als sie dann Seelsorge in Anspruch nahmen, hatten sie nicht das Gefühl, es würde ihnen viel helfen. In zunehmendem Maß hatte sie negative Stimmungen und wurde immer depressiver. Durch einen Freund hörte Evelyn vom Evangelium und entschied sich, Christ zu werden. Auf ihre Ehe hatte dies keinen großen Einfluss und sie hatte Probleme mit all den fröhlich lächelnden Gesichtern und dem lebendigen Singen in der Kirche. Sie mochte es zwar, hatte aber oft das Gefühl, nur Zuschauer zu sein. Ein christlicher Seelsorger und seine Frau wurden auf sie aufmerksam und interessierten sich für sie. Sie erzählten ihr, wie Menschen aus der Gemeinde, die ebenfalls durch schwere Zeiten gegangen waren, aus allem herausgekommen waren. Einige von diesen waren ziemlich offen und gaben im Gottesdienst »Zeugnisse« darüber, wie ihnen der Herr geholfen hatte. Da Evelyn die Depression nicht durchbrechen konnte und da ihr Glaube keine Veränderung brachte, hinterfragte sie die Gültigkeit ihres Glaubens. Sie war sich schließlich nicht mehr sicher, ob sie überhaupt gläubig war.

Tinas Geschichte kam nach einem Gottesdienst heraus, als sie mich um Hilfe bat. Sie war sehr nervös und zitterte am ganzen Körper, als sie erzählte, wie sie mit fünfzehn Jahren unweit von ihrem Zuhause vergewaltigt worden war. Ich war der Erste, dem sie das erzählte. Später fragte ich mich, ob dies daher komme, dass sich ihr Vater geweigert hatte, ihre Geschichte anzuhören und sie für ihre Sorglosigkeit gescholten hatte. Zuvor war sie ein sehr lebhaftes Mädchen mit vielen Freunden gewesen. In der Gemeinde war sie sehr aktiv gewesen. Sie erzählte mir, sie habe sich unfähig gefühlt, mit irgendjemand darüber zu reden. Eine graue Einsamkeit hatte sich über ihr breit gemacht. Gebet und Bibellesen wurden bedeutungslos. Sie entwickelte Halsprobleme und dachte, dies habe damit zu tun, dass der Vergewaltiger einen Nylonstrumpf als Schlinge um ihren Hals gelegt hatte, um sie gefügig zu machen. Wie reagiert man als Seelsorger auf so etwas?

Evelyns Seelsorger waren auf Grund des mangelnden Fortschritts verunsichert. Sie dachten, sie hätten versagt, und schlugen ihr vor, einen säkularen Helfer aufzusuchen. Evelyn wehrte sich jedoch sehr gegen den Gedanken eines säkularen Helfers.

Tinas Seelsorger hatten eine lange Ausbildung genossen; sie erzählten mir aber auch, dass sie es schwierig fänden, die richtigen Antworten zu geben. Wie geht man mit solchen Anfragen nach Hilfe um? Gibt es da Richtlinien?

Warum Hoffnung nötig ist

Das Beispiel von Evelyn lehrt uns, dass positive Geschichten anderer Überlebender zwar einen gewissen Effekt haben, aber nicht immer hilfreich sind! Wo schon eine gewisse Hoffnung vorhanden ist, können positive Geschichten diese Hoffnung steigern. Wo es aber eine anhaltende Verzweiflung gibt, kann der Schuss auch leicht nach hinten losgehen. Die Erfolgsstorys anderer können das Opfer sogar darin bestätigen, dass es ein ewiger Versager ist.

Evelyn suchte weiterhin nach einer Lösung und hoffte, dass sich die Umstände ändern würden. Sie musste erst die Einzigartigkeit des Evangeliums von Jesus entdecken – dass er uns da begegnet, wo wir gerade stehen. Er tut das auf vielen verschiedenen Wegen. Er kann durch das Lächeln eines Fremden in einem Bus kommen oder durch den plötzlichen Lichtstrahl an einem regnerischen, trüben Tag; in Form einer ruhigen inneren Stimme, die uns zu einer bestimmten Handlung drängt, oder als Freund, der sich zu einem setzt, um das ganze Durcheinander, in dem wir uns befinden, zu sortieren.

Solange Evelyn unfähig war, diese Hoffnung festzuhalten, waren ihre Seelsorger ihre Lebensader zu Gott. In der Tat trösteten sie sie einmal mit der Aussage: »Streng' dich doch nicht so an; lass uns für dich auf Gott vertrauen.« »Das«, so erzählte sie mir später, »hat mich durch viele dunkle Nächte der Verzweiflung hindurchgetragen.«

Hoffnung ist dieser Lebensfunke, der nicht durch Lehre vermittelt werden kann; man muss ihn einfangen. Es ist der Funke, der von einer Person, die Hoffnung hat, ausgeht und von einer anderen, die keine hat, eingefangen wird. Hoffnung kann dazu führen, dass wir mit neuer Energie brennen. Vielleicht ist es eine der größten Gaben eines christlichen Seelsorgers, dass er jemanden mit der Quelle der Hoffnung, Jesus selbst, bekannt machen kann.

Es gibt jedoch ein Problem dabei, Hoffnung zu ergreifen. Das Lächeln des Fremden im Bus kann aus einem falschen Interesse herauskommen. Die stille, innere Stimme kann ein Echo eigener Wünsche und nicht von Gott sein. Der Freund, der sich zu uns setzt, um unsere Probleme zu sortieren, kann lediglich Standardantworten parat haben.

Woher wissen wir, dass die Hoffnung, an der wir festhalten, die richtige Hoffnung ist? Gott wusste, dass es ein Bedürfnis nach Standards, nach Worten mit klarer Bedeutung gibt, um die Kommunikation zwischen ihm und uns zu ermöglichen.

Das Werkzeug, das er dafür gebrauchte, war das Wort Gottes. Durch die vielen – positiven und negativen – Geschichten der Bibel werden Worte wie Liebe, Glaube und Hoffnung nicht nur zu wunderschönen Begriffen, sondern es werden auch deren Inhalt und Qualität geklärt. Somit können Überlebende ihre eigenen Schlüsse ziehen. Durch das Lesen des Wortes können sie direkt zur Quelle dieser Begriffe finden.

Die Kraft des Wortes Gottes

Da Überlebende eines Missbrauchs mit verdrehten Werten in Bezug auf Gut und Böse aufgewachsen sind, müssen sie einen neuen Zugang zu den christlichen Werten finden und lernen, dementsprechende Entscheidungen zu treffen.

Jeder, der mit Überlebenden eines Missbrauchs arbeitet, wird ihnen helfen müssen, ihr eigenes Leben zu gestalten. Ein christlicher Seelsorger hat den Vorteil, dass seine Werte im Wort Gottes klar beschrieben sind. Das ermöglicht ihm sogar, demütig zu sein und seine eigene Unfähigkeit, bestimmte Dinge einzuhalten, zuzugeben. In unserem Versuch, Vorbilder zu sein, sollten wir in erster Linie Hoffnung weitergeben, anstatt die großen Glaubenshelden zu spielen.

Beide Frauen, von denen ich berichtete, waren über sich selbst und in ihrem Gefühlsleben verunsichert. Tina fühlte sich zu einem bestimmten Zeitpunkt so schmutzig, dass sie unbedingt eine »saubere sexuelle Erfahrung« haben wollte und beinahe einen guten Freund verführte, um dies zu bekommen. Evelyn hatte mehrere Male eine Scheidung in Betracht gezogen und gehofft, sie würde vielleicht allein besser zurechtkommen. Die Kraft des Wortes Gottes wurde schließlich für beide zu einem Anker und bot ihnen einen »institutionellen Schutz«, der ihnen ermöglichte, verschiedene Entwicklungsschritte nachzuholen, ohne gegen ihre eigenen Prinzipien zu verstoßen.

Die Kraft des Kreuzes

Jeder Mensch hat Bereiche, in denen er am Kämpfen ist. In der einen oder anderen Form haben wir alle verbalen, emotionalen oder physischen Missbrauch erlitten. Dies ist der Grund dafür, dass Jesus kam und zuließ, dass er selbst missbraucht wurde. Die Botschaft von Jesus wurde sowohl im Alten wie im Neuen Testament aufgezeichnet. Die Bibel verwendet viele Metaphern - Bilder, Gleichnisse, Biografien -, um das menschliche Dilemma von Schmerz und Leid zu erklären. Das ultimative Symbol des Missbrauchs ist das Kreuz. Wir machen die Geschichte oft weniger brutal, als sie in Wirklichkeit war. So wie Evelyns Eltern, die deren schreckliche Geschichte nicht glauben wollten. Die Kreuzigung kommt eigentlich einer Vergewaltigung sehr nahe. Jesus weiß bestimmt, was es heißt, brutal und schändlich verletzt zu werden.

Es gibt Schmerzen und Probleme, welche die Bibel nicht erwähnt. Sie ist kein Fachbuch für alle wichtigen Lebensfragen von heute und christliche Seelsorge kann nicht immer Antwort geben. Die Bibel berichtet aber über einen Gott, der lebt und der die Einzigartigkeit des Schmerzes versteht. Deshalb kommt er nicht einfach zu uns, sondern bittet darum, eingeladen zu werden und an unserem Leben Anteil nehmen zu dürfen. Dieses Kommen Jesu zerbricht die Einsamkeit des Leidens, das andere nicht verstehen können. Eine solche Perspektive erzeugt ein heilendes Klima, das die natürlichen Selbsthilfefähigkeiten der Menschen belebt. Die Hoffnung, die dann durch das Lesen des Wortes und die Berichte über Jesus wächst, ermöglicht es Ratsuchenden, schmerzliche Geschehnisse mit Unterstützung fähiger Seelsorger zu bearbeiten.

Die Vollmacht fähiger Helfer

Evelyn war noch immer ein Opfer ihrer Vergangenheit. Irgendwie brauchte sie einen Durchbruch. Was andere Leute auch immer tun konnten, es musste eine Änderung irgendwo im Innern ihres eigenen Glaubenssystems stattfinden. Viele Faktoren führten diesen Wendepunkt schließlich herbei. Zuerst waren da ihre treuen Seelsorger. Als Evelyn eines Tages ihren ganzen Schmerz, ihren Unglauben und ihr Gefühl, von Gott verlassen zu sein, herausließ, nahmen sie die Position temporärer Eltern ein, und als sie aufgeben wollte, glaubten sie für sie. Später erklärte sie: »Es war, als ob ich wieder zu einem Kind geworden wäre, das darauf vertrauen konnte, dass die Eltern die Verantwortung für einige riesige Fragen, mit denen ich nicht umgehen konnte, übernehmen würden.« Eine solche zeitlich begrenzte »Übernahme« kann nötig und auch der Grund dafür sein, weshalb jemand manchmal für einige Zeit institutionelle Hilfe suchen sollte. Evelyn war in der glücklichen Lage, hingegebene Seelsorger zu haben, die nicht nur fähig waren, mit ihr zu reden, sondern auch ihr Haus für sie öffneten. Sie erkannte, dass sie erwachsen werden musste. Das wurde zu einem Kampf: abhängig oder verantwortlich zu sein.

Ein großer Paradigmenwechsel in ihrem Verständnis von Reife kam, als sie mich über »Friede und Wirklichkeit« sprechen hörte. Die Predigt basierte auf Psalm 131, wo König David sehr poetisch sein eigenes Geheimnis, ein erfolgreicher Herrscher zu sein, zum Ausdruck bringt. Der Friede Gottes, den er erlebte, als sei er ein Baby auf dem Schoß seiner Mutter, ermöglichte ihm, der Realität ins Auge zu sehen. Um die richtige Sicht in Bezug auf sich selbst, auf andere und auf seine Zukunftspläne zu bekommen, benötigte David eine innere Ruhe in Gott. Ich sprach darüber, dass das Verleugnen der Wirklichkeit ein Weg sein kann, mit Schmerzen umzugehen, und dass ich in meiner Seelsorgeerfahrung gesehen hätte, dass Menschen zuerst oft den Friedens Gottes erfahren müssen, bevor sie in der Lage sind, der Wirklichkeit ins Auge zu sehen oder sich an die schrecklichen Ereignisse, die sie verdrängt haben, zu erinnern. Die Predigt war kurz, damit genügend Zeit für das Abendmahl blieb. Evelyn und andere kamen nach vorne – nicht nur um das Abendmahl zu empfangen, sondern auch um in einer Zeit des Segnens von Gott eine »Gabe des Friedens« zu erhalten. Sie erzählte später, dieser Gottesdienst sei zu einem Wendepunkt geworden; sie habe damals begonnen, eine neue Realität zu sehen: »Ich war immer auf der Suche nach einer Lösung für meine Probleme gewesen, nach einem Schlüssel, der meine Stimmungen ändern und mir helfen würde, den Sonnenschein zu sehen, und der auch meiner Stimme wieder einen lebendigen Klang verleihen würde. Ich war auf der Suche nach einer Lösung, nach einem ›etwas‹, bis ich erkannte, dass die gute Nachricht von Jesus anders war; dass Gott dahin kommt, wo wir sind, auch wenn die Umstände schwierig sind. Ich begann zu verstehen, dass das Leiden Jesu nicht nur seine Geschichte war, sondern ein historisches Gleichnis, das meinem Leben eine Bedeutung gibt. Es ist ein Bild dafür, was wir als Menschen leiden können – und er versteht uns. Der Schalom Gottes half mir, lebendig zu werden.«

Evelyns Periode der Reifung folgte den Hauptstufen der menschlichen Entwicklung: Säuglingsalter (die zeitliche Abwesenheit von Verantwortung); Kindheit, in der sie die grundlegenden Lebensfertigkeiten erlernte; Pubertät und die dazugehörende Rebellion, Kind und gleichzeitig Erwachsener sein zu wollen; die Zeit der Adoleszenz, mit ihren unsicheren Schritten, allein in ihre Wohnung zurückzukehren – mit einem vagen Glauben, dass das Erwachsensein folgen würde.

Diese Stufen waren in gleicher Weise auch für die Entwicklung ihres religiösen Lebens von Bedeutung: die Sicherheit des institutionellen Umfelds der Religion; dann die Freiheit, ihre Glaubenswerte einer kritischen Prüfung zu unterziehen, wobei ihr die offenen Gespräche mit ihren Seelsorgern halfen; schließlich die geistlichen Erfahrungen eines jungen, reifen Menschen, der sich seinem Glauben hingibt.[3]

Im Rückblick kam zum Vorschein, dass es in Evelyns spannungsgeladener Jugend an grundlegender Sicherheit gemangelt hatte, was sie der Fähigkeit, bedingungslose Liebe zu geben und zu empfangen, beraubte. Sie wurde nie sicher genug, die Prinzipien ihrer Mutter zu hinterfragen sowie eine gesunde Kritikfähigkeit und ein eigenes Wertesystem zu entwickeln. Was sie an Seelsorge und Unterstützung empfing, war wie eine Art Prozess, neue Eltern zu bekommen. Dies ermöglichte ihr nicht nur, eine grundlegende Sicherheit zu erleben, sondern war auch die Gelegenheit für ein tiefgründiges geistliches Fragen, durch das sie als »emotionaler Teenager« gehen musste. Mit der Zeit half ihr dies, einige sehr reife Entscheidungen in Bezug auf ihre persönliche Beziehung zu Gott zu treffen.

Die Kraft der Gabe des Friedens

Evelyn hatte den Vorteil, geduldige Seelsorger zu haben, die nicht aufgaben. Als diese nicht mehr weiterwussten, taten sie einfach das, was ihnen am sinnvollsten erschien. Erst später entdeckten sie, dass viele ihrer Schritte von Gott geleitet waren. Evelyn wurde in gewisser Weise zu einem Lehrer für sie, so dass sie sich heute mehr denn je bewusst sind, was sie tun. Als ich diese Leute kennen lernte, erkannte ich in ihnen auch eine Qualität, die wahrscheinlich die Grundlage ihrer Effektivität war. Sie waren Menschen mit der Gabe des Friedens.

Auch Tina erlebte, dass sich eine »Türe der Hoffnung« auftat. Sie bat ihre Seelsorger um eine konzentrierte Zeit des Gebets und Segnens. Als sie das taten, wurde Tina sich der Gegenwart Gottes bewusst. Man riet ihr, sich Zeit zu lassen. Sie konnte sich nicht helfen, aber sie spürte den immensen Unterschied zwischen dem Frieden dieses Moments und dem Chaos der Vergangenheit. Dies hatte zur Folge, dass ihre Aufmerksamkeit automatisch von Jesus weg und hin zu ihrem Schmerz driftete. Als die Seelsorger das bemerkten, ermutigten sie sie, von ihren Knien aufzustehen. Kommen schmerzliche Erinnerungen an die Oberfläche, ist es besser, zuerst zu lernen, in den Frieden Gottes zurückzukehren. Nur wenn man weiß, wie man sich diesem Frieden zuwenden kann, ist es sinnvoll, solche Erinnerungen hochkommen zu lassen.

Während einer anderen Seelsorge- und Gebetszeit erkannte Tina von neuem: Ich bin nicht allein; der Herr ist hier. Dann fühlte sie sich stark genug, den Tatsachen direkt ins Auge zu blicken. Sie durchlebte noch einmal den Vorfall der Vergewaltigung. Es war das erste Mal, dass sie fähig war, darüber zu trauern und ihren Schmerz und ihre Qual zuzulassen. An diesem Tag ging sie »um Tonnen erleichtert« nach Hause. Einige Tage später erzählte sie, sie erlebe auch ein ziemlich nichts sagendes Gefühl, nicht gefühllos, sondern eine Art Gleichgültigkeit. Sie brauchte einige Zeit, um zu verstehen, dass der Friede Gottes ihre intuitiven, sehr sensiblen und ängstlichen Reaktionen abgeschwächt hatte. Sie war nicht mehr so verspannt. In einer anderen Gebetszeit durchlebte sie die Vergewaltigung von neuem; diesmal aber sah sie das Geschehen vor sich wie auf einem Fernsehschirm. Sie fühlte sich stark genug, das Bild zu vergrößern. Dabei hob sie automatisch ihre Hände, um ihren Hals zu schützen; sie krümmte sich und stöhnte vor Schmerz. Als man ihr half, eine »Stereo-Erfahrung« der Gegenwart und des Schmerzes zu haben, entspannte sie sich. Dabei wurde eine Art »Deckel« von noch tieferen Verletzungen von ihr genommen, die, wie wir später verstanden, von ihrer frühen Kindheit herrührten. Wir mussten nicht in die Einzelheiten gehen. Sie erlebte Wellen von Schmerz, Übelkeit und Scham ohne irgendwelche Bilder oder Erinnerungen, einfach nur Gefühle. Wir segneten sie weiter und ermutigten sie, KEINE Bilder zu formen, diesen Gefühlen kein Gesicht zu geben, sondern einfach abzuwarten, ob sich irgendwelche Bilder von selbst zeigten. Es kamen keine und wir suchten auch nicht länger danach. Später berichtete Tina von einer neuartigen, inneren Ruhe und davon, dass einige unzusammenhängende Erinnerungen zum Vorschein gekommen seien, die sie mit ihren Familienmitgliedern überprüfen konnte. Sie waren exakt. Sie lernte, auch damit zurechtzukommen. Irgendwie hatte sie gehofft, es würde sich bei diesen vagen Gefühlen nur um Fantasien handeln. So war es schmerzlich, zugeben zu müssen, dass sie real waren.

Obwohl zwei Mitglieder des Seelsorge-Teams Berufsseelsorger waren, hatte zu diesem Zeitpunkt der Laienseelsorger das größte Einfühlungsvermögen, diese junge Frau zu dem Gott des Friedens zu führen. Natürlich brauchte es Zeit, bis die Auswirkungen dieses Friedens zu sehen waren. Sie hatte ein Prinzip gelernt, wie man sich Schmerz stellen kann, benötigte aber noch eine Phase der neuen Elternschaft. Wir hatten gedacht, sie sei vor der Vergewaltigung eine ziemlich gut zurechtkommende junge Frau gewesen, mussten aber entdecken, dass die Vergewaltigung andere Thematiken ans Licht brachte, von denen sie ursprünglich gedacht hatte, sie würde damit umgehen können. Nun kamen alte Verletzungen mit voller Wucht zurück: ein emotional abwesender Vater, eine dominante Mutter und ein Bruder, der sie oft geschlagen hatte.

Gottes Friede berührt tiefe Verletzungen

Tinas Begegnung mit dem Gott des Friedens half ihr auch, mit ihren ständigen Nackenschmerzen fertig zu werden. Aus der Gedächtnisforschung geht hervor, dass unklar ist, wo Erinnerungen lokalisiert sind. Wir wissen aber, dass tiefe Traumen oft eine direkte Verbindung zu bestimmten Körperteilen aufweisen. Der Körper erinnert sich an Ereignisse, Berührungen und Gerüche. Ist das der Grund, weshalb Jesus in seinem Ansatz so physisch war? Als er über das Königreich Gottes sprach, gab er mehr als Worte weiter; er demonstrierte auch die Kraft Gottes. In beinahe 70 % von allem, was wir über Jesu Wirken lesen, ist eine physische Berührung eingeschlossen. Irgendwie wurde als Folge davon die Realität der Kraft Gottes offenbar. Es kann sein, dass z. B. die Erfahrung einer tiefen Stille gemacht wird, während der es schwer ist, sitzen zu bleiben, und bei der es bequemer und ehrfürchtiger zu sein scheint, sich hinzuknien oder hinzulegen (wie in Psalm 23). Ich habe auch erlebt, wie durch ein einfaches, auf Jesus ausgerichtetes Gebet der Friede Gottes tiefe Spannungen löste. Solche Erfahrungen scheinen sich so auszuwirken, dass in diesen Momenten auch tiefe Gefühle berührt werden – Gefühle, die ein Mensch auf keine andere Weise ausdrücken kann und die auch durch Worte nicht erreichbar sind. Manchmal war es eine überwältigende Stille und ein übernatürlicher Friede, manchmal ein Aufleuchten des Lebens, manchmal eine tief empfundene Traurigkeit, zusammen mit einem ebenso tiefen, physischen Schmerz, und manchmal der Eindruck, als würden Wellen physischer Stärke einen elektrisch aufladen.

Dieser Ansatz des Segnens hat sich in Situationen als hilfreich erwiesen, in denen man nicht gut genug kommunizieren kann (mit Kindern, über kulturelle Grenzen hinweg oder bei so tief gehenden Traumen, dass sie zum gegebenen Zeitpunkt nicht mitgeteilt werden können). Berührt der Gott des Friedens den Körper, erhält man eine ganz neue Einsicht in das Geschehene, einen Paradigmenwechsel. Wir können dann z. B. sagen: »Einer neuer Zeitabschnitt hat begonnen; ich bin eine neue Schöpfung;[4] ich bin anders geworden; ich bin ein Tempel des Heiligen Geistes;[5] der Herr lebt in mir!«

Gottes Friede und unerklärliche Angst

Sowohl Evelyn als auch Tina berichteten uns von Zeiten, in denen Wellen unerklärlicher Angst über sie kamen. Dies kann meiner Beobachtung nach auch im Anschluss an eine Erfahrung mit dem Frieden Gottes passieren. Zuerst empfindet man eine Sicherheit, der dann Wellen der Angst folgen.

Dies war mir so lange ein Rätsel, bis das Feedback, das ich bekam, für mich einen Sinn zu machen begann. Manche erlebten es wie folgt: Die Erfahrung von Gottes Frieden führte sie zurück zu dem Bewusstsein von Frieden, das sie *vor* dem ersten Trauma hatten. Dann hatten sie das Gefühl, zeitlich zurückversetzt zu sein, kurz bevor »es« passierte. Eine Person drückte es so aus: »Es war, als wäre ich wieder sechs Jahre alt gewesen. Ich wollte erwachsen werden; ich musste mich dem stellen, was mir in dieser Zeit passiert war, oder stehen bleiben.« Plötzliche Erinnerungswellen, »Schatten der Vergangenheit«, werden als real erlebt. Dies nochmals zu durchleben ermöglicht einer Person, auf den Missbrauch auf neue Art zu reagieren. Die unangenehmen Gefühle der Hilflosigkeit werden durch ein neues Bewusstsein von Zorn sowie die Kraft, zu den Bildern »nein« zu sagen und ein anderes Szenario zu wählen, überwunden. Auf diese Weise werden die Schwachen stark!

Psychotherapeuten, die meine Notizen gelesen haben, weisen oft darauf hin, dass ihnen viele meiner Ansätze bekannt seien. Auch sie helfen Menschen, die Vergangenheit nochmals zu durchleben, oder erzeugen, wie es bei einigen der Fall ist, durch Hypnose einen »inneren Ort des Friedens« als Zufluchtsort für den Fall, dass Gefühle überhand nehmen. Der Unterschied, den ich im Ansatz des *mächtigen Friedens* dazu sehe, ist, dass wir keine gedanklichen Kräfte verwenden müssen, um jemand in einen hypnotischen Zustand zu führen. Wir müssen auch nicht schmerzlich in der Vergangenheit herumstochern. Als christliche Seelsorger können wir von den sehr mächtigen Bildern des christlichen Erbes profitieren. Nicht, indem wir uns den Anweisungen eines Hypnotiseurs ausliefern,[6] sondern indem wir auf das Wort Gottes reagieren, kann es zu einer Erfahrung der Gegenwart Jesu kommen,[7] der uns Frieden als ein Geschenk gibt. Um diese biblische Wahrheit in eine persönliche Situation zu übertragen, sind mächtige Metaphern verfügbar, wie z. B. die »grünen Auen« von Psalm 23 oder die »Flügel Gottes« aus Psalm 91 – Gott als Taube, die uns mit ihren Flügeln bedeckt. Ist jemand sich dann dieser Gegenwart bewusst, kann er lernen, diesen von

Jesus bereitgestellten »inneren Platz der Sicherheit« zu nutzen. Es ist dieser Friede, der einem Überlebenden ermöglicht, den Tatsachen ins Auge zu sehen, wenn diese nach und nach von selbst zum Vorschein kommen, ohne dass man selbst danach gräbt. Dadurch behalten die Hilfesuchenden die volle Kontrolle und Laienseelsorger müssen sich nicht bemühen, den »Psychiater zu spielen«, und Ereignisse aus der Vergangenheit auszugraben.

Diese Beispiele und meine Erklärung werfen natürlich die Frage auf: »Kann jemand wirklich anderen dabei helfen, eine solche Manifestation Jesu zu erleben?« Gibt es etwas, das wir tun können, um einem Menschen zu helfen, diesen mächtigen Frieden zu erleben? Wie empfängt man ihn und wie gibt man ihn weiter? Im nächsten Kapitel möchte ich versuchen, auf diese Fragen einzugehen.

Anmerkungen

[1] In den dreißig Jahren meines Seelsorgedienstes stellte ich viele Gründe fest, weshalb jemand bei mir um Hilfe nachfragte. Davon waren nicht alle akzeptabel! Manche dachten, sie wüssten, was ich sagen würde, und wollten meine Ansicht für etwas benutzen, was sie sich nicht selbst zu sagen wagten. Andere waren sicher, ich würde sie ablehnen, und genau das brauchten sie zu diesem Zeitpunkt auch. Dann gab es noch diejenigen, die sich als hoffnungslos betrachteten und sicher waren, dass nicht einmal ich ihnen würde helfen können. An diesem Punkt hat es meiner Meinung nach die Seelsorge schwerer als die psychologische Beratung. Als Seelsorger können wir keinen neutralen Standpunkt einnehmen. Es gibt moralische Fragen, mit denen man sich auseinander setzen muss. Wie das geht, ohne selbst missbrauchend zu werden, ist ein noch größeres Problem. Das Beispiel und die Worte Jesu, ein Diener zu sein und ein echtes biblisches Dienerherz zu haben, waren mir darin eine Hilfe. Hier sind wir zuerst Diener des Herrn und seiner Wahrheit und nicht nur Menschen gefällig (Gal. 1,10).

[2] Röm. 12,1–2

[3] Gerald W. Hughes bezieht sich in *God of Surprises* (S. 11) auf diese Phasen im Werk von Von Hugel, *The Mystical Element in Religion.*

[4] Vgl. 2. Kor. 5,17

[5] Vgl. 2. Kor. 6,19

[6] Wie ich schon zuvor feststellte, müssen säkulare Helfer verstehen, dass viele Christen über den Einsatz hypnotischer Kräfte besorgt sind, selbst wenn dies zu positiven Ergebnissen führt. Für viele handelt es sich um eine »Grauzone«, die ins Okkulte hineinreicht. Nicht deshalb, weil der Hypnotiseur als »im Dämonischen aktiv« angesehen wird, sondern weil ein Sich-Ausliefern an die geistigen Kräfte anderer ein Tor zu unsichtbaren Mächten öffnen kann, deren sich weder der Therapeut noch der Klient bewusst sind. Schlägt ein Therapeut einem Christen einen solchen Ansatz vor, kann er einen ziemlichen Widerstand erwarten.

[7] Mt. 18,19.20

10

Mächtiger Friede

Meine persönliche Begegnung mit dem mächtigen Frieden

In einem Dorf in Nordost-Thailand wurde ich Zeuge davon, wie eine fürsorgliche Familie versuchte, einem Mann, der bei einem Autounfall auf wundersame Weise dem Tod entronnen war, die »innere Ruhe« wieder zu geben. In der »Sukwan-Zeremonie«[1] erweisen Verwandte dem Opfer eines schweren Traumas oder einer ernsthaften Krankheit ihre Liebe und ihren Beistand. Alles, was diese bäuerlichen Thais tun, hängt mit der Angst vor bösen geistlichen Mächten und deren Auswirkungen zusammen. Deshalb spielt auch die Besänftigung dieser Geister eine Rolle. Bei dieser Zeremonie geht es jedoch darum, dass ein Opfer zu einer inneren Ruhe gelangt. Sie findet zu Hause statt und es wird dazu kein »Fachmann von außen« benötigt, wie z. B. ein buddhistischer Priester oder ein Medizinmann. Da die geistliche Welt mit einbezogen wird, weigern sich die meisten thailändischen Christen, an solchen Zeremonien teilzunehmen.[2] Wir spürten ein großes Bedürfnis nach etwas Ähnlichem, das, unter Ausschluss einer solchen Geisterbeschwörung, Fürsorge und Anteilnahme ausdrückt. Die Antwort auf unsere Suche entwickelte sich schließlich in der Praxis, ohne dass wir es richtig geplant hätten.

Zu meiner seelsorgerlichen Arbeit gehörte meist auch die Beratung von Familien. Die sehr dünnen, aus Blättern und

Bambus bestehenden Wände der Dorfhäuser lassen jedoch kein großes Privatleben zu, weshalb Ehestreitigkeiten von anderen leicht wahrgenommen werden. Kam ich dann, um Rat zu geben, hörten auch die Nachbarn mit. Die Beratung schloss natürlich auch ein Gebet mit ein. Hinterher kamen dann nichtchristliche Dorfbewohner zu mir, um ihre Eindrücke zu dem zu geben, was sie gehört hatten. Als sie im Laufe der Zeit ebenfalls um Gebet baten, fragte ich sie, ob sie Christen werden wollten. Ihre Antwort darauf war normalerweise: »Nein, aber ich habe so ein gutes Gefühl, wenn du betest.« Das machte mir Sorgen. Meinem reformierten Hintergrund wäre es lieber gewesen, sie hätten sich sündig gefühlt und wären dann durch meine Gebete Gott begegnet. Ich fragte mich, ob in meiner Präsentation wohl etwas fehle. Daraufhin las ich, dass Jesus Menschen gesegnet hatte, dass auch die Jünger ausgesandt worden waren, um, wie er, zu segnen, ja, wir alle seien zum Segnen berufene »königliche Priester«. Dieses Segnen bedeutet, das Leben Christi in uns durch Wort und Tat mit anderen zu teilen. Auf diese Weise machte ihnen mein Gebet Gottes Schalom, seine Güte, als möglichen Ausgangspunkt für einen persönlichen Glauben in Christus bewusst.[3] Ich lernte dadurch, darauf zu achten, was Gott in Menschen, die ihren Glauben an ihn (noch) nicht bekennen, schon getan hat. Mit der Zeit lernte ich, die Entscheidung, jemanden zu segnen, etwas bewusster zu treffen, und versuchte, die richtigen Leute zu finden.[4] Nach meiner Rückkehr in die Niederlande verlor ich in diesem anderen Seelsorgeumfeld den »Segnungsaspekt« und die große Auswirkung, die er haben kann, für eine gewisse Zeit aus den Augen. Dann passierte es, dass ich selbst mit der Bedeutung des Verses: »... der Gott des Friedens, der in unserem Geist, unserer Seele und unserem Leib wirkt«, in Berührung kam.[5] Er ist ein Ausdruck dessen, dass Gott uns berühren und heilen möchte. Als zuvor verborgene Traumen aus dem Zweiten Weltkrieg zum Vorschein kamen, befähigte mich der Friede Gottes, sie aufzuarbeiten. Der Psychologe Erickson bemerkte einmal, solche persönlichen Veränderungen beeinflussten nicht nur die Art der Tätigkeit, die man als Therapeut ausübe; auch andere könnten dies »riechen«. Plötzlich stünden sie auf unserer Türschwelle und benötigten die gleichen Veränderungen. Dies passierte auch mir, als ich die geheime Welt des frühen sexuellen Missbrauchs entdeckte. Im Laufe der Zeit legte ich meinen Schwerpunkt auch wieder darauf, Menschen bewusst zu segnen, ihnen den Schalom, den gnädigen Frieden Gottes weiterzugeben. Daraus entwickelte sich allmählich der Dienst, den ich *mächtiger Friede* nenne.

Welche Art von Frieden suchen wir?

Innere Ruhe oder »Friede« ist, wie wir schon zuvor gesehen haben, einer der universellen Werte, die allen Menschen gemein sind. Thailändische Christen wollten »Ruhe« nicht durch das Beschwören von Geistern oder Dämonen erreichen. In der westlichen Welt müssen wir auf ähnliche Weise hinterfragen, was die Quelle unseres Friedens ist. Durch die Einwanderungswellen aus nichtwestlichen Ländern und den Import hinduistischen Gedankenguts strömen eine große Vielfalt von Werten aus vielen Kulturen zu uns. Die westlichen Kulturen sollten ihre christlichen Wurzeln nicht verleugnen. Aus kultureller Sicht müssen wir uns deshalb fragen, was es im Christentum gibt, das uns helfen kann, Antworten auf unserer Suche nach Frieden zu finden. Diejenigen, die sich als gläubige Christen bekennen, sollten um so mehr die Schätze, die der Glaube an Christus bietet, nutzen. Wir können uns dem großen Missionar Paulus zuwenden und beobachten, wie er seinen Dienst des Friedens in einer Zeit religiöser Konflikte und der Einführung des christlichen Glaubens ausübte.

Wie präsentierte der Apostel Paulus den Frieden?

Wie ich schon zuvor bemerkte, stellt der Apostel Paulus den Begriff des Friedens auf mindestens zwei verschiedene Weisen vor:

1. *Gnade und Frieden:* Hier wird der Begriff des Friedens durch den Begriff der Gnade eingeleitet. Beide Worte sind seine Signatur, sein *Exlibris*, das Kennzeichen seiner Handschrift. Dies finden wir in der Einleitung zu allen seinen Pastoralbriefen.
2. *Gerechtigkeit, Friede und Freude:* Hier ist er von zwei anderen Begriffen umrahmt: Gerechtigkeit und Freude durch den Heiligen Geist.

Es ist wichtig, »Friede« auf diese Weise zu präsentieren, da ein Wort das andere beeinflusst. Gnade bezieht sich auf Gottes Verheißungen. Es wurde entschieden, uns *nicht* nach unseren Taten, sondern nach seiner Gnade zu behandeln, die durch Jesus zu uns kommt. Der auf der Verheißung (oder dem Bund) basierende Friede kommt zuerst. Glücklich sein ist eine Stimmung, die darauf folgen kann.

Einer der Hauptgründe, weshalb Menschen Frieden suchen, ist, dass sie glücklich sein möchten. Die Bibel zeigt uns einen etwas anderen Weg: Treue ist wichtiger als glücklich sein. Als ich das erkannte, wurde mir plötzlich klar, weshalb so viele Frieden suchen, aber so wenige ihn zu finden scheinen. Es ist schwer zu erklären, was »glücklich sein« ist. Es ist ein Wort, das man mit Geld vergleichen kann. Es gibt eine Inflation oder eine Entwertung. Sein Marktwert ist nicht stabil. Treue, auf der anderen Seite, kann gemessen werden. Es gibt Vereinbarungen, die wir treffen können, und Versprechen, die wir halten können. Beachtet jemand die Treue, so kann er sagen: »Ich habe mein Wort gehalten«, auch wenn er während dieser Zeit nicht glücklich ist. Aber es befriedigt. Freude ist eine Stimmung, die man mit Musik vergleichen kann. Treue ist dann das Musikinstrument. Der Klang, den es produziert, ist für eine kurze Zeit »glücklich sein«. Freude unterscheidet sich von glücklich sein, da es im biblischen Kontext mit einer Beziehung verknüpft ist. Paulus präsentiert Freude als etwas, das Gerechtigkeit und Frieden nachfolgt. In anderen Worten: Sucht man Frieden, wird er schwer zu finden sein. Friede ist ein Nebenprodukt von etwas anderem: eine Beziehung zu einem gnädigen Gott zu haben, der uns bedingungslos liebt. Gott, der Schöpfer, wünscht sich eine persönliche Beziehung zu uns. Durch den Sündenfall und die Art und Weise, wie die Sünde in die Welt kam, sind wir alle wie Schnittblumen: schön, aber sterblich. Deshalb schuf Gott einen anderen Weg der Wiederherstellung. Jesus kam, um die Trennung zwischen Schöpfer und Schöpfung zu überwinden. Diese Überwindung kann man mit dem Verbinden verschiedener Elektrizitätssysteme mittels Transformatoren vergleichen. Als Gott und Mensch wurde Jesus zu diesem Transformator. Da er kommt, um in uns zu leben, ist sein Friede da, auch wenn wir dies nicht immer spüren. Friede ist kein »Es«, sondern ein »Er«!

Gnade und Frieden für Überlebende

Ein Leben in der »Kultur der Missbrauchten« führt zu einer unnormalen moralischen Entwicklung, einer verwirrten Wertewelt sowie zu Schuldgefühlen und Scham. Die Werte müssen völlig neu geeicht werden. Die Missbrauchten wuchsen mit bedingter Liebe auf (»Wenn du das tust, bist du ein nettes Mädchen«) oder sie wurden still und heimlich belohnt bzw. man war freundlich zu ihnen, wenn sie alles mitmachten. Gnade sagt: »Wir lieben dich ohne Bedingung.«

Friede als Gabe und als Frucht

Für mich hat der Friede, den Jesus gibt, zwei Quellen: Friede als Gabe und Friede als Frucht. Die Gabe gibt es umsonst. Wir müssen nichts weiter tun, als sie annehmen. Gläubige und Ungläubige sind gleichermaßen eingeladen, zu Jesus zu kommen und dieses Geschenk zu empfangen, ohne jegliche Anforderung, zuerst etwas zu tun, sein Verhalten zu ändern. Jesus schenkt es uns einfach. In schwierigen Situationen kann sich auch ohne Gebet plötzlich eine Ruhe einstellen. Ein Bewusstsein der Gegenwart Gottes kann die Aufmerksamkeit auf neue Lösungen lenken. Dieser Friede oder »Christus am Wirken« kann auch in der Evangelisation beobachtet werden. Wenn unser Maranatha-Gebet beantwortet wird und sich Gottes Friede manifestiert, können Ungläubige dem Evangelium zuhören, ohne unter der Drohung von Verdammnis oder Gericht zu stehen. Sie können dann im Stillen die Ansprüche Jesu in Bezug auf ihr Leben bedenken.

Friede als Frucht hängt von einer persönlichen Beziehung zu Jesus ab. Eine solche Beziehung haben zu dürfen, ist ebenfalls Gnade, ein Zeichen von Gottes bedingungsloser Liebe. Friede als Ergebnis dieser Beziehung ist eine der Perlen des Evangeliums. Es ist eine Verheißung für Überlebende eines Missbrauchs, die zwar vom Verstand her wissen, dass sie nicht schuldig oder schlecht sind, sich aber emotional so verantwortlich, schmutzig und belastet fühlen. Die Verheißung, dass Gott in uns arbeitet und uns ändert, ist wie ein Magnet. Sie kann uns vorwärts, in die Zukunft ziehen, so dass der in der Vergangenheit erfahrene Missbrauch nicht mehr der zentrale Punkt unseres Lebens bleiben muss.

Überlebende mit dem Frieden bekannt machen

Wie können wir »dem Frieden nachjagen«, wozu uns der Schreiber an die Hebräer[6] ermutigt? Eine Möglichkeit, die ich hilfreich fand, wenn Überlebende diesen Frieden suchten, hängt mit einer besonderen Gabe zusammen, die wir in der Schöpfung finden. Jeder Mensch hat die Gabe der hohen Konzentration, die Fähigkeit, sich auf eine Sache auf

Kosten einer anderen zu konzentrieren. Um Geld für meine Missionarsausbildung zu verdienen, arbeitete ich einmal in einer Bäckerei. Eines Tages, am frühen Morgen, fragte der Bäcker: »Teo, bist du verliebt?« Ich war schockiert. Woher wusste er es? Ich war gerade eifrig dabei, Teig in die Backformen zu legen. Zuerst musste ich einen Teigklumpen nehmen und auseinander ziehen, danach falten und schließlich in eine Form legen. Ich sah ihn an, wie er grinste und auf den Teig zeigte: »Du hast dieses Teigstück nun schon seit über zehn Minuten gezogen und geknetet ...« Ich war »hoch konzentriert« mit ewas anderem beschäftigt gewesen und er hatte Recht!

Diese Gabe der Konzentration ist eine Fähigkeit, selbst zu bestimmen, wie intensiv und in welchem Ausmaß wir uns einem Thema oder einer Person widmen wollen. Sie hat meiner Meinung nach ihren Ursprung im Wunsch Gottes, ihm all die Aufmerksamkeit zu geben, die wir ihm gerne geben würden, d. h. uns auf ihn zu konzentrieren und ihm unsere Liebe zu schenken.

Ein Kind, das den überwältigenden Gefühlen einer Todesgefahr ausgesetzt ist, kann sich diese Gabe der Konzentration als Ausweg zu Eigen machen und dadurch mit der Zeit das Gefühl entwickeln, es befinde sich irgendwo anders. Dies kann zu einer Gewohnheit werden, einem vorgegebenen Verhaltensmuster, das Psychologen »Disassoziation« nennen. Es ist eine Möglichkeit, »Frieden zu erzeugen«.

Diese Fähigkeit, Frieden zu erzeugen, der Realität zu entfliehen, kann ein guter Ausgangspunkt dafür sein, den Schalom-Frieden einzuführen, der Realität von Gottes Frieden als einer Art Decke, in die man sich einhüllen kann, eine Art Schutz, der die schmerzlichen Realitäten verblassen lässt, wenn Jesus »hereinkommt«. Irgendwo tief in unserem Innern, »dem Allerheiligsten« unseres Tempels, können wir mit der Gegenwart Gottes so sehr erfüllt werden, dass wir uns von den schmerzlichen Erinnerungen lösen und damit stärker an den Herrn klammern können. Das wird dann zu einem geistlichen Zufluchtsort mitten in schrecklichen Realitäten.

Ein christuszentriertes Evangelium als Anker für religiöse Erfahrungen

Religiöse Erfahrungen können sehr verzaubernd, ja sogar versklavend sein. Man kann süchtig werden nach religiösen Erlebnissen. Nicht ohne Grund beobachtete Karl Marx, dass die Religion als das Opium des Volkes fungiert. Aus Angst vor Exzessen tendieren kirchliche Leiter dazu, religiöse Erfahrungen nicht allzu sehr zu beachten. *Mächtiger Friede* als Fluchtweg aus der Realität darzustellen, wäre genau das, was ich *nicht* vorschlage. Wie kann man die Realität eines »In Gott ruhen«, eines »Sich in Gottes Gegenwart bergen« fördern, und trotzdem mit vollem Bewusstsein in dieser Welt bleiben? Die folgenden Themen können als Markierungen auf dem gefährlichen Weg subjektiver Erfahrungen dienen. Wenn wir wissen, wie wir innerhalb dieser Markierungen bleiben können, kann unsere Fahrt in der Tat sehr erhebend sein. Tun wir dies nicht, kann es uns wie Vielen in der Kirchengeschichte gehen, die sich von subjektiver Erfahrung leiten ließen und tödliche Lektionen lernen mussten. Folgende Ansätze waren mir in meinem Dienst, in dem Emotionen eine große Rolle spielen, eine Hilfe:

1. Die grundlegende Frage des Ratsuchenden und die Grundfrage Gottes sind nicht immer dieselben

Ein Ratsuchender kommt normalerweise mit einer bestimmten Not, weshalb die Versuchung nahe liegt, sich auf diese gegenwärtige Not zu konzentrieren. Als Seelsorger sind wir allerdings nicht nur auf den Klienten ausgerichtet, sondern wenden uns zusammen an Gott. Seelsorge beginnt immer mit der grundlegenden Prämisse »Im Namen des Vaters, des Sohnes und des Heiligen Geistes«. Um eine Perspektive zu bekommen, benötigen wir Licht. Bitten wir um die Gegenwart

Gottes als Ausgangspunkt, dann versetzt das Hilfesuchende und Helfer in dieselbe demütige Lage.

2. Mit einer Haltung der Anbetung beginnen

Die bewusste Entscheidung, anzubeten, kann uns dafür öffnen, »unsere Wellenlänge auf das Heilige einzustellen«, d. h. Gott dafür anzubeten, wer er ist. Eine hohe Konzentration auf den Herrn (»Richtet Eure Augen auf Jesus«, sagt der Schreiber an die Hebräer), kann uns helfen, uns für eine gewisse Zeit von den Dingen um uns herum abzuwenden. Eine gute Möglichkeit, damit zu beginnen, ist, einen der Namen Gottes zu nehmen, darüber nachzusinnen und unsere Wertschätzung für sein Wesen oder seinen Charakter auszudrücken. Dies hilft insbesondere in einer geistlich finsteren Zeit, wenn Gott der im Universum am weitesten Entfernte zu sein scheint.[7]

3. Gott für das anbeten, was er schon in uns getan hat

Von der Anbetung einer der Namen Gottes können wir uns dann dem zuwenden, was dieser Name für uns heute bedeutet. Wir können z. B. über Gottes Treue im Allgemeinen nachsinnen, auch wenn das im jetzigen Moment keinen Sinn zu ergeben scheint. Danach können wir uns den Zeiten zuwenden, in denen wir seine Treue in unserem Leben gesehen haben, und ihm zumindest dafür danken.[8]

4. Sich dessen bewusst sein, dass es »Stereogefühle« geben kann

Jeder von uns kennt Momente, in denen er mehr als ein Gefühl erlebt. Wir können z. B. zugleich traurig und wütend oder betrübt und glücklich sein. Der Friede Gottes kann sich zu einem Zeitpunkt sehr deutlich offenbaren, während wir zur selben Zeit wegen einer Tragödie tief verletzt sind. Ich wähle bewusst das Wort »offenbaren«, da Jesus uns dies versprach, wenn wir zum Gebet zusammenkommen würden. Wie sich dieses Offenbaren dann äußert, ist von der Kultur abhängig. Manche tanzen dann, andere werden still.

5. Lernen, sich trotz unserer eigenen ernsthaften Nöte und der Nöte unserer Mitmenschen fest auf den Frieden Gottes allein zu konzentrieren

Viele Menschen sind auf die eine oder andere Art süchtig, da Sucht oft die Funktion eines Schmerzmittels hat. Sie lenkt die Aufmerksamkeit von einem Problem ab. Es gibt anstößige Süchte, wie z. B. offene Drogenabhängigkeit, Alkoholismus oder offene Sinnlichkeit, und es gibt sehr »nette« Süchte, wie z.B. verborgene Sexsüchte, Arbeitssucht und Materialismus. Dem Gott des Friedens zu begegnen, heißt aber, in das Licht Gottes hineinzutreten und sich den Tatsachen zu stellen. Das ist oft zu viel verlangt. Deshalb ermutige ich zuerst dazu, unabhängig von den Nöten, die einen umgeben, eine Zeit lang nur den Frieden Gottes zu suchen.[9] Man kann dies tun, indem man vereinbart, das Gebet eine gewisse Zeit zu unterbrechen, falls schmerzliche Erinnerungen hochkommen. Dann kann man sich wieder neu auf Jesus ausrichten. Praktisch kann das so aussehen, dass man sich für Zeiten der Stille entscheidet oder dass man den Ratsuchenden die Möglichkeit gibt, sich hinzuknien bzw. es sich auf einem Sofa bequem zu machen, und ihnen dann Zeit lässt, »einfach da zu sein«. Es geht darum, dass sie lernen, die Aufmerksamkeit vom Schmerz wegzulenken, bevor sie ihn dann bewusst an die Oberfläche kommen lassen, falls sie dies möchten. Dies gibt ihnen ein starkes Gefühl, alles unter Kontrolle zu haben, was für ihren Selbstschutz sehr wichtig ist.

Wollen Überlebende einen Gottesdienst besuchen, sollten wir sie ebenfalls dazu ermutigen, die Kontrolle zu behalten. Sie setzen sich gerne vor eine Wand, um den Rücken frei zu haben, und in die Nähe des Ausgangs. Überlebende, die sich in einem Heilungsprozess befinden, habe ich oft dazu angeregt, die Spannung in ihrem Innern zu beobachten und auf einem sicheren Niveau zu halten. Wird sie zu hoch, kann es besser sein, den Gottesdienst still zu verlassen und allein spazieren zu gehen. Ich ermutige sie auch oft, sich schon vorher zu überlegen, wie lange sie bleiben möchten. Wenn sie dann gehen, haben sie kein Versagensgefühl, dass sie nicht während des gesamten Gottesdienstes sitzen konnten, sondern das Gefühl, etwas erreicht zu haben.

Kleingruppen bzw. Hauskreise sind oft problematisch. Überlebende sind zwar gerne in Gesellschaft, mögen aber nicht die Nähe und insbesondere nicht das oft neugierige »evangelikale« Fragen. Wenn wir sie ermutigen, zu solchen Treffen zu gehen, ist es vernünftig, wenn sie einen Freund mitnehmen, der sie versteht und die Aufmerksamkeit auf ein anderes Thema lenken kann, falls dies nötig ist.

6. Bei emotionalen Schmerzen keine Eile an den Tag legen

Die Erfahrungen des Friedens und des Schmerzes können dazu führen, dass jemand in ein früheres emotionales Alter zurückgleitet. Bis dahin kann er lernen, dass der Friede Gottes das Herz und die Gedanken schützen kann. Dass jemand in ein früheres emotionales Alter zurückgleitet, zeigt sich manchmal auch daran, wie seine Stimme klingt und welchen Wortschatz er gebraucht. Während dieser Zeiten sollten wir etwas langsamer mit ihm sprechen.

7. Die Metapher des »silbernen Kästchens«

Ich erlebte auch Situationen, in denen es unmöglich war, auch nur zu glauben, jemand könne von einer bestimmten Erinnerung »geheilt« werden. Eine Mutter musste mit ansehen, wie ihr Kind brutal getötet wurde, während andere sie zurückhielten. Die Augen des Kindes, die Schreie waren noch so lebendig. Wie könnte sie jemals in der Gegenwart leben?

Manche Gräueltaten können nicht »geheilt« werden. Man muss sie »in ein silbernes Kästchen legen, zuschließen und den Schlüssel an Jesus übergeben«. Diese Metapher half mir, mit einigen schwierigen Dingen zurechtzukommen, denen ich mich hätte sonst nicht stellen können. An Jesus Gläubige haben den Vorteil solch mächtiger Bilder, wie sie die Psalmen 23, 91 und 131 ausdrücken. Sie können Jesus darum bitten, sich zwischen sie und die Vergangenheit zu stellen, so dass sie in der Gegenwart leben können!

8. Dienste an Missbrauchten benötigen eine gute Kenntnis biblischer Inhalte

Als ich mich mit den komplexen Emotionen von Überlebenden eines Missbrauchs befasste, wurde es mir immer wichtiger, theologisch präzise zu sein. Es ist nötig, sich mit wichtigen Fragen, wie z. B. »Wo ist Gott, wenn Menschen leiden?«, auseinander zu setzen. Ebenso muss man die Realität der Sünde und die biblische Lehre über Vergebung, Vergeltung, Strafe und Wiederherstellung durcharbeiten.

9. Mit Schmerz und Zorn leben lernen

Die beste Möglichkeit, »Religion als Schmerzmittel« zu vermeiden, ist, zu verstehen, dass wir in dieser Welt immer leiden werden. Selbst wenn unser soziales, emotionales, physisches und geistliches Wohlbefinden »perfekt« wäre, würden wir dem Schmerz dennoch nicht entgehen. Wenn wir uns von unserem Schmerz abwenden, bleibt immer noch der Schmerz Jesu, der uns eine vertraute Beziehung anbietet und uns darum bittet, mit ihm zu leiden. Er möchte seinen Schmerz mit uns teilen. Daraus schließe ich, dass Schmerz immer unter uns sein wird.

Wir können schmerzhaften Tatsachen in der Welt und im Herzen Gottes aus dem Weg gehen, wenn wir uns nicht mit unserem Zorn über die Ungerechtigkeit, der wir begegnen, auseinander setzen wollen. Ein Psychiater erzählte mir, er habe beobachtet, dass in Kirchen, in denen Zorn tabu war, kaum soziales Bewusstsein oder geistliche Leidenschaft vorhanden waren. Zorn ist ein guter Antrieb zum Handeln.

Unterschiedliche Reaktionsweisen auf den Frieden Gottes

Gott hat zwar versprochen, sich zu offenbaren, doch wird dies nicht von jedem in gleicher Weise erlebt. Genetische Unterschiede beeinflussen die Entwicklung unserer Persönlichkeit; dazu gehört auch, wie wir auf den Frieden Gottes reagieren. Daneben beeinflusst die Kultur, wie sich unsere Persönlichkeit äußert. Die Wissenschaft hat über diese beiden Aspekte, »angeboren oder anerzogen«, lange debattiert. Die Bewegung des Feminismus versuchte die Gleichbehandlung zu fördern, indem sie diese genetischen bzw. natürlichen Unterschiede minimierte. Eine Zeit lang war es sogar politisch inakzeptabel, über solche genetischen Auswirkungen auf die Persönlichkeit und die Leistung zu sprechen. In neuerer Zeit wurde uns stärker bewusst, wie Hormone sich auf die Entwicklung des männlichen Fötus auswirken. Auch später im Leben gibt es einen von unserer Hormonmischung abhängigen Unterschied. Männliche Personen haben, solange sie jung sind, in der Regel mehr männliche als weibliche Hormone. Bei Frauen ist es umgekehrt. Das männliche Hormon wird mit einem aggressiveren Verhalten verknüpft. Werden Männer älter, produzieren sie weniger männliche Hormone und neigen zu weniger Aggressivität. In ähnlicher Weise nehmen bei Frauen mit zunehmendem Alter die weiblichen Hormone ab, so dass sie mehr männliche Hormone produzieren und eine größere Aggressivität an den Tag legen.[10] Diese Hormonmischungen sind nicht bei allen gleich. Es gibt deshalb sowohl bei Männern als auch bei Frauen beträchtliche Unterschiede. Das bedeutet, dass manche Männer geistlich kaum etwas »fühlen«, wenn sie sich mit Frauen vergleichen. Dies kann zu Verwirrung, Schuldgefühlen und sogar einem Rückgang des geistlichen Interesses führen, da sie es nie zu schaffen scheinen. Meine Frage dabei ist: Wer bestimmt eigentlich den Standard? Ist es nicht eine andere Form davon, Männern das überzustülpen, was zurzeit in der weiblichen Kultur in Mode ist? Der Friede

Gottes ist kein Gefühl, sondern eine Person, deren Gegenwart sich auf unsere Persönlichkeit auswirkt. Diese Auswirkung kann unterschiedlich sein. Manche Männer sind einer karibischen Stahltrommel vergleichbar, während manche Frauen eher einer Harfe gleichen; jeder hat eine andere Anforderung an den Spieler, eine Reaktion zu erzeugen.

Mit Geist, Seele und Körper reagieren

Durch Anbetung kann der Friede Gottes zu einer Erfahrung für unser gesamtes Wesen, d. h. Geist, Seele und Leib werden. Ich glaube, dass Gott eine erzieherische Absicht hatte, wenn er über diese drei Aspekte unserer Persönlichkeit spricht.

Nach meinem Verständnis ist unser Geist der Teil unseres Seins, der einmalig, zeitlos und unabhängig von Alter, Geschlecht oder Kultur ist. Obwohl der Geist einzigartig ist, gibt es auch ein Gleichsein, eine Gleichheit.[11] Diese hat ihren Ursprung im Schöpfer. Auf Grund des Sündenfalls von Adam und Eva gibt es jedoch nicht automatisch eine vertraute Beziehung. Es gibt Leben, aber wie in Schnittblumen ist der Tod schon am Werk. Jeder, der die Gabe des Lebens »von oben« (Joh. 3,3) empfangen hat, hat eine spezielle Gleichheit: von oben geboren zu sein, denselben liebenden Gott heute als Quelle des Lebens zu haben. Wir können unser Sein mit einem Dreieck vergleichen. Durch Anbetung aktivieren wir unsere Geistseite, sich dem Allmächtigen zuzuwenden, wodurch aber automatisch auch die beiden anderen Seiten mit einbezogen werden.

Die Seele ist der Teil des Dreiecks, der sehr viel mit der Kultur, dem Geschlecht und dem Alter zu tun hat. Afrikanische und westliche Seelen drücken sich auf unterschiedliche Weisen aus. Ich glaube, dass dies der Bereich ist, wo wir Gott in großer Vielfalt anbeten. Beten wir Gott mehr aus der Seele heraus an, bedeutet das, dass wir für das, was er aus uns gemacht hat, Dankbarkeit zum Ausdruck bringen.[12] Wir können

Gott für unser Alter, für unsere Kultur und unser Geschlecht danken – und auch für die Tatsache, dass wir ihn dadurch auf unsere spezielle Art und Weise anbeten können. Konzentrieren wir uns bei der Anbetung auf den Geist, dann ist der Charakter Gottes der zentrale Punkt. Stellen wir die Seele in den Mittelpunkt, dann ist das, was Gott in und durch uns tun kann, das Wesentliche.

Der Körper ist der dritte Teil des Dreiecks. Er ermöglicht, dass die unsichtbaren Qualitäten des Geistes und der Seele sichtbar werden, hat aber auch seine eigene Funktion. So ist z. B. die Erinnerung sehr stark mit dem Körper verbunden. Lehrer wissen das, weshalb sie die Schüler eine Sache hören, sehen und tun lassen, damit diese etwas Neues lernen. Diese Erinnerungen können auch spontan sein; treffen wir z. B. eine Person, die uns viele Probleme bereitet hat, kann sich, noch bevor wir wissen, um wen es sich handelt, unser Magen verspannen. Eine Berührung, ein Geruch oder ein Geräusch kann uns sofort ein Ereignis wieder in Erinnerung rufen. Unser Körper beeinflusst unsere Emotionen, so wie unsere Emotionen und unsere Gedanken unsere körperliche Verfassung beeinflussen können. Eine entspannte Person kann auf Grund einer Situation oder einer Gewohnheit, in der die Körpersprache wieder »fest« wird, anfangen, sich ängstlich zu fühlen. Die Stresserfahrung im Körper beeinflusst, welche Emotionen nun folgen. Dies ist ein Grund, weshalb es so wichtig ist, was wir mit dem Körper tun.[13]

Gott mit unserem Körper anzubeten, heißt auch, nonverbale Ausdrucksweisen anzuwenden. Die Bibel beschreibt daher Tanz, Rhythmus, Klatschen, Knien und das Heben der Hände als authentische Ausdrucksweisen der Anbetung.

Die Kombination von Geist, Seele und Körper ist den drei Seiten eines Dreiecks vergleichbar: jede hat ihren eigenen Platz, zusammen stellen sie jedoch mehr dar, als jede einzelne Seite für sich genommen. Unser Sein ist nicht auf einen Teil beschränkt. Wir benötigen alle drei Seiten, um uns vollständig ausdrücken zu können. Deshalb, glaube ich, ist der

Körper so wichtig. Wir wissen, dass wir einen neuen Körper brauchen, um ganz und ohne Einschränkung zu Gottes Volk zu gehören – in einem neuen Zeitalter, wenn es einen neuen Himmel und eine neue Erde geben wird.

Wenn unsere Reaktion auf Gottes Frieden durch Missbrauch beeinträchtigt ist

Durch einen solchen integrierten Akt der Anbetung in Geist, Seele und Körper begegnen wir dem lebendigen Gott. Sein Leben kann uns dann wirksamer und tiefer berühren als zuvor. Begegnen wir Christus, dem Friedefürst, können wir diesen Frieden mit unserem Geist, unserer Seele und unserem Körper wahrnehmen. Es ist insbesondere dieses Wahrnehmen, dieses Bewusstsein des Friedens in der Seele und im Körper, das bei Überlebenden eines Missbrauchs beeinträchtigt wurde. Wenn wir ihnen dabei helfen können, sich zu öffnen und sich Gottes Frieden in diesen beiden Bereichen bewusst zu werden, erholen sie sich von dem Missbrauch viel schneller.

Als ich dies beobachtete, fragte ich mich, was dabei vor sich geht. Ich habe den Eindruck, dass es so funktioniert: Überlebende schleppen in ihrem Körper schmerzliche Erinnerungen mit sich herum. Kommen sie mit dem Schalom Gottes in Berührung, kann auch ihr Körper die Berührung des Friedens erfahren. Sie erleben: Ich bin ein Tempel des Heiligen Geistes; Christus *in* mir. Die eingeschlossene Spannung kann befreit werden.

Kulturelle Unterschiede, Frieden zu erleben

Jede Konfession bzw. Denomination hat ihre eigene Kultur. Ich schlage vor, zuerst die Wege zu ergründen, welche die eigene Kirche schon anbietet, den Gott des Friedens zu erleben, bevor man neue Formen der Anbetung oder andere Methoden, den Heiligen zu erfahren, einzuführen versucht. Dies kann in der einen Konfession in Zeiten des stillen, gemeinsamen Gebets geschehen, in denen man Geist und Seele auf Gott ausrichtet. Es kann auch ein Akt des Glaubens sein, als Gemeinde zusammen aufzustehen und das Apostolische Glaubensbekenntnis zu sprechen, falls dies nicht nur aus Gewohnheit geschieht, sondern eine bewusste Entscheidung ist: Ich stehe jetzt auf, ich will es aktiv tun. In einem anderen Umfeld gibt das Abendmahl oder die Messe reichlich Gelegenheit, die Gegenwart Gottes zu erleben, oder man kann zu einer persönlichen Beichte gehen und einen persönlichen Segen empfangen.

Erfahrungen des Friedens in der Kultur der Missbrauchten

Ich habe herausgefunden, dass es hilfreich ist, den Körper zu beachten, wenn man für Überlebende eines Traumas um Frieden betet. Wie ich schon zuvor bemerkte, steht man dem gesamten Bereich der »Erfahrungen« oft mit Misstrauen gegenüber. Überlebende eines Missbrauchs sind normalerweise sehr sensible Menschen. Jedes auf »Erfahrungen« ausgerichtete Treffen kann sie die Wände hochgehen lassen. Es gibt auch Menschen, die ständig religiöse Erfahrungen benötigen, um ihren Schmerz zu unterdrücken. Dies führt dann zu einer religiösen Sucht.

Wollen wir Überlebenden helfen, sich des heiligen Gottes bewusst zu werden, benötigen wir dafür eine große Sensibilität. Die weiter oben vorgeschlagenen Wegweiser für den »gefährlichen Weg« der Erfahrungen können einen Helfer darauf vorbereiten, sein eigenes Leben voll unter Kontrolle zu halten ,und gleichzeitig dem Überlebenden, der in die Gegenwart Gottes kommen möchte und hungrig und durstig nach Gerechtigkeit, Frieden und Freude ist, die volle Kontrolle zu lassen. Das Ziel dieser Markierungen ist, bei einem auf Christus zentrierten Evangelium zu bleiben, wobei man sich auf das Leiden Jesu am Kreuz, seine Auferstehung und sein Leiden heute mit uns und einer gebrochenen Welt konzentriert.

Friede für den Körper

Da sexueller Missbrauch der Missbrauch von Macht unter Einschluss des Körpers eines Opfers ist, sollten wir auch dem Körper eine besondere Beachtung schenken. Darüber spricht der Apostel Paulus an verschiedenen Stellen.[14] Man kann nun den Körper in die Anbetung mit einbeziehen, indem man für den Frieden Gottes dankt, der schon am Wirken ist und schon in den Körperteilen beobachtet werden kann, die bereits entspannt sind. Danach kann man die Stellen erwähnen, die noch immer unter Spannung stehen, und auch für sie um eine größere Entspannung bitten.

Diese Reihenfolge in der Anbetung – zuerst der Geist, dann die Seele, bevor wir uns mit der körperlichen Entspannung befassen – ist von großer Bedeutung, insbesondere für die Menschen, die mit Meditationstechniken oder anderen Formen der Entspannung Erfahrung haben, die sie nun als »Ruhe aus der falschen Quelle« ablehnen. Sie haben verstanden, dass diese Ansätze, die bei weitem nicht harmlos sind, missbrauchend waren und in einer unbiblischen Philosophie verwurzelt sind. Sie können zwar eine objektive, biblische Theologie über Frieden annehmen, aber die subjektive Erfahrung des Friedens scheint Angst zu erzeugen. Ihre Allergie gegenüber dem, was sie zuvor erfahren haben, hindert sie daran, zu genießen, was Gott jetzt für sie bereithält. Wir müssen solche Ängste respektieren und sie ermutigen, in ein objektiveres Verständnis der Theologie des Friedens hineinzuwachsen. Auf der anderen Seite sollten wir aufpassen, dass diese Neulinge im Glauben – Bekehrte aus okkulten Gruppen, aus dem New Age oder aus anderen meditativen

Strömungen – nicht die Richtlinien für unsere eigenen Erfahrungen setzen.

In seinen Brief an die Römer befasste sich der Apostel Paulus mit einem ähnlichen Problem; es ging um Neukonvertierte, die zuvor Geister angebetet hatten. Gegenstand der Kontroverse war hier Fleisch, das in den heidnischen Tempeln Dämonen, d. h. bösen geistlichen Wesen, geopfert wurde. Man konnte dieses Fleisch kaufen, um es zu Hause zu essen; das Geld dafür ging in den Tempel. Es kam auch vor, dass man bei Freunden zum Essen eingeladen war, wobei das Fleisch einem Gott geweiht war. Neulinge (»Schwache im Glauben«) waren außer sich, als sie sahen, dass reife Gläubige solches Fleisch ohne Vorbehalt aßen. Paulus gibt daraufhin den Rat, wir sollten unser Verhalten entsprechend anpassen, ohne die Einstellung der Neubekehrten zu übernehmen. Eine ähnliche Situation entsteht, wenn jemand Probleme damit hat, dass ein anderer Alkohol trinkt. Wenn z. B. Bekehrte aus dem Hinduismus oder dem New Age in unsere Gemeinden kommen, ist es angebracht, die Gültigkeit ihrer Angstgefühle zu bestätigen; gleichzeitig sollten wir ihnen erklären, dass das, was wir tun und wie wir die Qualität dessen, was wir tun, prüfen, auf objektiver Theologie beruht. Dabei ist mir wichtig, dass wir in der Anbetung zuerst unseren Geist, danach unsere Seele und erst zuletzt unseren Körper auf Gott ausrichten. Dadurch haben wir eine ständige Qualitätskontrolle, ähnlich dem automatischen Virenprüfprogramm eines Computers. Wenn wir uns dem Herrn vollständig, d. h. mit Geist, Seele und Leib, zuwenden, und es in dieser Reihenfolge tun, können wir darauf vertrauen, dass er uns keine Steine statt Brot gibt, wenn wir ihn suchen. Schließlich ist es ja dieser Friede Gottes, der uns vor einer falschen Ausrichtung bewahren soll. Wenn wir uns Gott ganzheitlich zuwenden, fördert dies die Ganzheit unserer Persönlichkeit.[15]

Eine Berührung des Friedens

Bittet ein Überlebender um Gebet oder eine Zeit des Segnens, gibt es verschiedene Möglichkeiten, darauf zu reagieren. Als königliche Priester empfangen wir von Gott die geistliche Autorität, zu segnen und den Schalom weiterzugeben. Dabei gibt es verschiedene Methoden und von der jeweiligen Kirche abhängige Kulturen. Wir müssen auch damit rechnen, dass der Überlebende in der Vergangenheit schlechte Erfahrungen gemacht hat, die noch nicht aufgearbeitet sind. Wie wir beten (mit oder ohne Auflegung der Hände, sitzend, kniend, »zusammengekuschelt« oder wie auch immer), hängt ganz von demjenigen ab, der um diese Hilfe bittet. Erinnern wir uns daran, dass Kontrolle der springende Punkt ist. Schlagen wir eine bestimmte Methode vor, sollten wir dies so tun, dass sie »nein« sagen können, ohne sich verlegen zu fühlen. Dies kann dadurch geschehen, dass wir mindestens drei verschiedene Methoden vorschlagen. Eine davon sollte sein, überhaupt nichts Spezielles zu tun. Wir sollten jedoch auf jeden Fall vermeiden, hinter ihnen zu stehen, während wir beten. Das Bedürfnis, die Situation zu kontrollieren, schließt auch ein, dass sie die segnenden Personen beobachten können, falls sie das wünschen.

Spontane Erfahrungen

In dem eher persönlichen Rahmen einer therapeutischen Sitzung kann es vorkommen, dass die friedliche Umgebung und das Wirken des Heiligen Geistes Überlebende dazu befähigt, einigen scheußlichen Tatsachen ins Auge zu blicken. Das führt manchmal dazu, dass sie spontan und von neuem schmerzliche Episoden durchleben. Dann sind wir als Seelsorger dazu da, ihnen zu helfen diese Erinnerungen aufzuarbeiten. Wir können dies tun, indem wir unsere eigene Gelassenheit demonstrieren und ihnen erlauben, die Tiefe ihrer

Gefühle auszudrücken, falls sie das wünschen. Je tiefer die Erfahrung des Friedens und der Befähigung sind, desto emotionaler können die Reaktionen sein. Werden Schleusentore zu verborgenen, aufgestauten Emotionen geöffnet, wie z. B. zu Aggressionen oder Todesangst, kann einen das leicht schockieren. Nicht nur die Seelsorger, sondern auch die Ratsuchenden können auf Grund dieser Ereignisse plötzlich »erstarren« und versuchen, den Vorgang abzubrechen.

Brechen Aggressionen aus, können einige Seelsorger, die erkannt haben, dass dämonische Kräfte am Werk sein können, zu schnell zu dem Schluss kommen, dies müsse dämonisch sein. Sexuell verletzte Menschen wurden ungerecht behandelt und haben ein Recht darauf, verärgert zu sein. Sie müssen lernen, auf eine angemessene Art zu reagieren.[16] Wir können nur lernen, *ohne* Sünde zornig zu sein, wenn wir *mit* unserer Sünde, so zornig wie wir sind, zum Herrn kommen. Dann kann Gott die Sünde aus uns entfernen und wir können zornig sein, ohne zu sündigen. Das führt uns zu einem alten Prinzip der Reformation zurück: Wir müssen die Sünde nicht bereinigt haben, um Gott zu begegnen, sondern wir gehen als Sünder zu ihm. Er reinigt uns, nachdem wir gekommen sind.

Ein anderes Gefühl, das bei einer emotionalen Entspannung oft auftaucht, ist Angst. Dies kann viele Ursachen haben. Bei manchen ist es die überwältigende Realität der Hilflosigkeit während des Missbrauchs, welche dieses Gefühl wieder aufkommen lässt. Andere empfinden eine Art »gestorbensein«: ihr Körper beginnt sich (auf Grund hoher Spannung?) kalt anzufühlen. Flucht durch »Disassoziation«, das Flüchten aus dem Körper, kann den Eindruck erwecken, man sehe sich selbst als leblosen Körper an. Dass sexueller Missbrauch mit dem Tod zusammenhängt, wird noch klarer, wenn wir erkennen, dass es sich dabei um sexuell ausgedrückte Gewalt handelt. Wir müssen uns nur daran erinnern, dass seit dem Beginn der Menschheitsgeschichte Krieg, Töten und Vergewaltigung miteinander verknüpft sind.

Sowohl Zorn als auch Todesangst können eine Öffnung für das Eindringen böser Mächte sein.[17] Ist das geschehen, kann eine Begegnung mit dem Gott des Friedens einen ziemlichen Konflikt und manchmal auch intensive emotionale Äußerungen zur Folge haben. Sind diese Emotionen intensiver und lauter, als es für eine bestimmte Situation angebracht ist, kann »in ein Kissen schreien« einen großen Teil der übermäßigen Lautstärke wegnehmen.

Eine Begegnung mit dem Frieden planen

Es ist mir lieber, Informationen aus der Vergangenheit nicht »auszugraben«. Kommt etwas spontan hoch, ist es an der Zeit, damit umzugehen. Es kommt aber auch vor, dass sich Überlebende wünschen, dass wir ihnen – ausgerüstet mit der friedlichen Gegenwart Gottes, damit sie Tatsachen der Vergangenheit ins Auge blicken können – helfen, »in der Zeit zurückzugehen«, um zu sehen, an was der Herr sie erinnern möchte.

Haben wir uns darüber geeinigt, dass eine solche »archäologische Expedition« dran ist, möchten wir sicher sein, dass Jesus unser Reiseleiter ist. Wir möchten auf keinen Fall etwas zerstören! Haben wir uns darauf geeinigt, Gottes Gegenwart zu suchen und darauf zu warten, ob dies ein »Zurückgehen« in der Zeit zur Folge hat, ermutigen wir die Person eine Körperhaltung einzunehmen, die für sie zu diesem Zeitpunkt am bequemsten ist, wie z. B. sitzend auf einem bequemen Stuhl, kniend oder »zusammengekuschelt« unter einer Decke auf einem Sofa.

Danach kann es ganz unterschiedlich weitergehen. Manche kommen einfach zu einer inneren Ruhe, andere spüren sofort, dass die Entspannung auch den inneren Widerstand gegen das Sicherinnern verkleinert. Dabei besteht die Gefahr einer automatischen Reaktion: Immer wenn sich Friede einstellt, wird man sich an schreckliche Ereignisse erinnern. Wir wollen jedoch genau das Gegenteil erreichen: die Befähigung, sich zu erinnern, mit einem erträglichen Maß an Schmerz, so dass man weder etwas leugnen muss noch Schmerzmittel benötigt.

Schon zu Beginn vereinbaren wir, dass wir zuerst die Ruhe in Gott suchen, ohne uns auf schmerzvolle Erinnerungen zu konzentrieren. Dadurch wird ein festes Fundament für Erfahrungen gelegt: die Realität des Friedens Gottes. Kommen dann schmerzliche Gefühle hoch, kann sich ein »Stereogefühl« einstellen, d. h. zwei bestimmte, aber unterschiedliche Wirklichkeiten zur gleichen Zeit: Angst zu haben, und trotzdem zu vertrauen: der Herr ist hier, ich kann es schaffen.

Diese Konzentration auf den Frieden Gottes ist auch wichtig, um zu verhindern, dass die Erinnerungen mit uns davonlaufen. Ich betone deshalb, dass wir nicht unbedingt faktische Wahrheiten benötigen, sondern dass es uns um symbolische Wahrheit geht. Ich gehe davon aus, dass viele Bilder und Gefühle symbolisch sein können, d. h. etwas ausdrücken, wofür wir keine Worte haben, so dass wir nicht jede Erinnerung mit der Frage »Ist das auch wahr?« prüfen müssen.

Es ist leicht nachzuvollziehen, dass sich die Spannung in den Muskeln verringert und das Blut deshalb leichter fließt, wenn der Friede Gottes unseren Körper berührt. Auf diese Weise kann sich ein verspannter Körper entspannen und es kann zu sichtbaren Ergebnissen kommen, wie z. B. verschiedene Empfindungen in der Haut, Muskelzucken oder ein Wärmeschwall. Für mich ist diese physische Entspannung ein hilfreiches Nebenprodukt davon, dass sich eine Person in Geist, Seele und Körper auf den Gott des Friedens ausrichtet. Dies ist meiner Meinung nach eine hilfreiche Sache, da der Körper des Überlebenden eines frühen sexuellen Missbrauchs so viele Gefühle und Fakten registrierte, für die keine Worte oder kein Verständnis vorhanden waren. Ein neues Erleben von Frieden kann der Beginn des Empfindens einer Ganzheit sein, mit dem Endresultat, dass der Körper neue Erinnerungen besitzt, welche die alten außer Kraft setzen. Ich möchte physische Erfahrungen nicht überbetonen, sondern einfach darauf hinweisen, dass sie möglich sind und sich dahingehend auswirken können, dass der Gott des Friedens in unseren Körper hineinwirkt. Dies kann bis zu dem Punkt gehen, dass alte Erinnerungen verblassen, während neue zu einer sicheren und friedlichen Wirklichkeit werden.

Vom Tod zum Leben

Jesu Macht über den Tod, die Realität des Todes als letzten Feind sowie die Frage, wie man mit diesem Feind zurechtkommt, sind Themen, die in der Seelsorge von Missbrauchten eine große Rolle spielen. Die meisten Überlebenden haben zu gewissen Zeiten mit Selbstmordgedanken zu tun. Eine Erfahrung von Gottes Gegenwart und der daraus resultierende Frieden in Geist, Seele und Körper kann in die Wirklichkeit zurückbringen. Der Tod ist kein Freund, der ruhig wartet, eine letzte Fluchtmöglichkeit aus dem Missbrauch; er ist noch immer unser Feind.[18] Dort, wo man einst mit dem Tod geliebäugelt hat, muss man sich nun für das Leben entscheiden. Gibt man Selbstmordgedanken nach, überlässt man damit auch dem Täter den letztendlichen Sieg. Sein tödlicher Akt der Zerstörung wird akzeptiert und in eine Selbstzerstörung verwandelt.

Die Botschaft der Hoffnung, die Überlebende eines Missbrauchs hören und sehen müssen, ist, dass es »Leben vor dem Tod« gibt! Als Missionar weiß ich, wie schnell man die Botschaften, die in unserer eigenen Kultur funktioniert haben, nehmen und sie »irgendwo« verbreiten kann. Das ist ein Grund, weshalb ich lange damit gewartet habe, über die Prinzipien des *Powerful-Peace*-Dienstes zu sprechen. Das »Wie« ist eng mit der Kultur verknüpft. Im nächsten Kapitel werde ich näher darauf eingehen, wie man dies in der westlichen Kultur, unter Menschen, die traditionelle christliche Werte haben, umsetzen kann. Leser in einem anderen Umfeld sollten dies im Auge behalten, wenn ich erkläre, wie ich gelernt habe, mit diesen Konzepten zu arbeiten. Ich stimme gerne damit überein, dass es ein kultureller Versuch ist, das Wort Gottes in einer spezifischen Kultur, dem verborgenen Volk der Missbrauchten, zu »inkarnieren«.

Eine der Ursachen hinter den destruktiven Wünschen von Überlebenden eines Missbrauchs ist das intensive Schamgefühl. Wie man Scham hinter sich lassen und zum Frieden kommen kann, ist das Thema des nächsten Kapitels.

Anmerkungen

[1] S. J. Tambiah, 1970

[2] Der in Nordost-Thailand arbeitetende Missionar Jim Gustafson hat, seit wir Thailand verlassen haben, zusammen mit thailändischen Mitarbeitern, wie z. B. Banphot Weehchekama, eine christliche Form dieses Ritus entwickelt. Dies ist aus mindestens zwei Gründen sehr umstritten. Viele gläubige Thais und auch westliche Missionare lehnen ihn aus geistlichen Gründen ab. Er liegt zu nahe an der thailändischen Geisterwelt, aus der die neuen Gläubigen kommen, mit allen Gefahren des Synkretismus. Man kann dieses Problem als eine Parallele zu den Problemen sehen, welche die Gläubigen in Rom mit dem Fleisch, das Idolen geopfert worden war (Röm. 14,15), hatten, oder zu der Frage der Haartracht in 1. Kor. 11. Andere, insbesondere einige der gebildeteren Thais sagten mir, sie wollten nicht, dass die Kirche zu einem »kulturellen Zoo« wird, in dem alte Sitten das Kirchenleben bestimmen. Eine Anpassung alter Gebräuche und Synkretismus gehen oft Hand in Hand, wie wir das mit unserem Weihnachtsbaum, dem Osterhasen, Hochzeitsgebräuchen usw. haben. Mit der Zeit scheinen sie weniger mit der ursprünglich »fremden biblischen Last« behaftet zu sein, wenn sie zu einer »durch das Evangelium beeinflussten Kultur« werden und, wo dies nötig ist, von okkulten Aspekten gereinigt werden.

[3] Röm. 2,4; Lk. 5,8; Jer. 5,24

[4] Mt. 10,11

[5] Vgl. 1. Thess. 5,23

[6] Heb. 12,14

[7] Jes. 50,10.11

[8] Ps. 103,1–3

[9] Phil. 4,6–9

[10] Anne Moir und David Jessel (1989); Carol R. Hartman (1993)

[11] Gal. 3,28

[12] Kol. 3,1–4

[13] 1. Kor. 6,18

[14] 1. Thess. 5,23; 2. Kor. 7,1; 1. Kor 6,13

[15] Phil. 4,1–8

[16] Röm. 12,1.2; 1. Thess. 5,23

[17] Eph. 4,26

[18] 1. Mo. 4,7; Heb. 2,14.15

[19] 1. Kor. 15,26

11

Von der Scham zum Frieden

In Kapitel vier erörterte ich ausführlich den gewaltigen Einfluss der Scham auf Überlebende eines Missbrauchs. Je mehr ich diesem Schameffekt begegne, desto stärker werden mir dessen zerstörerische Auswirkungen bewusst. Auf meiner Suche nach einer Lösung für dieses Problem fand ich heraus, dass Gottes Frieden zu erleben tiefer gehen kann als alles, was wir sagen könnten; er kann Geist, Seele *und* Körper auf einmal berühren.[1] Wie kann es dazu kommen?

Die Ruhe in Gott

Der Schreiber an die Hebräer lädt die Gläubigen ein, »in die Ruhe Gottes« einzugehen, und verknüpft dies direkt mit dem Gedanken, das Wort Gottes sei wie ein scharfes Schwert, das Mark und Bein voneinander trennt. Ich frage mich mehr und mehr, ob dies auch eine buchstäbliche Bedeutung hat. Der Friede Gottes kann sogar das Knochenmark berühren, wenn er zu einer physischen Wirklichkeit wird.[2] Mit der Zeit entdeckten unsere Gebetsteams, wie wichtig solch spezifische Gebete sind, und begannen zu erwarten, dass durch das neue Erleben einer Ruhe in Gott der Körper von negativen Erfahrungen gereinigt wird.[3]

Eine Erfahrung zu fördern kann leicht in die Richtung missverstanden werden, als könnten wir Gott manipulieren.

Das ist das Paradoxe an der Sache. Gott will, dass wir »in die Ruhe eingehen«, und gibt uns dies dann als gnädiges Geschenk. Es ist Gott, der darüber entscheidet, wann und wie er sich *offenbart*. Jeden Gedanken, wir könnten einfach »seine Nummer wählen«, sollten wir vermeiden. Gott ist Gott und wir Geschöpfe sind von ihm verschieden. Er hat aber versprochen, mit uns zu sein. Wie wir diese Gegenwart erfahren, hat wiederum mit unserer Kultur zu tun. Kulturen unterscheiden sich in der Art und Weise, wie Menschen miteinander kommunizieren und wie sie Nachrichten empfangen. Kommunikation ist mehr als der Gebrauch der Sprache; ein wichtiger Aspekt sind die verschiedenen Symboliken, die wir verwenden können. In Gottes Gegenwart beginnen manche afrikanische Christen, sich tanzend zu bewegen, während Nordeuropäer dazu tendieren, still zu werden. Diese Reaktionen sind Symbole einer inneren Wirklichkeit und sie sind beide berechtigt.

Wenn wir mit verschiedenen Kulturen arbeiten, ist symbolische Kommunikation unerlässlich. Sie ist eine indirekte Form der Sprache. Eine Handbewegung, eine Geschichte oder Gleichnisse sind Beispiele dafür. Der Vorteil symbolischer Kommunikation ist, dass der Zuhörer nur die Bedeutung daraus empfängt, die er auch versteht. Der Zuhörer hört und beobachtet, kann aber nur auf das reagieren, was in seine eigene Gedankenwelt passt. Deshalb vermittelte Jesus die Wahrheit über das Reich Gottes in Gleichnissen. Die religiösen Leiter, denen ihre Machtposition wichtiger war, als zu dienen, konnten Jesus nicht folgen. Ihre Haltung hinderte sie daran, die Wahrheit zu ergreifen. Auf ähnliche Weise sah der Apostel Johannes auf der Insel Patmos weit in die Zukunft, sogar bis in unsere Zeit hinein. Er sah Dinge, die über sein praktisches Verstehen hinausgingen und die er deshalb in einer Symbolsprache empfing, so dass er in der Lage war, die zukünftigen Geschehnisse auszudrücken.

Arbeiten wir in der Kultur der Missbrauchten, ist es hilfreich, die symbolische Sprache zu verstehen. Wörter wie

»Vater«, Körpersprache (wie z. B. sich umarmen) oder Konzepte, wie »Vergeben sind für das geistliche Wachstum unerlässlich«, können aber für den Überlebenden eines frühen sexuellen Missbrauchs eine spezielle Bedeutung haben. Auch können bestimmte Gebetsformen für den Überlebenden eine andere Bedeutung haben, als dies von den betenden Personen beabsichtigt ist. »Hände auflegen« mag in manchen Kirchen eine Sitte sein, aber bei Überlebenden eines Missbrauchs kann allein schon eine physische Berührung eine Gänsehaut auslösen! Wenn das passiert, können sie noch nicht einmal mehr zuhören.

Symbolische Kommunikation von *Powerful-Peace*-Konzepten

»Ich bin also nicht verrückt?«, ist eine der häufigsten Bemerkungen, die mir zu Ohren kommen, wenn ich die Kultur der Missbrauchten erkläre. Plötzlich erkennen sich Überlebende wieder. Selbst die Verwendung der Kultur ist ein Symbol, ein Erklärungsmodell. Der hartnäckige Wunsch, sich selbst zu verstehen, ist ein Hauptgrund, weshalb Menschen Hilfe suchen. »Warum tue ich das?« In all den Jahren, in denen ich mit Überlebenden eines Missbrauchs arbeitete, entwickelte ich eine Vielzahl von Erklärungsmodellen. Einige davon möchte ich nun vorstellen.

Der Unterschied zwischen dem emotionalen und dem chronologischen Alter

Wir können uns alle an Situationen erinnern, in denen wir kindisch reagiert haben. Unser Verhalten entsprach nicht unserem chronologischen Alter. Es kann sich dabei um eine »kindliche« Reaktion handeln oder es kann sein, dass ein Kind zu einem Erwachsenen wird und sich um die infantilen Bedürfnisse seiner

Eltern kümmert. Das niedrigere emotionale Alter wird im folgenden Bild veranschaulicht. Der Kern der Persönlichkeit ist nicht überall gleichmäßig gewachsen, um das erwartete chronologische Alter auszufüllen. Es gab Wachstumsblockaden. Bei Opfern eines frühen sexuellen Missbrauchs schließt dies die sexuellen Traumen, den Verrat durch Ereignisse mit ein. Auch ein dysfunktionales Familienleben kann ein chronisches Trauma erzeugen; man kann dann nicht auf ein bestimmtes Ereignis hinweisen. Während sich die äußere Erscheinung ständig verändert, bleibt das innere Selbst in diesen Bereichen unreif (A). Dies verursacht einen Druck, da ein Vakuum entsteht (B). Man soll sich auf eine Weise benehmen, die mit den inneren Realitäten nicht übereinstimmt. So kommt es vor, dass eine Inzest-Überlebende heiratet und emotional zu allem, außer zu sexuellen Aktivitäten bereit ist. In diesem Bereich ist sie noch immer ein Kind und Kinder sind nicht an aktivem Sex interessiert. Sie wollen lieber schmusen oder eine vertraute Freundschaft. Mit ihrer Willenskraft versuchen sie, sexuell aktiv zu werden, aber es geschieht nicht natürlich. Die äußere Schicht (C) wird hölzern. Um den Druck auszuhalten, muss ein innerer Gegendruck entwickelt werden, damit das Äußere nicht einstürzt (D). Deshalb zeigen sich unreife Bereiche oft durch einen Mangel an Flexibilität. Ein Unfall, die Geburt eines Kindes oder andere wichtige Ereignisse im Leben können eine plötzliche Druckwelle erzeugen, die die äußere Schale zerstört. Man erlebt einen Zusammenbruch und reagiert äußerlich (leichter) auf einem niedrigeren emotionalen Alter.

Der Friede Gottes kann das Vakuum zwischen dem emotionalen und dem chronologischen Alter ausfüllen. Dies vermindert den inneren Druck und entspannt die verhärtete äußere Schale. Der Friede Gottes kann das Trauma auch so umhüllen, dass es isoliert wird. Für diesen Vorgang gebrauche ich gern die Metapher des silbernen Kästchens aus dem letzten Kapitel. Ich verwende oft das Beispiel der weißen Blutkörperchen, die ein Bakterium umhüllen und es dadurch töten, aber auch selbst dabei sterben. Dies ist auch eine gute Metapher, um etwas darüber zu erzählen, was der Tod Christi für uns bedeutet!

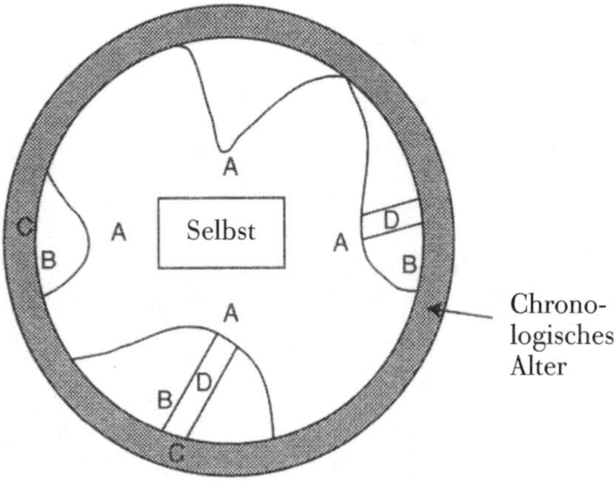

A. Unreife Bereiche
B. Druck auf Grund mangelnder Reife;
Unfähigkeit als reife Person zu reagieren
C. Mangelnde Flexibilität
D. Innerer Gegendruck

Abbildung 3: *Chronologisches und emotionales Alter*

In diesem Bild gibt es in verschiedenen emotionalen Altersstufen unterschiedliche Wachstumsblockaden.

Das verwundete innere Kind

Die Metapher vom verwundeten Kind wurde in der säkularen Therapie recht gut entwickelt. Der Apostel Paulus spricht davon, dass wir erwachsen, reif werden sollen. Er verwendet auch eine Redensart, zu sich selbst zu sprechen, einen inneren Dialog, bei dem er mit sich selbst diskutiert.[4] Dies finden wir auch in den Psalmen.[5] Dieses »innere Kind« als einen echten Teil von sich selbst zu betrachten, kann einem dabei helfen, seiner eigenen Seele geistliche Fürsorge zukommen zu lassen. Der innere Dialog kann zu einem Trialog werden, wenn Gott zum dritten Teilnehmer der Diskussion wird. Wie bedeutend es ist, dieses unreife Selbst zu erkennen, sieht man dann, wenn einem klar wird, dass eine Kommunikation mit diesen Seiten unserer Persönlichkeit eine ihnen entsprechende Fürsorge benötigt. Einmal saß ich in einem Bus vom Flughafen von Los Angeles zu meinem Gastgeber in Simi Valley, als eine Dame neben mir meinen holländischen Akzent hörte und fragte, ob sie sich mir anschließen könne. Sie war eine holländische Einwanderin in die USA. Als sie herausfand, dass ich Pastor war, strahlte sie vor Freude und erzählte mir von ihrem vor kurzem gefundenen persönlichen Glauben. Dann wurde sie sehr persönlich und begann auf holländisch über ihre von Missbrauch geprägte Jugend zu sprechen. Ich hörte ihr einfach zu. Nach einer gewissen Zeit sah sie mich erstaunt an. »Jetzt kann ich darüber reden; ich konnte dem Pastor auf Englisch einfach nicht erklären, was ich fühlte. Liegt es daran, dass es auf Holländisch passierte, dass ich in meiner Muttersprache darüber reden kann?«

Ein negatives emotionales Alter

Haben wir einmal die Bildersprache eines niedrigeren emotionalen Alters akzeptiert, können wir dies auf ein negatives emotionales Alter ausdehnen. Das muss ich erklären. Der Apostel Paulus spricht davon, dass man sein Leben entweder auf das Leben oder auf den Tod ausrichten kann.[6] Ist man emotional unreif, kann man auch in eine negative Richtung aufwachsen und sozusagen im Bösen reif werden. Dies kann z. B. geschehen, wenn Teenager, die emotional noch Kinder sind, bei einem Delikt gefasst werden und ins Gefängnis kommen. Bald danach kommen sie heraus, sind nun um einiges reifer und lernen dann schnell, wie man nicht gefasst wird. Ich sprach mit einem jungen Erwachsenen, der mir erzählte, er fühle sich wie ein alter Mann, bereit zu sterben. »Ich habe alles gehabt.« Er war suizidal und kaum davon abzuhalten. Seine Kindheit war so negativ gewesen. Die Metapher des negativen emotionalen Alters kann erklären, was passiert, wenn Menschen sich dazu entschließen, ihre Lebensrichtung zu ändern. Als Angela sich dafür entschied, bei Gott Hilfe zu suchen und sich von ihrer Beschäftigung mit dem Tod abzuwenden, hatte sie noch eine Wegstrecke vor sich, bevor sie reif war. Ihre Entscheidung war richtig, doch um sie auszuarbeiten, brauchte sie Zeit. Dann beobachtete sie etwas Seltsames. Ihre Fähigkeit, zu Hause zu funktionieren, schien nachzulassen. Sie hatte das Gefühl, immer mehr wie ein kleines Kind zu werden. Mit der folgenden Zeichnung erklärte ich ihr durch die Bildersprache, was der Fall zu sein schien.

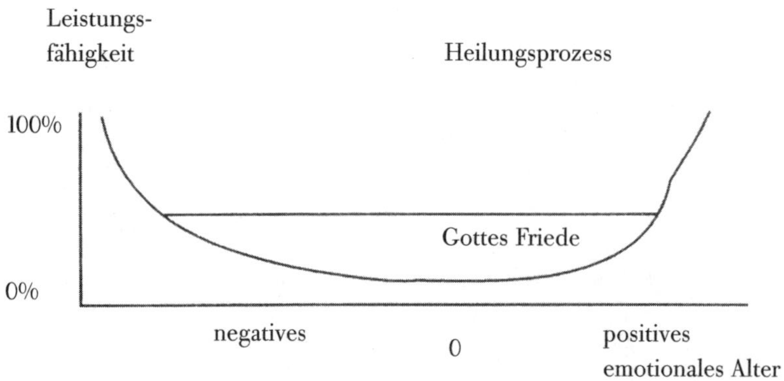

Die vertikale Achse steht für die Leistungsfähigkeit. Die horizontale Achse zeigt das emotionale Alter an. Der Nullpunkt stellt den Übergang zwischen dem negativen und dem positiven emotionalen Alter dar. Die »umgekehrte Glockenkurve« entspricht dem Verlauf der Leistung. Je erwachsener Angela wurde, desto näher kam sie zum Nullpunkt! Der Friede Gottes war ein Polster, das sie nicht zu tief fallen ließ.

Angela musste akzeptieren, dass sie in zwei Realitäten lebte. Sie war eine reife Frau und gleichzeitig ein Kind. Mit der Zeit wurde sie erwachsen. Eines Tages rief ich sie an, um eine Verabredung zu ändern. Sie reagierte darauf mit einem

Lachen. »Ich habe gerade meinem inneren, kleinen Mädchen eine Geschichte vorgelesen und sie zu Bett gebracht. Jetzt bin ich auf dem Weg ins Schlafzimmer, um meinen Ehemann mit der reifen Frau, die ich bin, zu überraschen.« Angela hatte den Vorteil, dass sie einen sehr verständnisvollen Ehemann hatte. Der Begriff des inneren Kindes half ihm zu erkennen, wann er seiner Frau wie einem kleinen Mädchen und wann er ihr wie einer erwachsenen Frau begegnen sollte.

Unser Leben als Haus

Man kann ein Leben mit seinen verschiedenen Phasen als Haus betrachten. Der Friede Gottes kann dann eingeladen werden, in das Schlafzimmer der Eltern oder in das Kinderzimmer oder in das Spielzimmer usw. zu kommen. Diese Bildersprache ermöglicht uns auch, auszudrücken, welche Menschen in uns »wohnen«. Da viele Überlebende eines Missbrauchs noch immer das Gefühl haben, »der Täter ist noch immer in mir«, kann eine »Hausreinigungs-Zeremonie« dafür eine Lösung sein.

Der Verarbeitungsfaktor »Zorn und Traurigkeit«

Eines Tages betete ich mit einem sehr verstörten jungen Mann. In seinem Gefühlsleben war er stark blockiert, es schien aber alles darauf hinzudeuten, dass er kurz vor dem Explodieren war. Durch ein inneres Bild bekam ich Klarheit über seinen Zustand. Es gab zwei Container, die kurz vor dem Platzen waren; auf dem einem stand »Zorn« und auf dem anderen »Traurigkeit«. Ich erkannte, dass es eine Verbindung zwischen beiden Containern gab und dass die Druckanzeige auf dem Maximum, die Anzeige für den Fluss zwischen beiden Containern dagegen auf Null stand. Dies drückte meine Beobachtungen bildhaft aus; er war kurz vor dem Explodieren. Meine natürliche Reaktion wäre gewesen, die Gasflammen zu löschen, die unter den beiden Containern brannten. Dann erkannte ich, dass es mindestens drei Gaszuleitungen gab, die gestoppt werden mussten. Eine davon kam aus einem verwundeten Ego; diese musste ans Kreuz von Jesus gebracht werden. Ein Strom kam aus der Hölle; dieser musste geschlossen werden. Der Dritte kam aus dem Herzen Gottes. Auch Gott war zornig und traurig über die Situation, in der dieser junge Mann steckte. Um eine Explosion zu verhindern, gab es ein Abflussrohr, das sich in drei verschiedene Seen entleerte: Barmherzigkeitsdienste, Anbetung und Kreativität. Darin erkannte ich dann auch Gottes Antwort an diesen jungen Mann. Auch nach dem Löschen des falschen Feuers würde er noch immer das Bedürfnis haben, seine Emotionen irgendwie auszudrücken. Aus Erfahrung wusste ich, dass Zorn und Traurigkeit eine gute Motivation für Barmherzigkeitsdienste sein können. Anbetung wiederum lässt uns unter anderem mit dem Zorn und der Traurigkeit Gottes in Berührung kommen, wie ich es in meinem Verständnis einer Theologie des Leidens beschrieb. Kreativität schließlich kann für emotional Verletzte ein enormes Ventil sein. Unsere wahre Persönlichkeit zeigt sich oft erst, nachdem die äußere Schale aufgebrochen worden ist.

Der Friede Gottes ist zuständig für die Steuerung der Fabrik. Er überwacht die Pegel unserer Gefühle und wählt die Quelle für unseren Zorn und unsere Traurigkeit aus. So können wir traurig und zornig werden, ohne zu sündigen.[7]

Gebet als Teil des Therapieprogramms eines Überlebenden

In der Frage, wie man für sich selbst beten kann, müssen die meisten Leute zuerst verstehen, was dies bedeutet und wie das praktisch aussehen kann. Deshalb geht das gemeinsame Gebet wahrscheinlich dem Gebet des Einzelnen für sich selbst voraus, wenn es um die Heilung der Erinnerungen des Körpers geht. Aber wie kann man das praktizieren, ohne Verlegenheit zu erzeugen? Schließlich ist es für viele von uns ja nicht so einfach, persönliche Gefühle oder persönliche körperliche Erlebnisse mitzuteilen. Es erzeugt Scham und blockiert uns. Daneben gibt es Gefühle und Ereignisse, die wir als Kinder zwar irgendwie registriert haben, wofür uns aber damals die richtigen Worte fehlten. In solchen Situationen kann man, unabhängig von der Ursache, segnen und still abwarten, da ein innerer Dialog stattfindet. Für diejenigen, die diese Themen mit einer Person ihres Vertrauens besprechen können, kann darauf ein stilles Gebet folgen, um die Sache gemeinsam dem Herrn anzubefehlen.[8]

Zusammen beten

Zusammen zu beten, fördert die Sicherheit in verschiedener Hinsicht. Was das Bedürfnis nach theologischer Sicherheit angeht, können wir einander beobachten und darauf achten, dass das, was passiert, biblisch korrekt ist. Daneben gibt es das Bedürfnis nach sozialer Sicherheit, weshalb in Teams gearbeitet wird. Schließlich besteht auch ein Bedarf an emotionaler Sicherheit.

Theologische Sicherheit

Je mehr ich mich im Bereich der Überlebenden eines sexuellen Missbrauchs engagiere, desto mehr empfinde ich die Notwendigkeit, auf eine Art zu beten, die lehrmäßig korrekt ist: die grundlegenden Wahrheiten des Wortes, die sich für eine Situation eignen, zu bestätigen; den Herrn dafür anzubeten, wer er ist; sich auf die Tatsache zu konzentrieren, dass Jesus der Helfer ist. Wenn wir davon ausgehen, dass »Segnen« zu den Aufgaben der Gläubigen als einem königlichen Priestertum gehört, sollten wir uns auch daran erinnern, wen wir repräsentieren. Wir sprechen zu dem Ewigen im Namen von

Jesus. Die Priester zur Zeit des Alten Testaments hatten einige sehr strenge Regeln. Verwendeten sie »fremdes Feuer« statt der heiligen Flamme, führte dies zum sofortigen Tod. Diese Ehrfurcht vor dem lebendigen Gott macht einen vorsichtig und wachsam und ist als solche der Anfang wahrer Weisheit.[9] Sie hilft uns auch, nicht anmaßend zu sein. Gott ist am Werk; er ist Gott; wir sind Mitarbeiter, ja, aber Mitarbeiter, die ihren Platz kennen sollten.

Ich habe beobachtet, dass wir in unserer Wortwahl sehr sensibel sein müssen, da die meisten Überlebenden eines sexuellen Missbrauchs unter einem alles durchdringenden Schamgefühl leiden. Wir müssen z. B. den Gedanken vermeiden, sie benötigten »Reinigung« in dem Sinn, dass sie schuldig seien (die Verantwortung und die Schuld liegen immer bei dem, der seine Macht und seine Vertrauensposition missbraucht hat).

Sogar Gebet kann eine falsche Sicht des Körpers und dessen, was dieser tat, verstärken, wenn wir eine negative Perspektive haben. Gott als Schöpfer anzubeten, ein positives Körperbild zu bestätigen, Bibelstellen während des Gebets zu zitieren, die das unterstützen – all das zusammen kann bewirken, dass wir das Ziel erreichen. Zur gleichen Zeit kann die Realität dessen, was der Körper während des Missbrauchs tun musste, in einem starken Kontrast zu dem stehen, was wir beten. Auch hier kann eine Bestätigung der Unschuld hilfreich sein. Waren die Überlebenden des Missbrauchs zum Zeitpunkt des Geschehens schon älter und haben heute das Gefühl, sie hätten eine gewisse Verantwortung gehabt, sollten wir zuerst die allgemeine Vergebung und die Gnade Gottes betonen. Ich ermutige Ratsuchende, Sünden noch nicht zu bekennen, wenn sie mit der Gnade und dem Frieden Gottes noch nicht vertraut sind. Dies ist die Voraussetzung dafür, dass sie ihre Beobachtungen und Gedanken besser einordnen können.[10]

Soziale Sicherheit

In meiner Praxis arbeiten wir häufig in gemischten Teams aus Männern und Frauen und der Überlebende darf entscheiden, wer den Ablauf leiten soll. Ein weiterer Grund für Teamarbeit ist, dass man leichtsinnig werden kann, wenn man langfristig in gefährlichen Situationen arbeitet. Einer unserer Bekannten arbeitete als Hochspannungselektriker. Er tat dies nie allein. Sein erster Fehler wäre auch sein letzter gewesen. Es war immer jemand dabei, der jeden seiner Schritte beobachtete, und auch er hatte den anderen im Auge, wenn dieser dran war! Hat man in der Seelsorge routinemäßig mit dem heiligen Gott zu tun, kann einen das ebenfalls leichtsinnig werden lassen, so dass man den Namen Gottes entweiht. Ananias und Saphira entdeckten diese tödliche Wahrheit und uns wird es nicht anders gehen, wenn wir eine größere Hingabe bekennen, als es in Wirklichkeit der Fall ist; vielleicht nicht, dass wir tot umfallen, aber seinen Namen zu entweihen, kann noch immer tödliche Auswirkungen in Geist, Seele und Körper haben. Deshalb empfehle ich Menschen in »vollmächtigen Diensten« sehr, dies nicht allein zu tun und aufeinander Acht zu haben. Gott, den Heiligen, zu berühren, ist gefährlicher, als 10 000 Volt zu berühren!

Emotionale Sicherheit

Missbrauch seelsorgerlicher Macht, insbesondere seelsogerliche Methoden oder das Verwenden emotionaler Äußerungen, die nicht in die entsprechende Kultur passen oder die jemand nicht mag, können zu Hindernissen des Gebetsdienstes werden. Ein sensibler Seelsorger wird sich der besonderen Nöte eines Überlebenden bewusst sein, bevor er mit dem Gebet beginnt. Manche negativen Gefühle wurzeln in einer verborgenen Vergangenheit und kommen nur deshalb zum Vorschein, weil wir sie berühren. Die Überlebenden hätten uns vorher nicht sagen können, dass sie diese Gefühle haben.

Der Gebrauch des Wortes »Macht« in *mächtiger Friede* sollte uns davor warnen, dass auch hier ein Machtmissbrauch möglich ist. So kann z. B. der freundliche Vorschlag, sich hinzuknien, für den Ratsuchenden missbrauchend werden, falls er ihn nicht auf eine entspannte Art ablehnen oder etwas anderes vorschlagen kann. Manche seelsorgerliche Methoden, wie z. B. das Handauflegen, sind in bestimmten Konfessionen ganz normal, während sie andere ungewöhnlich finden oder gar missbilligen. Es kann auch sein, dass jemand auf Grund dessen, was er an sich selbst oder an anderen erlebt hat, solchen Methoden gegenüber eine sehr negative Haltung hat. Emotionale Äußerungen sind oft die Folge einer Lösung von Spannungen. Die Angst, dabei wie ein Narr auszusehen, kann einen Überlebenden davon abhalten, tiefe Gefühle zu äußern. Es ist auch wichtig, in welchem Rahmen diese Art von Gebet stattfindet.

Die Macht der Symbolik

Sprache an sich ist eine akzeptierte Methode, Lautsymbole auszutauschen. Wir kommunizieren auch nonverbal; bestimmte Gefühle, die wir äußern, sind universell, wie z. B. Freude und Trauer; andere unterscheiden sich in verschiedenen Kulturen. Manche Leute bevorzugen indirekte Sprache, wie z. B. ein Gleichnis. Andere verwenden Objekte, um einer Sache einen Namen zu geben, und mit der Zeit werden die Objekte zu einem Symbol für etwas anderes, wie z. B. die Flagge einer Nation. Der Körper ist, allgemein gesehen, die häufigste Quelle für Symbole. Es ist deshalb nicht verwunderlich, dass für Überlebende eines Missbrauchs bestimmte Körperteile mit einer bestimmten Bedeutung verknüpft sind. Symbole können eine neue Bedeutung erhalten. Eine Flagge kann verbrannt werden, wenn zwischen zwei Nationen Hass aufflammt. Eine Hand, die als Symbol für das Schlagen eines Kindes steht, kann zu einer segnenden Hand werden.

Dem Körper glauben

Auch die physischen Erfahrungen eines Überlebenden bedürfen einer Erneuerung. Dies kann mit Hilfe des Gebets geschehen; durch Gebet und Segnen werden ihre scheußlichen Erfahrungen neu definiert, »geheiligt«.[11] Wie Laienseelsorger an einem solchen Prozess beteiligt werden können, müssen wir uns etwas genauer ansehen.

In den Niederlanden konzentrierte sich die säkulare Beratung für Überlebende eines sexuellen Missbrauchs bis vor kurzem auf die verbale Form der Kommunikation. Neue Methoden, wie Kunsttherapie, Körperbewegung, Drama und Tanz, wurden zum Repertoire des Helfens hinzugefügt. Einige säkulare Therapeuten für Missbrauchte haben damit begonnen, Physiotherapie und Berührung in ihr Programm mit einzubeziehen; dies wird bewusst für die Heilung vergangener Traumen eingesetzt. Sie berichten, dass es für Menschen, die auf verbale Seelsorge allein nicht zu reagieren scheinen, besser ist, physische Berührungen in den Seelsorgeprozess mit einzubeziehen. Einige meiner Studenten, die auch Physiotherapeuten sind, informierten mich darüber, dass sich durch Berührung tiefe Emotionen zeigen können, insbesondere durch die Berührung der Wirbelsäule.

Dasselbe konnte ich beobachten, wenn wir jemanden in einem seelsorgerlichen Rahmen berührten. Wird dies vorsichtig und bedacht eingesetzt, kann es erstaunliche Auswirkungen haben.

Natürlich spielen hier kulturelle und individuelle Normen eine große Rolle. Die schon zuvor erwähnte Dr. Anne Terruwe erkannte, dass männliche Patienten eher auf verbale Berührung ansprechen, während weibliche unbedingt physische Berührung brauchen, wenn Deprivations-Neurosen geheilt werden sollen. Ihr Ansatz erfordert eine große Empathiefähigkeit und ist sehr zeitaufwendig. Der Gedanke einer »Berührung von Gott« durch Gebet kann hier weiterhelfen. Laienseelsorger, die im Team arbeiten, können das Maranatha-Gebet beten und um Gottes Frieden bitten. Wie man Gott wirklich erfahren kann, ist für viele Hilfesuchende ein Problem. Oft wird man auf eine leichte Wahrnehmungsänderung hinweisen müssen. Die innere Kälte, die sie kennen, kann sich zu einer friedlichen, inneren Ruhe verändern, in der wir dann gemeinsam unsere Aufmerksamkeit darauf richten, wer Gott ist, und über ihn nachsinnen. Haben Ratsuchende einmal eine Veränderung in der Wahrnehmung bemerkt, beobachte ich häufig, dass in der Stille etwas passiert. Sie beginnen, ihrem eigenen Körper zuzuhören. Das kann dann auch sehr schnell zu Problemen führen. Sowie sich ein Körper entspannt, ist er in der Lage, weitere unterdrückte Informationen freizulassen. Die folgende Begebenheit mag dies etwas verdeutlichen. Einer alleinstehenden, älteren Missionarin widerfuhr das Schlimmste, was sie sich vorstellen konnte. Während eines lokalen Festes wurde sie von einem halbbetrunkenen Polizisten vergewaltigt. Dies zerschmetterte ihre gesamten Vorstellungen von Gott und dessen Schutz, wofür sie immer so leidenschaftlich gebetet hatte. Ihr emotionaler Zusammenbruch führte zu einem vorzeitigen Heimaturlaub. Da ihr Personalchef mich in dieser Sache um Hilfe ersuchte, führten wir eine Reihe von Gesprächen. Eines Tages wurde ihr bewusst, wie verspannt ihr Körper war, und sie wollte, dass wir dafür beteten. Als meine Mitarbeiterin ihr die Hände auflegte und für die um Frieden betete, sank sie tiefer in die Couch und lehnte sich nach hinten. Ein ruhiges Lächeln vermittelte, dass es ihr gut zu gehen schien. Dann öffnete sie plötzlich ihre Augen, kroch in die Arme meiner Mitarbeiterin und schluchzte vor sich hin. Wir saßen einfach da, mal schweigend, mal ermutigend. Schließlich sah sie mich an und sagte: »Ich erinnerte mich gerade an das, was mir im Alter von zehn Jahren passierte. Ich habe das immer weit weggeschoben und nie mit jemandem darüber gesprochen. Ein Mann in deinem Alter, Teo, hat mich vergewaltigt.« Damit war klar, dass die Ursache für den emotionalen Zusammenbruch auf dem Missionsfeld nicht nur der dort erlebte, schreckliche Vorfall war, sondern auch das verborgene Trauma, das sie nie verarbeitet hatte. Mit der Zeit stellte sich noch etwas anderes heraus. Dadurch dass sie lernte, auf ihren Körper zu hören, und das Leugnen beendete, änderte sich etwas in ihrem persönlichen Glaubensleben. Als sehr effektive Missionarin hatte sie miterlebt, wie in ihrer langen und fruchtbaren Karriere viele Kirchen gegründet worden waren. Dabei gab es nur ein Problem: Es war schwierig für sie, für etwas Glauben zu haben, was sie selbst betraf. Jetzt begann dieser Glaube für sich selbst zu blühen. Plötzlich wagte sie, Wünsche zu haben, und ergriff Initiativen, die sie sich vorher nie hätte vorstellen können.

Diese Parallele zwischen Verleugnen und Unglaube begegnete mir in verschiedenen anderen Seelsorgefällen. Vielleicht sollten wir weniger Zeit damit verbringen, zu versuchen, Menschen von geistlichen Wahrheiten zu überzeugen, sondern ihnen zuerst ermöglichen, von dem Verleugnen ihrer eigenen Wirklichkeiten frei zu werden.

Was geschieht bei Berührungen?

Was spielt sich ab, wenn eine solche Berührung geschieht? Rühren die geschilderten Reaktionen daher, dass eine Berührung die Aufmerksamkeit auf einen Teil des Körpers lenkt und einem deshalb eine Not bewusst wird? Steckt hinter einer Berührung mehr, als wir denken, wie z. B. bei der Frau, die Jesu Kleidung berührte, worauf dieser spürte, dass eine Kraft von ihm ausgegangen war?[12] Was genau stand hinter der Tatsache, dass Petrus einer gelähmten Person half, aufzustehen? Hatte auch die Berührung selbst eine Auswirkung?[13] Wenn uns Jesus dazu auffordert, den Kranken die Hände aufzulegen[14] – steht dahinter vielleicht auch der Gedanke einer nonverbalen Kommunikation und die Weitergabe von Gottes Kraft? Über Paulus lesen wir, dass er zuerst betete und dann den Kranken die Hände auflegte, damit Heilung geschieht.[15]

Was bedeutet es, wenn Jesus verspricht: »Ihr werdet Kraft empfangen, wenn der Heilige Geist auf euch kommt?«[16] Wie wir diese Fragen beantworten, wird wahrscheinlich bestimmen, wie wir heute beten.

Unser Gebetsstil wird nicht nur davon bestimmt, inwieweit wir diese Bibelstellen verstehen. Es gibt auch kulturelle Gründe, die wir respektieren sollten. In Asien wäre es für einen Mann unmöglich, eine Frau zu berühren. Im Gebet haben wir unsere Hände deshalb manchmal nur symbolisch aus der Distanz in einer segnenden Weise zu der Frau hingestreckt, für die wir gebetet haben. In dieser Kultur hat sich jedoch die Erfahrung der Gegenwart Jesu mitunter genauso ausgewirkt, wie wenn wir berührt hätten. Die im Körper eingeschlossene Spannung löste sich nach einer gewissen Zeit. Dasselbe sah ich bei Überlebenden eines Missbrauchs, die vor diesen Dingen Angst bekommen haben und eine Erklärung benötigten, was da vor sich ging. Hatten sie es einmal verstanden und ließen zu, dass der Friede Gottes ihren Körper entspannte, empfanden sie diese Erfahrung manchmal sogar als amüsant. Meine Erklärung sorgt dafür, dass wir auf dem Boden bleiben. Für mich gibt es mindestens zwei mögliche Gründe, weshalb manche Menschen während des Gebets physisch reagieren. So wie einem eine Erinnerung eine Gänsehaut verschaffen kann, können physische Reaktionen meiner Meinung nach auch dann auftreten, wenn der Friede Gottes das Gefühlsleben berührt. Das Gegenteil kann genauso richtig sein. Ereignet sich auf Grund des Friedens Gottes eine tiefe, physische Entspannung, fließt das Blut besser und steife Muskeln (die ansonsten durch Massage gelockert werden müssten) lassen eingeschlossene Spannungen los. Dies kann dann emotionale Reaktionen ähnlich derer, welche die Spannung verursacht haben, auslösen.

Spezifisches körperliches Gebet

Die alles durchdringende Scham als Folge eines sexuellen Missbrauchs muss beseitigt werden. Oft stellen wir fest, dass Überlebende das Gefühl haben, auf ihnen hafte ein hartnäckiger Schmutz, der sich nicht abwaschen lasse.[17]

Jedesmal wenn jemand zu Gott betet und seinen Körper Gott in einem einfachen Gebet hingibt, ohne dass andere dabei sind, ist das wunderbar. Aus meiner Erfahrung weiß ich jedoch, dass viele Überlebende eines Missbrauchs, und nach Dr. Anna Terruwe auch viele andere, wirklich *mehr* benötigen, nämlich eine echte körperliche Berührung.

Mit den positiven Erfahrungen, die bekannt sind, beginnen

Wie ich schon zuvor erklärt habe, müssen wir vermeiden, dass die negative Vorstellung einer Person von ihrem Körper zum Mittelpunkt unserer Gebete wird. Es ist besser, mit einer positiven Sicht des Körpers zu beginnen, indem wir den Schöpfer anbeten. Im Anschluss daran ist es in der westlichen Kultur normalerweise kein Problem, für Körperteile auf eine allgemeine oder auch besondere Art zu beten.

Man kann dies praktisch tun, indem man sich zuerst Zeit nimmt, herauszufinden, wann sich jemand in seinem Körper entspannt fühlt und wo er Frieden spürt. Für einige ist dies ziemlich schwierig. Dann ist es hilfreich, zu fragen, wo bestimmte Emotionen, wie z. B. Traurigkeit oder Zorn, gespürt werden. Viele Männer geben an, dass Zorn ihre Schulter versteift, während sich dies bei Frauen als Spannung in ihrem Magen auswirkt. Ich erkläre dann, dass es möglich ist, über Ungerechtigkeit zornig zu sein und trotzdem den Frieden Gottes zu spüren, also »Stereogefühle« zu haben. Dies ist nötig, um das emotionale Bewusstsein eines Überlebenden zu erweitern: In einigen Körperteilen empfinde ich Stress, in den anderen bin ich entspannt. Dieser positive Beginn hilft ihnen, sich den schmerzlichen Tatsachen zu stellen, die ihnen ihr Körper möglicherweise mitteilen wird.

Die Hände

Kinder wurden oft dazu gezwungen, ihre Hände für die sexuelle Befriedigung des Täters zu benutzen. Diese Hände sind dann mit einem Schatten, einem Geruch belastet, den auch noch so viel Waschen nicht beseitigen kann. Die Hände dem Herrn zu weihen und die Kraft des Blutes Jesu in Anspruch zu nehmen, ist eine Möglichkeit, diesen Teil der Erfahrung eines Menschen anzusprechen. Auch der Apostel Paulus spricht darüber, dass wir die Tätigkeit heiliger Hände in der Anbetung erkennen müssen.[18]

Die Augen

Überlebenden wurde oft gesagt, sie seien so verführerisch. Man redete ihnen oft ein, ein bestimmter Blick würde »etwas beim Täter auslösen«, und würde sie dann damit bestrafen, die im Täter verursachten Emotionen befriedigen zu müssen. Das Kind, das nicht weiß, was dieser Blick sein soll, fängt daraufhin an, die Augen zu fürchten. Es kommt dann vor, dass sie auch als Erwachsene in den Augen anderer Lust sehen. Was kann man in diesem Fall tun? Ein Gebet für die Heilung der Augen ist eine Möglichkeit, mit diesem Problem umzugehen. Wenn wir darin übereinstimmen, dass dies getan werden sollte, lege ich die Hände auf die Augen und segne diese im Namen Jesu. Ich sage den Ratsuchenden dann auch, sie dürften zornig sein und falls nötig, (mit den Augen) feuern! So, wie ein gewisser Humor im normalen Umgang von Männern und Frauen von Nutzen sein kann, ermutige ich auch Überlebende, humorvolle Reaktionen zu entwickeln. Es gibt eine Phrase, die ich sie im Stillen zu sich selbst sagen lasse, wenn jemand ihren Körper bewundert: »Ich bin wie ein Blumengarten. Es ist o. k., sich die Blumen anzusehen, aber man darf sie nicht berühren.« Manchmal kommt es auch vor, dass ich sie davon überzeugen muss, dass es nichts Schlechtes ist, schön zu sein, und dass es in Ordnung ist, mit jemandem übereinzustimmen und ihm für eine positive Bemerkung zu danken, wenn es höflich war.

Der Kopf

Spannung kann dazu führen, dass sich Kopfmuskeln verkrampfen, die wiederum die Blutzirkulation reduzieren. Betet man spezifisch um Schalom für den Kopf und gibt man den Frieden Gottes da hinein, kann dies zu einer größeren Entspannung, einer besseren Zirkulation und einem stärken Wohlbefinden führen.

Der Nacken/Hals

In der Bibel ist der Nacken ein Symbol für den Willen einer Person. Den Willen zu segnen, kann oft durch ein Segnen des Nackens symbolisiert werden.

Der Kiefer

Menschen mit unterdrücktem Zorn haben manchmal einen sehr hohen Druck auf dem Kiefer. Ich habe miterlebt, dass sich bei einigen von ihnen das Segnen des Kiefers entspannend auswirkte und der Druck verschwand. Manche, die in Behandlung waren, weil sie auf Grund einer falschen Kieferposition Kopfschmerzen hatten, konnten diese berichtigen. Sie waren geheilt.

Der Rücken

Im Rücken scheinen sehr viele Emotionen eingeschlossen zu sein. Auch wenn die Körpersprache nicht in allen Kulturen gleich ist, hilft es, sich bewusst zu machen, dass sich in der westlichen Kultur ein »Belastet-Sein« in einem gebeugten Rücken zeigen kann. Eingeschlossener Ärger kann sich auf den unteren Rückenbereich auswirken und dort Schmerzen verursachen. Bitterkeit kann zu Spannungen im oberen Teil des Rückens führen. Traurigkeit und Angst können die Atemmuskeln beeinflussen. Die Wirbelsäule zu segnen und dort um Schalom zu bitten, kann sehr bemerkenswerte Resultate nach sich ziehen.

Die Nase

Einmal hatte ich den Eindruck, ich solle für die Nase einer Dame beten. Sie gab zu, sehr wenig Geruchsempfinden zu haben, und fand es eine sehr gute Idee. Als ich betete, schob sie plötzlich meine Hand weg. »Sie stinkt, sie ist dreckig.« Nun hatte ich sie aber gerade erst gewaschen und wusste deshalb, dass dies nicht stimmte. Ich vermutete vorsichtig, ob sie vielleicht eine Geruchserinnerung habe. Als sie sich schließlich daran erinnerte, dass sie als Kind gezwungen worden war, an oralem Sex teilzunehmen, begann sie, sich krank zu fühlen. Sie merkte selbst, was passierte, und bat um Gebet für ihren Mund und ihren Rachen. Nun konnte sie verstehen, weshalb sie in ihrem Rachen ständig einen gewissen Geschmack gespürt hatte.

Die Füße

Es ist erstaunlich, wie sehr Kinder mit ihren Füßen kämpfen, wenn sie neben einem Täter hergehen. Es ist, als ob diese nicht gehorchen wollten. Ich stellte öfter fest, dass der Friede Gottes tiefe Gefühle berühren kann, wenn man für die Füße betet und sie segnet. Möglicherweise passierte dies auch während der Fußwaschung der Jünger. Bei uns finden Fußwaschsitzungen nicht so häufig statt. Sich Zeit zu nehmen und jemandes Füße zu segnen, könnte man als »chemische Reinigung« betrachten!

Die Haut

Man kann sich leicht vorstellen, weshalb wir manchmal für ein neues Gedächtnis der Haut beten müssen. Sie ist unser größtes Organ und der Hauptempfänger sexueller Impulse während des Missbrauchs. Oft können missbrauchte Personen die Hände des Täters noch Jahre danach überall auf sich spüren. Dann kann ein Gebet für Frieden auf der Haut von Nutzen sein. Die Erkenntnis, dass ich ein Tempel des Heiligen Geistes bin und dass Gott sich in seiner Gnade dafür entschieden hat, in mir zu leben, d. h. also auch in meiner Haut und nicht nur »irgendwo da oben«, kann ein neues Bewusstsein für Ganzheit und Reinigung geben.

Der ganze Körper

Der Heilige Geist hat »gute Manieren«. Ich glaube, dass viele Körperteile eine Berührung vom Herrn benötigen, dass wir aber nicht alle erwähnen müssen. Manchmal können wir nach dem Gebet für den Kopf und die Füße die Bitte anschließen: »Und nun, Herr, segne auch alles, was dazwischen ist.«

Einmal hatte ich einem missbrauchten sechsjährigen Mädchen geholfen. In den folgenden Jahren hatten wir ab und zu Kontakt, da sie noch Hilfe benötigte, um ganz heil zu werden. Mit zwölf bemerkte sie dann die Reaktionen männlicher Personen auf ihren sich verändernden Körper. Dies wurde extrem problematisch, da sie sich in weiter Kleidung zu verstecken versuchte. Sie bat ihre Mutter darum, mich zu fragen, ob ich noch einmal für sie beten könne. Ich war mir ihres kindlichen Glaubens bewusst und erkannte, dass ich ihr irgendwie innerhalb des Rahmens ihrer Bitte helfen solle. Als ich darüber nachdachte, was das Beste sei, kam ich auf die Idee, sie darauf hinzuweisen, dass Füße für Gefühle sehr empfindlich seien. Ich fragte sie, ob sie uns das demonstrieren könne. Sie tat es mit ihrer ganzen Lebhaftigkeit und sehr ausdrucksstark. Dann erklärte ich ihr die Fußwaschung Jesu und fragte sie, ob ich ihre Füße segnen und Gott darum bitten dürfe, ihr in ihren Gefühlen zu helfen. Sie war damit einverstanden und so kniete ich in einem gewissen Abstand nieder und berührte leicht ihr Füße. Sie wurde ruhig und ich erkannte, wie Gott sie innerlich mit seinem Frieden erfüllte. Danach betete ich für ihre Augen und erklärte ihr, wie sie mit ihnen »feuern« könne, wenn jemand unfreundlich sei. Zur gleichen Zeit schien sich ihr normalerweise gebeugter Rücken aufzurichten! Einige Tage später rief mich ihre Mutter an und erzählte mir, das Mädchen habe, als sie nach Hause gekommen sei, ihr engstes T-Shirt angezogen und sei zum Spielen nach draußen gegangen. Auch bei anderen Jungen und

Mädchen habe ich beobachtet, dass sie auf die eine oder andere Art zu einem Frieden mit ihrem Körper gekommen sind – durch eine Mischung aus Humor, gesundem Menschenverstand und sinnvollem Gebet.

Zur Seite treten

In diesem Ansatz, durch Segnen zu helfen, scheint es selbstverständlich zu sein, dass man Teamarbeit betont. Dabei zu sein, wenn Gott seine Verheißung wahr macht und seine Gegenwart offenbart, bleibt für mich etwas Erhebendes, etwas, an das ich mich noch lange Zeit erinnere. Aber auch hier ist Vorsicht geboten. Ein Mensch, der zu einem solchen Zeitpunkt anwesend ist, kann leicht zu einem Teil dieser Erinnerung werden. Dies kann eine emotionale Bindung fördern, was ungesund ist. Ist mehr als eine Person anwesend, verringert sich diese Gefahr. Ein weiterer Punkt ist, dass dem ausgebildeten Helfer eine zu große Aufmerksamkeit zukommt. Dadurch dass wir die Botschaft vom Kreuz und von der Auferstehung bestätigen, versuchen wir, den Heiler und nicht uns im Mittelpunkt zu belassen. Trotz aller Versuche, vorsichtig zu sein, können tiefe emotionale Erlebnisse die Aufmerksamkeit zu sehr auf die Helfer lenken. In diesem Fall wird ein buchstäbliches Zur-Seite-Treten nötig sein, damit ein Ratsuchender Jesus besser allein erleben kann. Zusammen mit meiner Frau erlebte ich etwas Ähnliches, als unser erstes Baby geboren wurde. Als wir dieses kleine Wunder nach der ersten Reinigung in den Armen hielten, waren wir voller Ehrfurcht und Dankbarkeit. Dann entschuldigte sich die Hebamme für eine gewisse Zeit und ließ uns allein. Sie hatte das Gefühl, sie solle jetzt nicht dabei sein. In ähnlicher Weise können auch wir uns manchmal entschuldigen und buchstäblich oder bildlich (indem wir eine Zeit lang still sind) einen Ratsuchenden allein lassen. Damit helfen wir ihm, diesen einmaligen Augenblick zu bewahren. Eine tiefe geistliche Zufriedenheit, Freude oder Schmerz kann man manchmal nur in der Fülle erleben, wenn man mit Gott allein ist.

Allein beten

Überlebende eines Missbrauchs haben im Normalfall zuvor im Stillen gekämpft. Ermutigt man sie, allein zu beten, kann das für sie einfach bedeuten, wieder in einer stillen Verzweiflung zu versinken; oder sie fallen möglicherweise in zuvor erlernte östliche Meditationsformen zurück, bei denen eine Leere im Zentrum der Aufmerksamkeit steht. Durch biblische Lehre wissen sie vielleicht, dass sich jeder Gläubige der Gegenwart Gottes sicher sein kann.[19] Aber gewiss spüren wir nicht immer, dass dies der Fall ist. Gemeinsames Gebet kann das ändern.[20] Trotzdem müssen wir im Auge behalten, dass ein Wachstum hin zur Reife[21] erfordert, sich mit Einsamkeit auseinander zu setzen, und dass es darauf ankommt, diese Einsamkeit in ein Alleinsein mit Gott zu verändern.

Opfern, die zu Überlebenden werden, muss man helfen, sich nicht als Patienten, sondern als Spezialisten im Überleben zu sehen, wobei sie selbst die Hauptrolle spielen. Es besteht eine große Gefahr, dass man dem, was andere zur Hilfe beitragen, eine zu große Bedeutung gibt. Dies kann man ausgleichen, indem man Überlebenden hilft, neue Wege der Selbsthilfe zu finden, die sie allein anwenden können, um »sich selbst zu segnen«. Allein zu beten ist auch in einer Gruppe möglich, wenn man Zeiten der Stille zulässt. Man kann Überlebende auch dazu ausrüsten und befähigen, nach Hause zu gehen und die Einzelheiten für sich selbst auszuarbeiten.

Eine kreative Methode, ein individuelles Selbsthilfeprogramm zu planen, ist das »Ester-Programm«. Als es mir einmal alles andere als leicht fiel, eine schwer missbrauchte Frau zu ermutigen, eine neue Sicht für ihren Körper zu bekommen, kam mir das Wort »Ester« in den Sinn. Diese Idee entwickelte sich zu einer praktischen Methode, das physische Wohlbefinden von Frauen und Männer zu fördern. Wir sahen positive Auswirkungen bei Menschen, die ihren Körper stark verabscheut haben. Es basiert auf dem biblischen Buch Ester. Dieses Buch ist ein einzigartiger Teil des biblischen Kanons, da in ihm weder Gott noch Gebet erwähnt werden. Am ehesten ließe sich noch ein Aufruf zum Fasten mit Religion in Verbindung bringen, als Ester plant, ohne Einladung und in der Gefahr, zum Tode verurteilt zu werden, zu König Xerxes zu gehen. Dass klare religiöse Inhalte fehlen, bedeutet jedoch nicht, dass der Ungenannte nicht anwesend wäre. Auf jeder Seite kann man die Hand Gottes erkennen, der sein Volk schützt und führt. Unter den aus Israel verschleppten Juden war das Buch Ester sehr beliebt. Dies mag der Grund dafür sein, weshalb von diesem Buch mehr Exemplare als von jedem anderen Buch der Bibel gefunden wurden.[22] Es beschreibt das Leben eines einfachen jüdischen Mädchens, das eine sehr repressive Rolle spielen soll. Sie soll eine potenzielle Ehefrau für den absoluten Monarchen, den König, werden. König Xerxes hatte gemerkt, dass seine (erste) Frau sehr rebellisch war, und war deshalb entschlossen bzw. gezwungen, sie loszuwerden. Er wollte eine andere Königin haben. In seinem Harem hatte er genügend Konkubinen, aber er wünschte sich etwas anderes: Eine Frau, die wusste, wie sie sich ihm als Herrscher gegenüber zu verhalten hatte; eine Königin, nicht nur einen weiblichen Körper. Seine Diener machten sich also auf den Weg, um Mädchen auszuwählen, die eine Ausbildung erhalten sollten, »um mehr als ein weiblicher Körper zu sein«. In einer solchen dysfunktionalen Atmosphäre wurde Ester als eine potenzielle Kandidatin ausgewählt. Sie war eine behütete, scheue, einfache, jüdische Fremde, eine von ihrem Onkel erzogene Waise. Es wird erzählt, wie sie zu einer Frau, die ihre Macht zu nutzen wusste, geformt wurde. Sie konnte auch vermeiden, über den kulturellen Abgrund zu stürzen, was der vorhergehenden Königin zum Verhängnis geworden war. Um dies zu erreichen, gab man Ester Zeit, ihre eigene Persönlichkeit und ihr Selbstwertgefühl zu entwickeln. Dazu gehörte das Baden, Parfümieren, Ankleiden und die Vorbereitung für eine persönliche Feier mit dem König.

Die folgenden praktischen Schritte des »Ester-Programmes« wurden für viele zu einem ähnlichen Abenteuer und halfen ihnen, eine neue Wertschätzung für ihren Körper als Haus Gottes, als Tempel, zu bekommen, wobei Körperpflege zu einem wortlosen Gebet wurde. Die Verschmutzung, welche durch die Täter, die mit dem Körper ihrer Opfer so negativ umgegangen waren, verursacht worden war, wurde abgewaschen. Selbstrespekt wurde zu einem Teil ihrer Körpersprache.

Eine solche physische Neudefinition des Selbstbildes eines Opfers ist nötig, da man weiß, dass Täter auf der Suche nach neuen Opfern sind und ihnen die Körpersprache oft verrät, ob jemand bereits ein Opfer war. Ich hoffe, dass auch Sie den Humor in diesem »Ester-Programm« zu schätzen wissen. Die ganze Stärke dieses Projektes wird vielleicht erst dann klar, wenn Sie diesen speziellen Abschnitt jemand anderem vorlesen!

Das Ester-Programm

Ester wurde gebadet, parfümiert, angekleidet und für ein Fest mit dem König vorbereitet. Diese vier Ereignisse waren die Grundlage für die folgenden Vorschläge, die sich im Lauf der Zeit und anhand des Feedbacks derer, die das Programm durchführten, entwickelten.

Überlebende eines Missbrauchs fühlen sich im Badezimmer oft unwohl. Offensichtlich scheint im Westen über die Hälfte des frühen sexuellen Missbrauchs im Badezimmer zu beginnen. Es ist deshalb kein Wunder, dass manche ängstlich darauf achten, dass die Türe geschlossen ist, bzw. sich mit dem Duschen beeilen. Wenn ich dieses Programm vorstelle, bitte ich die Überlebenden zuerst darum, selbst zu prüfen, wie gut sie diesen ersten Test durchstehen können. Bereitet es ihnen zu großen Stress, sollten sie das Programm sein lassen.

Das Baden
Testprogramm: Verbringen Sie zwei Wochen lang, zweimal am Tag zehn Minuten unter der Dusche oder in einem Schaumbad (es geht darum, seine Haut zu spüren). Benutzen Sie nach der Dusche eine Körperlotion, um eine trockene Haut und Juckreiz zu vermeiden. Zu Beginn kann es auch kürzer sein; es sollte sich aber bald auf zehn Minuten erhöhen. Erzeugt dies eine zu große Spannung und ist diese Art zu duschen nach zwei Wochen immer noch unangenehm, beenden Sie das Programm. Möglicherweise gibt es etwas anderes, was Sie zuvor tun können, wie z. B. Gymnastik. Überlebende eines Missbrauchs oder einer Vergewaltigung teilten mir oft mit, allein schon diese beiden Wochen hätten ihr Selbstwertgefühl enorm beeinflusst. Auch denjenigen, die mit ihrer Haut nichts mehr spüren konnten und sich selbst verstümmelt hatten, um Schmerz zu empfinden, wurde dadurch geholfen, dass sie allmählich ein Gefühl für Wasser bekamen. Der Gedanke, das abzuspülen, was andere einem angetan haben, kann ebenfalls hilfreich sein.

Einigen Teilnehmerreaktionen konnte ich entnehmen, wie tief Scham mit der Haut verbunden ist. Eine Frau erzählte mir, sie habe sich so entspannt gefühlt, dass sie sich einfach nur habe hinlegen wollen. Da zu dieser Zeit niemand zu Hause war, trocknete sie sich ab und kroch ins Bett. Sofort wurde ihr bewusst, wie viel Haut sie hatte. Ihre erste Reaktion war, wieder aufzustehen und sich anzuziehen. Dann erkannte sie jedoch, dass dies eine gute Möglichkeit war, zu lernen, freier mit ihrem Körper umzugehen. Vielleicht war das ja Gottes Weg, ihr eine Chance zu geben, ihr Sexualleben zu verändern, da sie nicht mochte, dass ihr Mann ihren Körper streichelte. »Für kurze Zeit war ich in tiefer Panik und Scham durchströmte meinen Körper. Ich konzentrierte mich auf die Musik, die ich während eines Bades angestellt hatte, und beruhigte mich schließlich. Ich war mir nicht bewusst, dass ich noch so viel Scham in mir hatte. Nach einer Weile fiel ich in einen tiefen Schlaf.« Andere, die sich scheinbar daran gewöhnt hatten, in Gegenwart ihrer Männer nackt zu sein, erlebten ähnliche Schamreaktionen. Sie erkannten nun, wie kontrolliert ihr Liebesleben noch immer war, dadurch dass sie versucht hatten, alle Gefühle in den Griff zu bekommen.

Parfümieren

Parfüm (bei Männern eine Lotion oder ein Rasierwasser) ist wie ein positives Signal (es riecht gut). Es hat nur den Nachteil, dass man es, im Gegensatz zu anderen, nach einigen Sekunden selbst nicht mehr riecht! Parfüm ist auch eine Art Warnung. Kommt uns jemand so nahe, dass er das Parfüm riecht, das wir aufgetragen haben, kann ihm das helfen, die Nähe dieser Beziehung zu prüfen. Der Geruch ist wie eine Art Unterwäsche. Es mag deshalb sinnvoll sein, sich zu überlegen, wer einem das Parfüm gegeben hat und ob man es wirklich mag. Im Zweifelsfall sollte man es wegwerfen.

Hat man alles weggetan, was einem nicht gefällt, kommt der für manche ziemlich harte Schritt: Gehen Sie in einen Parfümladen und riechen und probieren Sie so lange, bis sie den richtigen Duft entdecken. Dabei gibt es eine Bedingung: nicht auf den Preis schauen. Machen Sie sich einfach klar, dass ein Psychiater teurer ist!

Ist das erste Parfüm zu einem Teil ihres normalen Körpergeruchs geworden, dann gehen Sie noch einmal zurück und kaufen sich eines für spezielle Anlässe. Verheiratete können sich überlegen, ob sie nicht noch ein drittes benötigen. Viele Überlebende haben Probleme mit dem Sexualleben. Das führt dazu, dass sich der verständnisvolle Partner oft zurückhält, auf ein bestimmtes Signal wartet und passiv wird. Von vielen Frauen weiß ich, dass sie gerade das nicht wollen. Deshalb kann der dritte Duft ein unaufdringlicher Weg sein, zu sagen: »Vielleicht oder vielleicht auch nicht, aber lass es uns probieren ...«

Kleidung

Ist das Parfüm gefunden, beginnt ein neues Projekt: ein hübsches Kleidungsset (für spezielle Anlässe) zu suchen. Mir fiel auf, dass viele Frauen, insbesondere missbrauchte, schöne Kleider kaufen, sich aber dann nicht trauen, diese zu tragen; oder sie schauen sie sehnsuchtsvoll an, können sich aber nicht entscheiden. Sie haben das Gefühl, es sei einfach nicht das Richtige für sie. Es würde den Körper zu viel in den Mittelpunkt stellen. Männliche Überlebende reagieren dagegen oft mit Schlampigkeit (und kommen damit besser durch). Oft können sie sich nur dann erlauben, etwas Neues zu kaufen, wenn ihre Partnerin sie lange genug dazu anstachelt (»Weshalb ein neuer Pulli; ist der alte nicht gut genug?«).

Stellen Sie eine Liste für eine normale Austattung zusammen und multiplizieren sie die Kosten dafür mit vier! Fangen Sie dann an, für *eine* Ausstattung zu diesem Preis zu sparen. Dies wird einige Zeit dauern, da es jenseits des Normalen liegt. Das Wichtigste an diesem Teil des Ester-Programms ist, es geheim zu halten. Legen Sie einfach jeden Monat still und heimlich ein wenig Geld zur Seite. Kaufen Sie sich auch ein paar Modemagazine, um die Kleidung des entsprechenden Preisniveaus zu studieren. Gehen Sie ziemlich autodidaktisch vor. Es dauert auch eine gewisse Zeit, bis man in diesem Bereich seinen eigenen Geschmack entwickelt hat. Für die meisten von uns wird dies aber nicht so schwierig sein, da es eine ganze Weile dauert, bis man die notwendigen Mittel zusammengespart hat. Die meisten werden dazu einige Monate brauchen. Haben Sie das Geld beieinander, dann gehen Sie in die Boutiquen, welche die teurere Kleidung verkaufen, und sehen Sie sich um. Lassen Sie sich von den Verkäuferinnen helfen. Diese werden Ihr Geld riechen und sie fürstlich behandeln. Nach sechs Wochen Suche (nicht weniger), nehmen Sie eine gute Freundin bzw. einen guten Freund mit, die bzw. der Ihnen Ihre Ansichten nicht aufschwatzen will; einfach jemand, mit dem Sie lachen können und der Sie ermutigt. Dann entscheiden Sie sich innerhalb von sechs Wochen.

Die Party

Haben Sie das Geld für das neue Outfit zusammen, brauchen Sie noch mindestens sechs weitere Wochen, in denen Sie für das große Finale sparen. Sind Sie Single, dann laden Sie Freunde zu der Party ein und machen sich zum Gesprächsthema des Abends. Sind Sie verheiratet, schlage ich etwas anderes vor. Die meisten Berichte erhielt ich von Frauen, die das Programm bis zum Ende durchführen konnten. Es gab nur wenige Männer, die das getan haben, weshalb ich mich im Folgenden auf das weibliche Geschlecht beschränke. Buchen Sie ein Wochenende in einem Hotel, ohne es Ihren Mann wissen zu lassen. Weihen Sie gegebenenfalls eine Person in Ihr Geheimnis ein und bitten Sie diese, auf die Kinder aufzupassen. Wenn Ihr Mann dann nach Hause kommt, halten Sie seinen und Ihren Koffer bereit. Schicken Sie ihn für eine Fahrt ins Blaue einfach zurück zum Auto oder zu einem wartenden Taxi. Lassen Sie ihn dann in der Hotelbar warten, während Sie sich allein ankleiden und hübsch machen. Wenn Sie dann nach unten kommen, werden Sie auf einen erstaunten oder auch besorgten Blick treffen. Dann sind ihre ersten Worte wichtig: »Schalom, es ist alles bezahlt ...«

Diese Selbsthilfe erzeugt eine Atmosphäre, in der nicht nur gebetet werden kann, sondern in der Geist, Seele und Körper besser in Einklang miteinander kommen und so zu einem Gebet in sich selbst werden. Es ist kein Selbsthilfeprogramm für andere, sondern für die Überlebenden selbst. Es soll ihnen ermöglichen, in ihrem eigenen Körper zu Hause zu sein. Vom Humor (und dem gesunden Menschenverstand) wollen wir nun in die Realität zurückkehren; auch im Bereich der »Erfahrungen« zu arbeiten, kann Probleme verursachen.

Süchtig nach »Erfahrungen«?

Zum normalen menschlichen Erleben gehören auch Spaß und Aufregung. Sobald wir »normal« sagen, wird jemand fragen:

»Aber wer setzt die Norm?« Ich stimme darin überein, dass das »Normale« auch kulturell bedingt ist; erinnern wir uns nur nochmals daran, dass sich afrikanische Gläubige für den Herrn gerne tanzend bewegen, während Christen aus dem Norden viel ruhiger reagieren. Das hängt von der Kultur ab. Es gibt aber eine grundlegendere Norm, die meiner Meinung nach universell ist: Begeisterung gibt es entweder um der Begeisterung willen oder sie ist Bestandteil der Beziehung zur Schöpfung und zum Schöpfer. Zu Letzterem gehört die Ehrfurcht vor der Schönheit der Schöpfung oder die Ehrfurcht zweier Menschen voreinander, die sich sehr lieben, und auch die Ehrfurcht, vor einem heiligen Gott zu stehen.

Bei all den guten Dinge, die es im Leben gibt, kann etwas gründlich danebengehen. Wir können allein auf Grund des Nervenkitzels zu »Naturfreaks« werden. Wir können uns in sexuelle Erlebnisse verlieben und uns dabei nicht auf einen Menschen, sondern lediglich auf die Handlung konzentrieren. Ebenso kann man das »Gefühl des Augenblicks« statt den Herrn suchen. Dr. A. B. Simpson, der Gründer einer weltweiten Mission (The Christian and Missionary Alliance), hatte eine Leidenschaft für Menschen und deren Rettung. Er lebte in der zweiten Hälfte des letzten Jahrhunderts und führte in einem traditionell reformierten Umfeld in den USA Gebet für körperliche Heilung ein. Er war auch Dichter und schrieb ein Lied, das noch heute zu uns spricht: »Früher suchte ich den Segen, jetzt suche ich den Herrn.« Diese freie Aussage sagt alles. Unreife Reaktionen auf eine Erfahrung der Gegenwart Gottes können dazu führen, dass Menschen nach mehr suchen. Das ist der potenzielle Anfang jeder Sucht nach Aufregendem, die wir entwickeln können. Was bisher ein gewisses Hochgefühl verursachte, wird bald nicht mehr ausreichen. Wir brauchen dann intensivere Erregungen. Religiöse Süchte können sich von einer Sehnsucht nach »feierlichen« Anlässen über eine melancholische Präsentation des Leidens Jesu bis hin zu den Hochgefühlen ekstatischer, religiöser Erfahrungen in großen Versammlungen erstrecken.

Bei einem Treffen, auf dem ich gesprochen hatte, bat mich jemand um ein Segnungsgebet. Er stellte sich mir als christlicher Psychotherapeut vor. Als wir am Altar einer lutherischen Kirche für ihn beteten, schien er plötzlich betrunken zu werden. Er bewegte sich sanft hin und her und blieb in einem ehrfurchtsvollen Zustand. Dies dauerte über eine halbe Stunde an. Dann ging er still weg. In der nächsten Woche kam er zurück und bat darum, das Gleiche nochmals zu erleben. Ich konnte seine Alkoholfahne riechen und schlug deshalb vor, wir sollten ein wenig reden. Er erzählte mir dann, er habe in der vergangenen Woche wie in einer Wolke des Friedens gelebt. Diese habe ihn mehrere Tage eingehüllt. Er hatte sich ein paar Tage freigenommen, um die Natur zu genießen und allein zu sein. Dann musste er in die Stadt zurück, traf einige seiner alten Freunde und wurde plötzlich depressiv. Ich wollte mehr über seinen Glauben wissen. Dabei stellte sich heraus, dass er tief in den östlichen Mystizismus verstrickt war und auf der Suche nach verschiedenen religiösen Erlebnissen war. Wir sprachen dann über das Segnen und was es Jesus gekostet hatte, uns Segen zu bringen. Als ich über das Kreuz sprach, machte er einen Rückzieher. Ich bat Gott um Erbarmen, dann ging er. Später hörte ich, dass er durch seine Suche nach aufregenden Erlebnissen sowohl sein Privat- als auch sein Arbeitsleben vollständig ruiniert hatte.

Eine falsche Darstellung des *Powerful-Peace*-Konzeptes, in der die Erfahrung statt des Herrn im Mittelpunkt steht, kann ebenfalls zu Problemen führen. Deshalb betone ich, wie ich weiter vorne genauer erklärte, dass man eine persönliche Disziplin einhalten muss, bevor ein »Segnen« stattfinden kann: Zuerst richten wir unseren Geist, danach unsere Seele und erst zuletzt unseren Körper auf Gott aus. Tun wir dies mit anderen Gläubigen zusammen, können sie uns ihre befreiende und kritische Bewertung geben. Die Sünde kam in die Welt und ist unter uns noch immer am Wirken. Ich glaube, dass Gott uns nicht »Steine statt Brot« geben wird, wenn wir uns ihm auf diese Art und Weise nähern – in Demut und in der genannten Reihenfolge in unserer Anbetung – und nicht auf irgendwelchen Erfahrungen bestehen.

Die Notwendigkeit, »Gott gemeinsam zu suchen«, und wie die Gemeinschaft der Gläubigen einer Gemeinde Heilung bringen kann, ist das Hauptthema des nächsten Kapitels.

Anmerkungen

[1] 1. Thess. 5,23
[2] Heb. 4,1–13
[3] 2. Kor. 7,1
[4] Röm. 7,24.25
[5] Ps. 42,11 ist eines von vielen Beipielen.
[6] 2. Kor. 7,10
[7] Eph. 4,26
[8] Röm. 12,1.2
[9] Spr. 1,7
[10] Heb. 10,22
[11] 2. Kor. 7,10; 1. Thess. 5,23
[12] Lk. 8,46
[13] Apg. 3,7
[14] Mk. 16,18
[15] Apg. 28,8
[16] Apg. 1,8
[17] 2. Kor. 7,1
[18] 1. Tim. 2,8
[19] Mt. 28,20
[20] Mt. 18,19.20
[21] Eph. 4,13
[22] *New Bible Commentary*, Inter Varsity Press, Leicester, 1970

12

Mächtiger Friede durch die Kirche

Zu Beginn des Buches befassten wir uns mit den Nöten der Opfer bzw. Überlebenden. Wir sahen, dass der frühe sexuelle Missbrauch für die Entwicklung von Beziehungen sehr destruktiv ist und oft zu einer Überbetonung des Individualismus führt. In meinem Ansatz sehe ich zuerst den Bedarf der individuellen Hilfe; das reicht jedoch nicht aus. Das Neue Testament betont den Aspekt, dass Gläubige »zusammen« sind – in der Kirche.

Mit Überlebenden über das kirchliche Leben zu reden, ist oft eine sehr bedrückende Sache. Es bedarf deshalb eines starken Glaubens, zu behaupten, in einem solchen Umfeld könne Frieden fließen! Wenn aber Opfer zu Überlebenden werden, müssen sie lernen, beziehungsfähig zu werden, und zwar weder als Opfer noch als Überlebende. Ihr Selbstbild muss über das Überleben hinausgehen: Menschen zu sein, die eine Zukunft haben und frei von der Vergangenheit sind.

Die Kirche existiert nicht allein wegen der Nöte der Menschen, sondern ist ein Teil von Gottes Plan, die Menschheit zu retten. Er hat sich dafür entschieden, Menschen zu gebrauchen, um diesen Plan durchzuführen. Auch wenn diese selbst zerbrochen und verletzt sind, können sie von Gott möglicherweise noch immer für andere gebraucht werden.[1]

Das Erstaunlichste an der Kirche ist wohl, dass Gott sich entschlossen hat, diesem Abenteuer der Gemeinschaft der

Gläubigen selbst beizutreten. Dies kommt in den pastoralen Eröffnungsworten »Im Namen des Vaters, des Sohnes und des Heilige Geistes« zum Ausdruck. Unser Bewusstsein, dass ein Anderer da ist, wird dadurch gestärkt. Auch Engel sind, normalerweise unsichtbar, dabei, wenn wir dienen.[2] Gott hat sich dafür entschieden, die Kirche eine Plattform für seine Gnade sein zu lassen. Dabei sprechen wir vom gesamten kirchlichen Leben und nicht nur von der Seelsorge. Auch die Predigt, die kirchliche Gemeinschaft sowie kleinere »familiäre« Gruppen (wie z. B. Hauskreise), in der sich die Gläubigen persönlich besser kennen, haben ihren Platz. Dann gibt es noch das gemeinsame Handeln den Nöten der Gesellschaft gegenüber, was auch zusammen mit anderen gesellschaftlichen Gruppen geschieht. Die Teilnahme am kirchlichen Leben ist an sich schon heilsam; hier liegt aber für Überlebende auch ein Problem: Ihre Beziehungsfähigkeit wurde beschädigt. Ein weiteres Problem kann auftreten, falls eine kirchliche Gemeinschaft von ihrer Prägung her nicht auf die Bedürfnisse von Menschen aus der Kultur des Missbrauchs eingestellt ist.

Angebot und Nachfrage aufeinander abstimmen

Was das jeweilige Angebot und die Bedürfnisse angeht, gibt es meiner Erfahrung nach oft eine große Diskrepanz zwischen den Überlebenden und den Kirchenmitgliedern bzw. der Leitung einer Gemeinde. Daraus resultieren Unfrieden und Unverständnis. Tritt jemand einer kirchlichen Gemeinschaft bei, können auch deshalb Probleme entstehen, weil unterschiedliche Vorstellungen vorhanden sind, was seitens einer Kirche erwartet wird. Eine Klärung der Bedürfnisse des potentiellen Mitglieds und des Angebots einer Gemeinschaft kann zumindest einige Enttäuschungen verhindern.

Die folgende Tabelle mag das verdeutlichen:

Bedürfnisse/Angebot des Überlebenden	**Bedürfnisse/Angebot der kirchlichen Gemeinschaft**
Sozial	Sozial
Emotional	Emotional
Kognitiv	Kognitiv
Wunder	Wunder
Verbindlichkeit	Verbindlichkeit
Wachstum	Wachstum

Soziale Bedürfnisse können praktischer Art sein, wie z. B. »Können Sie mir helfen, eine Wohnung zu finden?« *oder* »Könnten Sie kommen und dabei helfen, die Kirche zu putzen?«. Zu den emotionalen Bedürfnissen kann auf der einen Seite gehören, dass sich jemand Zeit nimmt, damit man seine Geschichte erzählen kann, oder dass einem geglaubt wird, *und auf der anderen Seite* die Erwartung, dass man sich an einer fröhlichen Anbetung beteiligt, auch wenn man niedergeschlagen ist. Beispiele für kognitive Bedürfnisse sind: der Wunsch, dass besser verstanden wird, was der Missbrauch von Macht bewirken kann, *oder* der Wunsch der Leitung, dass man einen »Glaubensgrundkurs« besucht. Das Bedürfnis nach einem Wunder kann das Gebet eines Überlebenden für eine sofortige Befreiung von den Folgen eines Lebens in der Kultur der Missbrauchten sein; aber auch einige Kirchen glauben, dies sei der beste Weg, Überlebenden eines Missbrauchs zu helfen. In Bezug auf Verbindlichkeit hoffen Überlebende darauf, dass die Gemeinde sie unterstützt, insbesondere wenn es ihnen schlecht geht, während die Mitglieder der Kirche sich eine regelmäßige Beteiligung wünschen und »schlecht gehen« oft als »mangelnde Hingabe« interpretieren. Was schließlich das Wachstum angeht, können beide Seiten erwarten, dass dies das Ergebnis einer Beteiligung am kirchlichen Leben sein sollte; sie sind aber oft enttäuscht, wenn es nicht dazu kommt.

Treffen verschiedenartige Erwartungen aufeinander, kann sich alles nur verschlechtern; wie z. B. wenn ein Überlebender eine kognitive Erwartung hat, aber nicht bereit ist, die Erwartungen der Gemeinde in Bezug auf Verbindlichkeit zu erfüllen.

Für Überlebende geeignete Kirchen

Welche Eigenschaften sollte eine Kirche bzw. christliche Gemeinschaft aufweisen, um eine Heilung fördernde Gemeinschaft zu sein, in der Überlebende eines Missbrauchs mit einer gewissen Unterstützung seitens der Kirche ihren eigenen Weg finden können? Aus meiner Sicht sollte zumindest Folgendes vorhanden sein:

1. Eine realistische Sicht dem Leiden gegenüber
2. Keine Überhöhung des Evangeliums
3. Entwicklung von Strukturen, die freisetzen

Eine realistische Sicht dem Leiden gegenüber

Eine realistische, ausgewogene und biblische Sicht dem Leiden gegenüber ist eine grundlegende Voraussetzung, damit Überlebende eines Missbrauchs frei werden können. Sie sollte realistisch sein, da sie auf deren tägliche Kämpfe eingehen muss. Sie sollte ausgewogen sein, da es paradoxe Dinge gibt, die wir nicht zu lösen versuchen sollten; Gott ist allmächtig, Gott ist gut und unschuldige Menschen leiden. Die Bibel hilft uns, eine persönliche Sicht zu entwickeln; für eine Gemeinde muss dies aber auch in eine gemeinsame Sicht übertragen werden. Sie sollte biblisch sein, was nur dann möglich ist, wenn wir mit vielen anderen in Kontakt stehen, die das Wort in ihrer jeweiligen Leidenssituation angewandt haben.

Leiden hat etwas sehr Persönliches an sich, weshalb auch der Heilungsprozess etwas sehr Persönliches ist. Die richtige

Atmosphäre befähigt Überlebende eines Missbrauchs, sich von der Vergangenheit zu lösen, ohne die Erinnerungen zu verdrängen oder die Folgen zu ignorieren. Überlebende, die noch immer unter den Langzeitauswirkungen eines sexuellen Missbrauchs leiden, kann man auf die Schwierigkeiten hinweisen, durch die wir alle von Zeit zu Zeit gehen, sowie darauf, dass wir selbst dann weitergehen, wenn sich eine Situation verschlechtert. Es sollte das Ziel sein, einem leidenden Menschen zu helfen, sich Gottes prüfender Frage bewusst zu werden: »Liebst du mich trotzdem?«

Keine Überhöhung des Evangeliums

Um das Evangelium zu »verkaufen«, werden manchmal Behauptungen aufgestellt, was Jesus für uns tun könne, wenn wir an ihn glauben würden, die über Gottes klare Aussagen hinausgehen. Ein Evangelist kann leicht alle möglichen Versprechungen machen, während sich die kirchlichen Mitarbeiter später mit den enttäuschten Gläubigen herumschlagen müssen.

Eine befreiende Gemeinde verspricht nichts, außer dass Jesus zugesagt hat, in unserem Leiden gegenwärtig zu sein. Diese eine Zusage stärkt den Glauben; Menschen können dann mit ihrer Situation zurechtkommen und ihr Leben Gott widmen. In dieser Haltung einer inneren Ruhe und eines inneren Friedens können dann auch Wunder geschehen, sich unerwartete Lösungen ergeben, und das, was wir nicht einmal zu hoffen wagten, kann passieren. Die Erkenntnis, dass Christus in mir ist, ist der einzige feste Fels der Hoffnung. Eine Kirche, die mehr als (allein) Jesus verspricht, wird ein aufgeblasenes Evangelium präsentieren und tief enttäuschte Mitglieder erzeugen.

Auf der anderen Seite bereitet die gute Nachricht über Jesus die Menschen auf die Wirklichkeit von Schmerz und Leid vor, wenn wir seinen Tod und seine Auferstehung in den

Mittelpunkt stellen. Dies erlebte Pastor Sing aus dem Dorf Dong Hua Chi in Nordost-Thailand. Er war ursprünglich Medizinmann gewesen und hatte Gewehre hergestellt. Durch Kräfte, die wir im Westen nicht verstehen können (und daher transzendent nennen), konnte er mit bloßen Händen heißes Eisen anfassen, ohne dabei seine Finger zu verbrennen. Nachdem er Christ geworden war, musste er Zangen benutzen, da er sich sonst, wie jeder andere auch, seine Hände verbrannt hätte! Schließlich hörte er damit auf, Gewehre herzustellen, und ging zu einer vierjährigen pastoralen Ausbildung für Leprapatienten auf die Maranatha-Bibelschule. Nach seiner Rückkehr wurde er Dorfpfarrer. Eines Tages rutschte ihm beim Holzfällen die Axt aus der Hand. Sie traf sein Bein, verletzte ihn aber nicht. Sein automatischer Gedanke war: »Die Kraft ist noch immer da.« Kurze Zeit später passierte dieselbe Sache wieder. Diesmal verursachte ein scharfer Schnitt einen stechenden Schmerz. Als er seine Wunde versorgte, hauchte er ein Gebet zu Jesus. Dann hatte er den Eindruck, dass Jesus zu ihm sagte: »Das erste Mal habe ich Dich geschützt, aber du hast der Kraft der Vergangenheit die Ehre gegeben ...!« Als er später einmal krank war, sagte er zu mir: »Ich habe mich entschieden, lieber mit Jesus krank zu sein, als durch die okkulten Kräfte der Vergangenheit geheilt zu werden.« Dieser Standpunkt befreite ihn von seiner Vergangenheit und machte ihn zu einem wahrhaft neuen Mann. Eine solche Veränderung der Perspektive geschieht nicht an einem Tag. Sie kommt auch nicht allein durch das Hören und Lesen des Evangeliums. Wie das Evangelium ausgelegt wird und welche kirchlichen Strukturen vorhanden sind, darauf kommt es ebenfalls an, wenn man einen solchen Wechsel der Perspektive bzw. des Paradigmas erreichen will.

Dieselbe Botschaft gilt für Überlebende. Das Leben ist nicht gerecht. Es ist schwer, in einer Kultur des Missbrauchs aufzuwachsen. Einige kulturelle Charakteristiken, wie z. B. Überlebensmechanismen, aus der Wirklichkeit flüchten oder das Verwenden von »Schmerzmitteln«, haben tiefe Verhaltensmuster hinterlassen. Sich zu ändern braucht Zeit. Für manche Aspekte reicht möglicherweise selbst das ganze Leben nicht aus!

Kirchliche Strukturen, die freisetzen

Die langfristigen Auswirkungen eines frühen sexuellen Missbrauchs haben sehr viel mit der Entwicklung der Persönlichkeit während der Phase des Missbrauchs zu tun. Eine neue Lebensperspektive – ein Paradigmenwechsel, wie z. B. Hoffnung – kann unmittelbar eintreten; die Veränderung tief sitzender Muster dauert dagegen lange. Es gibt dafür keine schnellen Methoden. Wie zuvor beschrieben ist der Paradigmenwechsel, sich selbst nicht mehr als Opfer, sondern als Überlebender zu sehen, ein wichtiger Faktor, um den Heilungsprozess zu beschleunigen.

Kirchliche Strukturen können dazu beitragen, diese positive Sicht zu fördern, indem man sie als Überlebende und nicht als Opfer betrachtet. Der Prozess der Hilfe sollte deshalb den Gedanken vermeiden, sie seien passive Patienten, die chirurgische Hilfe brauchen, sondern ihnen vielmehr vermitteln, sie seien Menschen, die schon vieles durchgestanden haben und mit einer gewissen Hilfe zu einer noch größeren Freiheit kommen können.

Eine Kirche, die Jesus Christus und nicht die Probleme in den Mittelpunkt stellt, muss die Probleme deshalb nicht leugnen. Sie betont lediglich die richtige Sicht: »Ja, es war schrecklich; Du warst ein Opfer; aber jetzt kannst du darauf bauen, dass die Inkarnation noch immer am Wirken ist; Christus kommt in uns hinein, du kannst es schaffen. Seine Kraft ist da, um dich zu befähigen.«

Vom Machtmissbrauch zum Dienen

Zu jeder Form von Organisation gehört, dass Entscheidungen getroffen werden müssen, d. h. Macht. Die Kirche als Organisation hat diese Macht oft für Ziele benutzt, die weniger geistlich waren. Was die Entwicklung von Strukturen angeht, müssen wir eine Abkehr vom Machtmissbrauch hin zur Macht des Dienens betonen.

Auch religiöse Gruppen müssen Strukturen entwickeln, da es ohne sie schwierig ist, eine Gemeinschaft zu organisieren. Das Neue Testament spricht über die Notwendigkeit einer kirchlichen Ordnung. Wie sich solche Strukturen entwickeln, hängt von der jeweiligen Kultur ab. Die verschiedenen Regeln des Neuen Testaments für kirchliche Formen scheinen nur dann einen Sinn zu ergeben, wenn wir sie so verstehen, dass es eine Einheit in den Zielen gibt, aber einen Unterschied in der kulturellen Umsetzung.

Missionsgesellschaften gingen oft fälschlicherweise davon aus, die gleichen Formen bedeuteten auch den gleichen Inhalt. Das führte zu einem kulturellen Imperialismus, der Gläubigen verschiedener Kulturen fremde Modelle aufzwang. Die äußere Form wurde zum Wichtigsten. Solche Strukturen versklaven.

Missionare, die in der Kultur der Missbrauchten arbeiten, sollten Verständnis dafür haben, dass die Überlebenden Angst vor Machtmissbrauch und Manipulation haben. Überlebende eines Missbrauchs spüren oft sehr deutlich, ob eine Kirche oder ein kirchlicher Leiter manipulativ sein können. Ihre Aversion dem gegenüber führt schnell zu Konflikten oder sie ziehen sich still zurück. Wollen Leiter lernen, jegliche Art der Erscheinung des Bösen zu vermeiden, können solche Überlebende ausgezeichnete Lehrer sein. Sie können als Barometer für den Druck, der von einer Leitung ausgeübt wird, dienen. Irritieren solche allergischen Reaktionen eine Kirchenleitung, mag es sinnvoller sein, einem Überlebenden den Rat zu geben, vorübergehend in einer anderen Kirche Unterschlupf zu suchen.

Vernünftiger Schutz

Schließt unser Dienst emotional besetzte Themen wie sexuellen Missbrauch mit ein, können die formellen Strukturen eine große Hilfe sein, den Überlebenden und seinen Helfern für ihre Arbeit einen geschützten Rahmen zu bieten. Ich lege z. B. Wert darauf, dass Seelsorger in Teams arbeiten. Dies hat sich sowohl bei Missverständnissen als auch in kompromittierenden Situationen als Schutz erwiesen.

Verwenden alter und neuer Symbolik

Oft findet man nicht die richtigen Worte, um auszudrücken, was gesagt werden müsste. Aber die Emotionen steigern sich und können sich zwischen grenzenloser Freude und stiller Trauer bewegen. Dann werden nonverbale Kommunikationsformen benötigt. Bestimmte symbolische Handlungen ermöglichen eine Ausdruckstiefe über Worte hinaus. Als Jahwe sich Israel offenbaren wollte, verwendete er dafür viele Zeichen, die eine tiefe Bedeutung hatten und ein Ehrfurchtsgefühl vor dem Heiligen Israels erzeugten.

Auch aus Sicht der Seelsorge ist die Verwendung nonverbaler und unstrukturierter Sprache von großer Bedeutung. Dies geschieht in verschiedenen Ausprägungen. Es gibt Sakramente und bestimmte Rituale, die uns zu erkennen helfen, dass wir geschichtliche Wurzeln haben.

Sakramente

Eine traditionelle Sicht eines Sakraments ist, dass es »das äußere Symbol einer innewohnenden Gnade« darstellt. Für mich ist wichtig, dass Christus das Sakrament ist: er, der in unser Leiden hineinkommt; der Gott, der hier und nahe ist. Sakramente helfen uns bei unserer Suche, Gott zu erfahren. Ein mächtiger Bestandteil eines Sakraments ist seine Symbolik. Seine Botschaft kann ohne Worte tiefe Gefühle erreichen, die Worte allein nicht berühren können. Sakramente sind keine leeren Rituale, sondern lebendige Gleichnisse mit einer mächtigen, nonverbalen Kommunikation des Evangeliums und können wichtige Werkzeuge für die Therapie von Missbrauch sein.

Die meisten kirchlichen Traditionen konzentrieren sich, historisch bedingt, auf ein oder mehrere Sakramente. Bei reformierten Christen sind dies zwei: die Taufe und das Heilige Abendmahl. Gläubige der römisch-katholischen Kirche haben eine breitere Sicht. Als Seelsorger versuche ich herauszufinden, was die Kirchentradition einem Ratsuchenden durch den Gebrauch der Sakramente zur Verfügung stellt, das für den Heilungsprozess hilfreich sein könnte. Neben den Sakramenten haben sich in den kirchlichen Traditionen bestimmte Gebräuche entwickelt, die eine gewisse kommunikative Bedeutung haben, wie z. B. das Auflegen der Hände oder das Salben mit Öl.

Überlebende eines Missbrauchs haben oft das Gefühl, ihre Erfahrung habe sie mit dem Tod befleckt. Der Tod als Flucht ist für sie eine Möglichkeit, um die ihre Gedanken kreisen. Unter solchen Umständen kann die Theologie der Taufe als sakramentales Begräbnis des alten Lebens ein wirkungsvolles Gleichnis dafür sein, die Neigung zum Tod in eine positive Wirklichkeit umzugestalten: Ich bin mit Christus gestorben und nun lebe ich durch ihn! Haben Ratsuchende ein reformiertes Taufverständnis, d. h. wird der Bund Gottes betont, können wir ihnen helfen, aus dieser Sache Hoffnung zu ziehen. Dass der Name Gottes bei der Taufe proklamiert wurde, kann zu einer Quelle der Dankbarkeit werden. Manche brachten zum Ausdruck, dass diese Anwendung des Namens, dieser Segen irgendwie etwas Schönes in ihrem Innern geschützt habe, das durch den Missbrauch nicht befleckt werden konnte – das Leben Gottes sei stärker gewesen als die Mächte des Todes. »Schon bevor ich ihn kannte, wurden mir seine Gnade und sein Friede zuteil. Er berührte mich und keiner kann mir das nehmen, was er für mich getan hat. Kein Missbrauch kann sein gnädiges Handeln auslöschen.«

Die Erwachsenentaufe hat eine andere Perspektive, da sie dem Überlebenden ermöglicht, die Taufzeremonie bewusst als eine Art Abschlussritual zu erleben, das symbolisch das Ende eines Zeitabschnitts darstellt. Dadurch dass man akzeptiert, dass man mit Christus begraben wurde und nun durch die Kraft der Auferstehung lebt, wird symbolisch zum Ausdruck gebracht, dass man eine neue Identität angenommen hat. Statt abzuwarten bis der Missbrauch aufgearbeitet ist, kann man schon proklamieren: »Ich bin nicht mehr dieselbe Person. Ich leide zwar noch unter dem, was mir widerfuhr, aber ich bin jetzt eine andere Person.« Dabei muss man aufpassen, dass die Überlebenden diese mächtige Symbolik nicht dazu benutzten, die Auseinandersetzung mit der Realität zu vermeiden, d. h. die Türe zur Vergangenheit vorzeitig zu schließen. Wenn wir das vermuten, sollten wir den noch andauernden Prozess der Erneuerung betonen.

Auch in Bezug auf das Heilige Abendmahl sollte man sorgfältig darauf achten, wie man es in der Seelsorge einsetzt. Ich fand es hilfreich, Ratsuchende als Teil der Therapie auf das Abendmahl vorzubereiten. Aus seelsorgerlicher Sicht finde ich das lutherische Verständnis des Heiligen Abendmahls wirksamer als das kalvinistische. Der Kalvinismus betont das Gedenken an ein großes Ereignis vor 2000 Jahren, insbesondere das, was Christus damals für uns getan hat. Während die lutherische Theologie diese objektive Tatsache ebenfalls bestätigt, spricht sie auch über das Erfahren der Gegenwart Gottes durch die Elemente von Brot und Wein. Es war in einem formellen, hoch liturgischen Umfeld, dass ich mir dieser Realität in dieser Form bewusst wurde.

Rituale

Rituale sind kulturelle Werkzeuge, die uns in Situationen, die sehr emotional sein können, wie z. B. einem königlichen Ereignis, einer Hochzeitsfeier oder einer Beerdigung, helfen sollen. Wie die Kirche z. B. auf einen Trauerfall reagiert, hängt von der jeweiligen Kultur ab. Manche Kulturen erwarten, dass man mit einer »steifen Oberlippe« reagiert, d. h. sich weigert, Trauer, Enttäuschung oder Schmerz zu zeigen. Andere, wie z. B. Menschen im Mittleren Osten, gehen emotional sehr aus sich heraus.

Es gibt Zeiten, in denen ein Seelsorger sprachlos ist – wie die Freunde Hiobs. Tragischerweise ermöglicht uns die moderne Kultur kaum, sieben Tage lang schweigend bei einem Leidenden zu sitzen, wie jene es taten. Ich begegne jedoch immer wieder Protestanten, die ein katholisches Rüstzentrum besuchen, nur um einen Ort der Stille in der Gegenwart Gottes zu finden.

Der Druck, auf irgendeine Art und Weise zu handeln, wenn uns eigentlich die Worte fehlen, ist immer noch stark. Hier können uns neue Rituale Wege aufzeigen, wie wir mit dem Unaussprechlichen umgehen können. Ich fand es deshalb hilfreich, neue rituelle Formen zu entwickeln, das Evangelium weiterzugeben, wie z. B. einen speziellen Ritus, Eltern zu helfen, die Trauer über eine Fehlgeburt oder eine Abtreibung zu verarbeiten. Wir können auch die Weitergabe von Gottes Frieden und mein Verständnis des *Powerful Peace* für Überlebende eines Missbrauchs in dem Sinne sehen, dass wir unsere Freiheit, neue Rituale zu entwickeln, kreativ gebrauchen.

Glaube kann auf viele verschiedene Weisen zum Ausdruck gebracht werden; es wird aber immer in der einen oder anderen kulturellen Form geschehen. Die Kultur zu respektieren und das Herz eines Dieners zu haben, ist der Schlüssel, um das Problem zu verstehen, dem der Apostel Paulus in Korinth gegenüberstand, als es einen Streit über die rituelle Kopfbedeckung von Frauen während der Anbetung gab.[3] Die Inkarnation des Evangeliums in einer bestimmten Kultur ermöglicht, dass – insbesondere wegen ihrer kommunikativen Bedeutung – neue Rituale kreiert werden können. Dadurch wird die Tiefe des Evangeliums auf eine Weise zum Ausdruck gebracht, wie es durch Worte allein nicht möglich wäre.

Rituale sind dazu da, dass wir sie bei Bedarf verwenden. Manche Eltern tun das ganz automatisch und merken dabei überhaupt nicht, welche Bedeutung ihr Tun hat, z. B. wenn sie ihrem Kind eine Kassette mit Anbetungsliedern für Kinder geben. Während es zuhört, schläft das ängstliche Kind ein. Ich kenne auch Kinder, die alt genug sind, um nach einer beängstigenden Situation, wie z. B. einem Albtraum, ein vorformuliertes Gebet, das ihnen ein Seelsorger gegeben hat, zu lesen. Auch Erwachsene können durch schwierige Zeiten gehen und von solchen sorgfältig geschriebenen Gebeten profitieren. Viele Gläubige tun das schon, wenn sie sich an die Psalmen Davids wenden.

Liturgien

Liturgien sind Rituale für die Anbetung des Herrn. Historisch gesehen spielten Liturgien eine wichtige Rolle, um Einheitlichkeit und Qualitätskontrolle zu ermöglichen. Die frühe Kirche wusste, dass die »Inkarnation des Evangeliums« seine Zeit braucht. Die langsamen Kommunikationswege machten Supervision und Qualitätskontrolle nicht gerade leicht. Da nur die Privilegierten Lesen und Schreiben konnten, mussten Methoden entwickelt werden, die sicherstellten, dass das Evangelium in einer guten Qualität präsentiert wurde. Von geistlichen Leitern wurde erwartet, dass sie auch ohne große Ausbildung die Beichte abnahmen, die Messe zelebrierten, tauften, Ehen schlossen und Gläubige beerdigten. Um eine Supervision zu erleichtern, wurde ein fester Rahmen (eine Liturgie) entwickelt. Dies verhinderte auch, dass Leute ihre eigenen Worte oder Bedeutungen hineinlegen konnten.

Pastorale Verwendung von Liturgien

Einer Familie, die durch den regelmäßigen Missbrauch ihres vierjährigen Sohnes in einer Kindertagesstätte schwer erschüttert war, konnte auf diese Weise geholfen werden. Unter Verwendung einer einfachen, vorbereiteten Liturgie konnte der Pfarrer eine Familienzusammenkunft (einschließlich Onkeln und Tanten, aber natürlich ohne das Kind) durch eine Zeit der Trauer, des Zorns und des Bedürfnisses nach Ermutigung führen.

Charismen

Charismen – Gnadengaben oder Äußerungen der Gnade – sind spezielle Fähigkeiten, die Gott Gläubigen gibt, um sie für die Aufgabe, zu der er sie beruft, auszurüsten. In gewisser Weise wird durch sie zum Ausdruck gebracht, dass Gottes Kraft durch einen menschlichen Mitarbeiter am Wirken ist. Auf Grund der Tatsache, dass ein reiner und allmächtiger Gott mit und durch Menschen arbeiten will, die von Sünde befleckt sind, fördern sie eine Haltung der Ehrfurcht. Auch wenn wir die Gnade empfangen haben, sie zu nutzen, gehören diese Geistesgaben aber weiterhin Gott. Dies muss betont werden, wenn wir eine gesunde Perspektive der geistlichen Realitäten und echte Demut bewahren wollen.

Gaben der Heilung

Eine sexuelle Vergewaltigung wirkt sich auf die gesamte Persönlichkeit aus. Während die traditionelle christliche Seelsorge dazu tendiert, sich auf die geistlichen und emotionalen Aspekte zu konzentrieren, beachtet sie meiner Meinung nach die physischen Folgen des sexuellen Missbrauchs zu wenig. Schon der Apostel Paulus bemerkte die direkte Verbindung zwischen dem sexuellen Missbrauch und seiner Auswirkung auf den Körper und die Selbstwahrnehmung eines Menschen. Indem er spezifisch auf den Täter eingeht, bezieht er sich auch auf die Auswirkungen auf den Überlebenden, da sexueller Verkehr bewirkt, dass zwei eins werden.[4] Der Einfluss eines Täters hinterlässt beim Missbrauchten einen bleibenden Eindruck. Sexuelle Sünde wirkt sich deshalb nicht nur auf den Täter, sondern auch auf diejenigen aus, »gegen die gesündigt wurde«.[5] An einer anderen Stelle betont Paulus, der Heilige Geist müsse in jedem Bereich unserer Persönlichkeit – Geist, Seele und Körper – wirksam werden.[6]

Es gibt verschiedene Gaben der Heilung und verschiedene zeremonielle Formen, Heilung weiterzugeben, wie z. B. das Auflegen der Hände, das Salben mit Öl usw.

Überlebende eines Missbrauchs haben ein starkes Bedürfnis, die Kontrolle zu behalten. Es geht deshalb darum, dass man einen vorsichtigen seelsorgerlichen Ansatz wählt, der dem Ratsuchenden die Kontrolle belässt. Findet eine emotionale oder körperliche Glaubensäußerung statt, sollte dies die Entscheidung des Überlebenden sein und unter seiner Kontrolle geschehen!

Alle diese verschiedenen Gaben, Fähigkeiten und Einsichten spielen eine wichtige Rolle, wenn man einem Ratsuchenden in seiner Kultur erklären will, wer Gott ist und wie man sich ihm nähern kann. Ein pastoraler Mitarbeiter mit der Gabe, Menschen in geistlichen Bereichen zu helfen, wird dies auf eine andere Art und Weise tun, als jemand, der eher Fähigkeiten im Bereich emotionale Heilung hat. Andere wiederum haben, unabhängig vom geistlichen oder emotionalen Zustand eines Menschen, Glauben für körperliche Heilung.

Bei der charismatischen Gabe der Heilung geht es um mehr, als nur körperliches Wohlbefinden weiterzugeben. Sie ist eine gottgegebene Gabe, Menschen dabei zu helfen, eine neue Lebensperspektive zu gewinnen; zu lernen, wie man lebt, Hoffnung für die Zukunft zu haben und von der Orientierung auf die Vergangenheit loszukommen. Das Evangelium ist stark auf die Zukunft ausgerichtet, wie es die zweite Bedeutung von Maranatha, die des Glaubensbekenntnisses, ausdrückt: »Der Herr wird wiederkommen!« Eine solche Zukunftsorientierung kann einem Überlebenden helfen, sich von einer Beschäftigung mit vergangenen Tragödien zu lösen und sich auf ein Leben der Hoffnung und des Dienstes zu konzentrieren. Das Bedürfnis nach Vergeltung oder zornig zu sein wird dabei nicht geleugnet. Es kanalisiert vielmehr Rache und Zorn in eine positive Richtung.[7]

Gaben der Unterscheidung

a) Zuerst erkennen, was gut ist und was von Gott ist

Die Unterscheidung der Geister muss im Rahmen der Gemeinschaft der Gläubigen ausgeübt werden. Die Bibel spricht davon, dass es für die Gläubigen (Plural) wichtig ist, zu hören, was Gott sagt. Auch »Unterscheider« müssen geprüft werden. Es kann leicht vorkommen, dass jemand, der einen bestimmten Gesichtspunkt sehr stark vertritt und Einzelgänger ist, sehr schnell meint, den Leib Christi davor warnen zu müssen, es laufe etwas falsch. In Thailand verursachte ein kirchlicher Leiter große Bestürzung, als er bei jemand eine ehebrecherische Beziehung vermutete und dies einfach verkündete, ohne es vorher zu prüfen.

Die Anzahl der Sexualtäter unter den christlichen Leitern weist darauf hin, dass die Gabe der Unterscheidung in unserer Mitte nicht besonders ausgeprägt ist. Jemand, der diese Gabe richtig anwenden will, sollte nicht nur sensibel für geistliche Wirklichkeiten, sondern auch reif in der Persönlichkeit und im Glauben sein, um diese Sensibilität richtig anwenden zu können.

Ich gebe zu, dass ich dem Suchtverhalten gegenüber verständnisvoller, kritischer und wachsamer geworden bin, seit ich mit Überlebenden eines Missbrauchs arbeite und mit einigen ernsthaften blinden Flecken gegenüber denen, mit denen ich eine Zeit lang zusammenarbeitete, konfrontiert wurde. Kann sich jemand nicht vorstellen, dass sexueller Missbrauch unter uns vorkommen kann, wird man bei ihm wohl kaum die Gabe der Unterscheidung am Werk sehen.

b) Erkennen böser Mächte

Ein Jude sagte mir einmal: »Nach Auschwitz muss man an den Teufel glauben; ich gebe aber zu, dass es mir schwer fällt, an Gott zu glauben.« Schauen Überlebende eines Missbrauchs auf ihr Leben zurück, sagen manche das gleiche. Sie wurden mit der Wirklichkeit des Bösen konfrontiert. Ohne Zweifel sind böse Mächte am Wirken. Jesus gab ihnen Namen, die ihrem Vorgehen entsprechen: ein Lügengeist, ein unreiner Geist oder ein stummer Geist. Wenn wir mit dem Dämonischen, das in einem sexuellen Kindesmissbrauch eine Rolle spielt, konfrontiert werden, können wir dasselbe tun; hier kann es sich z. B. um einen perversen Geist, einen sinnlichen Geist, einen Lügengeist oder einen Todesgeist handeln. Da unser Erkennen fehlerhaft sein kann, ist Teamarbeit und Vorsicht geboten.

Das Böse amputieren oder sich davon reinigen?

Einem Überlebenden zu helfen, von einem Einfluss des Bösen loszukommen, kann dazu führen, dass man einen Teil der Persönlichkeit amputiert, statt dass eine Befreiung von etwas Bösem stattfindet. Dies erlebte Caroline, die als junge Frau einer christlichen Jugendorganisation beitrat. Sie war recht erfolgreich und ist nun, nach 25 Jahren, immer noch sehr aktiv. Sie bat mich um Hilfe. Ich war über ihre Persönlichkeit verblüfft, da sie einer der Menschen ist, der einen Raum betreten kann, ohne dass man bemerkt, dass er da ist. Etwas Graues umgab sie; auch hatte sie eine stille Rolle im Hintergrund angenommen. In unseren Gesprächen kam folgende Geschichte heraus. Als sie noch eine junge Frau und eifrig und aktiv im christlichen Dienst war, traten bei ihr verschiedene sexuelle Probleme auf. Ihr Seelsorger meinte, in ihr böse, unreine Mächte am Werk zu sehen und führte sie in ein Befreiungsgebet. Danach war sie sehr erleichtert, und die Probleme waren gelöst, aber sie verlor auch jegliche Gefühle für sexuelle Identität. Sie lehnte verschiedene Heiratsanträge ab und ist auch heute noch ledig. Während der Gespräche zeigte sich, dass sie in der Ablehnung des Bösen sehr rigoros gewesen war. Dies hatte zur Folge, dass zusammen mit dem inakzeptablen Verhalten und dem »geistlichen Einfluss«, der behandelt worden war, auch ihre Sexualität amputiert worden war. Als sie die Tragödie erkannte, schrie sie zu Gott, er möge ihre Weiblichkeit wieder herstellen. Die nächste interessante Sache war, dass die alten Probleme wieder auftraten. Nun musste sie einen anderen Standpunkt dazu einnehmen. Mit einiger Hilfe war sie fähig, Gott für ihre Sexualität zu danken, das inakzeptable Verhalten aber abzulehnen. Dies eröffnete ihr ein ganz neues Leben. Sie wurde wieder weiblich und attraktiv, war sich aber ihres Alters und den vergebenen Chancen bewusst. Sie trauerte darüber, kein Familienleben zu haben und dass sie nun zu alt war, um ein Kind zu bekommen.

Als sie still vor sich hin weinte, wanderten meine Gedanken zu der Stelle in der Bibel, wo Jesus über die Menschen spricht, die auf Grund dessen, was ihnen Menschen angetan haben, keine Kinder haben können. Uninformierte oder Seelsorger, welche die Geister nicht unterscheiden, können, selbst wenn sie es gut meinen, großes Leid verursachen. Anstatt einen Ratsuchenden auf dem Weg der Heiligung zu begleiten, wenden sie eine eindringliche Sprache und ihre Autorität an, um Persönlichkeitsanteile, wie z. B. die Sexualität, einen gesunden Stolz oder die Notwendigkeit, auch mal zornig zu reagieren, zu amputieren.

Es gibt eine Stelle in der Bibel, die darüber spricht, einen Teil von sich selbst zu amputieren, aber nicht davon, dass dies ein Seelsorger tun solle. Es geht hier um eine persönliche Entscheidung von jemand, der mit einem Problem ringt, das sein Heil bedroht:

> Wenn aber dein rechtes Auge dir Anlass zur Sünde gibt, so reiß es aus und wirf es von dir! Denn es ist besser, dass eins deiner Glieder umkommt und nicht dein ganzer Leib in die Hölle geworfen wird. Und wenn deine rechte Hand dir Anlass zur Sünde gibt, so haue sie ab und wirf sie von dir! Denn es ist besser für dich, dass eins deiner Glieder umkommt und nicht dein ganzer Leib in die Hölle geworfen wird (Mt. 5,29–30).

Die Bedeutung dieser Schriftstelle wurde mir klarer, als einmal ein aktives Kirchenmitglied, das eine schwierige Ehe hatte, mit der bestürzenden Aussage auf mich zukam: »Ich habe nicht gewusst, dass Ehebruch so schön sein kann.« Er erzählte mir, er habe eine wunderbare, aber ehebrecherische Beziehung. Er fühlte sich so erfüllt, sah aber auf der anderen Seite die Not, die er damit seiner Frau, seinen Kindern und der Kirche machte. Auf Grund der genannten Schriftstelle forderte ich ihn heraus, »barmherzig grausam« zu sein, um sich selbst zu retten, indem er diese Beziehung beendete.

Eine Frau erzählte mir über ihren zunehmenden Drang, Kinder sexuell zu missbrauchen. In ihrem Beruf arbeitete sie mit kleinen Kindern und es gab viele unbeobachtete Momente. Ich bat sie eindringlich darum, einige radikale Entscheidungen zu treffen und nicht nur fachmännische Hilfe zu suchen, sondern auch eine andere Arbeitsstelle, bei der sie sich besser unter Kontrolle halten könne. Das tat sie und war erleichtert, auf ihre Gefühle nicht mehr so sehr aufpassen zu müssen. So konnte sie an ihren Problemen arbeiten.

In beiden Fällen waren es die Ratsuchenden, die radikal sein mussten; sie mussten das amputieren, was sie wirklich tun wollten, und die Entscheidung treffen, sich selbst einzuschränken – um ihrer selbst willen, um derer willen, für die sie verantwortlich waren, und schließlich, um ihre eigene Beziehung zu Gott zu bewahren.

Die Absolution

Den stellvertretenden Tod Christi von vor 2000 Jahren zu proklamieren und die Tatsache der Vergebung weiterzugeben, ist ein weiteres mächtiges Konzept, das die Kirche neu bejahen muss. Dieses Konzept ist in der evangelikalen Theologie oft unterentwickelt. Wenn wir uns darüber Gedanken machen, wie man eine Atmosphäre schaffen kann, in der sich ein Täter melden kann, um etwas zu bekennen, frage ich mich, ob wir nicht die Beichte wieder einführen müssen. Werden dabei Gnade proklamiert und Mut zugesprochen, kann die Anonymität ein Anfang dafür sein, dass jemand als Teil des Prozesses der Buße persönliche Hilfe sucht.

Ich habe bewährte Seelsorger aus anderen Kirchen darum gebeten, als Fremde und der Gemeinde Unbekannte mitzukommen, wenn ich ein Seminar über Sexualität halte. Ihre einzige Aufgabe ist dann, zuzuhören und den Weg der Vergebung zu erklären. Es war sehr erstaunlich, wie die Menschen reagiert haben. Einen sehr anrührenden Moment erlebte ich, als eine 70-jährige Dame endlich ein Geheimnis mitteilen konnte, das sie ihr Leben lang wie eine schwere Last mit sich herumgeschleppt hatte. Ihr Lächeln werde ich nie vergessen. Die Beichte und der Zuspruch der Vergebung Christi sollten in der protestantischen Kirche neu betont werden.

Der Segen

In der christlichen Tradition wird der Gemeinde in jedem Gottesdienst ein Segen verkündigt. Dies geht auf die Tage Moses zurück, als dieser die Gegenwart Gottes und den daraus resultierenden Schalom im Leben derer, die sich Gott hingaben, bestätigte. Dieses Segnen der ganzen Gemeinde wird dem Segnen in einer Seelsorgesitzung eine besondere Unterstützung verleihen, wenn ein Seelsorgeteam mit Zustimmung der Kirche arbeitet. Mit der Gebetsunterstützung durch die Gemeinde kann Seelsorge sehr viel effektiver sein.

Den Segen in der Gemeinde weitergeben

Durch die Säkularisation verloren viele Leute zunächst den Kontakt zur Kirche. Im weiteren Verlauf dieses Prozesses sorgten Individualismus und Vereinzelung dafür, dass sie auch den Kontakt mit den Menschen in ihrer Umgebung verloren. Die Kirche war und ist eine starke Kraft für das soziale Leben. Es gab zwar auch andere Stimmen, die lautstark neue Sozialstrukturen forderten, um die Kirchen zu ersetzen, es scheint aber nichts passiert zu sein.

Da die Säkularisierung im sozialen Bereich ihren Tribut gefordert hat, sollte eine befreiende Kirche ihren Blick nach außen richten. Ihr Platz ist in der Welt. Es besteht deshalb nicht nur ein Bedarf an kirchlichen Programmen, sondern auch an Programmen für die Allgemeinheit. Ich stelle fest, dass die meisten Kirchen noch nicht einmal über Missbrauch in ihrer Mitte nachgedacht haben bzw. was sie dagegen tun sollten, so dass es wohl noch ein Schritt zu weit ist, über gemeindliche Programme zu reden; sie könnten aber zumindest darüber nachdenken.

Man könnte es auch aus einer anderen Perspektive sehen. Es gibt noch immer relativ wenige Seelsorger, welche die Nöte der Missbrauchten verstehen und Hilfe leisten können. Bevor sich eine Kirche deshalb nach innen wendet, sollte sie vielleicht zuerst eine breitere Sicht entwickeln. Sie könnte Menschen aus anderen Kirchen einladen, um sie an Studien, Seminaren, Kursen und bei der Entwicklung von Programmen zu beteiligen. Gleichzeitig werden die örtlichen Vertreter für psychische Gesundheit gerne bereit sein, von offizieller Seite vorbereitetes Material zur Verfügung zu stellen.

Die Anwendung des *Powerful Peace* in einem kirchlichen Seelsorgeprogramm wird durch säkulare Erkenntnisse gestärkt. Dies werden wir im nächsten Kapitel sehen, wenn wir die Tragödie und den Albtraum vieler Pastoren erörtern: »Hilfe, es gibt Täter in meiner Kirche; was soll ich jetzt tun?«

Anmerkungen

1 Heb. 12,12
2 Heb. 1,14
3 Michael Green (1982)
4 1. Kor. 6,18–19
5 1. Kor. 6,18
6 1. Thess. 5,23–24
7 Röm. 12,19–21

13

»Bitte, Gott, nicht in der Kirche ...«

Im Lauf der Jahre hatte ich in Norwegen eine Vielzahl von Personen seelsorgerlich beraten, die von kirchlichen Mitarbeitern missbraucht worden sind. Da es sich durchweg um Erwachsene handelte, überließ ich es ihnen, weitere Schritte zu unternehmen. Ich blieb auch deshalb still, weil es sonst anhand meiner Reisen möglich gewesen wäre, die Opfer ausfindig zu machen. 1989 veröffentlichte dann *Vartland*, die christliche Zeitung in Norwegen, ein Serie über die vielen Missionarskinder, die während ihrer Internatszeit von Missionaren missbraucht worden sind. Wie man sich vorstellen kann, war die Öffentlichkeit schockiert. Allerdings dachten die Leute, es müsse sich hier um Ausnahmefälle, etwas Außergewöhnliches gehandelt haben. Auf diesem Hintergrund und nach 14 Jahren regelmäßiger Besuche in Norwegen fühlte ich mich freier, über meine Erfahrungen zu schreiben, ohne jedoch einzelne Personen zu erwähnen. Ich verstehe die ungläubige Reaktion vieler, als *Vartland* im Frühjahr 1990 eine Artikelreihe über meine Arbeit in Norwegen mit Menschen, die einen sexuellen Missbrauch überlebt hatten, herausbrachte. Unter diesen waren sechzig, die in ihrer Jugend von kirchlichen Mitarbeitern missbraucht worden sind. Meine Geschichten brachten eine schmerzhafte Wahrheit noch näher in die Häuser.

Wie geht man mit sexuellem Missbrauch in der Kirche um?

Nach dem Schock und einigen sehr heftigen Reaktionen für und gegen das Veröffentlichen solcher Geschichten ebbte die Diskussion vor kurzem ab. Dann flammte sie erneut auf und es zeigte sich, dass sexueller Missbrauch durch christliche Leiter immer noch aktuell ist. Es gibt nun Diskussionen, was man zur Vorbeugung tun kann bzw. was zu tun ist, wenn »es« in einer Kirche passiert.

Geht man von der Annahme aus, dass ein Risiko besteht, dann richtet sich die Aufmerksamkeit mehr darauf, wie man Problemen vorbeugen und sie rechtzeitig erkennen kann. Die praktischen Fragen im Zusammenhang mit sexuellem Missbrauch sind vielfältig. Meine Antworten basieren auf den folgenden, in der Praxis entwickelten Prinzipien.

Prinzip 1: Es kommen zwei Rechtssysteme zur Anwendung

Arbeitet man aus einer christlichen Perspektive heraus, dann hat man es mit zwei Wertesystemen zu tun. Das eine entspringt unserem Verständnis des Wortes Gottes, während das andere auf den Gesetzen des jeweiligen Landes basiert.

Nehmen wir zum Beispiel an, ein offizieller kirchlicher Mitarbeiter habe ein Kind belästigt. Er oder sie bittet um Vergebung. Wie wir darauf reagieren, beruht auf biblischen Wertmaßstäben; es gelten jedoch auch die Gesetze des Landes. Wir können der Person vergeben, müssen uns aber auch mit den Konsequenzen ihres Verhaltens, einschließlich einer rechtlichen Anklage, befassen. Ein kirchlicher Leiter sollte zumindest einen Experten für psychische Gesundheit oder die zuständigen Sozialdienste über die aktuelle Rechtslage befragen. Obwohl die Gesetze immer schärfer werden, können sie in der Anwendung oft zugunsten des Überlebenden ausgelegt werden. Gehört der Täter z. B. zum gleichen Haushalt wie das Kind, könnte man das Kind von zu Hause wegnehmen. Dabei bleibt jedoch das bereits erkannte Risiko, dass der Überlebende in einer Pflegefamilie oder einem Kinderheim erneut missbraucht werden könnte. Die andere Alternative ist, statt des Opfers besser den Täter zu entfernen. Eine sinnvolle Anwendung der Gesetzeskraft wäre, sicherzustellen, dass der Täter eine wirksame Therapie erhält. Dies lässt sogar die Möglichkeit offen, eine Familie während der Therapie des Täters beisammenzuhalten.[1]

Prinzip 2: Mit Spezialisten zusammenarbeiten

Da sexueller Missbrauch mehr als eine Überschreitung biblischer Prinzipien ist, müssen Seelsorger mit den sozialen Einrichtungen in ihrer Gegend zusammenarbeiten. Nach Bolten und anderen sind Täter oft sehr manipulativ und es ist nicht leicht, ihnen zu helfen. Es bedarf eines von mehreren Seiten getragenen Ansatzes, um ihren Widerstand zu durchbrechen und sie für die Realität ihres eigenen Schmerzes sensibel zu machen, bevor sie den Schmerz, den sie anderen zugefügt haben, überhaupt nachvollziehen können.[2] In streng evangelikalen Gemeinden kann die Zusammenarbeit zwischen den Seelsorgern und den säkularen Zuständigen für psychische Gesundheit auch Fragen aufwerfen. Ich habe einige Male erlebt, dass säkulare Helfer christlichen Werten gegenüber negativ eingestellt waren. Wenn wir uns aber Zeit nehmen, ihnen zuzuhören, können wir vielleicht besser verstehen, weshalb sie diese Einstellung haben. Nachdem ich Wege gefunden habe, um mit ihnen zusammenzuarbeiten, taten sich für beide Seiten neue Welten auf. Das folgende Verständnis half mir, dies zu erreichen:

1. Die Theologie hat die Tendenz, soziologischen Entwicklungen zu folgen. Der Protest von Martin Luther ent-

wickelte sich z. B. nicht in einem soziologischen Vakuum. Es gab Umstände, die ihn nur zu einer Stimme unter vielen machten, welche die Reformation initiierten. Wie Martin Luther sind auch wir Kinder unserer Zeit und die aktuellen sozialen Entwicklungen und neuesten Forschungsergebnisse aus den Sozialwissenschaften haben Seelsorgern deshalb etwas zu sagen. Wie ich schon in den vorangegangenen Kapiteln aufgezeigt habe, waren sowohl die säkularen Hilfesysteme (Sozialarbeit, Psychiatrie, Psychologie usw.) als auch die Kirche dem Inzest gegenüber blind. Eine Hauptaufgabe der Theologie ist, das Wort Gottes auf die jeweilige Situation, in denen die Menschen leben, anzuwenden. Es braucht Zeit, bis die Kirche auf Änderungen im sozialen Bewusstsein reagiert. Die säkularen Einrichtungen haben vor den Kirchen auf den Inzest reagiert. Man muss sich nicht schuldig fühlen, weil man »später dran« ist. Gott wirkt sowohl durch die an ihn Gläubigen als auch durch diejenigen, die seine Existenz leugnen. Eine auf Fakten beruhende Wahrheit bleibt Wahrheit, unabhängig davon, wer sie zuerst entdeckte.

2. Die westlichen Länder verändern sich schnell zu multi-kulturellen Gesellschaften. Jede Kultur bringt ihre Besonderheiten mit, die den anderen seltsam erscheinen. Einigt man sich darauf, das Christentum als Kultur mit speziellen Werten zu sehen, werden Gespräche mit säkularen Helfern einfacher. Ebenso wie Muslime, können auch evangelikale Christen beanspruchen, dass man ihre Werte respektiert.

Beispiel:
Erwachsene Überlebende eines Missbrauchs haben die Realität oft so lange verdrängt, dass es für sie eine große Realitätsverschiebung ist, darüber zu reden. Die ebenfalls bisher geleugneten Langzeitauswirkungen des Missbrauchs sind überdeutlich und ganz offensichtlich. Solche ernsthaft verwundeten Kirchenmitglieder, insbesondere selbstmordgefährdete, benötigen verschiedene spezielle Hilfen, von denen Seelsorge eine sein sollte. Diese Hilfe ist am effektivsten,

wenn sie innerhalb des kulturellen Rahmens des Gläubigen geschieht.[3]

Man kann professionelle Therapeuten darum bitten, unabhängig von ihren eigenen Überzeugungen im kulturellen Rahmen eines Ratsuchenden zu arbeiten. Manche geben dann zu, dass sie das auf Grund mangelnder Erfahrung oder persönlicher Vorurteile dem Christentum gegenüber nicht können. Sie sollten einem aber trotzdem dabei helfen können, eine Alternative zu finden. Findet man einen Experten aus derselben (christlichen) Kultur, ist schon eine natürliche Brücke für das notwendige Vertrauen gegeben.

Die Zusammenarbeit mit Experten wird auch deshalb benötigt, da einige Überlebende im Verlauf des Heilungsprozesses solch intensive Erlebnisse haben, dass eine zeitlich begrenzte Behandlung mit Medikamenten oder ein Krankenhausaufenthalt unabdingbar ist.

Prinzip 3: Im entgegengesetzten Geist reagieren

Eltern haben einen großen Einfluss auf die Entwicklung des Wertesystems eines Kindes. Geben wir positive Werte weiter, können wir ein Kind gegen eine Infektion mit der Kultur der Missbrauchten »impfen« und die Langzeitauswirkungen vermeiden.

Jugend mit einer Mission, die internationale und überkonfessionelle Jugendorganisation, mit der ich auf verschiedene Weise fast 20 Jahre lang zusammengearbeitet habe, betont insbesondere einen Wert, der für diesen Impfprozess von großer Bedeutung ist: im »entgegengesetzten Geist« zu reagieren. Der Gedanke dabei ist, Habsucht mit großzügigem Teilen, Hass mit Liebe, Kritiksucht mit Anerkennung usw. zu begegnen. Will man auf die Kultur der Missbrauchten entgegengesetzt reagieren, muss man die folgenden Phänomene im Auge haben: Überlebenssysteme, dysfunktionale Beziehungen, traumatische Sexualisierung, Verrat, Hilflosigkeit und Stigmatisierung:

a) Zu den Überlebenssystemen können »außerkörperliche« Erfahrungen, d. h. pathologische Formen der Flucht vor Schmerz und Enttäuschung gehören. Entgegengesetzt zu reagieren, heißt hier, das Leben im »Hier und Jetzt« zu betonen, sich in seinem Körper wohl zu fühlen.

Beispiel: Ein Unterricht über sexuelle Werte sollte in der Kirche genauso normal sein, wie dies in der Bibel der Fall ist. Man sollte die Realität der Sünde darstellen und bewusst machen, dass weibliche und männliche Bezugspersonen Kinder sexuell missbrauchen können. Dies heißt aber nicht, dass Männer bzw. Frauen keinen sinnvollen offenen und herzlichen Kontakt mit Kindern haben sollten. Eine positive Zuneigung ohne Hintergedanken ist eine wunderbare Gabe, die jeder kirchliche Mitarbeiter einem Kind gegenüber weitergeben kann. Viele Sonntagsschullehrer haben auf diese Weise Kindern Wertvolles vermittelt.

Eine gute Lehre darüber, wie man aus biblischer Sicht auf Leiden reagiert, hilft den Menschen, sich der Realität zu stellen, statt davor zu flüchten. Auch Anbetung kann uns dabei helfen, die richtige Ausrichtung auf Jesus zu bewahren.

b) In einem kirchlichen Leben, in dem Dienen, Respekt vor dem andern und Freiheit in den persönlichen Verantwortungen normal sind, können dysfunktionale Beziehungsmuster leicht aufgedeckt werden.

Beispiel: Kirchen benötigen ständig Menschen, um »etwas zu tun«. Die Art und Weise, wie die Einzelnen dafür gewonnen werden, kann respektvoll oder manipulativ sein. Das Leben in der Stadt erschwert es, langfristige Verpflichtungen einzugehen. Wir können diese kulturelle Wirklichkeit entweder akzeptieren, oder Menschen dazu zwingen, eine Aufgabe weiterzuführen, indem wir ihnen Schuldgefühle machen. Akzeptieren wir ihre Entscheidung nicht, werden sie sich irgendwie schuldig fühlen, falls sie trotzdem zurücktreten. Wir können Menschen als wichtigsten Grund für die Existenz einer Kirche sehen oder auf »Programmen« bestehen. Eine Kirche, die es müde war, Menschen in Sonntagsschul-Aufgaben hineinzudrängen, beendete die Sonntagsschule einfach und stellte zur Diskussion, ob diese zukünftig noch stattfinden solle.

c) Eine traumatische Sexualisierung kann schon beginnen, lange bevor jemand ein Kind »berührt«. Wie man an dieses Thema in der Sonntagsschule oder in normalen Gottesdiensten herangeht, ist entscheidend. Findet dann ein sexueller Missbrauch statt, kann die offizielle Reaktion darauf sofort traumatisierend wirken, und Sexualität kann dadurch schnell negativ belegt werden. Wir müssen auf einer anderen Ebene reagieren.

Beispiel: Eine seelsorgerliche Beratung von Eltern, mit dem Ziel, zu Hause eine Atmosphäre »sexuellen Friedens« zu schaffen, verwendet viel Zeit dafür, Kindern Werte näher zu bringen, die nicht auf Missbrauch beruhen. Will man menschliche Wärme physisch und auf friedliche Weise zum Ausdruck bringen, muss dies dem Kind die Freiheit lassen, *nicht* zu küssen oder auf dem Schoß von jemandem zu sitzen oder auf eine andere Art körperlich mit jemand in Kontakt zu sein, wenn es dies nicht wünscht.

d) Ein Vertrauensbruch in einem kirchlichen Umfeld enthält ein weiteres Gift: man wird dies leicht auf Gott beziehen und daraus schließen, dass man ihm nicht vertrauen kann. Im entgegengesetzten Geist zu reagieren, kann z. B. dadurch geschehen, dass kirchliche Werte, z. B. Vertraulichkeit, gepflegt werden und dass man einem Kind Glauben schenkt, wenn es mit einer Beschwerde kommt. Das heißt nicht, dass die Beschwerde eines Kindes sofort bedeutet, jemand sei schuldig, sondern lediglich, dass zumindest aus der Perspektive des Kindes ein Problem besteht. Ein vorsichtiges, kluges, liebevolles Verhalten, das die Mitarbeiter beobachten können, ist der beste Charakterschutz, wenn er einmal benötigt wird.

Beispiel: Wird ein Kind in einer Kirche belästigt, die sich vorgenommen hat, Missbrauch in jeder Hinsicht zu vermeiden, kann dies zwar traumatisch sein, aber kein grundsätzliches Misstrauen gegenüber Erwachsenen oder der Kirche nach sich ziehen. Es wird weniger Verwirrung geben, wenn der Betroffene weiß, dass das, was passierte, gänzlich falsch war und dass die Person, die es getan hat, böse ist.

e) Mit dem Thema der Ohnmacht werden Überlebende immer wieder konfrontiert, wenn sie auf manipulative Menschen treffen oder ein manipulatives Motiv vermuten. Täter (Missbraucher) sind definitionsgemäß manipulativ und nicht vertrauenswürdig. Sind Überlebende längere Zeit einer Atmosphäre des Missbrauchs ausgesetzt, können sie so davon infiziert sein, dass sie selbst missbrauchend werden oder allergisch auf jede Form von Autorität reagieren und auch normale Erwartungen als Manipulation interpretieren.

Beispiel: Lehrt man Menschen als eine Art Lebensprinzip, wie sie Manipulation zurückweisen können, hilft ihnen das, sich von Tätern fern zu halten! Wird eine solche Abneigung gegen Manipulation zu einem tief verwurzelten Wert, unterstützt dies den Lernprozess, nicht wie die Täter zu werden.

Um im entgegengesetzten Geist auf den Missbrauch von Macht zu reagieren, können wir Kinder psychisch, sozial, körperlich und geistlich entsprechend erziehen.

Beispiele dafür:

Eine psychische Stärkung kommt zustande, indem wir zum Ausdruck bringen, dass wir das Kind ernst nehmen, ihm zuhören und es als vollwertige Person behandeln. Den Willen Erwachsener und von Kindern zu respektieren, sie in Bezug auf die Macht des Willens und die Konsequenzen von Entscheidungen zu lehren, sind ebenfalls hilfreiche Maßnahmen gegen eine Infizierung mit der Kultur des Missbrauchs.

Eine soziale Befähigung findet statt, wenn wir ein Kind lehren, verantwortlich zu handeln und sich den Konsequenzen seiner Entscheidungen zu stellen. Nicht nur, indem wir sie hinterher schelten oder sagen: »Ich hab's dir ja gesagt«, sondern indem wir uns zu ihnen setzen, mit ihnen über die

Konsequenzen der Entscheidungen sprechen und gemeinsam überlegen, was man in Bezug auf diese Konsequenzen am besten tun kann.

Eine physische Befähigung geschieht dann, wenn ein Kind schon früh lernt, dass es persönliche Rechte gibt, zu denen auch physische Grenzen gehören. Ein gewisses Gefühl der Hilflosigkeit ist für ein Kind normal. Es lebt in einer Welt, in der die meisten Menschen größer sind und Emotionen sowie neue Erfahrungen überwältigend sein können. Ihnen Informationen darüber zu geben, wo und bei wem sie im Falle einer unangemessenen Gewalt Schutz finden können, ist genauso wichtig, wie sich gegen die gewalttätigen Mächte selbst zu erheben.

Geistliche Befähigung entsteht durch die Erkenntnis, dass auch ein Kind geistliche Entscheidungen treffen kann und schon früh biblische Einsichten darüber haben kann, wer Gott ist. Wenn man auf der anderen Seite die Sicht hat, Gott sei derjenige, der das tut, um was wir ihn im Gebet bitten, wird die Frage aufkommen: »Wo war Gott, als dies passierte?« Wie man mit Enttäuschungen im Gebet umgeht, sollte Teil der kirchlichen Lehre sein.

Eine realistische Sicht des Lebens hier und heute sollte auch unrealistischen Ideen über persönliche Macht vorbeugen. Naturkatastrophen treten ein, unerwartete Ereignisse zwingen uns, unsere Pläne zu ändern, und andere erhalten bessere Chancen als wir. Wie man mit der Tatsache umgeht, dass das Leben nicht gerecht ist, und wie man sich trotz aller Widrigkeiten eine persönliche Lebendigkeit bewahren kann, kann man in einen biblischen Kontext stellen: Auch wenn ich machtlos bin – Gott ist mächtig. Eine Identifikation mit den Millionen von hilflosen Menschen kann ebenfalls eine positive Auswirkung darauf haben, dass wir uns unserer eigenen Ohnmacht stellen.

f) Stigmatisierung, das Gefühl anders zu sein, ist für viele Kinder aus einer christlichen Kultur allein schon deshalb ein Problem, weil sie in einer säkularen Welt leben. Ein sexueller Missbrauch kann das Gefühl der Entfremdung dann nur noch erhöhen. Dem können wir entgegenwirken, indem wir ihnen die Einzigartigkeit jedes Menschen vermitteln. Der Einsamkeit der Stigmatisierung begegnen wir, indem wir den Gedanken eines positiven »Allein-Seins« einführen.

Beispiel: Wir können demonstrieren, erklären und bezeugen, dass Stille, Zurückgezogenheit und Alleinsein etwas sehr Schönes sein können. Geschichten über andere, die Schmerz und Tragödien erlebten, können für ein Kind zu Wegweisern werden, zu Zeichen der Hoffnung, dass ein Unglück auch ein positives Ergebnis zeitigen kann.

Prinzip 4: Täter sind Sünder und verantwortliche Personen

Das gesamte Thema des Missbrauchs hat die Frage der Moral wieder in die säkulare Beratung aufgeworfen. Seelsorger und säkulare Helfer können sich zumindest auf eine Definition in Bezug auf die Sünde des sexuellen Missbrauchs einigen: Missbrauch von Macht durch sexuelle Mittel. Inzest geht dann einen Schritt weiter, da dies auch ein Vertrauensbruch ist. Bezugspersonen begehen einen »Beziehungsselbstmord«; sie töten die Elternschaft, wenn sie blutsverwandt sind, oder ihre Position als Lehrer, Pastor, Seelsorger usw.

Pastoren sollten sich nicht beklagen, wenn Sünder, einschließlich Täter, in die Kirche kommen! Manche von ihnen kommen wirklich in der Hoffnung, Hilfe zu finden.[4] Andere, weil ihnen die Kirche die Möglichkeit bietet, Kinder zu verführen.[5] Eine dritte Gruppe kann einen guten Anfang haben, aber schlecht enden.[6]

Der Täter ist als erwachsener Mensch für den verheerenden Schaden verantwortlich, den er verursacht hat, auch wenn man verstehen kann, wie er zum Täter geworden ist. Er hätte

Hilfe suchen sollen und falls er an Christus, den Retter, glaubt, hätte er wissen sollen, dass er Hilfe braucht.

Stephen Arterburn und Jack Felton beschreiben in *Toxic Faith*, dass bei Christen, die sexuellen Missbrauch begehen, dies oft nur eine von vielen Abhängigkeiten ist, die ihr Leben prägen, inklusive religiöser Sucht. Dieses Buch ist auch eine Fundgrube, wenn man wissen will, wie man Menschen helfen kann, die an religiöse Süchte gebunden sind. Sie bestätigen aber auch, dass der Weg in die Freiheit schwierig ist. Ihre Erkenntnisse sind auch auf Täter in einer christlichen Kultur anwendbar.[7] Wir werden die Täter verstehen müssen, wenn wir sie therapieren wollen.

Christen verwechseln oft geistliche Vergebung mit dem Freisprechen einer Person von den rechtlichen Folgen ihres Verhaltens. Besonders kirchliche Leiter sollten dies sorgfältig bedenken. Geistliche, die Missbrauch begehen, werden oft auf andere Posten versetzt, wenn sie versprechen, dies nie wieder zu tun, und setzen ihre Praktiken dort einfach fort. Dass kirchliche Leiter keine korrektiven und vorbeugenden Maßnahmen getroffen haben, hat nun zur Folge, dass sich die Kirche Schadenersatzklagen gegenübersieht, die sich nach verschiedenen Aussagen auf mehrere hundert Millionen Dollar belaufen.

Das Geschlecht der Täter

Seit ich vor drei Jahren die Arbeit an diesem Buch begann, wurde ein weiteres Tabu erschüttert. Man weiß jetzt, dass auch Frauen Täter sein können, und zwar zu einem höheren Prozentsatz, als man vorher angenommen hat. Wie ich schon zuvor bemerkte, reflektieren die Statistiken nur das, was Menschen zugeben. Dadurch dass sich immer mehr männliche und weibliche Opfer von weiblichen Tätern melden, kann sich der prozentuale Anteil der bekannten weiblichen Täter nur erhöhen. Die Behauptung der Feministinnen, dass ein sexueller Missbrauch die Folge einer von Männern dominierten Gesellschaft ist, muss neu untersucht werden.[8] Ein

Forschungsbericht von David Finkelhor, Linda Meyer und Ruth Mathews enthält die neuesten Erkenntnisse über Täter.[9] Finkelhor führt fünf männliche Tätertypen auf:

Männliche Tätertypen

Typ 1: Beschäftigt sich stark mit Sexualität

26 % der von Finkelhor untersuchten, missbrauchenden Väter hatten ein »klares und bewusstes (oft zwanghaftes) sexuelles Interesse an ihren Töchtern«, einige davon schon seit deren Geburt.

Typ 2: Erlebt eine Regression in das Jugendalter

33 % zeigten an ihrer Tochter sexuelles Interesse, als diese die Pubertät beendete. Sie waren auf die körperlichen Änderungen fixiert. »Der Vater-Erwachsene in mir meldete sich ab; ich war wieder wie ein Kind.«

Typ 3: Sucht Befriedigung anhand eines Objektes

23 % gaben an, sie hätten Fantasien über andere gehabt, während sie das Kind missbrauchten, wie z. B. über ihre eigene Ehefrau oder über die Tochter als Erwachsene. Sie benutzten das Kind als Objekt.

Typ 4: Ist emotional abhängig

Etwas über 10 % waren emotional bedürftige und depressive Personen, die bei ihrem Kind Trost suchten und eher ihre eigenen Bedürfnisse im Sinn hatten als die echten oder eingebildeten sexuellen Qualitäten ihrer Tochter.

Typ 5: Ist zornig und will sich rächen

Ungefähr 10 % der Männer hatten eine Tendenz zu Überfällen mit Körperverletzung bzw. Vergewaltigungen. Sie missbrauchten aus Wut oder Rachsucht, weil ihre Mütter ihnen nicht genug Aufmerksamkeit gegeben hatten.

Finkelhor fand auch heraus, dass sich bei über 50 % der

Täter das Interesse langsam entwickelte. Eine bessere Sexualaufklärung würde den Teufelskreis des Missbrauchs durchbrechen können. Von den männlichen Tätern waren 50 % von ihrem Vater und 44 % von ihrer Mutter missbraucht worden. Inzest durch eine Bezugsperson hat schlimme Auswirkungen, wenn allerdings der Vater der Täter ist, scheint dies das Kind noch härter zu treffen.

Weibliche Täter

Missbrauch durch weibliche Personen kommt erst jetzt langsam zum Vorschein.

Dies erlebe ich auch in der Seelsorge. Die Betroffenen melden sich und bitten um Hilfe. Ruth Mathews fand die folgenden vier Tätertypen:

Typ 1: Die Lehrer-Liebhaberin

Dies ist normalerweise eine ältere Frau, die Sex mit einem jüngeren Heranwachsenden hat.

Typ 2: Die experimentelle Ausbeuterin

Hierbei handelt es sich meist um Mädchen aus einem strengen Hintergrund, die herausfinden wollen, was Sex ist. Das kann z. B. während des Babysittens passieren. Sie haben oft extreme Angst vor Sex.

Typ 3: Die vorveranlagte Täterin

Diese Frauen haben selbst Missbrauch erlebt. »Ich wurde wie ein Tier behandelt. Ich erkannte nicht, dass meine Kinder Menschen sind.«

Typ 4: Die von Männern Gezwungene

Sie müssen dies tun, da sie von Männern dazu gezwungen werden.

Nach Mathews waren nur 5 % echte weibliche Pädophile. Viele von denen, die sie interviewte, hatten während ihrer Kindheit keine Zuwendung bekommen und waren oft selbst von verschiedenen Tätern missbraucht worden, »sie verbanden die Fürsorge für Kinder mit Sex«.

Täter, die häufig missbrauchen

Die verfügbare Literatur zeigt, dass sexueller Missbrauch nicht einfach so passiert. Er ist Teil eines breiteren Verhaltensmusters. Es ist nicht die Regel, dass Täter häufig missbrauchen. Voraussetzung dafür ist, dass man:

1. die inneren Hemmungen gegen Missbrauch überwindet
2. Hindernisse für die Tat überwindet (Zeit; Ort; verhindern, dass man entdeckt wird)
3. den Widerstand auf Seiten des Kindes bricht.

Diese Faktoren zeigen, dass schon vor der Tat eine ziemlich starke Motivation vorhanden sein muss.

Gelegenheitstäter

Es gibt auch das Phänomen des »zufälligen Inzests«, meist eine einmalige Tat. Auch wenn manche dies für relativ unbedeutend halten, fand ich es gerade in christlichen Kreisen recht häufig. Es unterscheidet sich vom regelmäßigen Inzest wie folgt:

1. Der Täter ist selbst erschüttert.
2. Die inneren Widerstände funktionierten, protestierten jedoch nicht genügend oder zu spät.
3. Die Tat ist nicht unbedingt geplant.
4. Das Opfer wird überrascht.
5. Es handelt sich eher um eine Belästigung als um eine Vergewaltigung.

Der zufällige Inzest kann jedoch eine Person auch schockieren. Dies hängt von verschiedenen Faktoren ab: der Persönlichkeit des Opfers; wieviel Vertrauen zerstört wurde; der Angst des Täters vor seinem eigenen Verhalten, was ein ablehnendes Gefühl dem Opfer gegenüber erzeugen kann; dem Unwillen oder der Unfähigkeit, darüber zu reden, sich damit zu befassen oder Vertrauen wiederherzustellen.

Prinzip 5: Täter brauchen professionelle Hilfe

In diesem Buch befürworte ich das Engagement von Laienseelsorgern, um Überlebende auf ihrem Weg der Erholung zu begleiten, sofern diese es benötigen. Täter sind in einer anderen Situation. Da sie sehr geschickt im Manipulieren sind, kann es sein, dass sie als Vorsichtsmaßnahme einen Pastor ins Vertrauen ziehen, um milder behandelt zu werden, falls der Missbrauch entdeckt wird. Dies passierte George, als er versuchte, einen kirchlichen Mitarbeiter abzuschütteln, der ihn mehrere Jahre belästigt hatte. Irgendwann hatte er den Mut, mit dem Pastor darüber zu reden. Sein Peiniger sah dies kommen, ging noch vor ihm zum Pastor und fragte diesen, ob etwas Komisches vorgefallen sei, da George sich über ihn (den Pastor) beschwert habe; irgendetwas mit »sexuelle Grenzen überschreiten«. Der Pastor war darüber verärgert, und als George schließlich mit ihm sprechen wollte, glaubte er dem Jungen nicht. Auf Grund der starken Manipulation, den vorhergehenden Beziehungen und den üblicherweise blinden Flecken, scheint es mir ratsam zu sein, spezielle Hilfe außerhalb der jeweiligen Gemeinde zu suchen, auch wenn Seelsorger vorhanden sind, um mit dem Problem umzugehen.

Eine liebevolle, aber feste Gemeinschaft kann, zusammen mit Seelsorgern von außerhalb, die richtige Mischung aus Unterstützung, sozialer Kontrolle sowie Gnade und Frieden von Gott bieten, damit sich ein Täter wirklich ändern kann. Täter benötigen zweierlei Hilfe, um dieses Ziel zu erreichen. Sie haben auf der einen Seite geistliche Nöte, haben auf der anderen Seite aber auch einen Lebensstil entwickelt, der sich ändern muss. Man muss ihren Willen und ihre Betroffenheit herausfordern und sie müssen sich ihrer Sucht, den Schmerz abzutöten (der zum Teil mit dem selbst erlittenen Missbrauch zusammenhängt), stellen. Da Täter sich so verstellen können, kommt es oft vor, dass Seelsorger ihren ernsthaften Beteuerungen glauben. Es kann sogar sein, dass sie es ernst meinen, aber woher weiß man, dass keine Gefahr mehr besteht, dass es sich wiederholt? Eine erfolgreiche Krebsoperation ist keine Garantie dafür, dass der Krebs auch in Zukunft ausbleibt. In gleicher Weise ist auch ein Bekennen oder eine Amputation des Bösen keine Garantie dafür, dass sich der missbrauchende Charakter wirklich geändert hat.

Wenn Täter um Hilfe bitten

Pastor Andrew war sehr besorgt, als er mich anrief. In wenigen Worten erklärte er die Situation. Einer seiner Diakone hatte eine inzestuöse Beziehung bekannt und um Hilfe gebeten. Die Sache war über mehrere Jahre gegangen. Er bat mich um Rat. Seine Stimme ließ den Zorn und die Erschütterung erkennen. Wie konnte es sein, dass es so lange gegangen war? Ich bestätigte ihn in seinen Gefühlen, war mir aber im Klaren darüber, dass der Diakon möglicherweise andere Erwartungen hatte. Man musste ihm beibringen, dass für die Menschen in seinem Umfeld der Stress nun erst begann, auch wenn die Jahre des Schweigens nun beendet waren und er selbst von der Belastung durch das verborgene Geheimnis befreit war! Wie sollte ich Andrew antworten? In den letzten Jahren waren neue Modelle, Überlebenden eines Missbrauchs zu helfen, entwickelt worden, aber in Bezug auf Therapieansätze für Täter brachte die neuere Forschung noch nicht allzu viel Neues hervor. Mit Tätern zu arbeiten, ist keine sehr beliebte Aufgabe.[10]

Ich versprach ihm, bald zurückzurufen, und setzte mich hin, um eine Fragenliste aufzustellen. Andrew musste als Erstes die Fakten herausbekommen und sie aufschreiben.

Welches Motiv steckte hinter dem Geständnis?

War der Diakon wirklich freiwillig gekommen oder war er unter Druck und wäre sowieso entdeckt worden?

Es ist ein gewaltiger Unterschied, ob ein Täter ein Geständnis aus innerer Überzeugung ablegt oder auf Grund eines Drucks von außen. Nur dann, wenn sich der Täter den angerichteten Schaden innerlich eingesteht, kann man hoffen, dass Seelsorger viel beitragen können. Oft gibt es jedoch viele egoistische Gründe für ein Geständnis, wenn ein Täter allmählich unter Druck gerät. Es kann sein, dass seine Frau ihm nachträglich auf die Schliche kommt und ihm droht, ihn bloßzustellen und sich scheiden zu lassen, falls er keine Hilfe sucht. In anderen Fällen kann der Täter den Verdacht hegen, das Opfer habe schon geredet und es sei nur eine Frage der Zeit, bis man ihn mit seinen Taten konfrontieren werde. Ich kenne Fälle, in denen der Täter dies kommen sah und darauf hoffte, dass ein »freiwilliges Geständnis« die Konsequenzen abmildern würde. Für einen Seelsorger gibt es viele Gründe, weshalb er zu Beginn misstrauisch sein sollte. Das scheint hart und lieblos zu sein. Tätern wird aber durch sanfte Maßnahmen nicht geholfen. Ein Misstrauen ist aus folgenden Gründen gerechtfertigt:

1. Um Inzest praktizieren zu können, muss man viel lügen und manipulieren. Ein inzestuöser Lebensstil prägt diese Verhaltensmuster nur noch tiefer ein. Ein älterer Pastor erzählte mir einmal, Lügengeister und sinnliche, unreine Geister seien Zwillinge. Findet man einen von beiden, sollte man auch nach dem anderen suchen.
2. Die schlimmsten Täter können Engelsgesichter haben. Dadurch dass sie ihre Tendenz zum Missbrauch und ihre entsprechenden Taten ständig leugnen müssen, kann sich eine dunkle Seite der Persönlichkeit – ähnlich der dunklen Seite des Mondes – entwickeln. Mit der Zeit wird der Unterschied zwischen dem anständigen Leben und der dunklen Seite des Missbrauchs so deutlich und schmerzhaft, dass totales Leugnen zur Gewohnheit wird und die eine Seite der Persönlichkeit nichts mehr mit der anderen zu tun haben scheint.
3. Sie sind gewohnt, ihre Opfer einer Gehirnwäsche zu unterziehen. Wir sollten darauf gefasst sein, dass Täter Situationen ständig falsch darstellen, indem sie zugeben, die Aus-

sage eines Opfers sei teilweise korrekt, aber darauf bestehen, das bzw. die Opfer hätten den Rest dazuerfunden. Auf diese Weise säen sie den Keim eines Zweifels in die Aussage des Opfers. Wir sollten uns immer wieder daran erinnern, dass der Preis für das Geständnis eines Täters sehr hoch ist.

Hat der Geständige die Schuld später geleugnet?

Leugnete der Diakon später, seine Schuld bekannt zu haben?

Auch ein selbstinitiiertes Bekenntnis, wie es Andrew erlebte, kann seltsame Verdrehungen enthalten. Es könnte z. B. sein, dass der Diakon inzwischen gemerkt hat, wie hoch der Preis für das Geständnis ist, und es sich deshalb anders überlegt. Er könnte die Sache herumdrehen und einfach sagen, er habe dies nie zugegeben; der Pastor habe es nur erfunden, um ihn aus dem Amt zu befördern. Es könnte auch sein, dass einige alte Wunden ausgegraben werden. Er könnte wegziehen, die Gemeinde verlassen und damit den Pastor und die Kirchenmitglieder mit vielen Fragen zurücklassen. Dies allein ist schon Grund genug, einem freiwilligen Geständnis zunächst ohne Kommentar zuzuhören, danach sofort einen anderen kirchlichen Leiter zu suchen und den Täter seine Geschichte wiederholen zu lassen.

Wäre die Tochter des Diakons mit der Geschichte herausgekommen und ihr Vater hätte alles geleugnet, stünde man vor einem ganz anderen Problem. Manche Täter bauen sich ein sorgfältiges Sicherheitsnetz auf, das sie im Falle einer Enttarnung schützt. Sie erzeugen z. B. eine Atmosphäre des »man kann diesem Kind nicht trauen«. Durch Verleumdung, d. h. indem man etwas anordnet, was man später widerruft, kann man mit der Zeit eine Wolke des Zweifels um ein Kind herum aufbauen. Dies kann so weit gehen, dass das Kind auf Grund dieser Hinterlist sogar seine eigenen genauen Beobachtungen anzuzweifeln beginnt.

Was kann nun eine angeklagte Person tun, die *tatsächlich* unschuldig ist? Aus Sicht der Seelsorge würde ich dem angeblichen Täter klarmachen, dass es immer einige Dinge gibt, die man tun kann, um seine Glaubwürdigkeit zu erhöhen. Dazu gehört eine Untersuchung der seelischen und geistigen Gesundheit. Eine solche Anklage wird dem Angeklagten große Sorge bereiten, falls diese nicht stimmt. In dieser Bedrängnis kann er beweisen, dass er sein Vertrauen auf Gott setzt. Hat Missbrauch stattgefunden, ist dies normalerweise Teil seines Lebensstils. Im Falle der Unschuld hat er die Möglichkeit, von anderen seinen positiven Charakter bezeugen zu lassen. Diese sollten bestätigen können, dass über längere Zeit weder Anzeichen von Machtmissbrauch oder eines entsprechenden Lebensstils noch von Suchtverhalten oder eines dysfunktionalen Familiensystems vorhanden sind. Ist jemand offen und hat Freunde, die ihn kennen, wird man ihm leichter glauben als einem, der keine solchen Zeugen hat. Es ist allerdings ein Irrtum zu glauben, wir könnten jeden Täter leicht erkennen. Geistliche Leiter tun gut daran, sich in solchen Situationen den Rat von Fachleuten einzuholen. Übersteigt der Fall die Kapazität der geistlichen Leiter, sollte man sofort fachliche Hilfe von außen hinzuziehen.[11]

Da Täter geschickte Manipulatoren sind, sollte man einen Täter seelsorgerlich nicht allein beraten. Zwei oder mehr Personen werden sich nicht so leicht aufs Glatteis führen lassen wie einer. Ist der Angeklagte unschuldig, kann er – auch wenn die Sache traumatisch ist – noch immer mit der in Mt. 18,19–20 beschriebenen Erfahrung rechnen, da alle Beteiligten Gerechtigkeit, Friede und Freude im Heiligen Geist suchen.

Was müssen wir außerdem wissen, falls der Täter die Beschuldigungen nicht zurückweisen kann?

Die Antworten des Täters auf Fragen wie »wann«, »was«, »wo« und »wie« sind hilfreich, um herauszufinden, wie schwer der Missbrauch war (von unschicklicher Berührung bis zu brutaler Vergewaltigung), ob körperliche Gewalt oder Belohnungen im Spiel waren, bzw. welche Art von Erpressung benutzt wurde, um das Opfer bei der Stange zu halten, usw.

Versucht der Täter, die Sache herunterzuspielen?

Ist ein Täter wirklich überführt, wird er meinen, dass die Umgebung eventuell überreagiert. Wir sollten deshalb in unserem Verhalten ihm gegenüber nicht zu vorsichtig sein. Reagiert er sehr empfindlich, zweifle ich die Ernsthaftigkeit des Geständnisses an, da dieses dann zumindest zum Teil manipulativ sein kann.

Gab es weitere Opfer?

In Andrews Geschichte schien das nicht der Fall zu sein. Wir müssen aber aufpassen. Inzesttäter können mehrere Opfer haben und das eine gewalttätiger behandeln als das andere. Wir sollten weitere Fragen stellen, um die Fakten aufzuspüren.

Welchen Rat gibt die Sozialbehörde?

Andrew kannte keinen einzigen christlichen Seelsorger, der schon erfolgreich mit Sexualtätern gearbeitet hatte. Generell gesehen ist für die Kirche die Arbeit mit Überlebenden eines Missbrauchs noch Neuland und im Umgang mit Sexualtätern hat sie noch so gut wie keine Erfahrung. Da Täter geschickt sind im Steuern von Verhalten, empfehle ich, einen Therapeuten mit einzubeziehen, der sich in der christlichen Kultur auskennt oder nicht derselben Kirche bzw. Konfession angehört. Den Lebensstil eines Sexualtäters zu ändern, der definitionsgemäß ein Sexsüchtiger ist, benötigt große Fähigkeiten. Es ist nicht leichter, als von Heroin frei zu werden! Eine totale Änderung der Perspektive muss stattfinden.

Direkte Maßnahmen, um sexuellen Missbrauch in der Kirche zu verhindern

Ein sexueller Missbrauch ist kein zufälliger moralischer Fehltritt, sondern eine Verflechtung von Betrug, Geheimnistuerei und etlichen anderen Persönlichkeitsproblemen. Pfarrer Andrew war nicht darauf vorbereitet. Es reicht nicht aus, öfter und leidenschaftlicher dafür zu beten, dass solche Dinge nicht passieren. Es können immer irgendwelche Unglücksfälle passieren und böse Menschen können jede Gemeinschaft verunreinigen, auch die Kirche. Wie bereiten wir uns darauf vor? Die Bibel spricht von »Qualitätskontrolle« und der Notwendigkeit, klarer, offener Vorsichtsmaßnahmen, welche die Opfer schützt und die Leiter nicht schont, wenn diese versagen.

Qualitätskontrolle bei der Auswahl von Leitern

Studiert man die Ratschläge des Apostels Paulus für die Auswahl von kirchlichen Leitern, wird man erkennen, dass er darauf besteht, dass das persönliche und das Familienleben einer Prüfung unterzogen werden. Die Tatsache, dass eine verborgene Neigung zu sexuellem Missbrauch oft mit einer offensichtlicheren und »kulturell akzeptierten« Sucht (wie z. B. Arbeitssucht oder Esssucht) verknüpft ist, sollte ein Warnsignal sein. Wir sollten auch berücksichtigen, dass zur Zeit von Paulus das Gemeinschaftsleben stärker ausgeprägt war, als wir es heute erleben, so dass es damals weniger Geheimnisse gab. Aber auch Paulus gibt zu, dass die Sünden der Leute oft erst mit der Zeit offenbar werden (1. Tim 5,24). Überlegt man sich, ob eine bestimmte Person für die Arbeit mit Kindern geeignet ist, sollte man gezielte Fragen stellen. Es wäre auch gut zu wissen, ob die Person offen über sich redet oder ob sie irgendwelche Heimlichkeiten hat. Wie sieht es mit dem Familienleben aus; ist Stress vorhanden?

Qualitätskontrolle beim Predigen und Lehren

Die Kultur der Missbrauchten kommt nicht von ungefähr. Es ist ein tiefes und langwieriges Verhaltensmuster. Eine vorbeugende Lehre über diese Dinge sollte nicht nur den Eltern überlassen werden, sondern ist auch Sache der Kirche. Werden diese Themen regelmäßig durchgenommen und ist man sich dessen bewusst, dass »versklavende Systeme« auf dieser Seite des Himmels nie ganz aussterben werden, wird uns das entsprechend vorsichtig machen.

Qualitätskontrolle in den kirchlichen Dienstprogrammen
Qualitätskontrolle heißt auch, praktische Pläne aufzustellen, welche die Möglichkeiten für einen sexuellen Missbrauch begrenzen, wie z. B. Teamarbeit, intensive Freundschaften zwischen Erwachsenen und Kindern oder die Art und Weise, wie Kinder auf plötzliche Verhaltensänderungen hin beobachtet werden. Ein geheiligtes Misstrauen seitens der reifen Leiter gegenüber denen, die mit unseren Kindern und Jugendlichen arbeiten, ist sehr wichtig, um die besten Leute für die neue Generation auszuwählen.

Sofortige Maßnahmen bei einem sexuellen Missbrauch in der Kirche

Der Apostel Paulus gibt auch klare Beispiele dafür, wie man mit öffentlichem, moralischem Versagen umgeht. Der Schock und die Scham einer Bloßstellung kann in anderen eine gesunde Angst bewirken.[12] Angst kann ein guter Motivator sein, die negativen Auswirkungen eines Fehlverhaltens zu vermeiden. Sexuelle Süchte werden durch Angst nicht aussterben, aber diejenigen, die eine Tendenz zu sexuellem Missbrauch haben, könnte ihre Angst dazu treiben, Hilfe zu suchen.

Welche Hoffnung gibt es für Sexualtäter?

Es ist nicht wahr, dass ein sexuelles Vergehen, das eine andere Person mit einschließt, »eine Sünde wie jede andere« ist.[13] Für diejenigen, die sich an Gott wenden und ihre Sünden bekennen, gibt es sofortige Vergebung. Der Vertrauensverlust und anhaltende Zweifel haben aber auch soziale Auswirkungen. Den guten Ruf zu verlieren, ist biblisch gesehen eine Disqualifikation für den Dienst.[14] So wie Eltern durch einen sexuellen Missbrauch Selbstmord in Bezug auf ihre Elternschaft begehen, begeht ein kirchlicher Leiter Selbstmord in Bezug auf seine Berufung. Auch eine tränenreiche Buße und Jahre des Wartens sind keine Garantie dafür, dass der Ruf Gottes wiederhergestellt wird. Ich begegnete einigen dieser tragischen Figuren, die einmal vom Herrn in der Öffentlichkeit in sehr starker Weise gebraucht worden waren und sich noch immer nach einem Dienst in der Öffentlichkeit als ihrer Berufung sehnen, aber darin nicht mehr bestätigt sind. Als Parallele dazu können wir die Geschichte von Esau sehen, der sein Erstgeburtsrecht für einen Teller Suppe verkaufte und Gott daraufhin nicht mehr zur Änderung seiner Meinung bewegen konnte.[15]

Trotzdem gibt es Hoffnung. Es gibt in der Kirche einen äußerst wichtigen Dienst. Wäre dieser Dienst bereits da gewesen, als diese Leute noch in ihrer Funktion waren, wären sie vielleicht nicht gefallen oder hätten schon viel früher um Hilfe gebeten. Sie haben in der Kirche eine Funktion: als gestrandetes Schiff sind sie eine Warnung für andere.[16] Die meisten Menschen, die in einem geistlichen Dienst stehen, haben andere um Gebetsunterstützung für ihre Arbeit gebeten. Kann man keinen öffentlichen Dienst mehr ausüben, bleibt einem immer noch die Freiheit, ein persönliches Gebetsleben zu führen und andere in dem zu unterstützen, was einem selbst verwehrt ist. Ich glaube, dass wir solch eine feste Lehre brauchen, um zu verhindern, dass jemand versucht, durch falsch motivierte Aktionen in eine geistliche Aufgabe zurückzukehren.

Nur die Zeit wird zeigen, ob ein Mensch beweisen kann, dass er wieder glaubwürdig ist. Dazu gehört ein offenes und zerbrochenes Herz, das bereit ist, solide und liebevolle Seelsorge zu empfangen. Die Bereitschaft, Disziplin zu zeigen und das missbrauchende Verhalten bleibend zu verändern, kann die Grundlage dafür sein, dass Gott von neuem beruft und dass auch seine Kinder diesen neuen Ruf erkennen werden. Wir können dies aber ganz und gar nicht versprechen. Manche müssen die Konsequenzen ihres moralischen Versagens ein Leben lang tragen, so wie viele Überlebende eines Missbrauchs die Langzeitauswirkungen bis an ihr Lebensende mit sich herumtragen.

Kann es auch meinem Kind passieren?

Schon der Gedanke, ihrem Kind könnte ein sexueller Missbrauch widerfahren, lässt alle Eltern erschaudern. Ich habe gesehen, wie »Lämmer« von Pastoren einen mörderischen Blick in ihren Augen bekamen, als sie entdeckten, was ihren Kindern zugestoßen war! Wie geht man mit den Ängsten und mit dem Zorn um, wenn man einen Missbrauch entdeckt? Gibt es etwas, was eine Familie über das hinaus tun kann, was wir über das kirchliche Leben erörtert haben? Mehr darüber im letzten Kapitel.

Anmerkungen

[1] Bolton, Morris & MacEachron (1989)
[2] Alice Miller (1990)
[3] David J. Hesselgrave (1984); Kleinman und Good (1985)
[4] 1. Kor. 6,11
[5] 2. Tim. 3,6
[6] Gal. 3,3
[7] Seit der »Entdeckung« des Traumas des frühen sexuellen Missbrauchs wurde immer deutlicher, dass die ganze Missbrauchsszene mehr beachtet werden muss (Briere 1993). Dazu gehört auch der geistliche Missbrauch (Arterburn & Felton, 1991; Johnson & VanVonderen 1992), der insbesondere unter ernsthaften Christen auftritt, die erkennen, dass Ordnung und Autorität nötig sind. Nach meiner eigenen Beobachtung in der Seelsorge und aufgrund eigener schmerzlicher Erfahrung weiß ich, dass solche Personen, als kulturelle Gegenreaktion auf eine freilaufende Gesellschaft, Angst vor rebellischen Haltungen haben können. Insbesondere Überlebende, die in einer Atmosphäre des Missbrauchs aufwuchsen, stehen in der Gefahr, Autoritäten entweder abzulehnen oder unter ihnen zusammenzubrechen.
[8] Wenn man die Rezensionen und Reaktionen auf Charlotte Davis Kasl's ehrliche Studie *Women, Sex and Addiction* (1989) liest, wird einem klar, dass sie der Feminismus-Bewegung sehr viel zum Nachdenken gegeben hat, da sie von der missbrauchenden Persönlichkeit und nicht vom typischen männlichen Täter spricht.
[9] David Finkelhor und Linda Meyer Williams, *Incest, A Chilling Report*, by Heidi Vanderbilt, *Lear's*, Feb, 1992. Eine erstklassige Zusammenfassung dessen, was im Bereich des Missbrauchs zurzeit Stand der Forschung ist; insbesondere als einführendes Material für gebildete Leser geeignet. Kopien sind erhältlich bei: Lear's Dept. I, 665 Madison Avenue, New York, NY 10021 USA. Darin wird auch über die Arbeit der Psychologin Ruth Mathews aus St. Paul berichtet, die auf 100 weiblichen Tätern, 65 Erwachsenen und 35 Jugendlichen, basiert.
[10] Horton, Johnson, Roundy, Williams (1990) zeigen deutlich, dass es in den helfenden Berufen Probleme mit der Therapie von Tätern gibt. Ein herausragendes

Erfolgsbeispiel ist das Programm, das von Dr. Henry Giarretto in Kalifornien (1982) entwickelt wurde. Dieses Programm stellt individuelle und Gruppentherapie nicht nur für die Missbrauchten zur Verfügung, sondern auch für die Partner der Täter und die Täter selbst. Zu einem gewissen Zeitpunkt in diesem Programm treffen alle diese Gruppen aufeinander. Die Rückfallquote scheint um einiges niedriger zu sein als bei anderen Programmen.

[11] Man sollte sich immer wieder daran erinnern, dass auch Fachleute in ihrer Meinung auseinander gehen, wie es von Berliner und Loftus (1992) eindrucksvoll erläutert wurde. Genau da müssen wir als Seelsorger sehr vorsichtig sein. Steht ein Überlebender noch in dem Prozess, sich die Vergangenheit ins Gedächtnis zurückzurufen, sind die ersten Aussagen oft verwirrend, ähnlich einem »Licht, das durch verschiedene, übereinander liegende Filter fällt«. Schockierte Eltern und Behörden können dann leicht »voreilig handeln« und eine Befragung oder Anklage starten. Der Überlebende entdeckt aber erst im Laufe der Zeit wieder, »was was ist«, und muss vielleicht frühere, vage oder verwirrte Erinnerungen revidieren. Ist zu diesem Zeitpunkt bereits eine polizeiliche Aussage gemacht worden, werden alle Korrekturen die ganze Sache in Zweifel ziehen. In dieser spannungsgeladenen Atmosphäre ist klar, dass diejenigen, die dem Angeklagten beistehen, genauso heftig reagieren wie die, welche das in der Erholungsphase befindliche Opfer unterstützen. Da sich viele Überlebende dieser verhängnisvollen Konsequenzen und des daraus resultierenden Kampfes sehr bewusst sind, entscheiden sich viele, lieber still zu bleiben. Das einzige Problem dabei ist, dass es noch mehr Opfer geben wird, falls die Anklage wahr ist und der Täter nicht gestoppt wird. Jeder Seelsorger, der die oben beschriebenen Umstände durchlebt, sollte es sich deshalb zweimal überlegen, bevor er an die Öffentlichkeit geht. Prinzipiell scheint es das Beste zu sein, wenn ein anderer Seelsorger oder christlicher Sozialarbeiter bei einer möglichen Konfrontation dabei ist. Das wird die Ruhe und Entspanntheit in der Beziehung zwischen Hilfesuchendem und Helfer erhalten, was ja für den Heilungsprozess so wichtig ist.

[12] 1. Tim. 5,20

[13] 1. Kor. 6,18

[14] 1. Tim. 3,2

[15] Heb. 12,17

[16] 1. Tim. 5,20

14

»Bitte, Gott, nicht mein Kind ...«

Ich treffe auf Pastoren, die beunruhigt sind – aber was ist mit den Eltern? Als Großvater erzeugt schon der Gedanke, jemand würde einen meinen Enkel verletzen, heftige Gefühle in mir. Angst kann uns lähmen oder über Gebühr reagieren lassen. Nicht nur der Missbrauch selbst, sondern insbesondere unsere Reaktion darauf, ist von großer Bedeutung. Wir können viel Schaden verhindern, wenn wir angemessen reagieren, aber auch großen Schaden verursachen, wenn uns nicht bewusst ist, wie sich unsere Reaktionen auf ein Kind auswirken. Die folgenden Prinzipien können als Ausgangspunkt für ein unmittelbares Handeln dienen.[1]

1. Angst kann unsere Sicht blockieren oder uns zum Handeln bewegen

Angst kann rationales Denken blockieren und bringt oft unsere tiefsten instinktiven Verteidigungsmechanismen ans Licht. Mit Angst realistisch umzugehen und verantwortlich zu handeln, ist einer der wichtigsten Aspekte des Erwachsenwerdens. Eltern können lernen, sich mit Ängsten auseinander zu setzen, und zu ihren eigenen positiven Antworten kommen. Zu diesem Reifen der Eltern gehört auch, dass sie eine Theologie des Leidens entwickeln. Beten wir nur dafür, dass wir vor Gefahrensituationen bewahrt bleiben, wird es uns ernsthafte Probleme bereiten, wenn etwas schief läuft. Hiob und andere haben erfahren, dass das Leben sehr hart sein kann und dass auch unschuldige Menschen leiden. Man kann aber Kindern gegenüber vorleben, wie man auf eine gesunde Art und Weise mit Krisen umgeht.

2. Das Vergehen maximieren, aber die Angst minimieren

Wir sollten zwar die Ernsthaftigkeit eines sexuellen Missbrauchs nicht minimieren, doch wenn wir ängstlich darüber wachen, wo die Kinder spielen und wen sie treffen, kann dies ein Kind anstecken und verhindern, dass es sein eigenes Sicherheitssystem entwickelt. Rebellieren die Kinder, kann es sein, dass sie die Gefahr nicht sehen, wenn sie einmal wirklich besteht. Sind sie von Angst gepackt, zeigen sie leicht insgesamt eine ängstliche Haltung, die ihre Zukunft beeinflussen kann. Wir benötigen eine feste Haltung und müssen darauf bestehen, die Tat so schlimm wie möglich darzustellen, wenn ein Täter gefasst wird. Die Haltung »vergessen wir die Sache für dieses Mal« kann zur Folge haben, dass später andere Kinder zu Opfern werden.

Wenn wir die Möglichkeit für einen sexuellen Missbrauch in unserer Kirche realistisch einschätzen, können wir rechtzeitig über entsprechende Maßnahmen nachdenken. Im letzten Kapitel haben wir gesehen, dass die Kirche als Gemeinschaft Schritte in Richtung einer sicheren Umgebung für Kinder unternehmen kann. Die folgenden Punkte sind hilfreich, um Missbrauch vorzubeugen.

3. Kinder mit einem starken Willen können mit einem Missbrauch besser umgehen als solche, die es nicht gelernt haben, ihren Willen konstruktiv einzusetzen

Andy war etwas mehr als drei Jahre alt, als eine Babysitterin ihn mit in ihr Bett nahm und anfing, mit seinen Sexualorganen zu spielen. Er wollte dies nicht und fing zu schreien an. Er schrie so lange, bis seine Eltern nach Hause kamen. Er war nicht fähig, darüber zu reden, weigerte sich aber eine Zeit lang, einen Babysitter zu haben. Seine Eltern verstanden dies nicht, akzeptierten aber seine Proteste. Für eine gewisse Zeit ließen sie ihn nicht mehr allein. Erst ein Jahr später konnte er über diese Sache reden und bildhaft beschreiben, was passiert war.

Kinder sollten dazu ermutigt werden, ihren Willen schon früh zu gebrauchen. Die meisten Eltern wissen nicht, wie einfach dies ist! Man braucht nur in einen Konflikt zu kommen, in dem zwei gegensätzliche Meinungen aufeinander treffen, und sich dann zu fragen, ob dies eine geeignete Gelegenheit dafür ist, bewusst »aufzugeben«, einen Moment der Ausdauer und der Sturheit zu segnen und das Kind darin zu bestätigen, dass es gut ist, einen Verstand und eigene Ansichten und Werte zu haben! Einmal fragte mich ein Vater um Rat, wie er mit einem Kind umgehen könne, das einen ziemlich starken Willen habe und auf Strafe nicht gut reagiere. Er befolgte meinen Rat, »den Willen zu segnen«. Wir waren gerade aus seinem Arbeitszimmer gekommen und ich war dabei, meinen Mantel anzuziehen, als ein sehr verärgerter Siebenjähriger seinen Vater um die Erlaubnis bat, nach draußen gehen zu dürfen, obwohl die Dämmerung bereits eingesetzt hatte. Der Vater erkundigte sich nach dem Grund und der Dauer. Seine erste Reaktion war dann: »Nein, jetzt nicht!« Als sich der Streit zuspitzte, sagte er plötzlich lächelnd: »In Ordnung, Junge, ich glaube zwar nicht, dass es eine sehr gute Idee ist, aber es ist deine Entscheidung. Geh, mach es ruhig und lass uns darüber reden, wenn du wieder da bist.« Über das, was er dann hinzufügte, war ich sehr beeindruckt: »Falls es nicht klappt und du Probleme bekommst, werde ich dir deswegen keinen Vorwurf machen. Komm' einfach nach Hause und erzähle mir, wie es dir erging. Wir überlegen uns dann später, was wir tun können.« Die Ursache dafür, dass der Junge so sehr darauf drängte, gehen zu dürfen, war ein Streit mit einem Freund, den er sofort beilegen wollte. Dies war eine gute Gelegenheit, den Jungen etwas über Freiheit und Konsequenzen zu lehren. Nach einem weniger erfolgreichen elterlichen Versuch, seinen Entschluss zu ändern, war er über die plötzliche Freiheit erstaunt. Er entschied sich dann, doch zu Hause zu bleiben und die Sache erst ein wenig abkühlen zu lassen. Es war einfach zum Schreien, zuzuhören, wie der Vater zuerst versuchte, den Sohn davon zu überzeugen, er solle ruhig tun, was er sich vorgenommen habe, einfach um zu sehen, was dabei herauskäme, und ohne die Gefahr, später bestraft zu werden; und wie der Sohn dann argumentierte, er wolle gar nicht mehr gehen!

Der Wille hat mit den persönlichen Grenzen zu tun. So wie unser Körper eine Haut hat, hat auch unsere Persönlichkeit Grenzen. Diese lassen uns erkennen, was wir mögen und was nicht. Täter können ein unheimliches Gespür für Menschen mit schwachen Grenzen haben. Zur Kindererziehung gehört auch, dass wir darauf achten, diese persönlichen Grenzen, d. h. ein Gefühl für Privatsphäre und Anstand zu entwickeln. In einem westlichen Kontext bedeutet das z. B., dass es ab einem bestimmten Alter normal ist, anzuklopfen, bevor man das Zimmer eines Kindes betritt!

4. Die einzigen Geheimnisse, die man bei Kindern fördern sollte, sind »lustige Geheimnisse«

Wir kennen alle die spannende Atmosphäre um Geburtstage und Weihnachten herum. Geheimnisse können Spaß machen. Haben Geheimnisse nichts Spaßiges an sich, sollten die Kinder wissen, dass niemand, nicht einmal die Eltern das Recht haben, ihnen zu verbieten, darüber zu reden. Kinder, die mit unangenehmen Geheimnissen aufgewachsen sind, können von Tätern leicht dazu manipuliert werden, auch ihre Geheimnisse zu bewahren. Insbesondere dann, wenn Täter Drohungen einsetzen, sollten Kinder wissen, dass sie mit ihren Eltern immer darüber reden können.

Eltern sollten ihre Kinder zur geeigneten Zeit auch darin unterweisen, welche Art von Berührungen in einem geschützten Rahmen angemessen sind. Zu diesem Thema gibt es eine Reihe guter Bücher.[2]

5. Achten Sie besonders auf eine angemessene sexuelle Vertrautheit

Die westliche Gesellschaft ist von offener und versteckter Ausbeutung der Sexualität überflutet. Um unterscheiden zu können, was im Bereich der Sexualität gut bzw. schlecht ist, benötigen Kinder Vorbilder für eine angemessene Vertrautheit. Hier besteht ein ernsthaftes Problem. Viele Seelsorger erzählten mir, sie hätten unter evangelikalen Christen viele sexuell-dysfunktionale Ehen registriert. Die Kirche hat hier die Aufgabe, gute Werte zu lehren und zu praktizieren.

6. Pflegen Sie ein »göttliches Misstrauen«

Der Einfluss des Humanismus auf das Christentum scheint sich in der evolutionären Vorstellung zu zeigen, mit der Zeit würde die Menschheit immer besser werden. Wir müssen deshalb offener darüber reden, dass Sünde ein Fakt ist und dass es sexuell abweichendes Verhalten gibt, das Kinder verletzt. Der Apostel Paulus machte in seinen Pastoralbriefen daraus keinen Hehl. Wenn man über das Verhalten von Menschen in Kriegszeiten oder Konzentrationslagern eines gelernt hat, dann dies, dass bei einem entsprechenden Druck viele von uns Handlungen begehen könnten, die wir zum gegenwärtigen Zeitpunkt für nicht möglich halten würden. Manche Menschen hatten keine Vorbilder für gutes Verhalten oder haben aus verschiedenen Gründen sexuell abartige »Risse in ihrer Seele«. Bei einigen zeigt sich das schon früh und sie werden Meister darin, ihre Nöte zu verbergen. Andere entdecken erst später, dass sie verborgene, heimtückische Leidenschaften in sich haben, die auf Kinder ausstrahlen.

7. Werden Sie in der Gesellschaft aktiv, Missbrauch und seine Folgen zu bekämpfen

Unsere eigenen Kinder gut zu schützen, beendet allerdings Missbrauch noch lange nicht. Wir müssen uns in der Schulverwaltung, den Sportvereinen oder anderen Orten, an denen Missbrauch stattfinden kann, engagieren, um ein Umfeld zu erzeugen, in dem dieser verunmöglicht wird.

Anstatt zu warten, bis die eigene Familie oder die Nachbarschaft von einem Unglücksfall betroffen ist (und dadurch Angst in unsere Kinder einflößt), kann man an gemeindlichen Aktionen teilnehmen, um Wege der Vorbeugung zusammen zu besprechen und zu suchen. Schulen und die Behörden für psychische Gesundheit haben oft Zugang zu Materialien und Spezialisten, die einen solchen Prozess unterstützen können.

Eine gemeindliche Aktion muss unabhängig von einer bestimmten Religion in allgemeinen Werten verwurzelt sein. Meiner Meinung nach ist dabei ein hilfreicher Ausgangspunkt, über Schöpfungswerte zu reden, wie z. B. dass es notwendig ist, die richtigen Zeitpunkte in der Sexualentwicklung zu beachten. Auch rechtliche Aspekte haben in einer gemeinsamen Plattform ihren Platz.

In den Niederlanden hatten Kampagnen gegen Kindesmissbrauch vor kurzem unter hingegebenen Christen einige überraschende Erfolge. Während das Interesse der säkularen Bevölkerung am Programm für Pflegeelternschaft der Regierung zurückging, nahm die Zahl derer zu, die sich aus christlicher Überzeugung beteiligten.

Wenn man *vermutet*, dass ein Kind missbraucht wurde

Wir müssen das Rad nicht neu erfinden. Es gibt Fachleute, die helfen und positive Maßnahmen vorschlagen können.

Dem Kind Glauben schenken

Wenn sie älter sind, geben Überlebende oft an, sie hätten als Kinder geglaubt, mit einem Erwachsenen über die Sache geredet zu haben; der Erwachsene habe aber nicht auf sie gehört oder es nicht hören wollen. Wenn Sie Merkmale eines sexuellen Missbrauchs wahrnehmen, sollten Sie auf jeden Fall einem kirchlichen Leiter oder Sozialarbeiter ihre Besorgnis mitteilen und sich beraten lassen. Es sollte sich dabei aber um Personen handeln, die sowohl das nötige Verständnis als auch die Macht haben, etwas zu tun. Sonst könnte es leicht zu einer üblen Verleumdung werden!

Eine Frage wird auf jeden Fall aufkommen: »Ich würde dem Kind gerne glauben. Kann ich aber den Angaben eines Kindes trauen? Was es mir erzählt, klingt unglaublich; es kann nicht wahr sein.« Es könnte die bewusste Absicht eines Täters sein, einige sehr scheußliche und unglaubliche Dinge zu tun, damit dem Kind niemand Glauben schenken wird.

Aus seelsorgerlicher Sicht müssen wir nicht Detektiv spielen. Erzählt ein Kind eine Geschichte, ist erst einmal klar, dass hier ein echtes Problem vorliegt. Ob Fantasie oder Wahrheit, etwas ist zutiefst schief gelaufen. Aus der Forschung von Finkelhor, den ich weiter oben erwähnte, geht hervor, dass nur ein geringer Anteil von Kindern aus dem einen oder anderen Grund eine solche Geschichte erfindet. Ich wurde persönlich Zeuge davon, wie ein vierjähriger Junge seine Eltern mit genauesten Details über einen ein Jahr zuvor durch einen Nachbarn stattgefundenen Missbrauch entsetzte. Er hatte vorher kein Wort darüber gesagt.

Wenn wir glauben, dass komische Geschichten, die Kinder unaufgefordert erzählen, erfunden oder nicht glaubhaft seien, beurteilen wir die Welt der Kinder aus der Sicht und dem Verständnis eines Erwachsenen heraus. Die Genauigkeit der Erwachsenen ist in der Tat ein Problem. Ich erlebte, wie Kinder Geschichten erzählten, die in sich widersprüchlich waren. Mit der Zeit stellte sich allerdings heraus, dass alles korrekt war. Es handelte sich lediglich um drei verschiedene Geschichten, die das Kind durcheinander gebracht hatte. Als das Kind das erste Mal darüber sprach, war es, als wären drei Overheadfolien übereinander gelegt worden. Da die erste Reaktion auf die »verrückte Geschichte« positiv war, war das Kind ermutigt, weitere Details herauszugeben, sich für die Realitäten der Vergangenheit noch weiter zu öffnen und die Fakten klarer zu sehen.

Zwischen subjektiver und objektiver Wahrheit zu unterscheiden, ist für mich als Seelsorger ein hilfreicher Ansatz. Ein ausgebildeter Seelsorger sollte herausfinden können, ob das Kind glaubt, es habe Missbrauch stattgefunden. Trifft dies zu, dann ist es für ihn bzw. sie eine subjektive Wahrheit. Ob die Aussage rechtlich korrekt ist, steht auf einem anderen Blatt. Wir müssen uns dessen bewusst sein, dass das Kind über eine

Erfahrung berichtet, für die es zum Zeitpunkt der Tat keine Worte hatte. Es erlebte neue Gefühle. In der Offenbarung beschreibt der Apostel Johannes kosmische Ereignisse, die über seine Fähigkeit der Beschreibung hinausgingen. Er verwendet deshalb eine symbolische Sprache, um eine Geschichte zu erzählen, die während der Jahrhunderte Menschen aus vielen verschiedenen Kulturen faszinierte und von ihnen verstanden wurde. Kinder können zunächst ebenfalls symbolisch sprechen. Manchmal kann es vorkommen, dass sie selbst uns, als Seelsorger, prüfen, um zu sehen, ob wir mit den Informationen, die sie uns mitteilen, umgehen können!

Es macht keinen Unterschied, ob Kinder eine objektive, subjektive oder gleichnishafte Wahrheit mitteilen; die Heilungsprinzipien sind immer dieselben. Wie wir zuvor gesehen haben, kann im Laufe der Zeit die objektive Wahrheit herauskommen; falls nicht, haben wir trotzdem einen positiven Beitrag zu ihrem Heilungsprozess geleistet.

Wollen wir nicht zu viele Fakten wissen, wird sich das Kind auch weniger unter Druck fühlen, jede Aussage auf absolute Korrektheit zu prüfen. Oft kommt ein Kind später, wenn die objektiven Tatsachen klar werden, auf eine Sache zurück, falls es sich zum jetzigen Zeitpunkt an eine Information nur teilweise erinnern kann oder falls diese einen großen Anteil subjektiver Erfahrung oder gleichnishafter Wahrheit enthält. Es wird sagen: »Erinnern Sie sich noch daran, dass ich Ihnen erzählt habe ...? Nun, so war es nicht ganz genau; in Wirklichkeit war es so ...« Solche Geschichten kommen oft schichtenweise heraus, wie Zwiebelschalen. Es ist besser, dem Kind zu helfen, zu verstehen, dass es nicht so sehr darauf ankommt, alle Fakten herausfinden, sondern darauf, was seiner Meinung nach passierte.

Haben wir einmal das Vertrauen gewonnen und das Kind weiß, dass wir mit den Fakten umgehen können, können wir eine ruhige und sachliche »Befragung«, auch zu den spezifischen Details, durchführen. Wir sollten sehr darauf achten, keine Suggestivfragen zu stellen. Weiterhin empfehle ich, falls nötig, eine »dritte Person« mit hinzuzuziehen, die das Ganze still mitverfolgt und später eventuell als Zeuge zur Verfügung stehen kann.

Haben wir den Verdacht, dass Missbrauch vorliegt, können wir sofort mit positiven Maßnahmen beginnen. Ein nicht-missbrauchender, nicht-manipulativer Lebensstil der Familie hat schon eine heilende Wirkung in sich selbst. Dabei sollten wir besonders darauf achten, ein Leben zu führen, das einer Atmosphäre des Missbrauchs entgegengesetzt verläuft. Dem Kind sollten wir die Möglichkeit geben, auch über andere Themen offen zu reden. Vielleicht traut es sich dann mit der Zeit, auch die schwierigeren Dinge mitzuteilen. Wir sollten darauf achten, ob eine Haltung von Scham auftritt, und um eine liebenswürdige Atmosphäre bemüht sein.

Wenn das Kind eine bestimmte Person beschuldigt

Glauben Sie dem Kind immer. Das Schlimmste, was passieren könnte, wäre ein tragisches Missverständnis durch das Kind. Aber selbst dann ist der Erwachsene besser als das Kind dafür ausgerüstet, mit dem Stress umzugehen. Ist eine Vertrauensperson betroffen, wie z. B. ein Verwandter oder ein Pastor, sollte ein Außenstehender hinzugezogen werden. Wir dürfen nicht vergessen, dass es noch verheerender als der eigentliche Missbrauch selbst sein kann, wenn man schweigend leiden muss oder wenn einem nicht geglaubt wird! Lebt der Beschuldigte im selben Haus wie das Opfer, sollte man sich die Mühe machen, die folgenden Fragen zu beantworten:

a) Erzeugt die Beschuldigung im Angeklagten eine so hohe Spannung, dass er dies das Kind oder andere Familienmitglieder spüren lässt?
b) Welchen Rat geben die Spezialisten für Kindererziehung (z. B. das Jugendamt) in Bezug auf diese Situation? Menschen, die mit diesen Fragen regelmäßig zu tun haben,

können die Sache objektiver betrachten als solche, die emotional involviert sind.

c) Welche Gefühle hat das Opfer? Wir sollten auch verstehen, dass sich das Opfer sehr schuldig fühlen und zwischen Gefühlen des Ekels und der Zuneigung der beschuldigten Person gegenüber hin und her schwanken kann.

d) Was ist nach dem Ermessen Erwachsener für das Kind zu diesem Zeitpunkt das Beste? Meiner Meinung nach sollte das Wohl des Kindes unter allen Umständen den Vorrang vor dem Wohl des Erwachsenen haben, auch wenn dies bedeutet, dass ein unschuldig angeklagter Erwachsener zeitweise aus dem Familienleben entfernt werden muss.

e) Finden Sie heraus, welchen Personen das Opfer vertraut. Nehmen Sie diese zu dem Prozess der Entscheidungsfindung hinzu und stellen Sie auf diese Weise durch informelle Gespräche fest, was das Kind wirklich fühlt, was seine Gründe sind und was es will. Die endgültige Entscheidung kann dann mit diesen Vertrauenspersonen gefällt werden. Diese können dem jüngeren Opfer dann die Entscheidung erläutern und es hoffentlich davon überzeugen, dass sie zum jetzigen Zeitpunkt das Beste sei.

Wenn Sie *entdecken*, dass Ihr Kind missbraucht wurde

Missbrauch kann man als emotionalen Mord betrachten. Es kann sein, dass Sie selbst eine seelsorgerliche Beratung in Anspruch nehmen müssen, damit Sie dem Kind im Genesungsprozess etwas voraus sind! Wenn Eltern zu diesem Schritt bereit sind, ist es für die Kinder weniger komisch, ebenfalls spezielle Hilfe zu erhalten.

Die heftigen Gefühle der Eltern müssen sehr ernst genommen werden. Gott warnte Kain davor, dass Zorn dem Bösen eine Türe öffnet.[3] Paulus ermutigt uns, zornig zu sein, aber darauf zu achten, dass wir nicht darüber stolpern und sündigen.[4] Sie werden von Gott sehr viel Frieden empfangen müssen, um ihr Herz und ihre Sinne zu schützen. Das ist für Ihr Kind sehr wichtig,[5] da es sich häufig selbst die Schuld dafür gibt, den offensichtlichen Kummer, den die Enthüllung mit sich gebracht hat, verursacht zu haben. Versuchen Sie, Ihre eigenen emotionalen Äußerungen möglichst so unter Kontrolle zu halten, dass das Kind zwar ihre tiefe Erschütterung, aber auch ihre Zuversicht sowie ihren Glauben an das Leben und daran, dass es eine Zukunft gibt, spürt.

Lassen Sie Ihre Kinder wissen, dass sie immer darüber reden können

Zeigt das Kind ernsthafte Symptome, wie sie über die Kultur der Missbrauchten beschrieben wurden, empfehle ich eine langfristige Beziehung zu einem Seelsorger. Dies sollte auch während spezieller Entwicklungsphasen, in denen das Kind eine besondere Unterstützung braucht, wie z. B. beim Eintritt in die Pubertät, wenn es sich verliebt oder bei einer Heirat, fortgesetzt werden.

Ein siebenjähriger Junge mag erst als Teenager erkennen, was der erlebte homosexuelle Übergriff wirklich bedeutet. Zu diesem Zeitpunkt können Fragen zur eigenen sexuellen Vorliebe oder Angst in Bezug auf Homosexualität zum Vorschein kommen. Verliebt er sich, kann dies zu einer weiteren Krise führen. Bei einer Frau kann ein früher sexueller Missbrauch in ähnlicher Weise erforderlich machen, dass sie Hilfe braucht, wenn sie sich auf die Ehe vorbereitet oder wenn ihr Kind das Alter erreicht, in welchem sie selbst missbraucht wurde.

Kindern kann man nicht oft genug sagen, dass sie unschuldig sind

Das tiefe Schamgefühl, über das wir schon gesprochen haben, sollten wir beobachten. Weil Kinder es leugnen, zeigen sie vielleicht keine Scham in Bezug auf das, was passierte, sondern reagieren in anderen Bereichen mit unbegründeten Schamgefühlen.

Seien Sie sensibel, was Vergebung angeht
Das Vaterunser erinnert uns regelmäßig daran, dass wir vergeben sollen. Kindern muss man einfühlsam erklären, was Vergebung bedeutet, da sie sonst einen inneren Widerstand gegen Gebete spüren werden. Dies kann wiederum neue Schuld- und Schamgefühle erzeugen und das Gefühl, von Gott getrennt zu sein, nach sich ziehen.

Vergessen Sie die anderen Familienmitglieder nicht
Eine ernsthafte Krise im Leben eines Familienmitglieds wirkt sich auch auf alle anderen Mitglieder dieser Familie aus. Das Leben in einer Atmosphäre des Missbrauchs kann bei den Kindern, die nicht missbraucht wurden, ähnliche Auswirkungen wie bei dem betroffenen Kind selbst hinterlassen. Wie Kinder von Alkoholikern werden sie zu Mit-Opfern. Ihre Grenzen wurden verletzt. Verhilft man dem Kind durch eine sanfte Disziplin wieder zu gesunden Grenzen, gibt man ihm damit die Möglichkeit, Worte der Autorität seitens eines Erwachsenen positiv aufzunehmen. Ein Kind wird dann wieder lernen, zu vertrauen. Überlebende eines Missbrauchs sind durch Zorn sehr leicht aus der Fassung zu bringen. Für Eltern, die selbst keine Engel sind, ist es nicht einfach, sich immer wieder daran zu erinnern. Wenn wir jedoch in die leidenden Augen eines Kindes blicken und seine Reaktionen auf unsere ärgerliche Stimme beachten, wird uns das helfen, zweimal darüber nachzudenken, bevor wir wieder aufbrausend werden!

Sollten wir die Polizei einschalten?

Die starken Emotionen der Eltern, wenn ein Missbrauch entdeckt wird, zeigen, dass diese mitentscheiden sollten, was danach passiert. Sie werden sich sonst hilflos fühlen; das Kind wird dies spüren und deshalb noch stärker unter Einsamkeit leiden.

Auch die Sozialdienste sollten mit einbezogen werden. Sie können einen beraten, wie man am besten mit der Situation umgeht. Oft erhalten sie auch Hinweise aus anderen Quellen, woraus ein Informationsnetz über einen bestimmten Täter entstehen kann. Wir sollten deshalb nicht schweigen!

Lassen Sie sich gut beraten, bevor Sie vor Gericht gehen

In einigen Ländern haben Eltern, die etwas gegen einen Täter unternehmen möchten, keine große Wahl. Missbrauch wird dort automatisch zu einem Gerichtsfall, ob man will oder nicht. Die Regierung braucht Bürger, die dafür sorgen, dass das Rechtssystem funktioniert. Es werden Menschen benötigt, die Fakten mitteilen und bezeugen und die zulassen, dass die oft traumatische Tortur eines Gerichtsprozesses ihren Lauf nimmt, wo dies nötig ist. Durch einen solchen Prozess zu gehen, kann für ein Kind genauso schädlich sein wie das Ereignis selbst. Wir sollten deshalb fachmännische Hilfe in Anspruch nehmen und dadurch das Kind in diesen Umständen unterstützen.

Jemand, der an Jesus Christus glaubt, lebt in zwei Welten: dem Reich Gottes und dem Reich dieser Welt, das eine Regierung hat, die für die Bestrafung von Gesetzesübertretern verantwortlich ist.[6] Auch Regierungen können versagen. Deshalb ist für Gläubige die Zusicherung von Gottes Gerechtigkeit eine zusätzliche Hilfe. Wir können unseren Wunsch nach Rache dem Herrn abgeben, der weit mehr Macht hat als wir, mit Übeltätern umzugehen. Wir müssen nicht in Machtfantasien schwelgen, sondern haben einen Gott, der rächt, wenn wir ihm unser gerechtfertigtes Rachebedürfnis übergeben.[7]

Eine örtliche Kirchengemeinde kann mit einer Familie verglichen werden. Es gibt Regeln, die zum Nutzen aller sind. So, wie das Rechtssystem seine Gründe dafür hat, den Täter aus einer Familie zu entfernen, kann es auch Gründe dafür geben, einen Täter aus einer lokalen Gemeinde in eine andere zu versetzen. Die einzige Frage, die hier gestellt werden sollte, ist: »Was ist gut für den Überlebenden?« Falls es sich der Täter wünscht, sollte man ihn darin unterstützen, eine andere Gemeinde zu finden, in der er »harte Gnade« erleben kann. Gnade, weil Gott Sünder bedingungslos annimmt. Hart, weil es akzeptierte Verhaltensregeln (keine Beteiligung an der Sonntagsschularbeit, den Pfadfindern usw.) geben muss und ebenso die Bereitschaft, ehrlich und offen zu sein und die Scham mit Gottes Hilfe und mit Unterstützung der Mitchristen zu tragen. Verhaltensmuster zu ändern, braucht Zeit; man kann und sollte aber eine Demut und Bereitschaft erwarten können, dass der Täter alles tut, was in seiner Macht steht, um den verursachten Schaden wieder gutzumachen. Auf keinen Fall sollte er ein Opfer allein treffen oder bei diesem anrufen, um sich zu entschuldigen. Alles, was in dieser Richtung unternommen wird, sollte nur in Absprache mit den Seelsorgern geschehen.

Welches ist der richtige Weg? In die Fantasie flüchten oder sich der Realität stellen?

Es gab Zeiten, in denen über Kindesmissbrauch nichts zu hören war. Ich kann mich an nur eine Situation in meiner Jugend erinnern; damals wurde ein Kirchenmitglied festgenommen, weil es Jungen belästigt hatte. Für diejenigen, die selbst noch keine solche Tortur mitgemacht haben, besteht die Gefahr, dass sie zuerst überreagieren, während sie die Sache später ermüdet. Wir dürfen nicht vergessen, dass Überlebende mit vielen Dauerschäden zu kämpfen haben und dass für sie die Sache nicht so schnell erledigt ist.

Auch wenn man sich selbst schon durch den Schmerz des Missbrauchs hindurchgearbeitet hat, fällt es einem immer noch schwer, von anderen Fällen zu hören. Der Albtraum kann leicht wieder von vorne beginnen. Wäre es da nicht einfacher, wenn sich wieder das große Schweigen über die Sache legen würde und das Reden über sexuellen Missbrauch wieder tabu wäre? Dass Inzest schnell zu einer Nachricht von gestern werden kann, zeigt die Geschichte einer älteren Mutter, die mir über ihre Kämpfe erzählte, das Schweigen zu brechen und ihren Kindern über eine inzestuöse Beziehung zu ihrem Vater zu erzählen, die eine der Ursachen für ihre Eheprobleme war. Als sie schließlich den Mut hatte, es ihren erwachsenen Kindern zu erzählen, wollten es diese einfach nicht glauben und missbrauchten sie emotional, indem sie sagten: »Müssen wir jetzt, nach all dem anderen, auch noch auf den Zug des Missbrauchs aufspringen?«

Die normalen Fürsorgesysteme scheinen schon allein auf Grund der Vielzahl der Missbrauchsfälle überfordert zu sein. Vielleicht kann die Kirche ihr Versagen in der Vergangenheit dadurch ausgleichen, dass sie ihre Aufmerksamkeit diesem Problem widmet – auch dann noch, wenn Missbrauch wieder zu einem Tabuthema geworden ist.

Die Kirche kann sich auch dafür entscheiden, wegzusehen, wie sie es lange Zeit getan hat. Dann besteht die Gefahr, dass wir in unseren Sorgen ertrinken – die Mühlsteine von Gottes Gericht auf denen, die Kinder missbrauchen. Die Alternative könnte sein, dass uns in unserem Kampf für Gerechtigkeit, Friede und Freude durch den Heiligen Geist für jeden sogar Engel zu Hilfe kommen.[8]

In alle Welt

Ein guter Freund von mir fragte sich, wie mein missionarischer und mein seelsorgerlicher Dienst wohl zusammenpassten. Er sah die seelsorgerliche Aufgabe darin, sich um die Schafe zu kümmern, während ein Missionar die Aufgabe habe, die Schafe hineinzubringen. Ich dachte über diese Frage nach, bis ich erkannte, dass meine Missionarsgabe zu einem Werkzeug wurde, die Welt der Missbrauchten zu betreten.

Ich fordere die Kirche auf, diese Missionarsgabe zu suchen bzw. zu erneuern, um nicht nur nationale, sondern auch kulturelle Grenzen zu überschreiten. Da die Kirche immer stärker erkennt, dass das Evangelium in jeder Kultur Wurzeln schlagen muss, werden nicht nur Überlebende eines Missbrauchs, sondern auch andere Randgruppen, die ähnlich hilflos sind und in unseren westlichen Ländern direkt an unserer Seite leben, eine Chance haben, das Evangelium so zu hören, dass sie es verstehen, und kluge, auf richtigen Informationen basierende Entscheidungen treffen können.

Als ich mir überlegte, wie ich das Thema dieses Buches darstellen sollte, fragte ich mich oft, wie ich die Aufmerksamkeit mehr auf die Welt richten könnte. Dies könnte jedoch, insbesondere in evangelistisch und missionarisch aktiven Kirchen, genau das Problem sein. Haben wir »die Tränen in der Ferne gesehen und die Schreie neben uns überhört«?

Das Leid, dem wir begegnen, kann jedoch dabei helfen, unsere Aufmerksamkeit zumindest ein wenig auf die anderen in ihren Nöten zu richten. Unter den Kindern jenseits unserer direkten Einflussphäre gibt es große Nöte.

In einer Spezialausgabe über Straßenkinder macht Grame Irvine von World Vision auf eine schmerzhafte Realität aufmerksam, die mich nachdenklich stimmte.

> Es gibt mindestens 100 Millionen Kinder, die auf den Straßen der Weltstädte leben, arbeiten und oft sterben ... Man schätzt, dass es in den USA 300 000 (männliche und weibliche) Kinderprostituierte unter 16 Jahren gibt. Die meisten von ihnen haben versucht, der Vernachlässigung oder dem Missbrauch seitens ihrer Eltern zu entkommen, nur um von anderen Erwachsenen ausgebeutet zu werden ...[9]

Ich stelle mir die Frage, die auch andere gestellt haben: »Teo, wieviel Leid kannst du noch ertragen? Willst du wirklich weiterlesen? Weißt du noch nicht, wie ekelhaft das alles sein kann? Wie viele Anrufe von missbrauchten Menschen wirst du noch annehmen können?«

Ich stimme mit meinem inneren Diskussionspartner überein, sage deshalb »nein« und fühle mich schuldig. Die 100 Millionen Kinder von Grame Irvine haben nicht den westlichen Luxus ausgebildeter Spezialisten. Wie viele sollten überhaupt ausgebildet werden? Es muss eine andere Antwort geben. Mein rastloser Verstand weigert sich, zu schweigen. Wieder entdecke ich, dass ein Dialog zu einem Trialog werden kann: Jesus, der Mitfühlende, ist auch da und ruft mich auf, zum Hauptthema meines Buches zurückzukehren.

Ja, es gibt eine Antwort für eine zerbrochene Welt. Ja, es gibt einen Kanal heilenden Lebens. Gott gab uns Jesus, um heute in uns zu leben, um uns für unsere Berufung zu bevollmächtigen, damit die Kirche dienend voranschreiten und die Botschaft der Gnade und des Friedens weitergeben kann, und dass somit auch Überlebende miterleben können, wie ihr Dialog zu einem Trialog wird.

Es gibt Dinge, die die Menschen hören müssen, für die uns aber die Worte fehlen. Es gibt eine Sprache, die größer ist als die Fähigkeiten aller Seelsorger. Das ist die Sprache des Schöpfers selbst, der auch die zerbrochenste Person mit Worten der Hoffnung erreichen kann. Genau diese Zuversicht hilft uns, wenn wir Überlebenden beistehen, dort still zu sein, wo Worte überflüssig sind. Wir sind aber nicht hilflos, da es einen anderen Helfer gibt, dem wir diese Not zurufen können.

Eine positive Stille ist manchmal die beste Medizin, ist aber nicht so einfach zu erzeugen. Man benötigt dazu eine Sensibilität und ein Bewusstsein für die Gegenwart Gottes, des Weiteren eine Ehrfurcht davor, wer er ist, und eine Disziplin, die man lernen kann. Erst kürzlich war ich in einer solchen Situation. Als ich im Gebet mein Herz für die Nöte eines bestimmten Menschen ausschüttete, hielt dieser mich plötzlich an und sagte: »Teo, könntest du bitte still sein; ich habe den Eindruck, der Herr möchte selbst etwas sagen und ich kann ihn wegen deines Gebets nicht hören.« Um Überlebenden eines Missbrauchs zu helfen, bedarf es vor allem einer offenen Beziehung, in der wir lernen, dass sie es sind, die uns lehren können, ihnen zu helfen.

Die Tatsache, dass es einen Gott gibt, der sich zu Menschen mit einem gebrochenen Herzen ausstreckt und ihnen das Königreich[10] anbietet, gleicht die realistische Frage aus, die säkulare und christliche Helfer stellen: Wie können wir die unzähligen Opfer erreichen? Unsere gegenwärtigen Methoden reichen nicht aus. Programme funktionieren aber nur, wenn es Menschen gibt, die den Opfern beistehen wollen, während diese sich oft über Stunden, Tage oder Wochen durch ihre Trauer, ihre Scham und ihren Schmerz hindurch arbeiten. Was tun, falls sich diese Leute nicht finden? Diejenigen, denen durch verschiedene Veröffentlichungen und ohne persönliche Unterstützung geholfen wurde, waren auf sich allein gestellt. Es gibt Zeiten, in denen sogar Gläubige erkennen müssen, dass sie von ihren Brüdern und Schwestern nicht verstanden werden. Dann müssen sie, wie Jesus in Gethsemane, den Weg der Genesung fernab von ihren Freunden gehen.

Der Kampf mit der Stigmatisierung, der Einsamkeit und der Entfremdung kann sich in einen Sieg verwandeln, bei dem Stille zu einem Tempel wird, dessen Wände Gottes Liebe reflektieren. Diese Einsicht ist für mich als Missionar ebenfalls ermutigend. Die Botschaft des *mächtigen Friedens* ist nicht nur an die wohlhabenden Menschen aus dem Westen gerichtet, die eine verbale Kultur und Einrichtungen haben, die einem helfen, falls nötig, den Schmerz herauszuschreien; nein, sie ist auch für die Kulturen gedacht, in denen weder Männer noch Frauen wagen, darüber zu reden, wie sie verletzt wurden, da dies schlimmer wäre als der eigentliche Vorfall selbst. Es könnte sie sogar das Leben kosten.

Deshalb wage ich zu bestätigen: »Ja, Herr, du bist das Licht der ganzen Welt. Deine Gnade und dein Friede sind mehr als genug.« Durch die Jahrhunderte gab es Männer und Frauen, die weder Psychologie noch Psychiatrie noch Soziologie studiert hatten, sondern Jesus kannten und traumatisierte Menschen erfolgreich mit Jesus, dem Heiler schlechthin, bekannt machten.

Mitten in der Lawine von Traumen im Bereich des sexuellen Missbrauchs gibt es Wegweiser der Hoffnung. Die Kirche hat eine Berufung, bis unser letztes Maranatha-Gebet, »Komm, Herr Jesus«, beantwortet ist. Männer und Frauen des Friedens können in der Welt, in die Gott sie hineingestellt hat, einschließlich der Kultur der Missbrauchten, diesen Jesus weitergeben. Auf ihrem Weg werden sie wahrscheinlich in ihre Taschen greifen, noch weitere neue Bücher kaufen und zusätzliche Seminare besuchen. Auf diese Weise kann uns ein Gefühl der Unzulänglichkeit in Bewegung halten, damit wir unser Bestes geben – für ein Kind.

Anmerkungen

[1] Zum weiteren Studium empfehle ich die Schriften von Jan Hindman und Beverly James (siehe Literaturliste).
[2] *A Very Touching Book*, von Jan Hindman ist eines meiner Lieblingsbücher.
[3] 1. Mo. 4,7
[4] Eph. 4,26
[5] Phil. 4,7–8
[6] Röm. 13,3–4
[7] Röm. 12,19–21
[8] Mt. 18,10; Röm. 14,17
[9] Grame Irvine, *Abandoned children* aus *Together*, einem Journal von *World Vision International*, Okt.–Dez. 1991.
[10] Mt. 5,3

Epilog: Biblischer Realismus

Die harten Tatsachen des sexuellen Missbrauchs, selbst unter unseren eigenen Kirchenmitgliedern, mögen einen üblen Nachgeschmack hinterlassen. Wir müssen jedoch realistisch sein; es gibt keine Anzeichen dafür, dass sich die Situation in den vergangenen Jahren verschlechtert hat. Was sich geändert hat, ist, dass inzwischen eine größere Offenheit vorhanden ist, diese Tatsachen in einem kirchlichen Umfeld zu diskutieren. Auch das ist ein Grund für einen optimistischen Realismus. Die tief eingeprägten Muster des Verleugnens sind dabei, sich zu verändern!

Die Kirche hat geschwiegen; weder sahen wir noch hörten wir, und wenn doch, mangelte es uns am entsprechenden Mut, zu handeln. Dass Hilfe für ein wichtiges Problem wie Inzest in einem säkularen Umfeld initiiert und entwickelt wur-de, ist ein Beweis dafür, dass Gott auch außerhalb der Kirche am Wirken ist!

Hätten wir die Bibel mit einer aufgeschlossenen Haltung gelesen, wäre uns zumindest bewusst geworden, dass es nichts Neues unter der Sonne gibt und dass das Böse, wie wir es in den Menschen von den ersten Seiten der Bibel an sehen, auch heute noch sehr lebendig in uns ist. Wenn überhaupt, hätten gerade evangelikale Gläubige die sich überall ausbreitende Sünde, deren Vorherrschen und Zu-Tage-Treten zurzeit der Verfassung des Neuen Testaments – ebenso wie die damals gegebenen Antworten – bemerken müssen.

Biblischer Realismus bestätigt Forschungsergebnisse, wonach sexueller Missbrauch nicht nur eine Abweichung, eine Marotte eines ansonsten normalen Verhaltens, sondern Teil eines größeren Syndroms ist. Wir wissen nur zu gut, dass solche Muster von einer Generation zu nächsten übertragen werden.

Sich mit sexuellem Missbrauch zu befassen, bedeutet mehr, als sich mit Einzelnen, die versagt haben, auseinander zu setzen und Hilfe für deren Opfer zu suchen. Wir müssen diese Muster angehen und uns fragen, in welchem Ausmaß die Gebräuche und Kultur einer Kirche solche Muster unterstützen: dass Missbrauch eher verheimlicht wird, anstatt offen darüber zu reden; dass Menschen religiös manipuliert werden; dass der Respekt vor dem Individuum und vor der normalen menschlichen Entwicklung zu wenig betont wird. Wie sieht es mit dem Platz der Frauen in der Kirchenleitung aus? Als Frauen in den ersten Missionsgesellschaften, die vor zwei Jahrhunderten von Frauen begonnen wurden, oder in der Bewegung des Feminismus der letzten Jahrzehnte damit begannen, nicht nur eine Stimme, sondern auch Macht einzufordern, kamen plötzlich abscheuliche Themen zum Vorschein. Wenn sich manche über den mangelnden theologischen Tiefgang und die selektive Blindheit in unseren Kirchen, was das Böse angeht, beklagen, liegt das meiner Meinung nach zum Teil daran, dass die Augen der Frauen in der Leitung der Kirche fehlten.

Dass ein kirchliches System zu einem Instrument der Unterdrückung werden kann, wird von Jesus selbst zum Ausdruck gebracht. In einem seiner letzten Gespräche mit den Jüngern wies er auf diese Gefahr hin: Würde er, wenn er zurückkommt, Hirten finden, die ihre Schafe zum Frieden führen, oder Sklaventreiber, die selbst an verschiedene Süchte gebunden sind und ihre Macht missbrauchen?[1] Wollen wir die Wahrheit hören, dann sollten wir Überlebende eines Missbrauchs, die von Natur aus sensibel für den Missbrauch von Macht sind, fragen, was sie über unser kirchliches System denken und fühlen!

Ein biblischer Realismus weist auch darauf hin, wie schwierig es ist, sich ständig und langfristig mit den Nöten anderer zu beschäftigen. Während das Verleugnen und mangelnde Einsicht, was sexuellen Missbrauch angeht, überwunden werden, stehen wir einer anderen Gefahr gegenüber, dem Burnout (Ausgebranntsein). Die Welle des Bewusstwerdens über Inzest kam zu einer Zeit, als sowohl die Psychologie als auch die Psychiatrie in tiefen inneren Problemen steckten und es ihnen an einer klaren Richtung mangelte. So wurde Inzest in gewisser Weise zu einem neuen Lichtblick; Therapeuten entdeckten ein neues Wachstumsgebiet. Die Zeit wird kommen, wo man die Effektivität therapeutischer Fürsorgeprogramme hinterfragen wird; schlicht und einfach wegen des Kampfes um organisatorische, finanzielle und emotionale Mittel im Bereich der psychischen Gesundheit. Bei diesen Verteilungskämpfen scheint es generell so zu sein, dass eine Verschiebung von einer reinen Spezialistentätigkeit hin zu einer größeren Beteiligung von Laien stattfindet. Dasselbe erwarte ich in Bezug auf Inzest. Der Anstieg der Selbsthilfegruppen und von »Überlebende helfen Überlebenden« ist ein Anzeichen dafür.

Die Kirche sollte zumindest fähig sein, Laien zu motivieren und dafür zu sorgen, dass sie eine angemessene Ausbildung und professionelle Unterstützung erhalten. Opfer eines frühen sexuellen Missbrauchs haben viele tiefe Wunden und geduldige, liebevolle und einsichtige Laien können eine Qualität der Fürsorge leisten, die das System für psychische Gesundheit niemals erreichen kann. Man kann eine zärtliche, liebevolle Fürsorge schließlich nicht programmieren, sondern lediglich eine entsprechende Plattform und Atmosphäre schaffen, die Wunder uneigennütziger Hingabe möglich werden lassen. Dies war und ist meiner Meinung nach die Herausforderung an die Kirche, vorausgesetzt, sie ist bereit, die harten Tatsachen mit einem biblischen Realismus und im Wissen um die göttlichen Gnade zu sehen. Der Herr, der beruft, rüstet auch aus.

Anmerkungen

[1] Mt. 24,45-51

Seit 8 Jahren kommt Teo van der Weele mehrmals pro Jahr nach Salzburg. Neben der Arbeit mit einzelnen KlientInnen und der Referententätigkeit bei Seminaren schult und begleitet er ein Team von BeraterInnen!

Kontaktadresse für den deutschsprachigen Bereich:

Karin u. Helmut ROTH
Rottweg 4
5020 SALZBURG
Österreich
Tel. 0 04 36 62/43 73 83
E-mail: helmut.roth@utanet.at

BIBLIOGRAFIE

Augsburger, David W., *Pastoral Counselling Across Cultures*, The Westminster Press, 1986

Arterburn, Stephen and Felton, Jack, *Toxic Faith, Understanding and Overcoming Religious Addiction*, Thomas Nelson, Nashville, 1991

Barret, David B., *World Christian Encyclopedia*, Oxford University Press, 1982

Bass, Ellen and Davis, Laura, *The Courage to Heal*, Perennial Library, Harper and Row, New York, 1988

Berger, Peter and Luckmann, Thomas, *The Social Construct of Reality, A Treatise in the Sociology of Knowledge.* Penguin Books, 1966

Berger, Prof. W. J., *Zielszorger vandaag*, Voorhoeve, Den Haag, 1983

Berliner, Lucy and Loftus, Elizabeth, *Sexual Abuse Accusations', Desperately Seeking Reconcilliation*, Journal of Interpersonal Violence, Vol. 7, No 4., December 1992, Sage Publications, 1992, pp 570–578

Berne, Eric, *Games People Play*, Penguin, 1964

Biehler, Robert F., *Psychology applied to teaching*, Houghton Mifflin Company, Boston, 1978

Briere, John N., *Child Abuse Trauma, Theory and Treatment of the Lasting Effects*, Sage Publications, London, 1992

Bolton, Morris and MacEachron, *Males At Risk: The Other Side of Child Sexual Abuse*, Sage Publications, London, 1989

Briere John N., *Child Abuse Trauma*, Sage Publications, London, 1992.

Bright, John, *The Kingdom of God, The Biblical Concept and Its Meaning for the Church*, Abingdon, Nashville, 1953

Capps, Donald, *Reframing, a new method in pastoral care*, Augsburg Fortress Press, Minneapolis, 1990

Collins, Gary R., *The Christian psychology of Paul Tournier*, Baker Book House, Grand Rapids, 1973

Cullmann, Oscar, *The Christology of the New Testament*, SCM Press, London, 1959

Davis Kasl, C., *Women, Sex and Addiction*, Harper and Row, 1989

Doyle, Celia, *Working With Abused Children*, Macmillan, London, 1990
Eiser, Christine, *Chronic Childhood Diseases: an Introduction to Psychological Theory & Research*', Cambridge University Press, 1990
Encyclopedie van het Christendom, Katholiek deel, Elsevier, 1954
Erickson, Joni with Joe Musser, *Joni*', Zondervan, 1976
Finkelhor, David, *A Sourcebook on Child Sexual Abuse*, Sage Publications, London, 1986
Fortune, Marie M., *Sexual violence, The Unmentionable Sin; An Ethical and Pastoral Perspective*, The Pilgrim Press, New York, 1983
Forward, S. and Buck, Craig, *Eindelijk Je Eigen Leven Leiden, loskomen van een beschadigde jeugd*. Kosmos, Utrecht et Antwerpen, 1991
Fossum, Merle A. and Mason, Marilyn J., *Facing Shame, Families in Recovery*, Norton and Co., London, New York, 1986
Fowke, Ruth, *Personality and Prayer*, Monograph, no date.
Frenken, J. and Van Stolk, B., *Hulpverleners en incestslachtoffers*, Van Loghum Slaterus, Deventer, 1987
Frenken, J. and Van Stolk, B., *Behandeling van incestplegers*, Bohn Stafleu van Loghum, Houten/Antwerpen, 1990
Frankl, Victor, *De zin van het bestaan, »Adam waar ben je?« De betekenis van het mensbeeld in de Joodse traditie en in de psychotherapie*, Ed. Tom de Bruin, Uitg. B. Folkertsma Stichting voor Talmudica, Hilversum, 1983
Friedman, Edwin H., *Generation to Generation, Family Process in Church and Synagogue*, The Guildford Press, New York and London, 1985
Giaretto, Henry, *Integrated Treatment of Child Sexual Abuse, A Treatment and Training Manual*, Science and Behavior Books Inc., Palo Alto, 1982
Gillham, Bill, *The Facts about Child Sexual Abuse*, Cassel, London, 1991
Glasser, William, *Reality Therapy*, Harper and Row, New York, 1965
Green, Michael, *»To Corinth With Love«*, Hodder and Stoughton, 1982
Hancock, Maxine and Burton Mains, Karen, *Child Sexual Abuse: A hope for healing*, Highland Books, Crowborough, East Sussex, 1987
Heitritter, Lynn and Vought, Jeannette, *Helping Victims of Sexual abuse, a sensitive, Biblical Guide for Counselors, Victims and families*, Bethany House Publisher, Minneapolis, 1989
Hesselgrave, David J., *Counselling Cross-Culturally*, Baker Book House, Grand Rapids, 1984
Hiebert, Paul G., *Cultural Anthropology*, Baker Book House, Grand Rapids, 1986
Hindman, Jan, *Just before dawn, From the Shadows of Tradition to New Reflections in Trauma Assessment and Treatment of Sexual Victimization*, (1989) and *The Mourning Breaks* (1991), AlexAndria Associates, Ontario, Oregon.
Horton, Johnson and Roundy, Williams ed., *The Incest Perpetrator; A family member no one wants to treat*, Sage Publications, London, 1990

Howel, Signe and Willes, Roy, *Societies at peace, Anthropological perspectives*, Routledge, London and New York, 1989

Hughes, Gerard W., *»God of Surprises«*, Darton, Longman and Todd, London, 1985

Imbens, Annie and Jonker, Ineke, *Godsdienst en incest*, De Horstink, Amersfoort, 1991

Irvine, Graeme, *»Abandoned children«*, *Together*, a Journal of World Vision International, Oct–Dec 1991

James, Beverly, *Treating Traumatized Children, New Insights and Creative Interventions*, Lexington Books, Lexington, 1989

Johnson, David and VanVonderen, Jeff, *The Subtle Power of Spiritual Abuse, Recognising and Escaping Spiritual Manipulation and False Spiritual Authority Within the Church*, Bethany House Publishers, Minneapolis, 1991

Kleinman, Arthur and Good, Byron, *Culture and Depression: Studies in the Anthropology and Cross-Cultural Psychiatry of Affect and Disorder*, University of California Press, Los Angeles, 1985

Kleinman, Arthur and Good, Byron, ed., *Anthropology and Cross-Cultural Psychiatry of Effect and Disorder*, University of California Press, 1985

Ladd, George Eldon, *The Gospel of the Kingdom*, Eerdmans, Grand Rapids, 1981

Laaser, Mark R., *The Secret Sin, Healing the Wounds of Sexual Addiction*, Zondervan, Grand Rapids, 1992

Laidlaw, Toni Ann and Malmo, Cheryl and associates, *Healing Voices, feminist approaches to therapy with women*, Jossey-Bass Publishers, Oxford, 1990

Lingefelter, Sherwood G. and Mayers, Marvin K., *Ministring Cross-Culturally*, Baker Book House, Grand Rapids, 1986

Macaskill, Catherine, *Adopting or Fostering a Sexual Abused Child*, Batsford, London, 1991

May, Gerald, MD, *Addiction and Grace, Love and Spirituality in the Healing of Addictions*, Harper Collins Publishers, New York, 1991

Moir, Anne and Jessel, David, *Brain Sex, The Real Difference Between Men and Women*, Manadarin Paperbacks, London, 1989

McClung, Floyd, *The Father-heart of God*, Kingsway, Eastbourne

Miller, Alice, *Banished Knowledge, Facing Childhood Injuries*, Virago Press, London, 1990

Nouwen, Henri J. M., *The Wounded Healer*, Image Books, Doubleday, New York, 1979

O'Conner, Elizabeth, *Our Many Selves*, Harper and Row, New York, 1971

Parson, Erwin Randolph, Ethnicity and Traumatic Stress: *The Intersecting point in Psychotherapy, Trauma and its Wake*, Vol. 1, *the Study and Treatment of Post-Traumatic Stress Disorder* edited by Charles R. Figley, Brubber/Mazzel New York, 1985

Payne, Leanne, *Real Presence, The Christian Worldview of C.S. Lewis as Incarnational Reality*, Crossway Books, Westchester, Illinois, 1988

Petursson, Hallgrimur, *Hymns of the Passion*, translated by Arthur Charles Gook, published by Hallgrims Church, Reykjavik, 1978

Pride, Mary, *The Child Abuse Industry*, Crossway Books, Westchester, 1986

Platvoet, Anna and Dubbink, Anneke *Incest, hun zorg, jouw zorg*, Orthovisies 30, Uitg. Wolters Noordhoff

Poston, C. and Lison, K., *Incest Overleven; ervaringen van slachtoffers en therapeutische hulp*, Kosmos Utrecht et Antwerpen, 1990

Prat, Fernand, S. J., *The Theology of Saint Paul*, Burns and Oates, London, 1959

Putnam, Frank W., *Diagnosis and Treatment of Multiple Personality Disorder*, The Guilford Press, London, 1989

Quinn, Phil, *Cry Out, inside the terrifying world of an abused child*, Kingsway Publications, Eastbourne, 1988

Roth, Susan and Batson, Ronald, *The Creative Balance: the Therapeutic Relationship and Thematic Issues in Trauma Resolution*, Journal of Traumatic Stress, April 1993, Plenum Press

Rutter, Peter, *Er Zijn Grenzen! Sex als machtmisbruik van hulpverleners met hun vrouwelijke cliénten*, Het Spectrum BV Utrecht, 1990

Sanford, Paula, *Garlands for Ashes, Healing Victims of Sexual Abuse*, Victory House Publishers, Tulsa, 1988

Schaumburg, Harry W., *False Intimacy, Understanding the Struggle of Sexual Addiction*, NavPress, Colorado, 1992

Schmemann, Alexander, *For the Life of the World*, St. Vladimir's Seminary Press, 1973

Schreiter, Robert J., *Constructing Local Theologies*, Maryknoll, New York, Orbis Books, 1985

de Shazer, Steve, *Clues, Investigating Solutions in Brief Therapy*, Norton and Company, New York, London, 1988

Snijders, Peter, *Incest, enkele aspekten en demensies*, unpublished doctoral thesis, University of Utrecht, 1992

Tambiah, S. J., *Buddhism and the Spirit Cults in North-East Thailand*, Cambridge, 1970

Thiessen, John C., *Pastoring the Asian Church*, Zondervan, 1962

Tonna, Benjamin, *Gospel for the Cities*, Orbis Books, 1982

Tournier, Paul, *The Violence Within*, Harper and Row, New York, 1978

Tozer, A.W., *The Divine Conquest*, Kingway Publications, Eastbourne, 1988

Utain, Marsha, with Barbara Oliver, monograph *Stepping out of Chaos*, no date, later in adapted form published in *The Healing Relationship*, Health Publications, 1991

Vanderbilt, Heidi, *INCEST, A Chilling Report*, Lear's, February 1992, 655 Madison Ave, New York de Waal, Esther, *Seeking God, the way of St. Benedict*, Collins/Fountpaperbacks, London, 1988

van der Weele, T. J., *»De Kracht van Vrede«, hulpverlening aan slachtoffers van sexueel geweld, een evangelisch/charismatische benadering*, Stichting Z.O.N., Harderwijk, 1990

van der Weele, T. J., *Zegenend Helpen, een studie in het zegenen van hulpvragers, als onderdeel van de pastorale zorg*, Stichting Z.O.N., Harderwijk, 1992

Wilson, Sandra D., *Released from Shame, Recovery for Adult Children of Dysfunctional Families*, IVP Downers Grove, 1990

Woelinga, van Staa en Eeland, *Hulpverlening aan sexueel misbruikte kinderen en hun gezin*, uitg. V.U. Amsterdam, 1989

Wyatt, Gail, Elizabeth and Johnson Powell, Gloria (eds.), *Lasting effects of child sexual abuse*, Sage Publications, London, 1988

Yancey, Philip, *Where is God when it hurts?*, Zondervan, 1977

hänssler

R. Hondsmerk, E. Kok & R. Baardse

Ein Geheimnis zuviel

Mit Kindern über sexuellen Missbrauch sprechen

Tb., 64 S.
Nr. 854.154, ISBN 3-7751-9154-2

Ein »Gesprächsbuch« zum Thema sexueller Missbrauch, das aus der Praxis entstanden ist: Die wahren Geschichten sind für das gemeinsame Gespräch von Eltern und Kindern gedacht. Dazu sind nach jeder Geschichte Fragen für die Gesprächsführung angegeben. Passend für jede Altersgruppe wird eine spezielle Geschichte erzählt. Ziel des Buches ist es, Kinder von Anfang an stark zu machen, damit sie »Nein« sagen können.

Behutsam, aber doch klar, wird aufgezeigt, wo Erwachsene gegenüber Kindern die Grenzen verletzen oder Jugendliche in sexuelle Abhängigkeiten hineinrutschen können. Vor allem wird in diesen Geschichten deutlich, dass es Hilfe gibt.

Sie erhalten fundierte Hintergrundinformationen, lesen konkrete Fallbeispiele und erfahren hilfreiche Lösungsmöglichkeiten.

Bitte fragen Sie in Ihrer Buchhandlung nach diesem Titel!
Oder schreiben Sie an den Hänssler Verlag,
D-71087 Holzgerlingen.